速読速聴・英単語

Advanced 1100 ver.5

Vocabulary Building×Rapid Reading & Listening

単語950＋熟語150

東京国際大学教授
松本茂 監修　　松本茂, Robert Gaynor, Gail Oura 著

はしがき

　ある程度，英語の読み書きはできるようになったのに，まだまだ英米のメディア情報（英字新聞や雑誌，英語放送）を満足のいくレベルまで消化できない，あるいは TOEIC や TOEFL などの語学試験で高スコアを取れない……そのような，「上級者(※)の壁」を破れない学習者のために，速読速聴・英単語シリーズ『Core 1900』の上級編として，本書『Advanced 1100』を編みました。

※上級者 = 1 つの目安として，TOEIC® テストのスコアが 900 以上の人

■ 上級者への壁突破の条件　1：絶対量

　中級者が上級者を目指す時突破すべき第一の壁は，英語に触れる「絶対量」を増やすことです。読む量，聴く量を増やすことを通してしか，的確な文法力と豊富な語彙力を身につける方法はありません。ただし，hearing（ただ漫然と聞き流す）では効果がありません。情報を把握すべく，意識を集中させて「聴く」(listening) ことが重要になります。

　絶対量を増やすことによる効果は，主に 3 つあります。

(1) 語彙力が増し，その結果，未知語に対する「推測力」が身につく
(2) 継続する結果，英語力を常に active に（使える潜在力として）保つことができる
(3) 語学力の backbone としての「話題力」を増やすことができる

　『Core 1900』で提示した見出し語 1900 語は，コアという言葉が示す通り，あくまでも英語力の根幹を成す必須語でした。この 1900 語を使いこなすことができるようになれば，受信 (reading, listening)・発信 (speaking, writing) の両面において，そう大きな不自由は感じなくなるはずです。しかし，上級者を目指す人の語彙力としては，これでもまだ十分ではありません。なぜなら，この 1900 語は，外国語としての英語（EFL: English as a Foreign Language）を学んでいる人々にとっての minimum standard を提示したものに過ぎないからです。native speaker 向けに発信された情報を，ほぼ問題なく読み聴きするためには，さらに多くの語彙力が要求されます。

■ 上級者への壁突破の条件　2：生 (ナマ) の素材

　『Core 1900』で扱った素材と同様に，本書の英文もすべて英米から発信された生の素材ばかりです。本書では英語学習者向けにアレンジされたような「加工品」ではなく，native speaker 向けに発信された本物の英文，しかも 800 〜 1000 語を超える長文ばかりを掲載しています（紙面の都合上，記事はいくつかに分割しています）。どんなに長く難しくても，その容赦のなさに耐えないことには，もう一段上へは進めません。ここから先は，継続的に生の素材をインプットすることに，日々の学習の重点を移しましょう。

　なお，この時に意識しておきたいポイントとして，次の 3 つを挙げておきます。

(1) native のスピードに慣れる

(2) native の言い回しに慣れる

(3)「英和」ではなく,「英英」の回路を作る

特に,3番目の訓練の意味で,語義解説として日本語定義の他に「英語による定義」を盛り込みました。今後は英和辞典ではなく,英英辞典に親しむようにしましょう。

■ **上級者への壁突破の条件　3：目的意識**

最後のハードルとしてぜひ触れておきたいのが,「しっかりとした目的意識を持つ」ということです。日々忙しい中,英語学習を続けていくためには,やはり,強い動機づけが不可欠です。これさえしっかり持っていれば,たとえ30分でも,またたとえ電車や車の中ででも,何かしら英語に触れる機会を自ら工夫して作り出すことが可能です。そして,そのためには,「楽しむこと」が必要です。好きこそものの上手なれ,です。ご自分の興味に合わせて,貪欲に英字新聞・雑誌や放送を,継続的に,大量に消化していってください。

◆ **ver.5 発刊にあたって**

ご好評をいただいている速読速聴・英単語シリーズ『Core』の改訂に続き,多くの読者の方々から本書『Advanced』の改訂に対するご要望をいただきました。ver.4 発刊から7年,中には内容的に古くなった記事もあり,このたび大幅に記事の差し替えを行いました。今回の改訂版(ver.5)の大きなポイントは以下の通りです。

① 英文の50%以上を刷新しました。「歴史・文化」の章を新設し,さらに多彩な内容となりました。

② 上級レベルによりふさわしい内容となるよう,3割以上の見出し語を刷新しました。

③ 語義説明の英英定義を増やし,理解度を高めるとともにアウトプット力向上にも役立つよう工夫しました。

④ 各分野の語義について,知識を確認しながら進められるよう,レビューテストを3回分新設しました。

⑤ 2種類の音声(長文の読み上げと単語の読み上げ)を用意しました。Webサイトにて提供しています。

最後に,ver.5 発刊にあたり,今回も監修・執筆をご快諾くださった松本茂氏をはじめ,Robert Gaynor 氏,Gail Oura氏,松尾直美氏,松本祥子氏には大変お世話になりました。また,全訳の執筆では,林彩氏,山下友紀氏にご助力いただきました。ご協力くださったすべての方々に,この場をお借りして厚くお礼申し上げます。

2020年3月 編集部

CONTENS

Key Points of This Issue / Terms & Expressions

音声MP3ファイルのダウンロードについて

本書で が記載されている部分は，Webサイトにて音声をダウンロードすることができます。音声ファイルはMP3形式です。繰り返し聴いて学習に役立ててください。以下のURLか二次元コードよりアクセスしてください。

https://service.zkai.co.jp/books/zbooks_data/dlstream?c=5331

◆本書で用いた記号

【品詞】

vt. 他動詞 　　*vi.* 自動詞 　　*n.* 名詞

adj. 形容詞 　　*adv.* 副詞 　　*conj.* 接続詞 　　*prep.* 前置詞

【記号・略語】

派　見出し語の元になる語もしくは見出し語から派生した語

≒　類義語（ほぼ同じ意味・用法）

⇔　反意語（ほぼ反対の意味・用法）

参　見出し語に関連した参考語

〔　〕　言い換え可　　（　）　省略可　　〈　〉　機能などの補足説明

～ 名詞（句）の代用　　... 動詞や節の代用

《複》複数形　　《米》アメリカ英語　　《英》イギリス英語

sth　something（物・事）の略　　　sb　somebody（人）の略

※sth/sbは，英語の定義で使用（例：like sth）。

cf. 参考表現

【発音記号・アクセント】

原則としてアメリカ英語の発音。

[´ `] ´ が第1アクセント，` が第2アクセント

[*r*] イタリック部分は省略可

本書の構成と効果的な活用法

◆構成

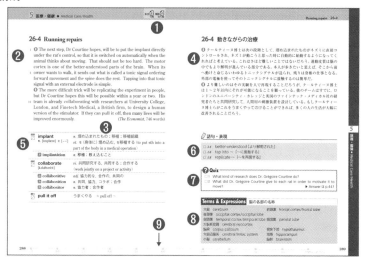

❶ 音声ファイル番号・発音

本文と単語（番号付き見出し語）が収録されている音声ファイル番号を示しています。スピードは fast speed（＝約150～160 wpm ／ words per minute：1分あたりの英単語数）で，英米圏のニュース放送でアナウンサーが普通に読み上げる際の平均的スピードです。英文を1回ずつ，単語は1語ずつ，アメリカ英語で吹き込んであります。
※本文と見出し語の音声はWebサイトにて提供しております（p.6参照）。
※英文の日本語訳，各単語の訳，コラムは収録しておりません。

❷ 英文

紙面の都合上，英文記事は複数に分割しています。**赤太字**は見出し語，**黒太字**は姉妹編『Core 1900』で登場した語です。
【英文選定基準】(1) 内容的に興味深いものであること。→現代社会で争点となっている問題を中心に幅広いジャンルから43本を厳選。(2) 重要語彙ができるだけ多く含まれていること。→特に見出し語扱いのものがなるべく多く含まれているもの。

❸ 英文出典・語数

「Original」は，ネイティブスピーカーによる書き下ろしです。英字新聞，雑誌等からの抜粋記事については，p.468の出典一覧にて詳細はご確認ください。

❹ 全訳

通常訳（通常の日本語の語順で訳したもの）になっています。ただし，英語の品詞に合わせて和訳しているため，多少日本語としては不自然な訳となっている箇所もあります。ご了承ください。なお，英文中で太字の単語の訳の部分が同様に太字になっています。

❺ 見出し語

『Core 1900』の見出し語より頻度的には劣るものの，英米の新聞や雑誌・放送を読み

聴くために、知っておいたほうがよい、やや難度の高い語を取り上げました。また、本書では日本語の定義の他に英語による定義も可能な限り示しています。英語でニュアンスをつかむことで単語の理解がいっそう深まります。**黒太字**は、『Core 1900』既習語です。別の意味で使われている場合も多々ありますので、復習として確認してください。

※赤太字の単語にのみ☑（チェックボックス）に通し番号を付けてあります。

【見出し語選定基準】(1) 各種語学試験の過去問題での出現頻度、(2) 英字新聞・雑誌・放送などでの実際の出現頻度、(3) 他社英単語集の見出し語、(4) 熟語については、データ上の頻度に加え、native speaker なら当然知っている熟語で、『Core 1900』では紹介できなかった語——主にこの4つを基準に著者と編集部が選定しました。

❻ 語句・表現

イディオムや、難解な語句・表現の解説、固有名詞の解説です。なお、難度の高いものでも、訳を参照すれば意味を確認できると判断したものは解説を省略しました。

❼ Quiz

文章全体の内容が理解できているかを確認するための設問が掲載してあります。

❽ 背景知識コラム

Key Points of This Issue では英文記事にまつわる背景知識をまとめてあります。Terms & Expressions では関連語彙を取り上げています。

❾ 達成度ゲージ

達成度を確認できるように、累積見出し語数を色で表示してあります。

◆効果的な活用法

学習目的や本書に割ける時間によって使い方はさまざまだと思いますが、基本的な使い方としては (1)「まず英文の内容を把握→単語を確認」、(2)「まず単語を大体覚える→英文で確認する」の2通りがあります。その他に以下の活用例も参考にしてください。

活用例1
目標：英文内容把握＆単語確認
1 英文を読む前に、本書を見ずに2〜3回聴いてみる。1語1語の「音」にとらわれるのではなく、全体として何を言っているのかという「情報」を読み取ることに全神経を集中させる。聴き取れない部分があっても、残りの聴き取れた部分で「推測する」よう心がける。
2 今度は本書を開いて、英文を目で追いながら、また2〜3回聴いてみる。
3 次に、今度は自分で実際に「音読」してみる。
4 単語学習と英文内容把握学習を行う。
5 4の終了後、復習時に、単語の発音と英文を確認するために再度、音声を聴く。

活用例2
目標：速聴
1 本書を見ずに、音声だけを、およそついていけるまで数回聴く。
2 本書を見ながら、音声を聴いてオーバーラッピングを行う。
　　※注) オーバーラッピング (overlapping) ＝英文を見ながら音声を聴き、ほぼ同時に音読すること。

上級者を目指す英語学習法

100メートル走のベスト記録を0.1秒縮めるための練習を想像してみてほしい。ふだんあまり運動していない人の場合，真剣に少し練習するだけで記録はたやすく縮まる。しかし，日本記録保持者ともなると，普通の人の何倍もの練習量をこなさないと，記録を縮めることはできない。

このことはスポーツだけでなく，英語学習にも当てはまる。つまり上級者になればなるほど，伸び率が鈍る。初級レベルの間は，勉強しただけの結果がすぐに出て，自分自身で英語ができるようになってきていると実感できるケースが多い。しかし，上級レベルに近づくにつれ，壁が越えられないといった状況に陥る学習者が多い。とてもイライラし，焦ることもある。

この壁を打ち破る基本が，豊富なインプット量である。つまり，英語を実際に使用する場面を想定した上で，インプットの絶対量を増やしていくことが重要。そして，英文内容の難易度を徐々に上げることができればなおさらよい。しかし，ただ漫然と増やしても，これでよいのだろうか，という疑問が頭をよぎる。こんな不安感は上級者であれば誰でも経験しているはずだ。

これまで速読速聴・英単語シリーズで提案してきた「文脈の中で英単語を理解する」というコンセプトは，上級レベルへの壁を打ち破るための学習法としても核となる。本書を使って以下のような学習法を実践し，上級レベルにぜひ到達していただきたい。

■「読む」「聴く」をバランスよくインプット

「私は単語の力が足りないから，ひたすら英文を読むことにしている」という人がいる。それはそれでよいことであるが，音声メディアも学習の素材とすべきである。また，「私は聴解力が弱いから英語をいつも聴いていますが，英文はあまり読んでいません」というように，音声メディアだけを学習の対象にしている人もいる。この学習法も不十分である。片方のメディアだけに頼っていては，英語の総合的な力を身につけるのは難しい。目と耳の両方を駆使して初めて英語は使える知識として「定着」する。

■複数の雑誌，新聞に目を通す

同じ事件，事故，災害，行事であっても，報道する新聞社や雑誌社によって表現の仕方はかなり異なる。また国によっても違う。例えば日米間の問題でも，日本のメディアと米国のメディアでは報道の視点がまったく違うということがしばしばある。当然，使う英語表現も違う。毎朝，インターネット上で，例えば *The New York Times, The Economist, Los Angeles Times* などを読み比べることで，英語表現の幅が大きく広がる。形容詞や副詞などは，これほどまでに違う表現を使っているのか，ということに気がつく。また，逆にまったく同じ表現を使っていることに気づく場合もある。この「気づき」が英語感覚を磨き，かつ，英語学習を楽しくしてくれる。さらに，複数の雑誌，新聞に目を通すことによって，結果として，思想的にもバランスをとりやすくなる。

いつも背伸びして *The New York Times* や *The Economist* といった大人向けの質の高い英文だけに接していると，理解度が60〜70%程度にとどまり，フラストレーションがたまることがある。それは，もっときちんとわかりたいという欲求の表れであり，当然のことだ。きちんとわかると，うれしいものだ。そこで，英語を母語とする青少年向けに書かれたやさしめの英文を並行して読むとよい。**英文の難易度が低い場合は，精読し，単語までじっくり学習し，難しい英文の場合は，概略をつかむように心がけるなど，目的を変えて学習することもできる。**

読むことだけでなく，聴く場合にも同じことが言える。CNNやBBC などの放送だけでなく，NHK BS 放送で日本のニュースを聴く〔観る〕ことや，映画やドラマ，語学番組を定期的に観るなどして，難易度の違う英語に接するようにする。そうすれば，状況や感情や内容とともに英語の単語や表現が定着しやすくなる。また，自分自身の英語力の伸びも実感できてやる気も持続でき，インプットの量を増やすことにつながる。

■１つのトピックを追う

ある特定の問題や地域を選び，ある一定の期間にわたり，そのことについての記事には必ず目を通すようにするという学習方法も，壁を越えるのに効果的である。最初は難しい表現がたくさん出てきて面食らうかもしれない。しかし，同じトピックについて読み続ければ，同じ語句が毎回出てくることに気づく。例えば，火山が爆発したとしよう。最初は見たことも聞いたこともないような専門用語が出てくる。しかし，毎日報道されるので，その意味も推測できるようになる。トピックに関する知識も身についてくるので，ますます読みやすくなる。しばらくすると最初はまるでわからなかった専門用語も難なくわかるようになる。

「テーマ・シラバス」といった発想が英語教育にもだいぶ浸透してきた。これまでは，毎課ごとに違うテーマを取り上げるのが普通であった。これは一見面白そうだが，読む学習者の負担が大きい。多くの学習者は背景知識が乏しいだけでなく，関連の英語表現を知らない。そこで，ある期間を決めて，その間は特定のトピックあるいはテーマ（例えば健康問題，環境問題，教育問題）を決める。そして，それぞれが関連する内容についての英文を読んだり聴いたりする。そうすることによって，背景知識を増やしたり，単語や熟語などを覚えたりする負担が大幅に軽減され，関連した内容に関する単語などの定着率がよくなる。このような意味でも，**ある論題について一定期間にわたりリサーチをして行うディベートやディスカッションは，英語学習法としても優れている**とされており，近年では高校の英語教育にも次第に取り入れられるようになってきた。

■パラグラフ・リーディングを数多くこなす

単語それぞれはだいたい意味がわかるのだが，新聞，雑誌やネットニュースなど，まとまりのある英文が何を言おうとしているのかよくわからない，という経験は誰でもあるはずだ。特にイラストや図表がない英文の場合，そういったことがよくある。そんな時にどうしたらよいのか…。代名詞が何を指しているのか，他動詞なのか自動詞なのかと

いった分析を頼りに，意味を把握する必要がある。ただし，こういったミクロ的な読み解きだけでは，どうしても限界があり，枝葉を見て，森を見ない状態に陥っていることがある。誤訳の多くはこういう時に起こる。

　トピックセンテンスや接続詞などに注目し，英文の論理的な流れを追いながら，マクロ的に英文全体を把握するように常に心がけるべきである。そのためには，各パラグラフが果たしている役割に注目しながら読む，いわゆる「パラグラフ・リーディング」を心がけることが不可欠となる。

■英語を英語のまま理解する

　英語を，日本語を介して理解していたのでは理解の速度が落ちる。また，何よりも瞬発力がなくなり英語で迅速にタイミングよくやり取りをすることが難しくなってしまう。丁々発止の討論を行う際に，いちいち日本語を介して考え発言していたのでは，議論の流れについていけない。では，どうするか。それには，「英語の回路」を頭の中に構築するしかない。英語を使用する場面になったら，英語モードに切り替え，日本語を一時的に使用しない状態にするのである。もちろん，そんなことはすぐにできるわけではない。徐々に構築するしかない。

　その第一歩が英文を「パラフレーズする」ということである。ある英語を別の英語で説明できるということは，英語の回路を発達させるためには不可欠である。それを可能にするには，まず単語や熟語の定義を英語でインプットする，あるいは，単語や熟語が使われている英文そのものを覚えることである。このように，英語のパーツを他の英語に置き換えることができないと，必ず壁にぶち当たる。ましてや，英語母語話者に混じって英語を使いこなすことは難しい。単語・熟語レベルから始めて，次に文を別の英語に置き換える練習を積み，次にパラグラフ，記事全体を英語でまとめる〔サマリーをする〕ことにより，英語の回路が構築され，英語が使いモノになる。

■立場を決めて読む・聴く

　英文を読む場合，英文という無機質なものと格闘している人が多い。読むことも本来は書き手とのコミュニケーションである。著者は何を言おうとしているのか，どのような情報や意見を共有しようとしているのか，どのように説明しているのか，といったことに関心を払いながら読み進めていく必要がある。英語の放送を聴く時も基本的には同じ発想である。しかし，これが意外と難しい。英語を追えば追うほど逃げていくといった感じがする。

　そこで，コラム記事やニュース解説のように，発信者の意見・分析が提示されているような場合は，暫定的に自分の立場を決めて，読んだり聴いたりすることが深い理解につながる。例えば死刑制度についての記事を読むとする。廃止か存続のどちらかの立場に自分を仮に置く。そうすれば，発信者の意見を批評的・批判的に読み取る・聴き取る手掛かりができる。つまり，発信者とディベートを行っている感じになる。発言のどの部分が主張で，それを支える理由がいくつあり，それらにどのような資料を提示しているか，といった発想で分析できるようになる。これが critical reading（批判的読解），

critical listening (批判的聴解) である。コラムニストやキャスターの意見を鵜呑みにするのではなく，仮想ディベートをするくらいのつもりで読んだり聴いたりする。そうすればスピードにも対応できるようになる。こうやって**発信者との「コミュニケーション」を楽しむこと**で，自然と英語の力もついてくる。

■教養を広げる

　いわゆる名句と言われる引用があると，上級者でもお手上げ状態になることがある。英文雑誌記事などには聖書やシェイクスピアなどからの引用も多い。また，ヒットした映画のセリフや歌のフレーズなども出てくる。政治家の有名なセリフなども使われる。さらにやっかいなのは，これらの名句がそのまま使われるのではなく，一部分を替えて使われる場合である。これに対処するには，教養の幅を広げるしかない。

　そのためには，**名句集の類を読む，ヒットした映画を観る，聖書を読む**といったことを地道に行い，「教養の幅を広げる」しかない。読んだり聴いたりしている時に，おやっと思った表現に出会ったら，そのことについて調べたり，内容について詳しい人や英語の語感が信頼できる人に質問をしたりといったことも大切である。そのプロセスを楽しめるようになれば，あなたも英語の上級者に仲間入りできるはずだ。

　読者のみなさん，ぜひ，英語でご自分の世界をさらに広げてください。

2020年3月 松本 茂

1

社会 ◆ Society

1-1　Japan's shrinking royal family reignites debate on women's role

1　Prime Minister Abe unsupportive of allowing female emperors

❶ TOKYO — The **ascension** of the new emperor has left Japan with just three eligible **heirs** to the throne, raising serious concerns about stable Imperial succession and likely **rekindling** a debate about
5　expanding the role of royal women, including allowing female emperors.

❷ But such a change is firmly opposed by traditionalists within the ruling Liberal Democratic Party, and Prime Minister Shinzo Abe remains reluctant to embrace the idea, making an immediate change
10　unlikely.

❸ The 2017 legislation that permitted now-Emperor Emeritus Akihito to **abdicate** called for the government to consider ways to address the succession issue "speedily" after the law's **implementation** and report its findings to parliament.　The legislation specifically mentions the
15　possibility of allowing women to remain in the Imperial family after marriage and form their own houses.

1	**reignite** [riignáit]	*vt.* を再燃させる (to cause sth to burn again)；(一時収まっていたこと) を再燃させる；(感情) を再び喚起する *vi.* 再着火する, 再燃する
	参 **ignite**	*vt.* に点火する, を発火させる
	参 **ignition**	*n.* 点火, 着火；(エンジンなどの) 点火装置, イグニッション
2	**ascension** [əsénʃən]	*n.* 即位, 就任 (the act of reaching or moving up to the throne or a higher position)；上昇 (the act of moving up)
	派 **ascend**	*vi.* 高い地位につく, 出世する；登る, 上がる *vt.* (王位など) を継承する；を登る, 上がる
3	**heir** [éər]	*n.* 継承者, 後継者 (one who inherits property or a title from another person) (≒ inheritor)；法廷相続人
	参 **heiress**	(女性の) 継承者, 後継者

1-1　先細る日本の皇室が女性皇族の役割に関する議論を再燃させる

安倍首相は女性天皇の容認に否定的

❶ 東京——新天皇の即位により，日本の皇位継承資格者はわずか3人となり，安定的な皇位継承をめぐり深刻な懸念が持ち上がっており，女性天皇の容認を含め，女性皇族の役割の拡大に関する議論を再燃させる可能性が高い。

❷ しかしながら，このような変更については，与党，自由民主党の伝統主義者たちに強硬に反対されており，また安倍晋三首相もこの構想の受け入れにいまだ乗り気ではないため，即時の変更はないものと見られる。

❸ 明仁上皇が退位することを認めた2017年の法律では，政府に対し，その法律の施行後，皇位継承問題に対応する方法を「すみやかに」検討し，国会にその結果を報告することを求めた。この法律は，女性が結婚後も皇室に残り，女性宮家を創設することを認める可能性にも明確に言及している。

4	**rekindle** [ri:kíndl]	*vt.* を再燃させる，に再点火する；（興味や感情など）を呼び覚ます，をよみがえらせる（to make sth become active again）
	参 **kíndle**	*vt.* に火をつける，を燃やす *vi.* 火がつく，燃える
5	**abdicate** [æbdikèit]	*vi.* （王位・皇位などから）退位する（to give up the position of being king or queen formally） *vt.* （王位・地位など）を捨てる；（地位・権利・責任など）を放棄する（≒ renounce）
	≒ **relínquish**	*vt.* （権利・所有物など）を放棄する，を手放す，を譲渡する；（計画など）をあきらめる，をやめる
6	**implementation** [ìmpləməntéiʃən]	*n.* 施行，実施，実行（the act of starting to use a system or plan that has been officially decided）
	派 **ímplement**	*vt.* （計画など）を実行する；に手段を与える

1-2 Japan's shrinking royal family reignites debate on women's role

1 ❹ Chief Cabinet Secretary Yoshihide Suga called the succession problem "extremely important" when he spoke with reporters on May 1, but said the government's immediate priority is to "ensure the ceremonies for His Majesty's **accession** go off **without a hitch**." He
5 seems to indicate serious discussion of the issue would wait until after the succession **rites** end in the fall.

❺ The law governing Imperial succession states that the throne "shall be succeeded to by a male offspring in the male line." Japan had ruling empresses during the Nara period in the seventh and eighth centuries,
10 and again during the Edo period in the 17th and 18th centuries, before the current law was put in place after World War II. But every ruler to date, male and female, has come from the **paternal** line of descent.

❻ The three remaining heirs are Naruhito's younger brother, Crown Prince Akishino, 53; Akishino's son, Prince Hisahito, 12; and Prince
15 Hitachi, the retired emperor's younger brother, who is 83 years old.

❼ The shrinking size of the Imperial family creates problems beyond the line of succession. With fewer family members, more duties fall on the shoulders of each individual. And six of the 18 remaining members are unmarried women, who would lose their royal status if they **wed**
20 **commoners**.

7 ☐	**accession** [ækséʃən]	*n.* 即位, 継承, (王位・高位などへの) 就任 (the process or act by which sb rises to a position of honor or power); 到達, 接近 (≒ access); (団体, 組織などへの) 加盟, 加入 *cf.* accession country (EU との加盟交渉中の国)
8 ☐	**without a hitch**	問題なく, 支障なく, トントン拍子に (successfully without any problems) (≒ smoothly, effortlessly)
	参 **hitch**	*n.* ぐいと引く [動かす] こと (≒ jerk)
9 ☐	**rite** [ráit]	*n.* (宗教上の) 儀式, 典礼 (a ceremonial act performed in accordance with tradition or religious protocol) (≒ ceremony, ritual); (伝統的な) 慣習, しきたり

1-2　先細る日本の皇室が女性皇族の役割に関する議論を再燃させる

❹ 菅義偉内閣官房長官は，5月1日の記者会見の際，皇位継承問題を「極めて重要」と述べたが，政府として当面の優先事項は「天皇陛下の即位に伴う儀式が滞りなく執り行われることである」とした。即位に伴う一連の儀式が終わる秋まで待って本格的な議論を行うということを示唆しているようだ。

❺ 皇位継承を規定した法律(皇室典範)では，皇位は「皇統に属する男系の男子が，これを継承する」と定めている。日本では，7世紀から8世紀の奈良時代，その後再び，17世紀から18世紀の江戸時代に女性天皇が統治していたが，これは第二次世界大戦後に現行法が施行される前のことである。しかし，これまでのすべての天皇は，男女を問わず，父方の天皇の血筋を引いている。

❻ 残る皇位継承者は，徳仁天皇の皇弟である秋篠宮さま53歳，秋篠宮さまの第一男子，悠仁さま12歳，上皇の皇弟である常陸宮さま83歳の3名である。

❼ 皇族の先細りにより，皇位継承以外の問題も発生している。皇族が減少しているため，より多くの公務が，皇族1人ひとりの肩にのしかかっている。現状の18名の皇族の内，6名が未婚の女性であり，一般人と結婚すると皇族の身分を離れることになる。

10 ☑	**paternal** [pətə́:rnl]	*adj.* 父方の，父系の (relating to a father)；父親らしい；温情主義の　(⇔ maternal (母方の))
	派 **patèrnalístic**	*adj.* 家父長 (制) 的な，家父長主義の；温情主義的な
11 ☑	**wed** [wéd]	*vt.* と結婚する，に嫁ぐ (to join in marriage) (≒ marry)；を嫁がせる；を結びつける
	≒ **espóuse**	*vt.* と結婚する，をめとる
12 ☑	**commoner** [kámənər]	*n.* (皇族・貴族に対して) 一般人，庶民 (a person who does not come from a royal or noble family) (⇔ aristocrat)；《英》下院議員
	⇔ **arístocràt**	*n.* 貴族；(態度が) 貴族的な人

1-3 Japan's shrinking royal family reignites debate on women's role

1 **❽** Tokyo has debated how to deal with the succession problem for years. In 2005, an expert panel formed by then-Prime Minister Junichiro Koizumi recommended that Japan switch to a system of primogeniture — favoring the emperor's firstborn child regardless of
5 gender. This would open the door to both female rulers and — if a ruling empress is succeeded by her child — **matrilineal** heirs.

❾ Though Koizumi himself was willing to make such a change, the idea met with resistance from many lawmakers and cabinet members from the conservative LDP. The discussion lost momentum after news
10 emerged in February 2006 that Akishino's wife, Kiko, was expecting another child. That the child turned out to be a boy appeared to **defuse** the potential succession crisis for the time being.

❿ The issue **resurfaced** after the more liberal Democratic Party of Japan took power a few years later. After consulting with experts in
15 fields including the constitution and religion — in light of the emperor's ceremonial role in Japan's Shinto religion — Prime Minister Yoshihiko Noda in October 2012 drew up a proposal to allow female-led Imperial houses.

⓫ Plans to submit the measure to **parliament** were **shelved** after the
20 DPJ was **trounced** by Abe's LDP in elections that December. Abe had been critical of the proposal as opposition leader, arguing that it risked **undermining** a "basic principle of the history and tradition of the Imperial family."

13 ☐ **matrilineal** [mæ̀trəlíniəl]	*adj.* 母系の，母方の (relating to or tracing descent through the maternal line) (⇔ patrilineal)
14 ☐ **defuse** [dìːfjúːz]	*vt.* を鎮める (to make less harmful or tense)，(危険など) を取り除く；(爆発物) の信管を外す, のヒューズを外す
≒ **alléviàte**	*vt.* (苦痛・苦悩など) を和らげる, を楽にする
15 ☐ **resurface** [rìːsə́ːrfis]	*vi.* (水面などに) 再浮上する (to come to the surface of the water again) (≒ reappear)

1-3　先細る日本の皇室が女性皇族の役割に関する議論を再燃させる

❽ 日本政府は，皇位継承問題にどのように対処するかを長年議論してきた。2005年，当時の小泉純一郎首相によって設けられた有識者会議は，日本が，長子継承，つまり性別を問わず，天皇の第一子を優先するやり方に切り替えることを推奨した。これは，女性天皇と，女性天皇の子どもに皇位が継がれる場合は，母系継承の両方への門戸を開く。

❾ 小泉（元首相）自身もそのような変更を行うことをいとわなかったが，この考えは，多くの保守派自民党議員や閣僚からの抵抗にあった。秋篠宮妃紀子さまがもう1人子どもを出産予定であるというニュースが2006年2月に出た後，この議論は勢いを失った。子どもが男子であることが判明し，将来起こり得る皇位継承危機を，当面の間，和らげたかと思われた。

❿ 数年後，より自由主義的な民主党が政権を握った後，この問題は再び表面化した。憲法や，宗教（日本の神道信仰における天皇の儀式的な役割に照らして）を含む分野の専門家を交えた懇談を行い，2012年10月に野田佳彦首相は，女性主導の宮家を容認する提案を作成した。

⓫ 民主党がその12月の選挙で安倍氏の率いる自民党によって大敗させられた後，この法案を国会に提出する計画は棚上げされた。安倍氏は野党党首としてもこの法案に批判的で，「皇室の歴史と伝統の基本理念」を損なう危険性があると主張していた。

☐	**parliament** [páː*r*ləmənt]	n. 〈通例無冠詞で〉**国会，議会** ※日本の国会は the Diet。
16 ☐	**shelve** [ʃélv]	vt. （法案など）を棚上げにする（to decide not to continue with a plan）（≒ defer, put off）
17 ☐	**trounce** [tráuns]	vt. を大敗させる，を完敗させる（to defeat sb severely or completely）（≒ annihilate, flatten）；を懲らしめる
☐	**undermine** [ʌ̀ndə*r*máin]	vt. を損なう，を密かに傷つける；を徐々に弱める（to make sth weaker）；の下を掘る

1-4 Japan's shrinking royal family reignites debate on women's role

1 ⑫ Abe remains reluctant to change the current system. In a March budget committee meeting, he said the matter must be "carefully and respectfully considered, bearing in mind the weight of the fact that **patrilineal** succession has been maintained without exception from
5 ancient times."

⑬ The government must analyze the issue fully and proceed cautiously in order to **build a** public **consensus**, he said.

⑭ The new emperor received the Imperial **regalia** in a succession ceremony on May 1. As when the rite was conducted in 1989 for
10 Akihito, no female Imperial family members were in attendance. The government likely decided that letting female royals be present for the handover of the proof of Imperial succession could have suggested support for allowing women or matrilineal heirs to take the throne.

⑮ "There's no need to rush to discuss female-led Imperial houses or
15 ruling empresses when there's a legitimate heir in Prince Hisahito," a senior Cabinet Secretariat official said. "It's hard for momentum to build toward changing the system as long as there's no pressing problems such as a further decline in male Imperial family members in the line of succession." (*Nikkei Asian Review*, 745 words)

---

18 ☐	**patrilineal** [pæ̀trilíniəl]	*adj.* 父系の，父方の (relating to or tracing descent through the paternal line) (⇔ matrilineal)
☐	**build a consensus**	コンセンサス〔合意〕を築く，合意を確立する
	🔊 **consénsus**	*n.* 意見の一致，コンセンサス，合意 (a general agreement) (≒ consent)
19 ☐	**regalia** [rigéiljə]	*n.* 王位・皇位の象徴，即位の宝器 (the symbols, emblems or paraphernalia to indicate royalty) ※日本では「三種の神器」を指す。 (儀式の時に着る) 盛装，式服

1-4　先細る日本の皇室が女性皇族の役割に関する議論を再燃させる

⑫　安倍首相は現在のシステムを変更することに消極的だ。3月の予算委員会で同氏は，この問題は「父系継承が古代から例外なく維持されているという事実の重みを念頭に置いて，慎重かつ敬意をもって検討」する必要があると述べた。

⑬　政府はこの問題をしっかりと分析し，国民の**合意を形成する**ために慎重に進めなければならないと安倍首相は述べた。

⑭　新天皇は，5月1日の皇位継承に伴う儀式で皇位の象徴の品々〔三種の神器〕を受け取った。1989年の明仁上皇の即位の儀式の際と同様，女性皇族は出席しなかった。皇位継承の証しの品々の引き継ぎに女性皇族が出席するのを許可することは，女性や母系継承者が皇位を継承することへの容認を示す可能性があると，政府が判断したと見られる。

⑮　「悠仁さまが正当な皇位継承者である以上，女性宮家や女性天皇についての議論を急ぐ必要はない」と内閣官房の高官は述べ，次のようにも語っている。「皇位継承できる男性皇族がさらに減少するなどの差し迫った問題がない限り，制度の変更に向けての勢いは生じにくい。」

Key Points of This Issue　（王位継承の品）regalia

　regalia（王位継承の品）は各国さまざまである。日本の三種の神器は八咫鏡（やたのかがみ），八尺瓊勾玉（やさかにのまがたま），草薙剣（くさなぎのつるぎ），すなわち鏡・勾玉・剣の3点である。タイには五種の神器がある。イギリスでは戴冠宝器（Crown Jewels）としてさまざまな品が代々の王に受け継がれている。王冠，祭服，剣，宝珠，印璽（蝋で綴じる王家の印章）など，その国の歴史を背負った継承の品は多岐にわたる。

❓Quiz

□ 1　Aside from the issue of succession, what other problems are related to the decline in the number of royal family members?

□ 2　What is the system of primogeniture and why has Prime Minister Shinzo Abe been critical of it?　▶ Answer は p.462

1 社会 ◆ Society

2-1 Remembering a President

1 ❶ Just 1,000 days after taking the **oath** of office in a **glittering inauguration** ceremony, in which he also called on Americans to "ask not what your country can do for you — ask what you can do for your country," the presidency of John Fitzgerald Kennedy ended **abruptly**

5 when an **assassin's** bullet took his life on the streets of Dallas, Texas.

❷ Each year, the events of November 21, 1963, from the moment Air Force One arrived at Love Field until Kennedy was pronounced dead at Parkland Memorial Hospital, are meticulously **chronicled** in newspaper and magazine articles and on television news programs.

20 ☑	**oath** [óuθ]	*n.* 誓い，誓約（a formal promise to speak the truth or perform a duty）
	≒ **plédge**	*n.* 誓約
21 ☑	**glittering** [glítəriŋ]	*adj.* 光り輝く（giving off many small flashes of light; very successful）
	派 **glítter**	*vi.* きらきら光る　*n.* きらめき，華やかさ
	派 **glíttery**	*adj.* きらめく
22 ☑	**inauguration** [inɔ̀ːgjəréiʃən]	*n.* 就任；就任式（a ceremony at the start of sth, such as a president's term in office）
	派 **ináuguràte**	*vt.* を就任させる；を開始する（to begin or introduce formally）
	派 **ináugural**	*adj.* 就任の　*n.* （大統領の）就任式（演説）
23 ☑	**abruptly** [əbrʌ́ptli]	*adv.* 不意に，突然に（happening suddenly or unexpectedly）
	派 **abrúpt**	*adj.* 急な，突然の
	派 **abrúptness**	*n.* 突然

2-1　記憶に残り続ける大統領

❶ 輝かしい就任式で就任の宣誓を行い，同時に米国民に「国が自分のために何をしてくれるのかではなく，自分が国のために何を成すことができるかを考える」ようにという呼びかけを行ってからわずか1,000日で，ジョン・フィッツジェラルド・ケネディの大統領としての任期は突如として終わりを告げた。テキサス州ダラスの街中で**暗殺犯**の銃弾に倒れたのだ。

❷ 毎年，1963年11月21日の出来事，つまり大統領専用機がラブ・フィールド空港に到着した瞬間からパークランド記念病院におけるケネディ大統領の死亡確認に至るまでの一連の出来事は，新聞・雑誌の記事やテレビの報道番組で詳細に時間の経過に沿って取り上げられる。

	assassin [əsǽsən]	*n.* 暗殺者，刺客
	派 **assássinàte**	*vt.* を暗殺する（≒ kill）
	派 **assàssinátion**	*n.* 暗殺
24	**chronicle** [kránikl]	*vt.* （出来事など）を起こった順に記録する（to describe events in the order in which they happened） *n.* 年代記；〈新聞の名前につけて〉〜新聞

語句・表現

- □ *l.2*　call on 〜 to ...「〜に…をするよう求める」
- □ *l.5*　take one's life「〜の命を奪う」
- □ *l.7*　be pronounced dead「死を宣告される」

2-2 Remembering a President

1 (**❷** 続き) Once again, we are witnesses to **haunting** images of President and Mrs. Kennedy riding through the streets in their open Lincoln convertible, smiling and waving to enthusiastic crowds of **spectators**. And we relive the **horror** and the anguish felt around the world when a
5 **lethally** wounded president slumps into his wife's lap, never to regain consciousness.

❸ That Kennedy's assassination made an indelible impression upon the psyche of an entire generation is understandable. What is remarkable is that nearly half a century later, the anniversary of his death is still
10 marked by an **immense** outpouring of grief and **condolences**. While family members gather to **commemorate** his passing at Arlington National Cemetery, crowds assemble in Washington and Dallas to **mourn** Kennedy's death and exchange stories about where they were and what they were doing when they heard the news of his assassination.

---

25 ☑	**haunting** [hɔ́:ntiŋ]	*adj.* 心によく浮かんでくる (having a quality that stays in your mind)
	派 **háunt**	*vt.* をしばしば訪れる；(幽霊などが) に出没する
	派 **háunted**	*adj.* 幽霊のよく出る, 何かに取りつかれたような
	≒ **ùnforgéttable**	*adj.* いつまでも記憶に残る
26 ☑	**spectator** [spékteitər, –́–]	*n.* 見物人, 観客 (a person who watches an event, especially a sporting event)；目撃者
	≒ **víewer**	*n.* 見物人, 視聴者
27 ☑	**horror** [hɔ́(:)rər]	*n.* 恐怖 (a feeling of very strong fear)
	派 **hórrible**	*adj.* 恐ろしい
	派 **hórribly**	*adv.* 恐ろしく
	≒ **térror**	*n.* 恐怖
28 ☑	**lethally** [lí:θli]	*adv.* 致命的に (that can cause death or great damage)
	派 **léthal**	*adj.* 致命的な, 危険な

2-2　記憶に残り続ける大統領

(❷続き) またしても，ケネディ大統領夫妻の忘れ難い映像を，私たちは目にすることになる。その映像の中で夫妻は，熱狂する見物人の列に笑顔で手を振りながらオープンタイプのリンカーンで市中を進む。そして，あの時世界中を襲った戦慄と悲痛を追体験するのである。致命傷を負った大統領が夫人の膝に崩れるように倒れ，そのまま二度と意識を取り戻すことがなかったあの時を。

❸ ケネディ大統領暗殺が，すべての世代の人々の心にぬぐい去り難い印象を与えたことは，理解に難くない。注目すべきことは，半世紀近くがたっても依然として，大統領の命日が途方もない，流れ出る悲しみと弔辞に染まっているということだ。親族は大統領の死を悼むためにアーリントン国立墓地に集まり，一般大衆はワシントンとダラスに集まってケネディ大統領の死を嘆き，大統領暗殺のニュースを聞いた時にどこにいて何をしていたかを互いに語り合う。

29 immense [iméns]	*adj.* 莫大な，広大な (very large or covering a wide area)
派 imménsely	*adv.* 莫大に，広大に
≒ enórmous	*adj.* 巨大な，莫大な
30 condolence [kəndóuləns]	*n.* 哀悼，〈複数形で〉悔やみの言葉 (an expression of how sorry you feel for sb whose relative or close friend has just died)
派 condóle	*vi.* 悔やみを言う
派 condóler	*n.* 弔問者
31 commemorate [kəmémərèit]	*vt.* を追悼する，を記念する (to do sth special in order to remember an important person or event)
32 mourn [mɔ́ːrn]	*vt.* を悲しむ，の喪に服する (to feel deep sadness, especially when sb has died)

🖊 語句・表現

□ *l.5*　never to ... 「…することなく」

2-3　Remembering a President

1　❹ One week after Kennedy's death, President Lyndon Johnson called on Chief Justice Earl Warren to convene a commission **comprising** a panel of distinguished citizens to investigate the facts and circumstances of the assassination.　The commission was also charged with
5　investigating the death of the alleged assassin, Lee Harvey Oswald. Oswald had been **captured** within hours of the shooting, after killing a uniformed officer and **fleeing** to a movie theater in an attempt to **elude** police.　Less than 18 hours after his arrest, Oswald himself became a victim of **homicide**, shot by Jack Ruby, a local nightclub owner, while
10　being transferred at Dallas police **headquarters** in full view of a national TV audience.　After nine months of investigation, the unanimous conclusion of the Warren Commission was that Lee Harvey Oswald alone shot President Kennedy, and there was no evidence that either Oswald or Ruby was part of any kind of an assassination **conspiracy**.

---

33 ☑	**comprise** [kəmpráiz]	*vt.*（組織などが）から成る (to consist of particular parts, groups etc)；を構成する
	capture [kǽptʃər]	*vt.* を**捕らえる** (to catch and make a prisoner of an animal or a person)　*n.* 捕獲, 逮捕
	派 **cáptive**	*n.* 囚人, 捕虜, 捕獲された動物　*adj.* 捕虜になった
	派 **captívity**	*n.* 監禁状態
34 ☑	**flee** [flíː]	*vi.* 逃げる, 逃走する (to run from sth in order to escape it) *vt.* から逃げる
	派 **flíght**	*n.* 逃亡, 逃走；飛行
35 ☑	**elude** [ilúːd]	*vt.* を（巧みに）逃れる (to escape or avoid being caught by sb)；(物・事が)(人)にとって理解できない, にとって思い出せない
	派 **elúsion**	*n.* 逃避, 回避

2-3　記憶に残り続ける大統領

❹ ケネディ大統領の死から1週間後，リンドン・ジョンソン大統領はアール・ウォーレン最高裁判所長官に，優れた市民代表から成る委員会を召集するよう要請した。大統領暗殺の事実関係と背景を調査することを目的としたものだった。委員会のもう1つの任務は，暗殺犯とされるリー・ハーベイ・オズワルドの死を調査することだった。オズワルドは銃撃から数時間以内に**身柄を拘束**されていた。警察から逃れようとして制服警官を殺害し，映画館へ逃げ込んだ末のことだった。自らが逮捕されて18時間もたたないうちに，オズワルド自身が殺人の被害者となった。地元のナイトクラブのオーナーだったジャック・ルビーに撃たれたのだ。全米のテレビ視聴者が見守る中，ダラス市警察**本部**で護送中のことだった。9カ月間の調査の結果，ウォーレン委員会が全員一致で出した結論は，リー・ハーベイ・オズワルドは単独でケネディ大統領を狙撃したのであり，オズワルドやルビーが何らかの暗殺の陰謀に加担していた証拠は何もないというものだった。

36 ☑	**homicide** [hάməsàid]	*n.* 殺人 (the killing of one human being by another) ※自衛のための殺人など，必ずしも罪ではない。
	≒ **múrder**	*n.* 殺人 ※殺意をもって人を殺した罪となる。
☑	**headquarters** [hédkwɔ̀rtərz]	*n.* **本部, 本社** (the main office of a business or organization)
	≒ **head office**	本社
37 ☑	**conspiracy** [kənspírəsi]	*n.* 陰謀, 共謀 (a secret plan by a group of people to do sth bad or illegal)
	派 **conspíre**	*vi.* 陰謀を企てる, 共謀する
	派 **conspírator**	*n.* 共謀者, 陰謀者

🖉 語句・表現

- ☐ *l.3*　distinguished「(選ばれるに) ふさわしい, 品格ある」
- ☐ *l.4*　be charged with ～「～を任される」
- ☐ *l.10*　in full view of ～「～が見守る中」

2-4　Remembering a President

1　❺ Over the years, the findings of the Warren Commission have been
hotly disputed in numerous books and articles.　Many critics believe
that the commission merely **scratched the surface** in a **superficial**
investigation that was **flawed** by placing too much trust in FBI and CIA
5　investigators.　Multiple conspiracy theories have **arisen**, ranging from
the **plausible** to the **absurd**, including purported plots by the Mafia,
Soviet Union and Fidel Castro, any of whom might have wanted to
settle a score with the Kennedy **administration**.

---

38 □	**scratch the surface**	上っ面をかじる，表面的に扱う (to deal with only a very small part of a subject or problem)
39 □	**superficial** [sùːpərfíʃl]	*adj.* 名ばかりの，表面的な；表面近くの (on or near the surface)
	派 **sùperfícially**	*adv.* 表面的に
40 □	**flaw** [flɔ́ː]	*vt.* に傷をつける (to damage or spoil sth)；⟨be ...ed で⟩損なう　*vi.* 傷がつく　*n.* 欠陥，欠点
	派 **fláwed**	*adj.* 欠陥のある
	派 **fláwless**	*adj.* 欠点のない，完璧な
	派 **fláwlessly**	*adv.* 欠点がなく，完璧に
41 □	**arise** [əráiz]	*vi.* 起こる，生じる (to appear; to begin to exist)
42 □	**plausible** [plɔ́ːzəbl]	*adj.* もっともらしい (believable because sth is logical and reasonable) ※確率が possible より高く，probable より低い。

2-4　記憶に残り続ける大統領

❺ 長年にわたり，多くの書物や記事でウォーレン委員会の結論をめぐる激しい議論がなされてきた。批判的な見方をする多くの人々は，この委員会は事件の名ばかりの調査で上っ面をなでただけにすぎないと考えている。その調査は，FBI や CIA の捜査官を信用しすぎたせいで損なわれてしまった。もっともらしいものからばかばかしいものまで，数多くの陰謀説が生まれた。それには，マフィアやソ連，フィデル・カストロの陰謀であるといううわさも含まれる。いずれもケネディ**政権**に対する恨みを晴らしたがっていた可能性のある者たちだ。

43 ☑	**absurd** [əbsə́ːrd, -zə́ːrd]	*adj.* ばかげた（not at all logical or sensible）
	派 **absúrdly**	*adv.* ばかばかしいほどに
	派 **absúrdity**	*n.* 不合理
44 ☑	**settle a score**	恨みを晴らす（to do sth to harm sb who has harmed you some time in the past）
☑	**administration** [ədmìnəstréiʃən]	*n.* **政権；政府**（≒ government）；**管理，運営；行政機関**（≒ office, organization）
	派 **admínister**	*vt.* を管理する，を運営する
	派 **admínistràtor**	*n.* 管理者，経営者，行政官
	派 **admínistràtive**	*adj.* 管理の，運営の，行政の

🖉 語句・表現

☐ *l.5*　ranging from ～ to ...「～から…にまで及んで」

2-5　Remembering a President

1　(❺続き) Some of the more **bizarre** theories hold that the assassination was ordered by the CIA or even then Vice-president Johnson, enabling him to assume the office of his **predecessor**. While the bulk of the theories have been rejected due to lack of **tangible** evidence, a 1979
5　congressional committee formally questioned the methods of the Warren Commission and admitted the possibility that its conclusions were **erroneous**. However, the committee stated that the commission had acted in good faith and done its **utmost** to **discern** the truth concerning the assassination, based on the evidence available at the
10　time.

45 **bizarre** [bizá:*r*]	*adj.* とっぴな (very strange or unusual)	
派 **bizárrely**	*adv.* 奇妙に	
46 **predecessor** [prédəsèsə*r*, prí:–]	*n.* 前任者 (a person who had a job or position before the person who has it now)	
47 **tangible** [tǽndʒəbl]	*adj.* 具体的な, 明白な, 確実な (≒ palpable); 触れて感知できる (≒ touchable); 実在する, 実体のある (real and able to be seen or touched)	
派 **tángibly**	*adv.* 明白に	
派 **tàngibílity**	*n.* 明白; 触ってわかること	
48 **erroneous** [əróuniəs, er-]	*adj.* 間違っている, 誤った (incorrect or mistaken)	
派 **erróneously**	*adv.* 誤って	

2-5　記憶に残り続ける大統領

(❺続き) さらに突拍子もない説の中には，暗殺を指示したのはCIAであるとか，当時のジョンソン副大統領であるとするものまであった。前任者から大統領の職を引き継ぐことができたからだ。こうした陰謀説の大部分は，具体的な証拠に乏しいために受け入れられることはなかったが，1979年の議会委員会ではウォーレン委員会の手法に対して公式に疑義が呈され，ウォーレン委員会の結論が間違っていた可能性が認められた。一方で，議会委員会はウォーレン委員会が誠意をもって活動し，当時入手可能であった証拠に基づいて最善を尽くして暗殺に関する真相を解明しようとしたという見解を示した。

⁴⁹ ☑	**utmost** [ʌ́tmòust, -məst]	*n.* 最大限，最高 (the greatest or highest amount possible) *cf.* do one's utmost (最善〔全力，万全〕を尽くす，最大限努力する) *adj.* 最大の，最高の
≒	**máximum**	*n.* 最大限　*adj.* 最大限の
⁵⁰ ☑	**discern** [disə́ːrn, dizə́ːrn]	*vt.* (〜であること) を解明する，を見分ける (to see or understand sth with effort because it is not very clear) (≒ recognize, distinguish) *vi.* 識別する
派	**discérnible**	*adj.* 識別できる
派	**discérnment**	*n.* 識別 (力)，洞察 (力)
≒	**distínguish**	*vt.* を区別する

✎ 語句・表現

☐ *l.1*　hold that ... 「…と考える」
☐ *l.8*　act in good faith 「誠意をもって行動する」

2-6 Remembering a President

1 ❻ The presence of so many conspiracy theories can be attributed to human psychology: people are unable to accept simple explanations for an event of such magnitude. Considering the historical **context** in which the assassination took place, when the so-called Soviet **menace**
5 was at the forefront of public fears, it is not surprising that many would suspect an international plot to kill the president, who had had harrowing confrontations with the Soviets and communist Cuba. It is noteworthy, however, that speculation about the assassination, like the public expression of grief, has failed to **subside** with the passage of
10 time. The growth of the Internet has given new life to conspiracy theories, which flourish like never before on Web pages and in **chat** room discussions. In spite of the ubiquitous nature of the theories, the circumstances and individuals associated with the assassination are likely to remain **enigmas**.

---

51 context
[kántekst]

n. 背景，文脈，前後関係 (the words or phrases before and after part of a text or speech that help us to understand the meaning)

派 **contéxtual** — *adj.* 文脈上の，前後関係による
派 **contéxtually** — *adv.* 文脈上，前後関係によって
≒ **círcumstànce** — *n.* 状況，環境

---

52 menace
[ménəs]

n. 脅威，危険人物 (sb/sth that is a danger to you and likely to cause you harm)；脅迫　*vt.* を脅す

派 **ménacing** — *adj.* 脅迫的な
派 **ménacingly** — *adv.* 脅迫的に
≒ **thréat** — *n.* 脅し，脅威

---

subside
[səbsáid]

vi. 静まる，収まる (to become less active or stop)；陥没する，沈む

派 **subsídence** — *n.* 沈静，減退
≒ **calm down** — 落ち着く，静まる；を落ち着かせる

2-6　記憶に残り続ける大統領

❻ これほど多くの陰謀説が存在する理由はおそらく，人間の心理にある。人というのは，あのような重大な出来事に対して単純な説明を受け入れることができないのだ。暗殺が起きた歴史的な背景を考えると，当時はいわゆるソ連の脅威が人々の不安の大部分を占めていた時代であり，ソ連政府やキューバの共産主義政府との苦しい対立を抱えていた大統領の暗殺をめぐって，多くの人が国際的な陰謀を疑ったとしても，驚くにはあたらない。だが，特筆すべきは，暗殺をめぐる憶測も，国民の悲しみの表出と同様に，時間の経過とともに**収まる**ことがないということだ。インターネットの発達によって陰謀説は新たに活気づいてきており，ウェブサイト上や**チャット**ルームの議論で，かつてないほどの盛り上がりを見せている。陰謀説はいたるところで目にすることができても，暗殺に関係する状況や人物については，謎のままになりそうだ。

☑ **chat** [tʃǽt]	*n.* **雑談**（a friendly conversation） *vi.* **雑談する**	
派 **chátty**	*adj.* おしゃべりな，話好きの	
53 ☑ **enigma** [ənígmə, e-]	*n.* **謎**（a puzzle, question, situation or person that is very difficult to understand）	
派 **ènigmátic**	*adj.* 謎の	
派 **ènigmátically**	*adv.* 謎めいて	

✐ 語句・表現

- ☐ *l.1*　attribute ～ to ...「～が…に起因すると考える」ここは受動態で，'～' にあたるのが The presence of ～ theories，'...' が human psychology である。
- ☐ *l.2*　human psychology とはどういうものかをコロン以降で説明している。
- ☐ *l.5*　at the forefront of ～「～の中心となって」
- ☐ *l.7*　it is noteworthy that ...「…ということは注目に値する」
- ☐ *l.9*　fail to ...「…しない」
- ☐ *l.10*　give life to ～「～を活気づける」

2-7 Remembering a President

1 ❼ John Fitzgerald Kennedy, on the other hand, will remain a **luminous** figure in the minds of those who were alive when he was president. This is in spite of recent **biographies** that have cast Kennedy in a more critical light, claiming that his term in office was not as **brilliant** as
5 previously thought, and that his achievements, when fully **scrutinized**, **fall short of** public perceptions. Like others who died before their time, Kennedy has already passed out of the confines of historical analysis and into the realm of **myth**. He will forever be remembered as the youthful and vibrant president who inspired a nation and the world.

(Original, 822 words)

54 ☑	**luminous** [lúːmənəs]	*adj.* 輝く，輝かしい；光を発する，明るい (shining brightly especially in the dark)；理解しやすい
	派 **lúminously**	*adv.* 明るく
55 ☑	**biography** [baiágrəfi]	*n.* 伝記 (the written history of a person's life)；伝記文学
	派 **bìográphic(al)**	*adj.* 伝記の
	派 **bìográphically**	*adv.* 伝記上，伝記風に
56 ☑	**brilliant** [bríljənt]	*adj.* 光り輝く；才気あふれた，(知性，才能が) すばらしい (having great intelligence or talent)；あざやかな
	派 **brílliantly**	*adv.* 見事に，りっぱに
	派 **brílliance**	*n.* (才気が) 抜きん出ていること，卓越
	派 **brílliancy**	*n.* 才気の現れた言葉や様子
	≒ **tálented**	*adj.* 才能に恵まれた，有能な
57 ☑	**scrutinize** [skrúːtənàiz]	*vt.* を注意深く調べる (to examine sth very carefully)
	派 **scrútiny**	*n.* 精密な調査，吟味
	≒ **inspéct**	*vt.* を詳しく調べる

2-7　記憶に残り続ける大統領

❼ 一方，ジョン・フィッツジェラルド・ケネディは，ケネディ大統領の時代に生きていた人々の心に輝かしい人物として残ることだろう。このことは，近年出版されたいくつかの伝記にも影響されていない。こうした伝記はケネディ大統領を以前よりも批判的な視点から分析し，ケネディ大統領の在任期間はこれまで考えられていたほど輝かしいものではなく，その業績も，仔細に注意深く調べると，一般に認識されているものには及ばないとしている。若くして亡くなった他の人々と同様に，ケネディ大統領もすでに歴史的分析の境界を越えて神話の領域に入ってしまったのだ。ケネディは，国家そして世界を勇気づけた若々しく生気に満ちた大統領として，いつまでも人々の記憶に残ることだろう。

58 ☑	**fall short of ～**	（期待・基準など）に達しない（to not be enough; to not reach sth）
59 ☑	**myth** [míθ]	n. 神話（a story from past times, especially one about gods and men of courage）　vt. を神話化する
	派 **mýthical**	adj. 神話の；創造的な
	派 **mýthically**	adv. 神話の中では
	派 **mythólogy**	n. 〈集合的に〉神話，神話研究

🖊 語句・表現

☐ l.4　in office「在職中の」
☐ l.6　die before one's time「早死にする」

❓ Quiz

☐ 1　Why are there still so many conspiracy theories in regard to JFK's assassination?
☐ 2　Give one example of the conspiracy theories regarding the assassination of President Kennedy.
▶ Answer は p.462

1 社会 ◆ Society

3-1 Minding the Gender Gaps

1 Education is not the reason for the pay gap
❶ Recent ILO research has revealed that, on average, education is not a significant **explanatory** cause of the gender pay gap, although its importance varies between countries. Indeed, returns to women's
5 education are consistently lower than those of men. Women working in the same occupation are systematically paid less than men, even if their educational levels equal or exceed those of their male counterparts. As seen earlier, women in management positions tend to have higher levels of educational attainment than their male counterparts.
10 ❷ Other factors, such as occupational gender segregation and the gender composition of the workforce in enterprises with, otherwise, similar productivity characteristics, stand out as more significant causes. In Europe, for example, working in an enterprise with a predominantly female workforce can give rise to a 14.7 per cent wage
15 penalty compared to working in a similarly productive enterprise but with a predominantly male workforce. This finding suggests the existence of discrimination.

☑ **explanatory** [iksplǽnətɔ̀ːri]	*adj.* 説明的な，説明のための，解釈上の（serving to explain；serving or intended to explain or make clear）
派 **explànatórily**	*adv.* 説明的に，解釈上（giving an explanation about sth）
60 ☑ **educational attainment**	学歴；教育的達成，学業成績（sth that you succeed in getting or achieve through education）
参 **attáinment**	*n.* （努力して達し得た）学識，技能；才能；達成，到達

3-1　男女格差に注意を向けること

教育は賃金格差の原因ではない

❶ ILOによる最近の調査で，概して，教育を受けたかどうかが，性別による賃金格差の重大で**説明に貢献的な**原因ではないことが明らかになった。もっとも，教育の重要性は国によって異なるが。実際，女性が教育を受けたことにより得られる（収入などの）見返りは，男性が得る見返りより一貫して低くなっている。女性の賃金は，同じ職業に就いている男性よりも制度的に低く支払われている。それは女性の教育レベルが，同じ立場の男性と同等またはそれ以上であっても，である。先に見たように，管理職の女性は，同じ管理職の男性よりも高い<u>学歴</u>を有している傾向がある。

❷ 他の要因，例えば性別職域<u>分離</u>，性別以外の点では同様の生産特性を持つ企業間における企業の従業員の性別構成などが，より重大な原因として<u>際立っている</u>。例えば，欧州では，大半が女性従業員である企業で働くと，似たような生産性を持った企業でも大半が男性従業員である企業で働くことに比べて，14.7%の賃金の不利益が生じる可能性がある。この調査結果は，差別が存在することを示唆している。

---

61 ☐	**segregation** [sègrigéiʃən]	*n.* 分離，隔離　(the state of being alone or kept apart from others)（≒ isolation, seclusion）（⇔ integration）； 差別的隔離　*cf.* gender segregation（性差別）
派	**ségregàte**	*vt.* を分離する，を隔離する　*vi.* 分離政策をとる
62 ☐	**stand out**	際立つ，目立つ；卓越する，注目を浴びる (to be noticeable or much better than other things or people)

🖉 語句・表現

- ☐ *l.2*　ILO：International Labour Organization「国際労働機関」
- ☐ *l.3*　pay gap「賃金格差」pay はさまざまな形の「給料」。
- ☐ *l.10*　occupational gender segregation「性別職域分離」男女間で職場の配属が異なる傾向のこと。垂直的分離（地位の高い職業ほど男性の比率が高くなるような分離のこと）と水平分離（男性はマニュアル職に多く，女性はノンマニュアル職に多く就きやすい傾向のこと）に分けられる。
- ☐ *l.14*　wage penalty ≒ wage gap「賃金の不利益」wage は時間給の意味合いのある「給料」。

3-2 Minding the Gender Gaps

1　Much of the pay gap remains unexplained

❸ A significant proportion of the gender pay gap across regions remains unexplained, particularly in high-income countries.

❹ Work performed by women is frequently **undervalued** either
5　because it mirrors work which has traditionally been carried out by women in the home without pay or simply because it is work performed by women.　Numerous studies using panel data for long periods of time show that certain sectors and occupations, such as nursing or teaching in primary education, which had gradually been
10　**infiltrated** by women and eventually became female-dominated, have exhibited a steady decline in average earnings relative to national average wages.　Another reason for women's lower average wages is because they tend to work in parts of the labour market where **unionization** and **collective** bargaining coverage are more limited.

15　❺ The established practice of asking how much a job applicant earned in their previous job may also have the **unintended consequence** of perpetuating gender bias in the valuation of the work done by women. Biases may also arise in the way in which wages are structured and jobs are classified, with women typically being classified at lower levels.

---

63 ☑ **undervalue** [ʌ̀ndərvǽlju]	*vt.* を過小評価する（to value below the real worth）（≒ underestimate）
⇔ **òvervÁlue**	*vt.* を過大評価する, を買いかぶる（≒ overestimate）

64 ☑ **infiltrate** [ínfìltreit]	*vt.* （地域・組織）に潜入〔侵入〕する（to secretly join an organization or enter a place in order to find out information about it or harm it）；にしみ込む（to enter an area by filtering gradually）；〈in〔through〕 ～で〉（思想・物資など）を（～に）浸透させる　*vi.* 浸透する
≒ **insínuàte**	*vt.* に徐々に入り込む；（思想など）を徐々にしみ込ませる；とほのめかす, と遠回しに言う

3-2　男女格差に注意を向けること

賃金格差の多くは説明つかぬまま
❸ 性別による賃金格差の大部分は地域を越えて，特に高所得国では，説明されないままである。
❹ 女性が行う仕事は過小評価されることがよくある。それは，女性が伝統的に家庭において無給で行っていた仕事を反映しているためであったり，単に女性が行う仕事であるためであったりする。長期にわたるパネルデータ（※調査対象者を固定して，一定期間に複数回の測定を行う調査法（＝パネル調査）によるデータ）を使用した多くの研究によると，看護や初等教育の教職のような特定の部門や職業は，女性によって徐々に進出され，最終的に女性が多数派になったが，全国平均賃金と比較して，平均所得が着実に減少している。女性の平均所得が低いもう1つの理由は，労働組合への加入や団体交渉がおよぶ範囲がより限定的な労働市場の一部において，女性が働く傾向があるからだ。
❺ 求職者に前職での収入がどれくらいだったかを尋ねるこれまでのならわしは，女性が行う仕事を評価する上で，性別による偏見を永続させるという予期せぬ結果をもたらす可能性もある。賃金が体系づけられ，仕事が分類される過程で，偏見が生じる場合もある。女性は一般的に，より低い地位に分類されるからだ。

---

65 □	**unionization** [jùːnjənizéiʃən]	*n.* 労組加入，労働組合化（the act or process of organizing people to form a labor/trade union）；組織化
	派 **únionìze**	*vi., vt.* 労働組合に加入する〔させる〕
66 □	**collective** [kəléktiv]	*adj.* （労働者の）共同体（運営）の；集団の，共同の（≒ collaborative）　*cf.* collective bargaining（団体交渉）　*n.* （労働者が運営する）共同体
	派 **colléctively**	*adv.* 集団で，集合的に；合計で
	≒ **colláboràtive**	*adj.* 協働の，協同的な；共同研究の
	≒ **ággregate**	*adj.* 集まった，集合的な；総計の
67 □	**unintended consequence**	予期せぬ結果（outcomes that are not the ones foreseen and intended by a purposeful action）
	参 **ùninténded**	*adj.* 意図的でない，故意でない

3-3 Minding the Gender Gaps

1 ❻ The full application of the principle of equal **remuneration** for work of equal value (equal pay), set out over 50 years ago in the ILO Equal Remuneration Convention, 1951 (No. 100) is essential to address the conscious and unconscious biases in the determination of the value of
5 work performed by women relative to that performed by men. The right to receive equal pay is not confined to equal or similar work, but also extends to work that may be of an entirely different nature, but is of equal value.

❼ While 173 countries have ratified ILO Convention No. 100, only 86
10 countries have passed laws that **give** full **effect to** the principle of equal remuneration for work of equal value. The implementation in practice of this concept is challenging even today due to a lack of understanding of the **scope** and application of the concept of "work of equal value".

---

68 ☑	**remuneration** [rimjùːnəréiʃən]	*n.* 報酬, 給料 (the amount of money paid for work or services) (≒ compensation, payment)
	派 **remúneràte** ≒ **récompènse**	*vt.* に報酬を与える；(努力・尽力) に報いる *n.* (努力などに対する) 報酬, 謝礼；弁償, 賠償

---

69 ☑	**give effect to ～**	(条例, 規則などを) 実施する, 実行する, 有効にする (≒ put ～ into effect) ※この場合のeffectは法律・規則などの「発効」の意。

---

70 ☑	**scope** [skóup]	*n.* 範囲, 領域；余地；視界 *vt.* を調べる

3-3　男女格差に注意を向けること

❻ 同一価値の労働には同一の報酬（同一賃金）という原則を完全に適用すること
は，50年以上前にILOの「同一報酬条約」1951年（第100号）で定められているが，
男性が行う労働と比較して女性が行う労働の価値を決定する際の意識的および無
意識的な偏見に対処するために不可欠。平等な賃金を受け取る権利は，同一ま
たは類似の労働だけに限定されるものではなく，まったく異なる性質のものであ
っても，価値が等しい労働であれば，その権利は拡大される。

❼ 173カ国がILO条約第100号を批准したが，わずか86カ国しか，同一価値の労
働には同一の報酬という原則を完全に実行する法案を可決していない。実際問題
として，この概念を実践することは現在でさえ困難だ。「同一価値の労働」という
概念の範囲と適用が理解しづらいためである。

✎ 語句・表現

- □ *l.2*　set ～ out〔set out ～〕「（人・文書などが）～を（はっきり体系的に）述べる」
- □ *l.11*　in practice「実際のところ，実際問題として」

Key Points of This Issue　同一報酬条約

　日本語での正式名称は「同一価値の労働についての男女労働者に対する同一報酬に関す
る条約」。日本は1967年8月24日に批准している。この条約は同一の価値の労働に対
しては性別による区別を行うことなく同等の報酬を与えなければならないと決めたもの
である。同一労働同一賃金（equal pay for equal work）に向けての条約としては，
1958年のDiscrimination (Employment and Occupation) Convention, 1958
(No. 111)（雇用及び職業についての差別待遇に関する条約）もある。こちらは，雇用と
職業の面で，人種，皮膚の色，性，宗教，政治的見解，国民的出身，社会的出身などによっ
て，どのような差別待遇も行われてはならないことを規定している。

3-4 Minding the Gender Gaps

1 ❽ A recent study of top universities in the United Kingdom suggests that academics from an ethnic minority experienced a pay gap in comparison to their white peers. While men also experience an "ethnicity pay gap", this becomes wider for women since it is an
5 additional factor to the gender pay gap. Data show that, compared with Caucasian men, Caucasian women on average earned 15 per cent less, Asian women earned 22 per cent less and black women earned 39 per cent less.

❾ There are also increasing indications of a pay gap between lesbian,
10 gay, bisexual, transgender and intersex (LGBTI) and non-LGBTI workers. LGBTI workers who have same-sex partners rarely enjoy the same benefits as married couples, resulting in a lower level of remuneration than their non-LGBTI counterparts. Among the few studies that have looked at the LGBTI pay gap, several suggest an
15 inherent bias and discrimination against LGBTI workers as the main reason for the pay gap. However, this is difficult to quantify as sexual orientation, gender identity or gender expression are, for now, "invisible" factors and therefore challenging to map.

(*A Quantum Leap for Gender Equality*, 685 words)

---

71 ☑	**Caucasian** [kɔːkéiʒən]	*adj.* 白色人種の (≒ white)；コーカサス人の，コーカサス地方の (originally of or relating to Caucasus or its inhabitants — used especially in referring to persons of European descent having usually light skin pigmentation)
72 ☑	**quantify** [kwántəfài]	*vt.* (質的にしか表せない物事) を定量化する，を数値化する (to give quantity to sth regarded as having only quality)；の量を計る
	派 **quántifier**	*n.*《文法》数量詞 (every, some, most of など)

3-4 男女格差に注意を向けること

❽ 英国の一流大学による最近の研究は，人種的に少数派である研究者が白人の研究者と比較して賃金格差を経験したことを示唆している。男性も「人種による賃金格差」を経験しているが，女性の場合は人種による賃金格差はさらに大きくなる。というのは，これは性別による賃金格差にさらに追加される要因だからだ。データによると，白人の男性と比較して，白人女性の平均収入は15％少なく，アジア系女性の収入は22％少なく，黒人女性の収入は39％少ない。

❾ レズビアン，ゲイ，バイセクシュアル，トランスジェンダー，インターセックスといったLGBTIの労働者と，非LGBTIの労働者の間の賃金格差の指摘も増えている。同性のパートナーを持つLGBTI労働者は，婚姻関係にある夫婦と同じ恩恵をめったに受けられないため，非LGBTIの労働者よりも所得水準が低くなる。LGBTIの賃金格差に注目した数少ない研究のうち，いくつかの研究によると，LGBTIである労働者に対する内在する偏見と差別が，賃金格差の主な理由である。ただし，これを定量化することは困難だ。というのも，性的指向，性同一性，性別表現(※服装や態度，社会的な行動や他の方法で性別を表現すること)は，今のところ「目に見えない」要因であり，したがって位置づけるのが難しいからだ。

---

73 ☑ **map**
[mǽp]

vt. を位置づける (to find the position of sth) (≒ locate)；の地図を作る；を計画する

✐ **語句・表現**

☐ *l.2*　ethnic minority　「人種的に少数の，少数民族 (エスニックマイノリティ)」

❓ **Quiz**

☐1 Although the gap in pay between women and men remains unexplained, what possible reasons does the author suggest for the difference?

☐2 What has research revealed about the relationship between gender-based and minority-based pay discrimination?　　▶ Answer は p.462

700　　　　800　　　　900　　　　1000　　　　1100 words done!!

1 社会 ◆ Society

4-1 Raising Successful Children

1 Phrases like "tiger mom" and "helicopter parent" have **made their way into** everyday language. But does **overparenting** hurt, or help? ❶ While parents who are clearly and **embarrassingly** **inappropriate** come in for **ridicule**, many of us find ourselves drawn to the idea that 5 with just a bit more parental **elbow grease**, we might turn out children with great talents and **assured** futures. Is there really anything wrong with a kind of "overparenting lite"?

---

74 ☑	**make one's way into ~**	〜に進出する, 〜に入り込む
75 ☑	**overparenting** [òuvərpéərəntiŋ]	*n.* (保護者の) 過保護
	派 **òverpárent**	*vi.* 過保護にする *vt.* を過保護にする
	派 **òverpárented**	*adj.* 過保護にされた
76 ☑	**embarrassingly** [embǽrəsiŋli]	*adv.* あきれるほど, 恥ずかしいほどに
	派 **embárrassing**	*adj.* 当惑させるような, 厄介な
	派 **embárrass**	*vt.* を困惑させる, にばつの悪い思いをさせる *vi.* きまり悪い思いをする
	派 **embárrassed**	*adj.* 恥ずかしい, ばつの悪い, 当惑した
	派 **embárrassedly**	*adv.* きまり悪そうに, 恥ずかしそうに
	派 **embárrassment**	*n.* 当惑, 狼狽, きまり悪さ；困らせる物〔人〕
☑	**inappropriate** [ìnəpróupriət]	*adj.* **不適切な, 不適当な, ふさわしくない** (⇔ appropriate)
	派 **inapprópriately**	*adv.* 不適切に, 不相応に
☑	**ridicule** [rídikjùːl]	*n.* **冷笑, 嘲笑, あざけり** *vt.* **を嘲笑する** (≒ make fun of ~)
	派 **ridículous**	*adj.* ばかげた (≒ stupid)；こっけいな
	派 **ridículously**	*adv.* ばかばかしいほど, 途方もなく

4-1　成功する子どもを育てる

「タイガー・マム」や「ヘリコプター・ペアレント」のような表現は日常語に入り込んだ。だが，過保護は有害なのか，それとも有益なのか。

❶ 明らかにそしてあきれるほど**不適切な親**は**冷笑**を買うだろうが，我々の多くは，親がもう少し**努力**すれば，すばらしい素質と**確実な**将来のある子どもを育成できるかもしれないという考えにどうしても引き寄せられてしまう。「ちょっと過保護」なぐらいで実際何か問題があるのだろうか。

⁷⁷ ☑ **elbow grease**	骨の折れる仕事，力仕事
	※掃除や研磨などの労働をする際に，肘に油がつく様子から生まれた表現。
参 **gréase**	*n.* 潤滑油，油

☑ **assured** [əʃúərd, əʃə́ːrd]	*adj.* 確実な，確実性のある，自信のある，保証された
派 **assúre**	*vt.* を保証する，を安心させる，を納得させる
派 **assúrance**	*n.* 保証；確信；保険（≒ insurance）
派 **assúring**	*adj.* 保証する，自信を与えるような

📝 語句・表現

- ☐ *l.1*　tiger mom「タイガー・マム」「タイガー・マザー」p.59のコラム参照。
- ☐ *l.1*　helicopter parent「ヘリコプター・ペアレント（過保護な親）」ヘリコプターのように子どもの周りをうろついている，というところからきた語。
- ☐ *l.2*　everyday language「日常語」
- ☐ *l.4*　come in for 〜「〜（批判など）を受ける」
- ☐ *l.4*　drawn to 〜「〜に引きつけられて」
- ☐ *l.5*　turn out 〜「〜を育てる」
- ☐ *l.7*　lite：light を簡単にした語。

4-2 Raising Successful Children

1 ❷ Parental involvement has a long and rich history of being studied. **Decades** of studies, many of them by Diana Baumrind, a **clinical** and developmental psychologist at the University of California, Berkeley, have found that the **optimal** parent is one who is involved and 5 responsive, who sets high expectations but respects her child's **autonomy**. These "authoritative parents" appear to hit the sweet spot of parental involvement and generally raise children who do better academically, psychologically and socially than children whose parents are either **permissive** and less involved, or controlling and more 10 involved. Why is this particular parenting style so successful, and what does it tell us about overparenting?

❸ For one thing, authoritative parents actually help **cultivate** motivation in their children. Carol Dweck, a social and developmental psychologist at Stanford University, has done research that indicates 15 why authoritative parents raise more motivated, and thus more successful, children.

☑	**decade** [dékeid, −́-, di-]	*n.* 10年間
78 ☑	**clinical** [klínikl]	*adj.* 臨床の；医療の，病院の，病床の
	派 **clínic**	*n.* 診療所；診療
	派 **clínically**	*adv.* 臨床的に
79 ☑	**optimal** [áptəml]	*adj.* 最適の，最善の（best or most favorable; optimum）
	派 **óptimum**	*n.* （生物にとって）最適条件　*adj.* 最適の
	派 **óptimìze**	*vt.* を最大限に利用する
☑	**autonomy** [ɔːtánəmi]	*n.* **自主性，自律性；自治；自治権** （freedom from external control or influence）
	派 **autónomous**	*adj.* 自立した，自主的な，自律的な；自治権のある
	参 **áuto-**	接頭辞で「独自の，自動の」という意味を表す。

4-2　成功する子どもを育てる

❷ 親の関わり方についての研究には，長く豊かな歴史がある。**数十年**にわたる研究の多くは，カリフォルニア大学バークレー校の臨床心理学者，発達心理学者であるダイアナ・バウムリンド氏によるもので，最も好ましい親とは，子どもに関わり，敏感で，大きな期待を寄せながらも子どもの**自主性**を尊重する親である。これらの「信頼できる親」は親の関わりにおける重要な部分を押さえていて，放任的で関係が希薄な親，あるいは支配的でより深く関与する親より，一般的に学力的にも精神的にも社会的にも優れた子どもを育てるように見える。この子育て法は，どうしてこれほどうまくいくのか。そしてそれは過保護について何を教えてくれるのだろうか。

❸ 1つには，信頼できる親は事実，子どものやる気**を育む**手助けをしているということがある。スタンフォード大学の社会発達心理学者キャロル・デュエック氏は，信頼できる親がよりやる気に満ちた，そしてより優れた子どもを育てる理由を示す研究を行ってきた。

80 ☑	**permissive** [pərmísiv]	*adj.* 自由放任の，黙認の (allowing a large amount of freedom)；寛容な (tolerant, lenient)；甘い
	派 **permíssible**	*adj.* 許される，許容できる，差し支えない
	派 **permíssively**	*adv.* 許容的に，寛大に
☑	**cultivate** [kʌ́ltəvèit]	*vt.* **を育む**，を養う；を耕す
	派 **cùltivátion**	*n.* 耕作，作物の栽培；養殖；養成
	参 **ágricùlture**	*n.* 農業，農芸，農法 (≒ farming)

🖊 語句・表現

☐ *l.5*　set high expectations「大きな期待を寄せる」
☐ *l.6*　hit the sweet spot「重要なところを押さえる (芯を捉える)」sweet spot とは「(バットなどの) 芯」を意味する。

4-3 Raising Successful Children

1 ❹ In a typical experiment, Dr. Dweck takes young children into a room and asks them to solve a simple puzzle. Most do so with little difficulty. But then Dr. Dweck tells some, but not all, of the kids how very bright and capable they are. As it turns out, the children who are not told
5 they're smart are more motivated to tackle increasingly difficult puzzles. They also exhibit higher levels of confidence and show greater overall progress in puzzle-solving.

❺ This may seem counterintuitive, but **praising** children's talents and abilities seems to rattle their confidence. Tackling more difficult
10 puzzles carries the risk of losing one's status as "smart" and **deprives** kids of the thrill of choosing to work simply for its own sake, regardless of outcomes. Dr. Dweck's work aligns nicely with that of Dr. Baumrind, who also found that reasonably supporting a child's autonomy and limiting **interference** results in better academic and
15 **emotional** outcomes.

81	**counterintuitive** [kàuntərint(j)úːətiv]	*adj.* 直感に反した（contrary to intuition）
	参 **intúitive**	*adj.* 直感的な；直感力のある
	参 **ìntuítion**	*n.* 直感；洞察
	praise [préiz]	*vt.* をほめる，を称賛する（express admiration or warm approval of）（≒ acclaim, commend）　*n.* **称賛**
	派 **práisewòrthy**	*adj.* 称賛に値する
82	**rattle** [rǽtl]	*vt.* を揺さぶる，を混乱させる（to make sb feel nervous or upset）；をガタガタさせる　*vi.* ガタガタ鳴る *n.* ガラガラ鳴るおもちゃ
	派 **ráttled**	*adj.* 狼狽した；酔った
	派 **ráttling**	*adj.* ガラガラ鳴る；活発な
	deprive [dipráiv]	*vt.* を奪う，を与えない；を拒む
	派 **dèprivátion**	*n.* 奪うこと，剥奪（≒ deprival）

4-3 成功する子どもを育てる

❹ 代表的な実験で，デュエック博士は幼い子どもたちを部屋に入れ，簡単なパズルを解くように言う。大部分の子どもがほとんど問題なくパズルを解くが，そうするとデュエック博士は全員ではなく何人かの子どもに，なんて賢い，よくできる子どもなんだと声をかける。すると，賢いと言ってもらえなかった子どもたちのほうが，ますます難しいパズルに取り組もうというやる気を起こすことがわかった。また，より高いレベルの自信を示し，パズルを解く上でもより大きな総合的進歩を見せる。

❺ 直感的には理解しがたいかもしれないが，子どもたちの才能や能力**をほめることは**彼らの自信を揺さぶるようだ。より難しいパズルに取り組むことは「賢い」という地位を失う危険を伴い，結果にこだわらずパズル自体を楽しむために取り組もうというワクワク感を子どもたちから**奪う**。デュエック博士の研究はバウムリンド博士の研究とうまく整合する。バウムリンド博士もまた，適度に子どもの自主性を養い，**干渉**を制限することが，学力的にも**情緒的**にもよりよい結果を生むということを発見した。

83 ☐	**align** [əláin]	vi. 〈with ～で〉うまく整合する；一直線になる；提携する vt. を提携させる；を整列させる
派	**alígnment**	n. 連携，団結；直線
☐	**interference** [ìntərfíərəns]	n. **干渉，妨害** (sth that makes progress or movement difficult) (≒ obstruction)；**衝突**
派	**interfére**	vi. 干渉する；邪魔する
☐	**emotional** [imóuʃənl]	adj. 情緒の，感情の，感情に訴える
派	**emótion**	n. 感情，情緒，感動
派	**emótionally**	adv. 感情的に，感情面から言えば

📖 語句・表現

☐ *l.11* for its own sake「それ自体のために」
☐ *l.11* regardless of ～「～にかかわらず」

4-4 Raising Successful Children

1 ❻ Their research **confirms** what I've seen in more than 25 years of clinical work, **treating** children in Marin County, an **affluent** suburb of San Francisco. The happiest, most successful children have parents who do not do for them what they are capable of doing, or almost
5 capable of doing; and their parents do not do things for them that satisfy their own needs rather than the needs of the child.

❼ The central task of growing up is to develop a sense of self that is autonomous, confident and generally in accord with reality. If you treat your walking **toddler** as if she can't walk, you **diminish** her confidence
10 and **distort** reality. Ditto nightly "reviews" of homework, repetitive phone calls to "just check if you're O.K." and "editing" (read: writing) your child's college application essay.

☑	**confirm** [kənfə́ːrm]	*vt.* を裏づける，を確かめる，を承認する
	派 cònfirmátion	*n.* 確証，確認，裏づけ
☑	**treat** [tríːt]	*vt.* を治療する；を扱う；を論ずる；をおごる *vt.* 扱う（≒ deal with）；論ずる；交渉する；おごる
	派 tréatment	*n.* 治療；取り扱い；待遇
☑	**affluent** [ǽfluənt]	*adj.* 裕福な；豊富な，ありあまる
	派 áffluence	*n.* 裕福；豊富（= affluency）
84 ☑	**toddler** [tάdlər]	*n.* よちよち歩きの小児，幼児 （a young child who is just learning to walk）
	派 tóddle 派 tóddlerhòod	*vi.* よちよち歩く　*n.* よちよち歩き *n.* 幼児期
☑	**diminish** [dimíniʃ]	*vt.* を減少させる，を減らす；を損なう *vi.* 小さくなる
	参 dimínishment	*n.* 減少，縮小

4-4 成功する子どもを育てる

❻ 彼らの研究は，私がサンフランシスコの**富裕層が住む**郊外のマリン郡で子どもたち**を治療し**ながら，25年以上の臨床の仕事の中で見てきたこと**を裏づける**。最も幸福で最も優れた子どもたちの親は，子どもができること，あるいはもう少しでできることを子どもの代わりにしてしまうことはない。そしてそういう親は，子どもの欲求ではなく自分自身の欲求を満たすようなことを子どもに代わってすることはないのである。

❼ 大人になる上で一番重要な課題は，自律し，自信に満ち，そしてほぼ現実に即した自我を発達させることである。歩いているよちよち歩きの子どもをまるで歩けないかのように扱えば，本人の自信**をなくさせ**，現実をゆがめる。毎晩宿題を「点検する」，「無事を確認するためだけ」に繰り返し電話をする，子どもの大学の出願用エッセイを「手直しをする（実際には「書く」のだが）」のも同じである。

85 ☑ **distort** [distɔ́ːrt]	*vt.* （事実・真実など）をゆがめる，（物の正常な形）を曲げる，を変形させる（to change sth and show it falsely）	
派 **distórtion**	*n.* 歪曲	
派 **distórted**	*adj.* ゆがんだ	
≒ **fálsify**	*vt.* を偽る；（事実など）を曲げる	

✎ 語句・表現

- ☐ *l.7* a sense of self「自我」
- ☐ *l.8* in accord with 〜「〜に即した」
- ☐ *l.10* ditto「同様に」
- ☐ *l.10* nightly「毎晩」
- ☐ *l.10* repetitive「繰り返し，何度も」

4-5 Raising Successful Children

1 **❽** Once your child is capable of doing something, congratulate yourself on a job well done and move on. Continued, unnecessary **intervention** makes your child feel bad about himself (if he's young) or angry at you (if he's a teenager).

5 **❾** But isn't it a parent's job to help with those things that are just beyond your child's reach? Why is it overparenting to do for your child what he or she is almost capable of?

❿ Think back to when your toddler learned to walk. She would take a weaving step or two, **collapse** and immediately look to you for your
10 reaction. You were in thrall to those early attempts and would do everything possible to encourage her to get up again. You certainly didn't chastise her for failing or utter dire predictions about flipping burgers for the rest of her life if she fell again. You were present, **alert** and available to guide if necessary. But you didn't pick her up every
15 time.

⓫ You knew she had to get it wrong many times before she could get it right.

☐	**intervention** [ìntərvénʃən]	*n.* 干渉, 介入；仲裁
	派 **intervéne**	*vi.* 干渉する, 間に入る, 邪魔に入る；仲裁する
86 ☐	**weave** [wíːv]	*vi.* よろめきながら進む, 左右に揺れる (≒ sway)；(クモが巣を) 作る；(布などを) 織る
☐	**collapse** [kəlǽps]	*vi.* 倒れる；崩壊する；くずれる *vt.* をつぶす；をくじけさせる　*n.* 崩壊；陥没；挫折
87 ☐	**in thrall to ～**	～に夢中になって, ～のとりこになって
	参 **thráll**	*n.* 奴隷
88 ☐	**chastise** [tʃæstáiz]	*vt.* を激しく責める；を懲らしめる (reprimand or rebuke severely) (≒ castigate)
	派 **chastísement**	*n.* 折檻, 懲罰

4-5　成功する子どもを育てる

❽ いったん子どもが何かをできるようになったら，うまくいったことに対し自らをほめ，そして先に進むことだ。絶え間なく不要な**干渉**をしていると，（幼い子どもなら）自己嫌悪に陥るし，（ティーンエイジャーなら）あなたに腹を立てる。

❾ しかし，子どもの手に負えないことに手を貸してやるのが親の仕事ではないのか。もう少しでできそうなことを子どもの代わりにしてやるのがどうして過保護なのだろうか。

❿ よちよち歩きだった子どもが歩き方を覚えた頃を思い出してほしい。子どもは1，2歩よろよろと歩き，**倒れ込む**とすぐにあなたを見て，あなたの反応をうかがったものだ。あなたはこの幼い頑張りに**夢中**になって，もう一度立ち上がるよう促すためにあらゆることをしただろう。もしもう一度転んでも，決して失敗したことを厳しく責めたり，この先このこの子はつまらない仕事に就くのだなどと悲観的予測を口にしたりはしなかったはずだ。あなたは必要なら手を貸そうと，**油断なく**そこに待機していた。しかし，毎回助け起こしたりはしなかった。

⓫ 子どもが正しくできるようになるまでに，何度も失敗しなければならないことをあなたは知っていたのだ。

89 ☑	**utter** [ʌ́tər]	*vt.* を口に出す，を表現する（≒ articulate, say）
	派 **útterance**	*n.* 口に出すこと；発声
	参 **útter**	*adj.* まったくの，完全な
☑	**alert** [əlɔ́ːrt]	*adj.* 油断なく気を配って；抜け目のない *n.* 警告；警戒態勢　*vt.* に警告する；に警報を出す

🖊 語句・表現

- ☐ *l.1*　congratulate oneself on ～「～を喜ぶ」
- ☐ *l.3*　feel bad about oneself「自己嫌悪に陥る」
- ☐ *l.6*　beyond one's reach「～の手に負えない〔届かない〕」
- ☐ *l.12*　flipping burgers「つまらない仕事」ファストフード店でハンバーガーのバーガーをひっくり返す（調理する）ような低賃金の仕事を指す語。
- ☐ *l.16*　get it wrong「間違える」

4-6 Raising Successful Children

1 ⑫ Hanging back and allowing children to make mistakes is one of the greatest challenges of parenting. It's easier when they're young — **tolerating** a **stumbling** toddler is far different from allowing a preteenager to meet her friends at the mall. The potential mistakes
5 carry greater risks, and part of being a parent is minimizing risk for our children.

⑬ What kinds of risks should we tolerate? If there's a **predator** loose in the neighborhood, your daughter doesn't get to go to the mall. But under normal circumstances an 11-year-old girl is quite capable of
10 taking care of herself for a few hours in the company of her friends. She may forget a package, **overpay** for an item or forget that she was supposed to call home at noon. **Mastery** of the world is an expanding geography for our kids, for toddlers, it's the backyard; for preteens, the neighborhood, for teens the wider world. But it is in the small daily
15 risks — the taller slide, the bike ride around the block, the invitation extended to a new classmate — that growth takes place. In this gray area of just beyond the comfortable is where **resilience** is born.

☐ **tolerate** [tálərèit]	*vt.* に耐える；を黙認する；を許容する	
派 **tólerance**	*n.* 寛容，容認	
90 ☐ **stumbling** [stʌ́mbliŋ]	*adj.* よろめきながらの；どもりながらの	
派 **stúmble**	*vi.* つまずく；よろよろ歩く；へまをする *vt.* をつまずかせる　*n.* つまずくこと	
91 ☐ **predator** [prédətər]	*n.* 捕食者，略奪者，（経済的・性的に）他人を食い物にする人 (one who ruthlessly exploits others)；肉食動物	
派 **prèdáte**	*vt.* を捕食する　*vi.* 獲物を捜す	
派 **prédatòry**	*adj.* 略奪する；肉食性の	
派 **predátion**	*n.* 略奪；捕食	

4-6 成功する子どもを育てる

⓬ 後ろに控え，子どもたちに失敗させることは，子育ての最大の課題の1つである。子どもが小さいうちはより簡単である。**つまずきながらの幼児を見守る**のと，10歳ちょっとの子どもを友だちに会いにショッピングモールへ行かせるのとはまったく違う。起こり得る過ちはより大きな危険を伴う。そして親の仕事の1つが子どもの危険を最小限に抑えることである。

⓭ 我々はどのような危険なら容認すべきだろうか。近所を**性犯罪者**がうろついているなら，娘をショッピングモールへ行かせてはならない。しかし，通常の状況なら，11歳の少女が友だちと一緒にいる数時間の間自分の身を守ることは十分可能である。荷物を忘れたり，商品にお金を払い過ぎたり，昼に家に電話するように言われていたことを忘れたりはするかもしれない。世の中を知るということは子どもにとって地図が広がることである。幼児なら裏庭，10代ちょっとの子どもなら家の近所，ティーンエイジャーならもっと広い世界がそれに当たる。しかし，より高い滑り台，近所での自転車遊び，新しい同級生への誘いのような，日々の小さな危険の中でこそ成長がもたらされるのだ。この安心感の少し外側のグレーゾーンでこそ**回復力**が生まれる。

92 ☐	**overpay** [òuvərpéi]	*vt.* を払い過ぎる，を余分に払う
派	**òverpáyment**	*n.* 過払い
93 ☐	**mastery** [mǽstəri]	*n.* 精通した知識〔技能〕，熟練 (possession or display of great skill or technique)；勝利
派	**máster**	*n.* 熟練者；～を自由に操れる人；師匠
94 ☐	**resilience** [rizíliəns]	*n.* 回復力 (the capability of recovering quickly from difficulties)；弾力性
派	**resílient**	*adj.* 立ち直りの早い，回復の早い；弾力性のある

📝 語句・表現

☐ *l.1* hang back「控える」
☐ *l.1* allow sb to make mistakes「(あえて) 失敗を犯させる」

4-7 Raising Successful Children

1 ⓮ So if children are able to live with mistakes and even failing, why does it drive us crazy? So many parents have said to me, "I can't stand to see my child unhappy." If you can't stand to see your child unhappy, you are in the wrong business. The small challenges that start in

5 **infancy** (the first **whimper** that doesn't bring you running) present the opportunity for "successful failures," that is, failures your child can live with and grow from. To rush in too quickly, to **shield** them, to deprive them of those challenges is to deprive them of the tools they will need to handle the inevitable, difficult, challenging and sometimes

10 **devastating** demands of life.

⓯ While doing things for your child unnecessarily or **prematurely** can reduce motivation and increase dependency, it is the inability to maintain parental boundaries that most damages child development. When we do things for our children out of our own needs rather than

15 theirs, it forces them to **circumvent** the most critical task of childhood: to develop a robust sense of self.

☑	**infancy** [ínfənsi]	*n.* 幼児 (期)，幼少；初期
派	**ínfant**	*n.* 幼児；初心者　*adj.* 幼児の；初期の
95 ☑	**whimper** [*h*wímpər]	*n.* めそめそ泣く声　*vi.* めそめそ泣く *vt.* をめそめそ言う
96 ☑	**shield** [ʃíːld]	*vt.* をかばう，をかくまう；を保護する *n.* 防御物；盾
☑	**devastating** [dévəstèitiŋ]	*adj.* 衝撃的な；破壊的な（≒ destructive）；〈口語で〉 すばらしい
派	**dévastàte**	*vt.* を荒らす，を荒廃させる（≒ ruin）；を圧倒する
派	**dèvastátion**	*n.* 荒らすこと；荒廃状態，惨状

4-7 成功する子どもを育てる

⓮ 子どもたちが，間違いやたとえ失敗を犯してさえも生きていくことができるのなら，なぜ我々はそれに困ったりするのだろうか。非常に多くの親が私に「子どもが悲しんでいるのを見るのは耐えられない」と言う。もし我が子が悲しむのを見るのが耐えられないのなら，あなたはこの仕事に向いていない。**幼児期**から始まる小さな挑戦（初めてめそめそ泣くことがあってもあなたが駆け寄らない，というような）は，「成功につながる失敗」の機会を与えるものだ。つまり，子どもが共に生き，そこから成長することができる失敗である。あまりにも素早く駆け寄り，子どもを**かばい**，それらの挑戦を奪うことは，子どもが避けがたく，困難で，大変な，そして時には**衝撃的な**人生の要求とうまく付き合っていくために必要な道具を彼らから奪うことになる。

⓯ 不必要に，あるいは**早まって**物事を子どもの代わりにしてやることは，やる気をなくさせ，依存度を高めかねないものの，一方で子どもの発達を何より阻害するのは，親としての境界線を維持できないことである。子どもが必要だからではなく，親自身が必要だからといって子どもの代わりにすることは，子ども時代の最重要課題，すなわちたくましい自我を育てるという課題を**回避**させてしまう。

---

97 ☑	**prematurely** [prìːmət(j)úərli]	*adv.* 早まって，早すぎて；年齢の割には早く （happening before the normal or expected time）
派	**prèmatúre**	*adj.* 早すぎた，時期尚早の（⇔mature）；早産の
98 ☑	**circumvent** [sòːrkəmvént]	*vt.* （困難・問題など）を巧みに回避する，を逃れる，を迂回する，を出し抜く（to find a way round an obstacle; to avoid or try to avoid a problem in a clever and surreptitious way）
派	**cìrcumvéntion**	*n.* 回避
参	**círcum-**	接頭辞で「まわりに」という意味を表す。

🖉 語句・表現

- □ *l.2*　can't stand「耐えられない，我慢できない」
- □ *l.8*　deprive sb of 〜 「（人）から〜を奪う」

4-8 Raising Successful Children

1 ⑯There is an important distinction between good and bad parental involvement. For example, a young child doesn't want to sit and do his math homework. Good parents insist on **compliance**, not because they need their child to be a perfect student but because the child
5 needs to learn the fundamentals of math and develop a good **work ethic**. Compare this with the parent who spends weeks "helping" his or her child fill out college applications with the clear expectation that if they both work hard enough, a "gotta get into" school is a certainty. (While most of my parent **patients** have graduated from college, it is
10 always a **telltale** sign of overparenting when they talk about how "we're applying to Columbia.")

99 ☑	**compliance** [kəmpláiəns]	n. 従うこと，遵守；服従；コンプライアンス（順守）（⇔ defiance）
	派 **comply**	vi. 従う，応じる（to act according to an order or law）
	派 **compliant**	adj. 従順な；〜に従った
	派 **compliantly**	adv. 従順に
100 ☑	**work ethic**	勤労倫理，（勤労を善とする）労働観
☑	**patient** [péiʃənt]	n. 患者；病人 adj. 忍耐強い，辛抱強い　⇔impatient
	派 **patience**	n. 忍耐，我慢
	派 **patiently**	adv. 辛抱強く，気長に
	参 **outpatient**	n. 外来患者
101 ☑	**telltale** [téltèil]	adj. 隠しきれない，知らずに出てしまう（revealing or indicating what is meant to be secret）；（証拠などが）紛れもない n. 告げ口をする人，他人の私事を話したがる人（≒blabbermouth）；（秘密などを）暴露するもの，証拠

4-8 成功する子どもを育てる

⓰ 親によるよい関わりと悪い関わりには重要な違いがある。例えば，幼い子どもが座って算数の宿題をしたがらないとする。よい親は言うことを聞くことを強調するが，それは我が子に完ぺきな生徒になってほしいからではなく，子どもは算数の基礎を学び，優れた勤労倫理を身につける必要があるからである。これを，親子で頑張れば「入るべき（一流の）」大学に確実に入れると期待して，子どもが大学の願書を記入するのに何週間も「手を貸す」親と比べてみてほしい。（私の患者である親たちのほとんどは大卒だが，彼らが「私たち（親子）はコロンビア大学に願書を出している」と言ったら，それは間違いなく隠しきれない過保護を示す兆候である。）

🖉 語句・表現

□ *l.7*　fill out ～「～を記入する」
□ *l.8*　gotta：got to ... 〔have got to ...〕の省略形で，「…しなくてはならない」の意味。（≒ have to）

Key Points of This Issue　タイガー・マム／タイガー・マザー（Tiger Mother）

　米国で2011年に出版されたエイミー・チュア（Amy Chua）著の書籍『タイガー・マザー』（Battle Hymn of the Tiger Mother）から生まれた語。著者のエイミーは，中国系米国人2世で，2人の女児の母であり，イエール大学法学部の教授でもある。この著作でエイミーは，中国系移民であった両親から引き継がれた自らの中国式の子育てを綴っている。娘たちには，友だちとの付き合いを制限し，すべての科目でトップを取らせ，ピアノ・バイオリンの練習を毎日3時間させるなど，非常に厳しいスパルタ教育を行ってきた。カーネギーホールでピアノ演奏をするほどの音楽の才を発揮した長女は，現在ハーバード大学の学生。しかし思春期を迎えた次女が激しく反抗するようになったことで，母として苦悩し，次第に自分の子育てを見直すようになった様子も書かれている。自主性を重んじて自由を与える米国式子育てと相反する過激な内容で，さまざまな議論を呼んだベストセラーである。

4-9 Raising Successful Children

1 ⑰ In both situations parents are using control, in the first case behavioral (sit down, do your math) and in the second psychological ("we're applying.") It is psychological control that carries with it a textbook's worth of damage to a child's developing identity. If pushing,

5 direction, motivation and **reward** always come from the outside, the child never has the opportunity to **craft** an inside. Having tutors prep your anxious 3-year-old for a preschool interview because all your friends' children are going to this particular school or pushing your **exhausted** child to take one more advanced-placement course because

10 it will ensure her spot as class **valedictorian** is not involved parenting but toxic overparenting aimed at meeting the parents' need for status or **affirmation** and not the child's needs.

⑱ So how do parents find the courage to discard the **malpractice** of overparenting? It's hard to swim **upstream**, to resist peer pressure.

15 But we must remember that children **thrive** best in an environment that is reliable, available, consistent and noninterfering.

☑ **reward** [riwɔ́ːrd]	*n.* 報酬；報奨金 *vt.* に報いる	
派 **rewárding**	*adj.* 価値がある	
☑ **craft** [krǽft]	*vt.* を（特殊な技術などを駆使して）作る（to construct, develop sth） *n.* 技能；工芸；悪知恵；船舶；飛行機	
派 **cráfty**	*adj.* ずる賢い	
☑ **exhausted** [igzɔ́ːstid, egz-]	*adj.* 疲れ切った；消耗した；干上がった	
派 **exháustion**	*n.* 消耗；疲労	
派 **exháust**	*vt.* を疲れさせる；を使い果たす *vi.* 排出する, 放出する *n.* 排出, 排気	
102 ☑ **valedictorian** [væ̀lədiktɔ́ːriən]	*n.* 卒業生総代（a student who delivers a farewell address at a graduation ceremony）	
派 **vàledíctory**	*n.* 卒業生総代の告別のスピーチ *adj.* 告別の	

4-9　成功する子どもを育てる

⑰ 両方の状況で親たちは支配力を働かせている。最初の場合は行動面（座って算数をしなさい）で，2番目の場合は精神面（「私たちは願書を出す」）である。子どもの発達段階にあるアイデンティティを典型的に傷つけるのは精神面の支配である。押しつけ，指示，動機づけ，報酬などが常に外部から与えられると，子どもは内面を育む機会を得られない。友人の子どもが皆この学校に行くからという理由で，不安がる3歳の子どもに就学前面接の準備のために家庭教師をつけたり，クラスの卒業生総代としての地位が確実になるからという理由で，疲れ切った我が子にもう1つアドバンスト・プレースメントの科目（優秀な高校生のみが履修できる大学レベルの科目）を取ることを強制したりするのは，よい関わりの子育てではなく，それは，子どもの欲求ではなく地位や肯定を望む親の欲求を満たすための毒となる過保護である。

⑱ それでは親たちはどうすれば過保護という間違った行為を放棄する勇気を持てるのだろうか。上流に向かって泳いで，周囲のプレッシャーに抵抗することは難しい。しかし子どもは，信頼でき，いつでも求めに応じ，一貫性があり，干渉のない環境の中で最も成長するということを覚えておかなければならない。

103	**affirmation** [æ̀fərméiʃən]	*n.* 肯定；断言（≒ assertion）
	派 **affirm**	*vt.* を承認する；を確約する；を断言する
	派 **affirmative**	*adj.* 確信的な；肯定的な ※間投詞として「了解」の意味を表す用法もある。

104	**malpractice** [mælpræktis, ‒‒‒]	*n.* 不正行為（improper practice）（≒ misconduct）；医療過誤，業務過誤
	派 **màlpractítioner**	*n.* 不良医師；不法行為をする人

105	**upstream** [ápstríːm]	*adv.* 上流へ；流れに逆らって *adj.* 上流に向かう　（⇔ downstream）

106	**thrive** [θráiv]	*vi.* 成長する（grow vigorously）（≒ flourish）；成功する，繁栄する（≒ prosper）
	派 **thríving**	*adj.* 繁栄する

4-10 Raising Successful Children

1 ⑲ A loving parent is warm, willing to set limits and unwilling to breach a child's psychological boundaries by invoking shame or guilt. Parents must acknowledge their own anxiety. Your job is to know your child well enough to make a good call about whether he can manage a
5 particular situation. Will you stay up worrying? Probably, but the child's job is to grow, yours is to control your anxiety so it doesn't get in the way of his reasonable moves toward autonomy.

⑳ Parents also have to be clear about their own values. Children watch us closely. If you want your children to be able to stand up for their
10 values, you have to do the same. If you believe that a summer spent reading, taking creek walks and playing is better than a specialized camp, then stick to your guns. Parents also have to make sure their own lives are fulfilling. There is no parent more vulnerable to the excesses of overparenting than an unhappy parent. One of the most
15 important things we do for our children is to present them with a version of adult life that is appealing and worth striving for.

(The New York Times, 1,535 words)

---

107 ☐ **breach** [bríːtʃ]	*vt.* (防御線など) を破る (infraction or violation of a law, obligation, tie, or standard) (≒ break);に違反する *n.* 背任, 裏切り;違反;不和 *cf.* breach of contract (契約違反)
108 ☐ **invoke** [invóuk]	*vt.* を心に浮かび上がらせる, を思い起こさせる (≒ evoke);に祈願する;(法に) 訴える
派 **invocátion**	*n.* 祈願;言及;法に訴えること
109 ☐ **shame** [ʃéim]	*n.* 恥, 恥ずかしさ (≒ disgrace);残念なこと *vt.* に恥をかかせる, の面目をつぶす
派 **shámeful**	*adj.* 恥ずべき;不名誉な
派 **shámeless**	*adj.* 恥知らずな, 慎みのない
110 ☐ **creek** [kríːk]	*n.* 小川 (a small stream or river);支流;入り江

4-10　成功する子どもを育てる

⑲ 愛情に満ちた親は温かく，進んで境界線を示し，恥や罪の意識を持たせて子どもの精神的境界を侵害しようとはしない。親は自らの不安を受け入れなければならない。子どもがある状況にうまく対処できるかどうかについて正しい判断ができるくらい子どもを十分理解することが親の仕事である。心配で夜も寝られない？　おそらくそうだろう。しかし，子どもの仕事は成長すること，あなたの仕事は自分の不安をコントロールして自律に向かう子どもの理性的な動きを阻まないようにすることである。

⑳ 親は自らの価値観についても明快でなければならない。子どもは我々に絶えず注目している。子どもに自らの価値観を守れるようになってほしいと思うなら，あなたも同じようにしなければならない。本を読んだり，小川を散歩したり，遊んだりして過ごす夏のほうが特別な合宿よりよいと思えば，自分の信念を貫いてほしい。親は自らの生活も充実したものにしておかなければならない。不幸な親ほど極端に過保護になりやすい親はいない。我が子のためにすべき最も大切なことは，魅力的で，かつそれに向かって努力する価値がある大人の生活の1つの形を子どもに見せることである。

✐ 語句・表現

□ *l.1*　set limits「制限を設ける」
□ *l.4*　make a good call「正しい判断をする」
□ *l.9*　stand up for ～「～を守る（ために立ち上がる）」
□ *l.12*　stick to one's guns「信念を貫く」

❓ Quiz

□ 1　According to Diana Baumrind, what kind of parent is optimal?
□ 2　What is one of the greatest challenges of parenting described in the article?
　　　　　　　　　　　　　　　　　　　▶ Answer は p.462

1 社会 ◆ Society

5-1 The Power and Perils of Social Media

1　❶ In the 21st Century, social media have become a **ubiquitous fact of life**, having **surpassed** all other types of Internet usage to become the most popular form of web activity in the world.　Social media is the collective term for **innumerable** Internet and mobile technologies that
5　allow individuals and organizations to engage in interactive electronic communication. All of these media share certain common **attributes**, whether we are talking about Facebook, Twitter, Instagram, Snapchat, or YouTube.　All rely on user-generated content and encompass virtual communities that may include thousands, even millions, of people.

10　❷ In the beginning, the new media seemed to represent merely a novel form of entertainment or pastime.　In fact, the **gigantic** reach and **egalitarian** nature of social media have made them a **potent** force that has the ability to **literally** reshape society.　Social media **empower** normal people by **evening the odds** between the rich, famous, and
15　powerful, and ordinary citizens.

111 ☑	**ubiquitous** [ju(ː)bíkwitəs]	*adj.* (同時に) あらゆるところに存在する, (どこにでもあり) おなじみの (appearing, happening, done, etc. everywhere)　※語源はラテン語 ubique (everywhere)
112 ☑	**a fact of life**	紛れもない事実 (sth that you may not like but have to accept because it is there or always true)
113 ☑	**surpass** [sərpǽs]	*vt.* を超える, を凌ぐ, にまさる (to become greater or do better than sth/sb else)
114 ☑	**innumerable** [in(j)úːmərəbl]	*adj.* 無数の, 数え切れないほどの (too numerous to be counted) (≒ numerous, myriad, uncountable)
115 ☑	**attribute** *n.* [ǽtrəbjùːt] *v.* [ətríbjuːt, ətríbjət]	*n.* 属性, 特性 (a quality of sb/sth; a feature) *vt.* の原因を (…に) 帰する, を (…の) せいにする
116 ☑	**gigantic** [dʒaigǽntik]	*adj.* 膨大な (≒ enormous)；巨大な (≒ huge)

5-1　ソーシャルメディアの力と危険

❶ 21 世紀には，ソーシャルメディアはあらゆるところに存在する紛れもない事実になったが，それはその他のあらゆる種類のインターネット使用を凌駕した結果であり，ウェブ利用の世界で最も普及した方式になった。ソーシャルメディアとは，個人や組織が双方向の電子コミュニケーションを行うことを可能にする無数のインターネットおよび携帯電話技術の総称である。これらのメディアはすべてある共通の属性をもつ。それがフェイスブックであれ，ツイッターであれ，インスタグラムであれ，スナップチャットであれ，ユーチューブであれ，である。どれもユーザー作成コンテンツによって成り立っており，何千，いや何百万もの人々が参加するバーチャル・コミュニティーを含んでいる。

❷ 最初のうちは，その新しいメディアは，単に今までにない娯楽や気晴らしの 1 つの形態を表しているにすぎないようだった。実際には，ソーシャルメディアが及ぶ膨大な範囲や平等主義的な性質によって，まさしく社会を再形成することができるほどの強力な力となった。ソーシャルメディアは，富裕層，有名人，権力者と普通の人々との間の優劣をなくすことで，一般市民に力を与える。

117	**egalitarian** [igælitéñriön]	*adj.* 平等主義の（following the principle that everyone should have equal rights） ※語源はフランス語 égal（equal）。
118	**potent** [póutənt]	*adj.* 強力な（≒ powerful, influential）；（薬などが）効力のある
119	**literally** [lítərəli]	*adv.* まさしく，文字通りに，本当に（according to the most basic or original meaning of a word, etc）
	參 **figurative**	*adj.* 文字通りでない，比喩的な
120	**empower** [empáuə r]	*vt.* に力を与える，に権限を与える（to give sb power or authority (to do sth)）
121	**even the odds**	互角にする，五分五分の確率にする（to make conditions equal between ourselves and another person or group so that we have the same chance for success）（= fifty-fifty）※odds は見込み，確率，掛け率，可能性の意。
	參 **ódd**	*n.* 奇数；余り　*adj.* 奇数の；普通でない

5-2 The Power and Perils of Social Media

1 ❸ Today, a teenager in a remote village can post a video on YouTube that reaches and influences more people than a speech by a congressional leader. All over the planet, people have come to recognize and **harness** the remarkable **clout** of social media. The
5 **formidable** nature of social media first became acutely evident in the Middle Eastern uprisings that began in December of 2010. When long-established **regimes suppressed** traditional media in the face of political protests, citizens looked to the new media to **dispense** information, organize meetings and **rallies**, and to shake
10 the public from its **complacency**. With the cooperation of journalists and other organizations, words, images, and video quickly spread in the affected countries and across the globe. It was difficult for the governments to stage **crackdowns**, not only because the whole world was watching, but also because the protesters were more
15 technologically savvy in their use of social media.

122 ☐ **harness** [háːrnəs]	*vt.* (自然の力) を利用する；を抑制する；に馬具をつける *n.* 馬具；引き具	
123 ☐ **clout** [kláut]	*n.* 強い影響力 (the power to direct the behavior or thinking of others usually indirectly)；(特に政治的な) 力；なぐること *vt.* をなぐる	
124 ☐ **formidable** [fɔ́ːrmidəbl]	*adj.* 非常に優れた，格別の (extremely impressive in strength or excellence)	
125 ☐ **regime** [rəʒíːm, rei-]	*n.* 政権，支配体制 (a method or system of government, especially one that has not been elected in a fair way)	
126 ☐ **suppress** [səprés]	*vt.* (権力によって) を弾圧する，を鎮圧する (≒ restrain)；を抑制する	
派 **suppréssion**	*n.* 弾圧，抑圧；抑制	
派 **suppréssive**	*adj.* 抑圧する；抑制性の	

5-2　ソーシャルメディアの力と危険

❸　今日では，辺鄙な村に住む 1 人のティーンエイジャーが，ある議会指導者の演説よりもより多くの人々に届き影響を与える映像をユーチューブに投稿することができるのだ。この地球上のどこであろうと，人々はソーシャルメディアの注目すべき影響力を認め，利用するようになっている。ソーシャルメディアの並外れて優れた性質は，2010 年 12 月に始まった中東での暴動で最初にはっきりと現れた。政治的な抗議運動に直面して，既存の長期政権が従来のメディアを弾圧した際，市民は情報を提供し，会合や集会を組織し，現状に満足している状態の国民の目を覚まさせることを目的として，新しいメディアに期待を寄せた。ジャーナリストや他の機関の協力の下，言葉や画像や映像は，影響を受けた国々，そして世界中に素早く拡散した。政府が取り締まりを実施することは難しかった。それは世界中が注視しているといたからだけでなく，抗議者たちのほうがソーシャルメディアの使用に関してより技術的に精通していたからだ。

127	**dispense** [dispéns]	*vt.* (サービス・情報など) を提供する，を分配する，を施す； (薬) を調合する，を投与する
派	**dispénsable**	*adj.* 必ずしも必要でない；分与ができる
派	**dispénser**	*n.* ディスペンサー，自動販売機
128	**rally** [rǽli]	*n.* 集会，決起大会；立て直し；回復　　*vt.* を呼び集める　*vi.* 集合する
129	**complacency** [kəmpléisnsi]	*n.* 現状に満足しきっていること，自己満足 (self-satisfaction)；ひとりよがり
派	**complácent**	*adj.* 自己満足した；ひとりよがりの
派	**complácently**	*adv.* ひとり満足して，得意になって；ひとりよがりに
130	**crackdown** [krǽkdàun]	*n.* 取り締まり，弾圧 (severe measures to stop bad or illegal behavior)
≒	**restraint**	*n.* 監禁，拘束；抑制
参	**cráck**	*n.* 割れ目，すき間；欠陥

5-3 The Power and Perils of Social Media

1 (❸続き) One by one, the regimes **crumbled**, overcome by the unstoppable **momentum** for change that was initiated and sustained by social media. It was not surprising when the uprising in Egypt and the subsequent **toppling** of the government came to be known as "The
5 Facebook Revolution."

❹ The importance of social media was soon demonstrated again in the **aftermath** of a natural disaster. After a massive **magnitude** 9.0 earthquake and tsunami struck Japan in 2011, traditional means of communication were interrupted. Getting through by cell phone was
10 also nearly impossible, with transmission **bogged down** by unprecedented demand.

---

131 **crumble** [krʌ́mbl]	*vi.* 崩壊する (to break into small pieces)(≒ fall apart)
派 **crúmbly**	*adj.* 砕けやすい (easily crumbled)
132 **momentum** [mouméntəm]	*n.* 勢い, はずみ (the force that makes sth move faster or increase); 運動量, 推進力
≒ **ímpetus**	*n.* 勢い, はずみ; 推進力
133 **toppling** [tɑ́pliŋ]	*n.* 転覆, 崩壊 (to go down from an upright position suddenly and unwillingly)
派 **tópple**	*vi.* 崩れ落ちる (fall down, as if collapsing)(≒ tumble) *vt.* を倒す

5-3 ソーシャルメディアの力と危険

(❸続き) ソーシャルメディアによって始まり持続した変化への止めようのない勢いに圧倒された政権は，次々に崩壊した。エジプトでの暴動とそれに続く政府の転覆が「フェイスブック革命」として知られるようになった当時にあっては，驚きにはあたらなかった。

❹ ソーシャルメディアの重要性は，その後まもなく自然災害の直後の時期にもはっきりと示されることとなった。2011年にマグニチュード9.0の巨大地震と津波が日本を襲った時，従来の通信手段は遮断されてしまった。携帯電話で連絡を取ることも，前例のない需要から通信がダウンしたことにより，ほぼ不可能であった。

134 □	**aftermath** [ǽftərmæ̀θ]	*n.* (戦争や災害などの) 直後 (the period immediately following a usually disastrous event)；余波，結果 (≒ result, consequence)
	≒ **áftershòck**	*n.* 余波，余震
135 □	**magnitude** [mǽgnət(j)ùːd]	*n.* (地震の規模を表す) マグニチュード；大きいこと；重大さ
136 □	**bogged down**	行き詰まって，難航して (not able to make any progress)；泥沼にはまって
	參 **bóg**	*vt.* 〈down を伴って〉を動きをとれなくする，を完全に停止〔ダウン〕させる，をにっちもさっちもいかなくさせる；を泥沼に沈める
		※通例 be〔get〕bogged down と受動態で用いる。
		vi. 〈down を伴って〉動きが取れなくなる，完全に停止〔ダウン〕する，難航する；泥沼にはまる

🖉 語句・表現

□ *l.11* unprecedented「前例のない」

5-4 The Power and Perils of Social Media

1 (❹続き) Social media quickly became a crucial means of communication as the afflicted area and the nation grappled with the **devastation**. In Japan and around the world, concerned individuals flocked to social network sites to communicate with loved ones, share

5 news and information, and offer sympathy and assistance. Google quickly launched a person-finder application to help people locate and connect with family members, while the Red Cross moved to collect donations via Twitter. Meanwhile, the impact of the terrible event on global consciousness was **notably** recorded by a spate of trending

10 Twitter tags, such as #prayforjapan, #japan, #japanquake, and #tsunami.

137 crucial [krúːʃl]	*adj.* 極めて重要な (extremely important)
派 crúcially	*adv.* 極めて重要に
138 afflicted area	被災地
参 afflíct	*vt.* を苦しめる，を悩ます (to cause sb/sth to suffer pain, sadness, etc)
参 afflíction	*n.* 苦悩；難儀
139 grapple with ～	(解決するため) ～に取り組む，～に立ち向かう
参 grápple	*vi.* (難問などに) 取り組む，立ち向かう (to work hard to deal with (a difficulty))；(レスリングなどで) つかみ合う (≒ grip)

5-4　ソーシャルメディアの力と危険

(❹続き) 被災地と国が災害の**惨状**に立ち向かう中で，ソーシャルメディアはすぐに極めて重要な通信手段となった。日本や世界中で，心配した人が大切な人たちと連絡を取ったり，ニュースや情報を共有したり，哀悼の意を表したり援助を申し出たりするために，ソーシャルネットワークサイトに**群**がった。グーグルは人を探すためのアプリケーションを直ちに立ち上げ，人々が家族の所在を突き止めて連絡を取る手助けをした。一方，赤十字社はツイッター経由で寄付を集めることに着手した。そうしている間に，この恐ろしい出来事が全世界の意識に与えた影響は，#prayforjapan, #japan, #japanquake, #tsunami のような**数多く**のツイッター上の話題のタグにより**はっきりと**記録された。

☑	**devastation** [dèvəstéiʃən]	*n.* 荒廃，惨状
140 ☑	**flock** [flák]	*vi.* (人や動物が) 集まる，群れを成す　*n.* 群れ；大群 ※ a flock of ～で「たくさんの～」という意味になる。
☑	**notably** [nóutəbli]	*adv.* 著しく，目に見えて，特に，とりわけ
141 ☑	**a spate of ～**	大量の～，～の多発 (a large number of similar things or events happening in quick succession)
	≒ **a series of ～**	一連の～

✎ 語句・表現

- ☐ *l.9*　trending Twitter tags「ツイッター上で話題のタグ」
- ☐ *l.10*　tag (≒ hashtag)：ツイート内で，言葉の前にハッシュマーク (#) をつけてタグ付けすることで，特定の話題をグループ化できる。検索や閲覧の際に便利な機能。

5-5 The Power and Perils of Social Media

1 **⑤** As social media have matured, however, critics have warned of a darker influence they exert on society. Some say we have **relinquished** our privacy and become a society of **exhibitionists** and **voyeurs** through the public sharing of personal information. But this **is** just **the**
5 **tip of the iceberg**. In recent years, it has been revealed that our information is not only available to our friends and followers, but is being collected and sold to interested organizations, who compile and analyze our every post, click, clip, reply, and opinion. This data is not only used by advertisers to build consumer profiles, but sometimes by
10 more **clandestine** parties, who may seek to influence our political choices through spreading fake news or **defamatory** information about political figures. The message is that the power of social media is not always used for **benign** purposes.   As individuals, we must do more to protect our privacy, while at the same time demand more
15 **oversight** of social media by regulatory bodies.   (Original, 663 words)

142 ☐	**relinquish** [rilíŋkwiʃ]	*vt.* (所有物など)を手放す，放棄する；(計画など)を断念する
143 ☐	**exhibitionist** [èksəbíʃənist]	*n.* 自己顕示家 (a person who likes to make other people notice him/her)，露出症患者 (a person who has a medical condition that makes him/her want to show his/her sexual organs in public places)
144 ☐	**voyeur** [vɔijə́:r]	*n.* (ゴシップなどの) 詮索好きな人；覗き見する人 (≒ peeper)
145 ☐	**be the tip of the iceberg**	氷山の一角である
146 ☐	**clandestine** [klændéstin]	*adj.* (違法行為，悪だくみなどを秘めた) 秘密の，内密の (planned or done in secret, especially describing sth that is officially prohibited)

5-5 ソーシャルメディアの力と危険

❺ しかしながら，ソーシャルメディアが成熟するにつれ，それが社会へもたらす負の影響について批評家は警告してきた。我々は自らのプライバシーを放棄し，個人情報の公開共有により，自己顕示欲の強い人と詮索好きな人の社会になってしまった，と言う人もいる。しかし，これは氷山の一角にすぎない。ここ数年，我々の情報は友人やフォロワーだけが入手可能なわけではなく，我々の情報に興味を示す組織のために集められ売られていることが明らかとなった。そうした組織は，我々のあらゆる投稿，クリック，クリップ，返信，意見を収集し分析している。このデータは消費者プロファイルを作成するために広告主によって使われるだけでなく，政界の人物についてのフェイクニュースや中傷的な情報を拡散することによって我々の政治的選択に影響を与えようとする秘密の組織によって使われることもある。つまり，ソーシャルメディアの力は常に悪意のない目的に使われるわけではない，ということだ。個人として，我々は規制機関によるソーシャルメディアの一層の監視を要求する一方で，自らのプライバシーを守るためにより多くのことをしなくてはならない。

147	**defamatory** [difǽmətɔ̀:ri]	*adj.* 中傷的な (causing or intended to cause unjust injury to sb's reputation by communicating false statements about such person)
	参 **defáme**	*vt.* の名誉を毀損する，を誹謗中傷する
148	**benign** [bənáin]	*adj.* 恵み深い，優しい，悪意のない，たちのいい (pleasant and beneficial in nature or influence)；(腫瘍などが) 良性の (≒ non-malignant)
149	**oversight** [óuvərsait]	*n.* 〈of ～で〉監視，監督 (≒ supervision)；見落とし，過失

❓ Quiz

□ 1　Define "social media."
□ 2　How did social media help people after the massive earthquake and tsunami struck Japan?　　　▶ Answer は p.462

1 社会 ◆ Society

6-1 A Brief History of Stephen Hawking

1 ❶ It was somewhat surprising that British scientist Stephen Hawking became a global **celebrity**. As a theoretical physicist, his research **domain** covered extremely **dense** areas, such as general relativity and quantum gravitation, subjects that the average person finds quite
5 **baffling**, to say the least. In addition, Professor Hawking was hardly the conventional image of a **flashy** luminary. Born in 1942, Hawking had been afflicted since his late teens with a form of amyotrophic lateral sclerosis (ALS), a progressive degenerative disease commonly known in North America as Lou Gehrig's disease. In his later years, he
10 suffered from nearly total **paralysis**. Confined to an electric wheelchair, he was able to move only small portions of his body, including his cheek, which was fortunately enough to allow him to formulate words via an electronic speech **synthesizer**.

---

150 ☐	**celebrity** [səlébrəti]	*n.* 著名人，有名人 (a famous person)
151 ☐	**domain** [douméin]	*n.* 分野，範囲；所有地；(インターネットの) ドメイン
152 ☐	**dense** [déns]	*adj.* 難解な，(文章などが内容が濃密で) 理解しにくい (hard to understand because of its complexity)；濃い，密集した；頭の悪い
	派 **dénsely**	*adv.* 密集して，びっしり；濃く，密に；愚かな態度で
	派 **dénseness**	*n.* 難しいこと；密集；精神的に遅れていて制限されている質
153 ☐	**baffling** [bǽfliŋ]	*adj.* 不可解な (extremely confusing or difficult to understand) (≒ inscrutable)；困惑させる
	派 **báffle**	*vt.* を当惑させる；を挫折させる
154 ☐	**flashy** [flǽʃi]	*adj.* 派手な (attracting attention by being very big, bright and expensive) (≒ showy)；けばけばしい (tastelessly showy) (≒ gaudy, tacky)
	派 **fláshily**	*adv.* 派手に；けばけばしい方法で

6-1 スティーブン・ホーキングの略歴

❶ 英国人科学者のスティーブン・ホーキングが世界的な著名人になったことはいささか驚くべきことだ。理論物理学者としての彼の研究分野は, 極めて難解な領域を取り扱っており, 一般相対性理論や量子重力など, 控えめに言っても普通の人ならまったくわからないことだらけと感じるようなものだ。加えて, ホーキング教授には, 従来の派手な著名人のイメージがほとんどなかった。1942年に生まれたホーキングは, 10代後半から, 筋萎縮性側索硬化症 (ALS) の一種で, 北米では一般的にルー・ゲーリック病として知られている進行性変性疾患を患ってきた。後年, ホーキングはほぼ全身麻痺の状態に苦しんだ。電動車椅子の生活を余儀なくされ, 頬を含む体のごく一部しか動かすことができなかったが, 幸いなことに, 電子音声合成装置を通して言葉を述べるには十分であった。

155 **paralysis** [pərǽləsis]	n. 麻痺 (≒ palsy);停滞;無能
派 **páralỳze**	vt. を麻痺させる
派 **pàralýtic**	adj. 麻痺した

156 **synthesizer** [sínθəsàizər]	n. 合成〔結合〕する物〔人〕;シンセサイザー (電子的に音を合成する装置)
派 **sýnthesize**	vt. を合成する;を総合する
派 **sýnthesis**	n. 合成;総合, 統合
派 **synthétic**	adj. 合成の;総合の, 統合的な;人工的な, にせの
派 **synthétically**	adv. 合成して;総合的に

🖉 語句・表現

- l.3 general relativity「一般相対性理論」
- l.4 quantum gravitation「量子重力」
- l.6 luminary「著名人」
- l.7 be afflicted with ～「～を患う」
- l.7 a form of ～「一種の～」
- l.10 confined to ～「～を余儀なくされる;～に制限される」

6-2 A Brief History of Stephen Hawking

1 ❷ To his immense credit, Professor Hawking did not allow his illness to **get in the way** of carrying out **prodigious** research, **championing** scientific exploration, and leading a relatively normal life. When Hawking was first diagnosed with ALS, he was told that he only had

5 two years to live. In spite of this **dire prognosis**, Hawking completed his studies at Cambridge University, going on to become a renowned researcher. He held **prominent** positions at various esteemed universities, including the prestigious post of Lucasian Professor at Cambridge. He was also the recipient of **a plethora of** awards and

10 honors and is still seen as one of the most brilliant theoretical physicists since Albert Einstein. As for his personal life, Hawking was married twice and had three children from his first marriage: Robert, Lucy, and Timothy.

157 ☑ **get in the way**	妨げになる, 邪魔になる (to block sb from doing sth)
158 ☑ **prodigious** [prədídʒəs]	*adj.* 膨大な, 莫大な (so great in size or force or extent as to elicit awe) (≒ stupendous) ；並外れた, すばらしい (extremely great in ability, or strength)
派 **prodígiously**	*adv.* 莫大に
159 ☑ **champion** [tʃǽmpiən]	*vt.* (主義など) のために戦う (to publicly fight for and defend an aim or principle) ；を擁護する (protect or fight for as a champion) *n.* 擁護者；優勝者
派 **chámpionship**	*n.* 擁護；優勝戦
160 ☑ **dire** [dáiər]	*adj.* 悲惨な (very bad or serious) ；重大な；切迫した, 急を要する
161 ☑ **prognosis** [pragnóusəs]	*n.* 予後診断, 予後 (≒ prospect) ；見通し, 予測 (a declaration that sth will happen in the future) (≒ forecast)
派 **prognóstic**	*adj.* 予後の；前兆となる *n.* 微候

6-2 スティーブン・ホーキングの略歴

❷ 大いに賞賛に値することに，ホーキング教授は，自分の病気が，膨大な研究を遂行したり，科学調査に挑んだり，比較的普通の生活を送ったりする妨げになることを許さなかった。ホーキングが最初にALSと診断された時，余命は2年と告げられた。この悲惨な予後診断にもかかわらず，ホーキングはケンブリッジ大学を卒業し，著名な研究者へとなっていった。彼は，高い評価を受けている数々の大学で**卓越**した職位に就いてきた。その中にはケンブリッジ大学のルーカス教授職という名誉ある役職も含まれる。また，たくさんの賞や表彰を受けており，アルベルト・アインシュタイン以来，最も優秀な理論物理学者の1人であると今もなお認められている。私生活に関しては，ホーキングは2度結婚しており，最初の結婚でロバート，ルーシー，ティモシーという3人の子どもに恵まれた。

☑ **prominent** [prámínənt]	*adj.* 著名な, 目立った(important or famous; noticeable)； **突き出た**(≒ eminent) *cf.* He held prominent positions at various esteemed universities. (彼は数々の名門大学で卓越した地位を歴任した。)
派 **próminently** 派 **próminence**	*adv.* 目立って, 突出して *n.* 名声, 卓越, 目立つこと(≒ eminence)；(太陽の)プロミネンス, 紅炎
₁₆₂ ☑ **a plethora of ~**	大量の(≒ an abundance of)；過度の, 過剰の
派 **pléthora**	*n.* 過剰, 過多(a very large amount of sth, especially a larger amount than you require or can deal with)；赤血球過多症

🖉 語句・表現

- ☐ *l.4* be diagnosed with ~「～と診断される」
- ☐ *l.6* go on to become ~「～になる」

6-3 A Brief History of Stephen Hawking

1 ❸ Hawking's most important scientific contributions include **theorems** related to gravitational singularities and the prediction that black holes should emit radiation. He was also a strong supporter of the **quest** by many physicists for a grand unified theory of the universe, referred to

5 in physics **jargon** as "The theory of everything." Such theories attempt to unite the principles of Einstein's general relativity with quantum mechanics. In 1980, Hawking famously predicted that scientists were **on the verge of** realizing this objective, and there was a 50/50 chance it would happen by the year 2000. **As things stand**, no theory has yet

10 been presented that achieves that goal. However, Hawking never **backed down** from his position; rather, he repeated the prediction in the year 2000, with the date of accomplishment moved forward to 2020. Unfortunately, Hawking died on March 18, 2018 at the age of 76, nearly two years before that date.

---

163 ☑	**theorem** [θíːərəm, θíə-]	*n.* 定理, 原理, 法則 (a statement in mathematics or logic that can be proved to be true by reasoning)
164 ☑	**quest** [kwést]	*n.* 探求, 追求 (a long search for sth that is hard to find) (≒ seeking) *vi.* 探求する (a long search for sth that is difficult to find, or an attempt to achieve sth difficult)
	≒ **séarch**	*n.* 探求, 追求；調査, 検査
	参 **in quest of** ~	~を探し求めて
165 ☑	**jargon** [dʒáːrɡ ɔn]	*n.* 専門用語, 隠語 (special or technical words that are used by a particular group of people in a particular profession and that other people do not understand)；わけのわからない言葉

6-3 スティーブン・ホーキングの略歴

❸ ホーキングの最も重要な科学的貢献には，重力の特異点に関する定理，および，ブラックホールが放射線を放っているという予測がある。彼は多くの物理学者たちによる宇宙の大統一理論，物理学専門用語では「万物の理論」と呼ばれている理論の探求の強力な支持者でもあった。このような理論は，アインシュタインの一般相対性理論を量子力学と統合しようと試みるものである。よく知られているように，ホーキングは1980年に，科学者たちは今にもこの目標を実現しそうであり，2000年までにそうなる可能性は五分五分だと予測した。今のところ，その目標を達成する理論はまだ提示されていない。しかしながら，ホーキングは自身の見解を決して撤回しなかった。むしろ，2000年に，達成する時を2020年へと延長したものの同じ予測を再度口にした。しかし，不運にもホーキングは2018年3月18日に76歳で帰らぬ人となった。2020年まであと約2年だった。

¹⁶⁶ ☐	**on the verge of ~**	今にも~しようとして（very near to doing sth, or to sth happening）
	參 **vérge**	*n.* 縁；限界；境界　*vi.* 隣接している *vt.* の境界をなす ※同音異義語に *vi.* 太陽が沈む；傾くがある。
¹⁶⁷ ☐	**as things stand**	現在のところ，現状では（≒ the way things are）
¹⁶⁸ ☐	**back down**	撤回する，折れる，非を認める（to stop saying that you are right）

🖉 語句・表現

☐ *l.4*　referred to as ~ 「~と呼ばれる」
☐ *l.6*　quantum mechanics「量子力学」

6-4 A Brief History of Stephen Hawking

1 ❹ Hawking was a **prolific** author, and **a clutch of** books written for the general reader have done much to popularize theoretical physics. His first book, *A Brief History of Time*, enjoyed **colossal** success, staying on the London *Sunday Times* bestseller list for more than four years.

5 To date, it has sold more than 10,000,000 copies worldwide. The book attempts to explain complex topics, such as the **genesis** of the universe, black holes, and light cones, in understandable terms. It does so through the use of easy-to-understand **diagrams** and illustrations, but without the use of mathematical **equations**, except for one: $E=mc^2$.

10 In the years after its publication, Hawking became hugely famous, publishing several similar books, and appearing in numerous television programs, including scientific documentaries, as well as dramas and sitcoms like *Star Trek* and *The Big Bang Theory*.

169 □	**prolific** [prəlífik]	*adj.* 多作の，多産の (producing abundantly)；豊富な；肥沃な
	派 **prolifically**	*adv.* 多産で；豊富に
170 □	**a clutch of ~**	～の集まり，～の群れ，一群の　(≒ a group of ~ , a bunch of ~)
	派 **clutch**	*n.* (同じ巣で一度に孵化する) 卵，ひな ※同音異義語に *vt.* をつかむ　*n.* つかむこと；クラッチ がある。
171 □	**colossal** [kəlásl]	*adj.* 桁外れの，とてつもない(≒ prodigious, stupendous)；巨大な (extremely large)
	派 **colossally**	*adv.* とてつもなく
172 □	**genesis** [dʒénəsis]	*n.* 〈the genesis で〉起源，創始，始まり (the origin of sth)
	派 **genetic**	*adj.* 起源に関する
173 □	**diagram** [dáiəgræm]	*n.* 図，図形；列車のダイヤ，予定表　*vt.* を図で示す
	派 **diagrammatic**	*adj.* 図形の，図表の；おおざっぱな

6-4 スティーブン・ホーキングの略歴

❹ ホーキングは多作の著述家であり，一般読者のために書かれた一連の著書は，理論物理学を世に広めるのに大いに貢献してきた。処女作『ホーキング，宇宙を語る』は桁外れの成功を収め，ロンドンの『サンデー・タイムズ紙』のベストセラーリストに4年以上も留まっていた。これまで，世界中で1,000万部以上売れている。この本では，例えば宇宙の起源，ブラックホール，光円錐などの複雑なテーマをわかりやすい言葉で説明しようとしている。理解しやすい図表やイラストを通して説明されており，$E=mc^2$ を除いて，数学の方程式は使われていない。その発刊から数年の間，ホーキングはとても有名になり，似たような本をいくつか出版し，科学ドキュメンタリーの他にも『スター・トレック』や『ビッグバン★セオリー ギークなボクらの恋愛法則』のようなドラマや連続ホームコメディーなどのテレビ番組にも数多く出演した。

174 ☐	**equation** [ikwéiʒən,-ʃən]	*n.* 方程式，等式（a statement in mathematics which says that two amounts are equal）；等しくすること；均衡
派	equáte	*vt.* を等しくする
派	equátional	*adj.* 方程式の

✐ 語句・表現

☐ *l.5*　to date「これまで」
☐ *l.13*　sitcom「ホームコメディ」欧米の連続もののコメディドラマ。

Key Points of This Issue　筋萎縮性側索硬化症（ALS）

筋萎縮性側索硬化症（amyotrophic lateral sclerosis）は，脳や神経からの命令を伝える運動神経細胞（運動ニューロン）が障害をきたし，体の筋肉が次第にやせて動かなくなっていく病である。人口10万人当たり約1人が発症すると言われており，特定疾患医療受給者数から見ると，現在日本では約8,500人がこの病気を患っているとされている。原因がはっきりと解明されていないために，有効な治療がなく，発症から5年以内に亡くなる患者も多い。一方では進行が遅く，10数年の経過を取る例もあり，症例ごとに細やかな対応が必要となる。

6-5　A Brief History of Stephen Hawking

1　**⑤** In one of his later books, *The Grand Design*, Hawking made a **controversial** statement about the origin of the universe. Specifically, he wrote that its beginning could not in any way be **ascribed** to the actions of a **godly** creator; that the Big Bang occurred only because of
5　the laws of physics. He also stated that he did not **adhere** to any kind of belief in life after death. Hawking did, however, accept the likelihood of intelligent life elsewhere in the universe. He was also optimistic about the future of mankind. An avid supporter of space exploration, he believed the best way to **avert** extinction was to travel into space.
10　He did caution against seeking out **alien** life forms, however, warning that their potential superiority over humans might pose a threat to our survival. (Original, 689 words)

☐	**controversial** [kàntrəvə́:rʃl]	*adj.* 論争(上)の，議論の余地のある (capable of arousing a controversy)
	派 **cóntrovèrsy**	*n.* 論争，議論
¹⁷⁵ ☐	**ascribe** [əskráib]	*vt.* (原因)を(〜に)帰する，(原因)を(〜の)せいにする (to say what caused sth)　*cf.* be ascribed to 〜 (〜に起因する)
	派 **ascríption**	*n.* (原因を)(〜に)帰すること
	≒ **attríbute**	*vt.* (原因)を(〜に)帰する
¹⁷⁶ ☐	**godly** [gádli]	*adj.* 神聖な (≒ divine)；信心深い (showing a devotion to God) (≒ pious)
	≒ **relígious**	*adj.* 信心深い
¹⁷⁷ ☐	**adhere** [ədhíər, æd-]	*vi.* 〈to 〜で〉信奉する，支持する，遵守する (believe in and follow the practice of sth)；固執する (≒ stick)；粘着する，接着する，(二つの面が互いにしっかりと)くっつく
	派 **adhérence**	*n.* 遵守；固持
	派 **adhérent**	*n.* 支持者，信奉者
	派 **adhésion**	*n.* 粘着性
	派 **adhésive**	*n.* 接着剤，ばんそうこう　*adj.* 粘着性の

6-5 スティーブン・ホーキングの略歴

❺ ホーキングの後年の著書の1冊である『ホーキング，宇宙と人間を語る』では，宇宙の起源について**論議を呼ぶ**発言をしている。具体的には，ホーキングはその始まりは決して**神聖な**創造主の行動に起因するものではないと書いている。つまり，ビッグバンはひとえに物理法則によって起きたのであるとしているのだ。彼はまた，来世に関するいかなる種類の信仰も**支持する**ことはないとも述べている。しかしながら，ホーキングは宇宙のどこかに知的生命体が存在する可能性については認めていた。また，人類の未来についても楽観的であった。宇宙開発の熱心な支持者であったホーキングは，絶滅を**回避する**最善の方法は宇宙に進出することであると信じていた。しかし，異星人の生存を探し出すことに対しては注意を促しており，異星人は人間より優れている可能性があり，我々の生存に脅威を与えるかもしれないと警告していた。

¹⁷⁸ □ **avert** [əvə́ːrt]		*vt.* を避ける (to prevent sth bad from happening) (≒ avoid)；をそむける，向きを変える (≒ turn away)
參 avérsion 　≒ **thwárt**		*n.* 反感，激しい嫌悪感 (≒ antipathy) *vi.* (計画など) を妨げる，を邪魔する (to stop sth from happening or sb from doing sth)
¹⁷⁹ □ **alien** [éiliən, -ljən]		*adj.* 異星人の；外国人の；なじみがない　*n.* 宇宙人；外国人

✎ 語句・表現

□ *l.3*　in any way「いかなるようにも」
□ *l.5*　the laws of physics「物理の法則」
□ *l.6*　likelihood「可能性」
□ *l.7*　intelligent life「知的生命体」
□ *l.11*　pose a threat「脅威を与える」

❓ Quiz

□ 1　What were Hawking's most important scientific contributions?
□ 2　What was the controversial argument Hawking made in one of his later books?
▶ Answer は p.462

1 社会 ◆ Society

7-1 The Nanny State

1 ❶ The well-known **proverb** "Early to bed and early to rise, makes a man healthy, wealthy, and wise," is attributed to Benjamin Franklin. Its common sense advice indicates the **beneficent** effects for those who **abide by** its simple recommendations. Naturally, the inverse results

5 are implied too — anyone who **can't be bothered** to go to sleep or wake up at a reasonable hour will be unhealthy, unwealthy, and unwise. Imagine what would happen if this **adage** were not just a popular saying but part of the law of the land. Say, for instance, a government passed an ordinance or issued an **edict** dictating that everyone had to

10 be in bed by 10:00 pm and get up by 6:00 am. Lawmakers might reason that such a statute would be in the public's best interest since it would promote good **habits** and lead to a positive outcome. As far-fetched as it seems, this imaginary law is not terribly different from actual regulations in effect around the world. In Japan, for example,

15 companies and local governments face financial penalties if their employees and residents fail to meet government-specified weight-loss targets. In the U.K., the government has banned some advertisements for eggs in order to get people to **cut back on** their consumption. And in the U.S., some cities have gone so far as to prohibit new fast food

20 restaurants and ban smoking in private homes.

180	**proverb** [právərb]	*n.* ことわざ, 格言　*vt.* をことわざ風に言う
181	**beneficent** [bənéfisnt]	*adj.* 有益な, 役立つ；恩恵を施す, 慈悲深い
182	**abide by ~**	～に従う, ～を遵守する (to accept without objection) (≒adhere)
	参 **abíde**	*vi.* 滞在する, 続く　*vt.* に耐える；を甘受する
183	**can't be bothered**	わざわざ (…) する気になれない (not want to spend time or energy doing sth)
	参 **bóther**	*vt.* を悩ます；を困らせる　*vi.* 思い悩む, 苦にする　*n.* 面倒；厄介な人

7-1 過保護国家

❶ よく知られていることわざ「早寝早起きは人を健康に，裕福に，賢くする」は
ベンジャミン・フランクリンによるものである。その常識的な助言は，その単純
な忠告に従う者たちに有益な効果を示す。当然のことながら，まともな時間にわ
ざわざ就寝したり起床したりしようとしない人は誰もが，不健康に，貧乏に，愚
かになるだろう，という逆の結果も暗示されている。もしこのことわざが単なる
俗説ではなく国法の一部であったら，何が起こるかを想像してみよう。そう，例
えば政府が，誰もが午後10時までに床につき，午前6時までに起きなければなら
ないという条例を可決した，あるいはそのような法令を発したとしよう。立法者
たちは，そのような法律はよい習慣を促し，前向きの結果へとつながるので，人々
の最大の利益となるだろうと論じるかもしれない。突飛に思われるだろうが，こ
の架空の法律は世界中で施行されている実際の条例とそれほど違いはない。例え
ば日本では，企業や地方自治体は，従業員や居住者が政府が指定した減量目標を
達成できない場合，違約金を科せられる。英国では，政府は人々の消費量を減ら
すために，卵の広告のいくつかを禁止してきた。そして米国では，新たなファー
ストフード店の出店や自宅での喫煙を禁じることまでした都市もある。

184 ☑	**adage** [ǽdidʒ]	*n.* ことわざ，格言，古諺（≒proverb）
185 ☑	**edict** [íːdikt]	*n.* 法令，布告（an official public order having the force of law decree）；指示
☑	**habit** [hǽbit]	*n.* 習慣，癖；習わし；傾向（manner of behavior or a settled tendency）
186 ☑	**cut back on ～**	～を減らす（to reduce sth）

✐ 語句・表現

☐ *l.2* Benjamin Franklin「ベンジャミン・フランクリン」米国の政治家。合衆国独
立に大きく貢献した人物。

7-2 The Nanny State

1 ❷ Critics of these actions protest that governments are **plotting** to destroy our fundamental right to manage our own lives; in effect, giving rise to the so-called "nanny state." A nanny state is one in which the government or laws are authoritarian, overprotective, or interfering

5 to the point of **usurping** personal choice. The term has come to negatively refer to a country that adopts the role of an **overbearing** or indulgent parent, **overseeing** its citizens as if they were helpless children, unable to **fend for themselves**. On the surface, the nanny state appears to be **dedicated** to preserving both the common good

10 and the well-being of individuals. However, whether a nanny state's intention is to control or to help its citizens, the outcome **manifests** itself in the same way: Too much regulation or too much care **demeans** personal liberty and is ultimately tyrannical. This directly contrasts with the ideals of libertarianism, which advocates that

15 governmental action be limited to protecting citizens from aggression, theft, breach of contract, and fraud.

---

187 ☑	**plot** [plát]	*vt.* を企む (to make a secret plan to do sth wrong or illegal) *vi.* 陰謀を企てる *n.* 陰謀；(小説などの) 筋
188 ☑	**usurp** [ju(:)sə́ːrp, -zə́ːrp]	*vt.* (人の権力・王座・権利・土地・地位など) を (不法に) 奪う, を強奪する, を横領する, を侵害する (to take someone else's power, position, job etc. without having the right to) (≒ seize) *vi.* ⟨on〜で⟩ (他人の権利を) 侵害する
	派 **usúrper**	*n.* 強奪者
189 ☑	**overbearing** [òuvərbéəriŋ]	*adj.* 威圧的な, 高圧的な (unpleasantly overpowering)；横柄な
190 ☑	**oversee** [òuvərsíː]	*vt.* を監督する, を監視する (to watch sth to make sure that it is done properly)
191 ☑	**fend for oneself**	自活する, 独力で生きていく (to look after oneself without help from anyone else)
	参 **fénd**	*vi.* (援助なしで自力で) 生活する *vt.* (攻撃・質問など) をかわす

7-2　過保護国家

❷ これらの動きを批判する人々は，政府は，我々が自分たちの生活を管理するための基本的権利を損なおうともくろんでいる，つまり事実上，いわゆる「過保護国家」を引き起こしていると主張している。過保護国家とは，政府または法律が権威を振りかざしていたり，過保護であったり，個人の選択を侵害するレベルまで干渉していたりする国家のことをいう。この用語は，威圧的なあるいは子どもに甘い親の役割を取り入れている国家を否定的に呼ぶようになったものである。そうした親の役割において，国家は国民をあたかも自力では生きていけない無力の子どもとして監視する。表面的には，過保護国家は公共の利益と個人の幸福の両方を維持することに力を注いでいるように見える。しかしながら，過保護国家の目的が国民を管理することであれ手助けすることであれ，結果は同じように現れる。つまり，規則が多すぎたり，あまりにも世話をしすぎたりすることは，個人の自由を貶め，結局のところ専制的なのである。これは，政府の活動は国民を攻撃，窃盗，契約違反，詐欺行為から守ることに限定されるべきであると主張する自由至上主義の理想とまさに対照をなしている。

192 ☑	**dedicate** [dédikèit]	*vt.* 〈to 〜で〉を (事業・目的などに) 捧げる，(力) を (〜に) 注ぐ (to give all of your energy, time, efforts, etc to sth)
	派 **dédicàted**	*adj.* 打ち込んでいる，ひたむきな；専用の
193 ☑	**manifest** [mǽnəfèst]	*vt.* 〈〜 oneself で〉(微候・感情が) 現れる；を明らかに する；を表現する　*n.* (飛行機の) 乗客名簿，積荷目録
194 ☑	**demean** [dimíːn]	*vt.* (品位など) を落とす，を貶める，を卑しめる (to do something that makes people have less respect for sb)

🖉 語句・表現

- ☐ *l.4*　authoritarian「権威を振りかざす」
- ☐ *l.5*　to the point of 〜「〜というレベル [程度] まで」
- ☐ *l.9*　common good「公共の利益」
- ☐ *l.14*　contrast with 〜「〜と対照を成す」
- ☐ *l.14*　libertarianism「自由至上主義」
- ☐ *l.14*　advocate that ...「…と主張する」
- ☐ *l.15*　aggression「攻撃」

7-3 The Nanny State

1　(❷続き) Anything more is considered an **affront** to human dignity and an **incursion** into the right of each person to live by his or her own values and judgment. If a nation treats its citizens like children, they will behave like children. This puts the country on a **perilous** path,
5　potentially paving the way for a population of **parasites**, with the implanted expectation that the government will take care of them from the **womb** through their last dying **gasp**.
　❸ Many people **categorically** reject the nanny state. They strongly believe we should be able to make our own decisions about how to live
10　our lives without the government's butting in. In their opinion, we have the absolute right to eat what we want, drink what we want, and engage in **miscellaneous** unhealthy activities if we choose to do so.

---

195 □	**affront** [əfrʌ́nt]	*n.* (意図的な, 公然の) 侮辱, 恥辱 (≒insult) *vt.* を侮辱する, を傷つける
	派 **affrónted**	*adj.* 侮辱された
196 □	**incursion** [inkə́ːrʒən]	*n.* 侵害, 襲撃, 侵略 (the act of entering some territory or domain)
	派 **incúrsive**	*adj.* 侵略する
197 □	**perilous** [pérələs]	*adj.* 危険な (very dangerous) (≒parlous, precarious), 冒険的な
	派 **péril**	*n.* (死にかかわるような) 危険
	参 **impéril**	*vt.* を危険にさらす
198 □	**parasite** [pǽrəsàit]	*n.* 寄生生物, パラサイト (an animal or plant that lives in or on another plant or animal and feeds on it)
	派 **pàrasític**	*adj.* 寄生する, 寄生物による
199 □	**womb** [wúːm]	*n.* 子宮 (the part of a woman or female animal where a baby grows before it is born) ; (物事の) 発生するところ
	≒ **úterus**	*n.* 子宮

7-3　過保護国家

（❷続き）それ以上のことは人間の尊厳に対する侮辱であり，自分の価値や判断に従って生きるという各人の権利への侵害であると考えられる。もし国家が国民を子どものように扱えば，国民は子どものように振る舞うだろう。これは，その国を危険な方向へと向かわせる。そうすることで，寄生生物集団が生まれる下地が作られているのかもしれない。その集団は，子宮から，死期迫る最後のあえぎまで政府が自分たちの面倒を見てくれるだろうという期待を植え付けられているのだ。

❸多くの人々は，過保護国家を断固として拒絶する。我々は政府に口出しされることなく，自分たちの生き方について自ら決断を下せるべきだと強く信じている。そのような人たちの考えでは，我々は食べたいものを食べ，飲みたいものを飲み，そうすることを選ぶのであれば，さまざまな不健康な行為にふける絶対的な権利を持っている。

200 □	**gasp** [gæsp]	*n.* あえぎ，ハッと息をのむこと（a sudden short audible intake of breath, e.g. in surprise or pain） *vi.* あえぐ　*vt.* をあえぎながら言う
201 □	**categorically** [kæ̀təgɔ́(:)rikli]	*adv.* 断固として，断定的に
	派 **càtegórical**	*adj.* 絶対的な，無条件の；明確な
202 □	**miscellaneous** [mìsəléiniəs]	*adj.* 種々雑多な，寄せ集めの；多方面にわたる（consisting of diverse things）（≒sundry）

🖊 語句・表現

□ *l.1*　human dignity「人間の尊厳」

7-4 The Nanny State

1　(**❸続き**) This is true even if it means our health is **endangered** and we die prematurely as a result of our behavior. Furthermore, they say they don't expect the government to bear the brunt of health costs, if and when we do get sick. These people have a laissez faire attitude
5　to governmental intervention — they expect little in the form of services or assistance, and in return demand lower taxes and fewer regulations. Others say that such a hands-off government will put many citizens in precarious positions. They insist that governments must guarantee basic human needs, such as adequate shelter and
10　nutrition, education, and freedom from fear and disease. They further argue that many underprivileged individuals do not have complete control over their lifestyle behavior choices or access to opportunities to better themselves. It is therefore necessary for governments to empower these citizens by providing education to help **accustom** them
15　to making rational choices and optimizing their opportunities. This will help to create a society of more robust and autonomous citizens.

(Original, 708 words)

☑	**endangered** [endéin*dʒə*rd]	*adj.* 危険にさらされた；絶滅の危険にさらされた，絶滅危惧種の
	派 **endánger**	*vt.* を危険にさらす
203 ☑	**precarious** [prikéəriəs]	*adj.* 不安定な，心もとない (not safe or certain)
	派 **precáriously**	*adv.* 不安定に，心もとなく
204 ☑	**accustom** [əkʌ́stəm]	*vt.* を慣らす，をなじませる (≒ familiarize)
	派 **accústomed**	*adj.* に慣れた；いつもの　※be accustomed to ~（~に慣れている）で使われることが多い。
205 ☑	**robust** [roubʌ́st]	*adj.* 健全な，強健な，しっかりした，がっしりした，たくましい (healthy and strong)
	派 **robústly** ⇔ **fráil**	*adv.* しっかりと *adj.* もろい

7-4　過保護国家

(❸続き) たとえそれが, 健康が**危険にさらされ**, その行動の結果として天寿をまっとうせずして死ぬことを意味するとしても同じである。さらに, 彼らは, もし自分たちが実際に病気になった時には, 政府に医療経費を背負うことを求めないと言う。こうした人々は政府の干渉については自由放任的な態度をとっている。彼らはサービスや援助という形ではほとんど何も要求しない代わりに, 減税や規制を少なくすることを求めている。このような無干渉主義の政府のために, 多くの国民が**不安定な立場**に追い込まれるだろうと言う人たちもいる。このような人たちは, 例えば十分な保護, 栄養, 教育, そして恐怖や病気からの自由などの人間の基本的要求を政府は保証しなければならないと主張する。彼らはさらに, 多くの恵まれない人々が, 生活習慣行動を選ぶ権限を完全には持っていない, あるいはよりよい生活を得るための機会を活用できていないと主張する。それゆえに, 政府がこのような国民に力を与えることが必要である。つまり, 合理的な選択をしたり, 機会を最大限に利用したりすることに国民をなじませるのに役立つ教育を行うことである。これはより**健全**で, 自律した市民の社会を創り出すのに役立つだろう。

📝 語句・表現

- □ *l.3*　bear the brunt of ～「(攻撃・非難) の矢面に立つ」brunt は「矛先」の意味。
- □ *l.4*　laissez faire「自由放任的な」フランス語。
- □ *l.6*　in return「代わりに」
- □ *l.7*　hands-off「無干渉主義の」
- □ *l.11*　underprivileged「恵まれない」
- □ *l.15*　optimize ～「～を最大限に利用する」
- □ *l.16*　autonomous「自律している」

❓ Quiz

- □ 1　What is a "nanny state?"
- □ 2　What do people with a laissez faire attitude to governmental intervention demand in exchange for little in the form of public services or assistance?

　　　　　　　　　　　　　　　　　　　　▶ Answer は p.462

政治・国際 ◆ Politics/International

8-1 Interpol's Superb Work in International Crime Cases

1 ❶ Interpol, the world's **preeminent** international police organization, has been featured recently in major news stories related to three significant criminal cases. The first targeted music **pirates**, effectively shutting down one of the most **notorious** file sharing websites in
5 Europe. The operation included a **raid** in the U.K. that resulted in the arrest of a 24-year-old man alleged to be the site operator, as well as the seizure of several computers in the Netherlands.

206 ☐	**superb** [supə́ːrb]	*adj.* 見事な, すばらしい (extremely good; excellent)
	派 **supérbly**	*adv.* 見事に
	参 **súper**	*adj.* すばらしい
207 ☐	**preeminent** [priémənənt]	*adj.* 卓越した, 傑出した (outstanding; surpassing all others)
	派 **preéminently**	*adv.* 著しく
	派 **preéminence**	*n.* 卓越
208 ☐	**pirate** [páiərət]	*n.* 著作権〔特許権〕侵害者 (a person who copies books, video tapes, computer programs, etc in order to sell them illegally); 海賊　*vt.* を盗用する
	派 **píracy**	*n.* 著作権侵害;海賊版作成
	派 **pirátical**	*adj.* 海賊の
209 ☐	**notorious** [noutɔ́ːriəs]	*adj.* 悪評の高い, 悪名高い, よく知られた (well-known for sth bad)
	派 **notóriously**	*adv.* 悪名高く
	≒ **ínfamous**	*adj.* 悪名高い

8-1 国際犯罪におけるインターポールの見事な業績

❶ 世界に冠たる国際警察機構，インターポールは先頃，3件の重大な刑事事件に関連する主要なニュースに登場していた。最初の事件は，音楽の著作権侵害者を標的にしたもので，ヨーロッパで最も悪評高いファイル共有ウェブサイトの1つを見事に閉鎖した。この作戦では，英国国内での強制捜査も行われ，オランダでコンピュータが数台押収されただけでなく，サイトの運営者とされる24歳の男の逮捕にもつながった。

210 ☑ **raid** [réid]	*n.* 強制捜査，（警察の）手入れ（a surprise visit by the police looking for criminals or illegal goods）；奇襲 *vt.* を急襲〔奇襲〕する *vi.* 〈on ～で〉（～を）急襲〔奇襲〕する
派 **ráider** ≒ **attáck**	*n.* 奇襲者；手入れの警官 *n.* 襲撃

🖉 語句・表現

- ☐ *l.2*　feature ～ in ... 「～を…に登場させる」
- ☐ *l.4*　file sharing website 「ファイル共有サイト」多数の人がファイルをアップロードしたり，それらのファイルにアクセス・ダウンロードできるサイト。
- ☐ *l.6*　alleged to ... 「…と言われる」

Key Points of This Issue　インターポール（Interpol）

正式名称は International Criminal Police Organization (ICPO)。本部はフランス・リヨン市に位置する。日本は1952年に加盟し，警察庁が国家中央事務局となってフランス本部に数名の職員を派遣している。インターポールの年間約91億円（2019年）にものぼる予算は，加盟している194の国と地域が分担しており，日本は米国に次いで2番目に分担率が高いとされている。

インターポールは，映画やアニメで描かれているような各国に多くの捜査官を抱える秘密警察組織とは異なる。実際には国際手配の犯人を身柄拘束する権限はなく，世界を飛び回って犯人を追跡するような国際捜査官も持たない。主に，国際的な犯罪が起きた際に，ITを駆使し，膨大なデータベースを世界の警察に提供し，各国の警察の連携と協調のために活動する連絡機関である。

8-2 Interpol's Superb Work in International Crime Cases

1 （❶続き）In another case, French authorities in southern France arrested a Rwandan **genocide** suspect, wanted in connection with the **massacre** of 25,000 people.　The third case involved the arrest of a Canadian sexual predator by Thai police in a remote province of

5 Thailand.　In each instance, credit must be given to Interpol for its **unrelenting** coordination efforts, working in **meticulous concordance** with other authorities, both locally and in other countries.

❷ Formed in 1923, Interpol is the **abbreviated** name of "The

10 International Criminal Police Organization," which is a **centralized** crime-fighting agency with headquarters in Lyon, France.　Its Secretariat also has six regional branches and there are National Central Bureaus staffed by national law enforcement officers in each member country.

211 ☐	**genocide** [dʒénəsàid]	*n.* 計画的大量虐殺, 民族〔種族〕根絶 (the murder of a large group of people on the basis of their race, religion, etc)
	参 **-cìde**	接尾語で「殺す」という意味を表す。
212 ☐	**massacre** [mǽsəkər, mǽsi-]	*n.* 大虐殺 (the brutal killing of a large number of people or animals)　*vt.* を大虐殺する
213 ☐	**unrelenting** [ʌnriléntiŋ]	*adj.* 容赦しない, 緩むことのない (not losing strength, severity or determination)
	派 **ùnreléntingly**	*adv.* 容赦なく
	≒ **reléntless**	*adj.* 情け容赦ない
	参 **reléntlessness**	*n.* 無情
	参 **relént**	*vi.* 心が和らぐ
214 ☐	**meticulous** [mətíkjələs]	*adj.* 非常に注意深い, 細かいことに気を遣う (giving or showing great attention to detail; very careful)
	派 **metículously**	*adv.* 非常に注意深く
	派 **metículousness**	*n.* 几帳面さ
	≒ **détailed**	*adj.* 詳細にわたる

8-2 国際犯罪におけるインターポールの見事な業績

（❶続き）別の事件では，南フランスでフランス当局が，ルワンダ大量虐殺の容疑者を逮捕した。その人物は，2万5千人の大虐殺に関与して指名手配されていた。その3件目の事件は，タイ僻地でのタイ警察によるカナダ人性犯罪者の逮捕に関するものだった。どの場合も，インターポールの不屈の協調努力を評価しなくてはならない。それは，現地および他国において，他の当局と非常に注意深い調和のもとに働くというものである。

❷ 1923年に設立されたインターポールは，『国際刑事警察機構』の略称で，フランスのリヨンに本部を置く中央集権的犯罪取締機関である。インターポールの事務局には6つの地域支局もあり，加盟各国には国の警察官が配置された国家中央事務局がある。

---

215 **concordance**
[kɔnkɔ́ːrdns]

n. 調和，一致（a formal agreement）

派 **cóncord**	*n.* 一致；友好
派 **concórdant**	*adj.* 一致した
≒ **concúrrence**	*n.* 一致

---

216 **abbreviate**
[əbríːvièit]

vt. を短縮する，を省略する（to make sth shorter, especially a word or phrase）

| 派 **abbrèviátion** | *n.* 略語；短縮 |
| ≒ **shórten** | *vt.* を短くする |

---

217 **centralized**
[séntrəlàizd]

adj. 中央集権化された，中心に集められた（concentrated under the control of a single authority）

| 派 **cèntralizátion** | *n.* 集中；中央集権 |

📝 語句・表現

☐ *l.2* wanted in connection with 〜 「〜との関連で指名手配されている」
☐ *l.4* remote province「僻地」

8-3 Interpol's Superb Work in International Crime Cases

1 (❷続き) All told, Interpol is comprised of 188 autonomous member nations working in **alliance** to **combat** international crime and track down culprits. Interpol's objective is not to interfere with local authorities, but to offer assistance and support to any organizations
5 that share its goals, even in cases where there are no diplomatic ties between the particular countries involved. Under its constitutional **mandate**, Interpol places a premium on human rights, and is forbidden to participate in any activities that are political, military, religious, or racial in nature.
10 ❸ In terms of its principal activities, Interpol's efforts **encompass** four core functions. One of these is to offer global police communication through its I-24/7 system, which provides a **swift** and secure global network for the **reciprocal** exchange of police information as well as access to the organization's databases.

218 ☑	**alliance** [əláiəns]	*n.* 提携, 同盟 (an agreement between groups, countries, etc to work together and support each other)
派	**ally**	*vt.* と同盟する *vi.* 同盟する *n.* 同盟国
	≒ **assòciátion**	*n.* 提携, 同盟
☑	**combat** *v.* [kəmbǽt, kám-] *n.* [kámbæt, kʌ́m-]	*vt.* を撲滅〔除去〕しようと努める, と戦う (to strive to reduce or eliminate sth bad or undesirable) *n.* 戦闘 ※動詞と名詞のアクセントの違いに注意する。
派	**combátant**	*n.* 戦闘員
派	**combátive**	*adj.* 好戦的な
219 ☑	**mandate** [mǽndeit, -dit]	*n.* 権限 (the power that is officially given to a group of people to do sth) *vt.* を義務づける
派	**mándatòry**	*adj.* 義務の
派	**mándated**	*adj.* 委任統治された
220 ☑	**encompass** [enkʌ́mpəs]	*vt.* を含む, を包括する (to include; to surround)
参	**cómpass**	*vt.* を取り囲む

8-3 国際犯罪におけるインターポールの見事な業績

（❷続き）全体としては，インターポールは自治権を持つ188（※2019年現在では194）の加盟国で構成されており，連携して活動して，国際犯罪**と戦い**，容疑者を追い詰めて捕らえようとしている。インターポールの目的は，現地の当局に干渉することではなく，同じ目的を持つのであれば，どんな組織にでも援助と支持を提供することである。事件に関係する個々の国の間に外交関係がない場合においても，である。その合憲的な権限のもとに，インターポールは人権を重視し，本質的に政治的，軍事的，宗教的，民族的ないかなる活動にも参加することを禁じられている。

❸主な活動に関しては，インターポールの取り組みは4つの中心的役割を含んでいる。その1つが，I-24/7システムを通じた国際的な警察通信の提供であり，これによりインターポールのデータベースへのアクセスだけでなく，警察情報の相互交換を行うための**迅速**かつ安全な世界的ネットワークを提供することが可能となる。

☑	**swift** [swíft]	*adj.* 迅速な，即座の（happening without delay; quick） *adv.* 迅速に
派	**swíftly**	*adv.* 速く
221 ☑	**reciprocal** [risíprəkl]	*adj.* 相互の，互いの，互恵的な（involving two or more people or groups who agree to help each other or to behave in the same way）
派	**recíprocàte**	*vt.* に報いる　*vi.* 報いる
派	**rèciprócity**	*n.* 互恵主義，相互作用

🖋 語句・表現

- ☐ *l.1*　all told「全体としては；結局」
- ☐ *l.1*　be comprised of 〜「〜から構成される」
- ☐ *l.2*　track down 〜「〜を追跡して捕らえる」
- ☐ *l.7*　place a premium on 〜「〜を重視する」

8-4 Interpol's Superb Work in International Crime Cases

1 (❸続き) Maintaining the databases is another core function. They include information about criminals, such as names, **fingerprints** and DNA profiles, and stolen property such as passports, vehicles and artwork. Interpol also **deploys** emergency support teams and offers
5 operational assistance on short notice to countries facing a crisis, particularly in one of its high priority crime areas, which include **fugitives**, public safety and terrorism, drugs and organized crime, **trafficking** in human beings, and financial and high-tech crime. Finally, Interpol also offers training and development support for
10 national police forces that request it.

❹ One of Interpol's most **laudable** attributes is its development and use of **cutting-edge** technology. In **conjunction** with the I-24/7 communication system, Interpol broadcasts **bulletins** containing information about wanted criminals.

222 ☑ **fingerprint** [fíŋgərprìnt]	*n.* 指紋 *vt.* の指紋を採る	
223 ☑ **deploy** [diplɔ́i]	*vt.* を配置する, を配備する (to put soldiers or weapons in a position where they are ready for battle)	
派 **deplóyment** ≒ **posítion**	*n.* 配置；運用 *vt.* を置く	
224 ☑ **fugitive** [fjú:dʒətiv]	*n.* 逃亡者, 脱走者 (a person who is running away or escaping (for example from the police))；亡命者 *adj.* 逃亡中の；一時的な	
≒ **escàpée**	*n.* 逃亡者	
225 ☑ **trafficking** [trǽfikiŋ]	*n.* 売買, 密売 (to trade or deal in a specific activity or service, often of an illegal nature)	
派 **tráfficker**	*n.* 密売人, (悪徳) 商人	

8-4　国際犯罪におけるインターポールの見事な業績

（❸続き）そのデータベースの管理がもう1つの中心的役割である。データベースには，氏名，指紋，DNA鑑定などの犯罪者に関する情報や，パスポート，車，芸術品などの盗品に関する情報が含まれている。インターポールは，危機にさらされている国に即座に緊急支援チームを動員したり，作戦上の援助を提供したりもする。逃亡者，公共安全とテロ行為，麻薬と組織犯罪，人身売買，金融およびハイテク犯罪などの最重要犯罪の領域の犯罪に関しては特にそうである。最後に，インターポールは，要請のあった国の警察に対して訓練や発展支援の提供も行う。

❹最も賞賛に値するインターポールの特質の1つに，最先端技術の開発と利用がある。I-24/7通信システムと連動して，インターポールは指名手配犯に関する情報を含む速報を配信する。

226 ☑	**laudable** [lɔ́ːdəbl]	*adj.* 賞賛に値する，賞賛すべき（worthy of praise）
	派 **láud**	*vt.* を賞賛する　*n.* 賞賛
	派 **láudatòry**	*adj.* 賞賛の
227 ☑	**cutting-edge** [kʌ́tiŋédʒ]	*adj.* 最先端の（in the leading position of advancement in some field; innovative or pioneering）
228 ☑	**conjunction** [kəndʒʌ́ŋkʃən]	*n.* 関連，結びつき（the state of being connected together）；結合；接続詞
	派 **conjúnct**	*adj.* 結合した
	派 **conjúnctive**	*adj.* 結合的な；接続詞的な
229 ☑	**bulletin** [búlətn]	*n.* ニュース速報；（官庁の）公報，告示；（学会の）定期報告
	参 **bulletin board**	掲示板，告示板

🖉 語句・表現

☐ *l.5*　on short notice「即座に；急な知らせにもかかわらず」

8-5 Interpol's Superb Work in International Crime Cases

1　(❹続き) It also uses an elaborate system of color-coded notices to share and collect information about fugitives. For example, a "Red" notice is issued when a fugitive is sought for arrest and extradition. A "Yellow" notice is issued to help locate a missing person, and a "Blue"
5　notice is issued to gather information about a person's identity or activities in connection with a crime. While they often act **covertly**, Interpol authorities also release information to the media at their **discretion**, particularly when there is an **imminent** danger that a fugitive will escape or commit another crime. This was the case with
10　the sexual predator described above. Interpol officials released photos of the individual to the media because they believed he was highly likely to commit further offenses against juveniles. They also indirectly **unveiled** new technology that enabled them to **unscramble** digitally altered images. The move paid off through **voluminous** tips that
15　quickly led to the arrest of the alleged **perpetrator**.

230 ☑	**covertly** [kouvə́ːrtli]	*adv.* 密かに, 内密に (≒ secretly, clandestinely)
	派 **cóvert**	*adj.* 秘密の
231 ☑	**discretion** [diskréʃən]	*n.* 自由裁量, 選択の自由 (the freedom and power to make decisions) ; 判断
	派 **discréte**	*adj.* 別々の
	派 **discrétionàry**	*adj.* 自由裁量の
232 ☑	**imminent** [ímənənt]	*adj.* 差し迫って, (よくないことが) 今にも起こりそうな ((often used about sth unpleasant) about to happen very soon)
	派 **ímminently**	*adv.* 差し迫った
	≒ **at hand**	間近に迫って
233 ☑	**unveil** [ʌnvéil]	*vt.* を公表する, を初公開する, のベールを取る (to show sth new to the public for the first time)
	派 **unvéiling**	*n.* 除幕, 発表

8-5　国際犯罪におけるインターポールの見事な業績

（❹続き）インターポールは，逃亡者に関する情報の共有と収集のために，色分けされた手配書を用いた精巧なシステムも使用している。例えば「赤」手配書は，逃亡者の身柄の拘束と引き渡しが求められる場合に出される。「黄」手配書は行方不明者を捜し出す支援をするために出され，「青」手配書は人の身元や犯罪に関連した活動に関する情報収集のために出される。インターポール当局は密かに行動することが多いのだが，メディアへの情報公開も組織の裁量で行う。逃亡していた者が脱走したり別の罪を犯すかもしれないといった差し迫った危険がある場合には，特にそうである。前述した性犯罪者の場合がそうだった。インターポール当局は，未成年者に対してさらなる犯罪を行う可能性が高いと考えたため，この人物の写真をメディアに公表したのだ。また，新技術を間接的に公表したが，それはデジタル処理で加工された画像を元に戻すことを可能にするものだった。この措置が功を奏し，膨大なたれこみ情報を通じて，直ちに犯人とされる者の逮捕へとつながった。

234 □	**unscramble** [ʌnskrǽmbl]	*vt.* を元に戻す（to restore sth that has been scrambled）
	⇔ **scrámble**	*vt.* にスクランブルをかける（盗聴防止の手段） *vi.* よじ登る　*n.* よじ登ること；大急ぎ
	参 **scrámbler**	*n.* スクランブル装置（盗聴防止装置）
235 □	**voluminous** [vəlúːmənəs]	*adj.* 膨大な，多量の（large in volume）
	派 **vólume**	*n.* ボリューム；量
236 □	**perpetrator** [pə́ːrpətrèitər]	*n.* 犯人，加害者（≒ criminal）
	派 **pérpetràte**	*vt.*（悪事など）を犯す
	派 **pèrpetrátion**	*n.* 悪事

🖉 語句・表現

□ *l.14*　the move＝上述の「性犯罪者の写真および新技術の公表」という措置を指す。
□ *l.14*　pay off「功を奏する」

8-6 Interpol's Superb Work in International Crime Cases

1　**❺** Thanks to Interpol's praiseworthy efforts, international criminals have been put on notice that they can no longer **evade** the long arm of the law, whether they are **expatriates** living outside their own countries or criminals hoping to remain **undercover** by conducting
5　their criminal activity via the Internet.　Over the years, Interpol has played a role in several **infamous** cases, such as that of Nicholas Leeson, the trader who was **intercepted** in Germany after his illegal trading activities resulted in $1 billion in losses at the Singapore branch of Barings Bank.　But it is Interpol's exemplary **crusade** to protect
10　human rights and end the **exploitation** of women and children that deserves the most praise.　　　　　　　　　　(Original, 715 words)

237 ☐	**evade** [ivéid]	*vt.* を回避する, を免れる (to manage to escape from sb/sth)
	≒ **avóid**	*vt.* を避ける
238 ☐	**expatriate** *n. adj.* [ekspéitriət] *v.* [-trièit]	*n.* 国外移住者, 亡命者 (a person who lives outside his/her own country)　*vt.* を国外に追放する *adj.* 国外へ追放された
	≒ **éxile**	*n.* 追放者
239 ☐	**undercover** [ʌ́ndərkʌ̀vər]	*adj.* 秘密に行う, 秘密の (working secretly, especially for the purposes of police investigation or espionage)
240 ☐	**infamous** [ínfəməs]	*adj.* 悪名高い, 不名誉な (famous for some bad quality or deed)
	≒ **notórious**	*adj.* 悪名高い
241 ☐	**intercept** *v.* [intərsépt] *n.* [–́––̀]	*vt.* を途中で捕らえる〔奪う, 止める〕, を傍受する (to stop or catch sb/sth that is moving from one place to another)　*n.* 妨害
	派 **intercéption**	*n.* 妨害, 遮断；横取り
	派 **intercéptor**	*n.* 遮るもの
	≒ **interrúpt**	*vt.* を妨害する

8-6　国際犯罪におけるインターポールの見事な業績

❺ インターポールのすばらしい活動のおかげで，国際犯罪者はもはや警察の手から逃れることはできないということを知らされている。自国以外の場所で暮らす国外在住者であろうと，インターネットで犯行を行うことにより隠れていようとする犯罪者であろうと，である。インターポールは長年にわたっていくつもの忌まわしい事件で任務を果たしてきた。ベアリングズ銀行のシンガポール支店で，違法な売買行為によって10億ドルの損失を引き起こしたのちにドイツで途中で捕らえられたトレーダーのニコラス・リーソンの事件のように。しかし，インターポールの活動のうち最も賞賛に値するのは，立派な改革運動であり，それは人権を保護し，女性や子どもからの**搾取**に終止符を打つというものである。

242 ☑ **crusade** [kruːséid]	*n.* 改革運動，撲滅運動（an organized campaign for sth that you believe to be good or against sth that you believe to be bad）・*vi.* 改革に加わる
派 **crusáder**	*n.* 改革運動家
☑ **exploitation** [èksplɔitéiʃən]	*n.* 搾取，私的利用；開発；開拓
派 **explóit**	*vt.* を食い物にする，を利用する（to use sth or to treat sb unfairly for one's own advantage）；を開発する

📝 語句・表現

- ☐ *l.2*　put ～ on notice「～に知らしめる，通告する」
- ☐ *l.2*　long arm of the law「警察の（捜査の）手，法の力」

❓ Quiz

- ☐ 1　What is one of the most laudable attributes of Interpol?
- ☐ 2　What may Interpol do when there is imminent danger of a fugitive escaping or committing another crime?　▶ Answer は p.462

2 政治・国際 ◆ Politics/International

9-1 Problems with American Presidential Primaries

1　❶ One of the first stages in the long, somewhat **arcane** process of electing an American president is the string of state **caucuses** and primary elections that begin early in an election year. Through this system, **delegates** from each state are selected to support candidates
5　at national party conventions. The **advent** of primary season is marked by a **frenzied whirlwind** of candidate activity that continues until the parties **nominate** their respective candidates in the summer. For **savvy** candidates, the goal is to grab the most media attention and **carve out** an early lead, in hopes of locking up the nomination well
10　before their party convention. For their part, states holding caucuses and primaries are looking to **stake a claim to** an influential role in the nomination process.

243 ☑	**arcane** [ɑːrkéin]	*adj.* わかりにくい, 不可解な (hard to understand)
244 ☑	**caucus** [kɔ́ːkəs]	*n.* (候補者の選出などを行う) 政党の幹部会, 党員集会 (a meeting of party leaders to select candidates or to decide on policy, etc)　*vi.* 幹部会を行う
245 ☑	**delegate** *n.* [déligət, -gèit] *v.* [-gèit]	*n.* 代議員, 代表 (a person who has been chosen to speak or take decisions on behalf of a group of people, especially at a meeting) *vt.* を委任する；を代表に選ぶ　*vi.* 委譲する
	派 **dèlegátion**	*n.* 代表団
☑	**advent** [ǽdvent]	*n.* **到来, 出現** (the arrival of sb/sth notable)
246 ☑	**frenzied** [frénzid]	*adj.* 熱狂した, 狂乱した (wildly excited and out of control)；凶暴な
247 ☑	**whirlwind** [wə́ːrlwìnd]	*n.* 旋風, つむじ風 (a very strong circular wind that forms a tall column of air moving round and round in a circle as it travels across the land or the sea)
	参 **whírl**	*vi.* 旋回する　*n.* 旋回；渦巻き

9-1　米国大統領予備選挙の問題

❶ 長期にわたるいささかわかりにくい米国大統領選出プロセスの第一段階の一環として，選挙年の初めに開始される，一連の州の党員集会と予備選挙がある。この方式を通じて，全国党大会で候補者を支持する各州の代議員が選出される。予備選挙の時期の**到来**とともに，熱狂的な旋風のような候補者の活動が始まり，夏に党が各自の候補者を指名するまで続く。**抜け目のない**候補者は，メディアの注目を最も集め，早々とリードを得ることを目標とする。党大会よりかなり前に指名獲得を確実にすることを期待してのことである。党員集会や予備選挙を開催する州としては，指名プロセスにおける影響力のある役割は**自分のものだと主張**することが狙いである。

2 政治・国際 ◆ Politics/International

248 □	**nominate** [námənèit]	*vt.* を（…の候補として）指名する（to formally suggest that sb/sth should be given a job, role, prize, etc）
	派 **nòminátion**	*n.* 指名
	派 **nòminée**	*n.* 候補者
	派 **nóminative**	*adj.* 〈文法で〉主格の
	≒ **désignàte**	*vt.* を指名する

249 □	**savvy** [sǽvi]	*adj.* 抜け目のない，心得た（shrewd and knowledgeable in the realities of life）　*n.* 実務的知識
	参 **-sávvy**	接尾語で「～に通じた」という意味を表す。
	≒ **shréwd**	*adj.* 利口な

250 □	**carve out ～**	～ を 手 に 入 れ る（to gain or create sth through painstaking effort）

251 □	**stake a claim to ～**	～の所有権を主張する，～に対する権利を主張する（to say that you have a right to have sth）
	参 **stáke**	*n.* 賭け；杭；出資金　*vt.* を賭ける

9-2 Problems with American Presidential Primaries

1 ❷ The exact way in which each state conducts caucuses or primaries varies from state to state.　Most states have binding primaries, which means that guidelines for delegates require them to vote for a particular candidate at the national convention for a specific number of
5 **ballots** or until the candidate releases the delegates.　The majority of states also have closed primaries, and voters are entitled to vote only in the primary election of the party with which they are registered.　A few states have open or semi-open primaries in which voters have more freedom to vote in the primary of their choice.　In any case, voters are
10 allowed to participate in only one primary.　To circumvent this **constraint**, some states once held blanket primaries, replacing **partisan** ballots with ones listing the names of all candidates.　This practice was **revoked** by the Supreme Court, which ruled that it violated the parties' First Amendment right to freedom of assembly.

252 □	**ballot** [bǽlət]	*n.*〈可算名詞で〉(無記名)投票用紙;〈不可算名詞で〉(無記名)投票 (a secret written vote) *vi.* (無記名で)投票する
	≒ **póll**	*n.* 投票
	参 **spoiled ballot**	無効票
253 □	**constraint** [kənstréint]	*n.* 制約, 束縛, 強制, 窮屈, 気がね (sth that limits you; a restriction)
	派 **constráin**	*vt.*〈to do で〉(人に)(行為)を強制する〔強いる〕; を拘束〔抑制〕する
	派 **constráined**	*adj.* 強制された, 制約付きの

9-2 米国大統領予備選挙の問題

❷ 各州が党員集会や予備選挙を行う厳密な方法は，州によって異なる。ほとんどの州は，拘束力のある予備選挙を行っている。これはつまり，代議員に対するガイドラインにより，代議員は全国党大会で特定の候補者に投票することが求められるということを意味している。この投票は，あらかじめ決められた投票用紙数を得るため，もしくは，候補者が代議員を解放するまで行われる。大多数の州では，制限予備選挙も行われており，有権者は自分が登録した党の予備選挙でのみ投票する権利がある。いくつかの州では，開放型予備選挙または半開放型予備選挙が行われており，有権者はもっと自由に自分で選んだ予備選挙で投票することができる。いずれにせよ，有権者は1つだけ予備選挙に参加することが許される。この制限を回避するために，かつて包括的予備選挙を行い，党派に偏った投票用紙を全候補者の名前を載せたものに取り替えた州もあった。この行為は，最高裁判所によって無効にされた。憲法修正第1条で政党が保障された集会の自由の権利を侵害したという判決が下されたのだ。

254 ☑	**partisan** [páːrtəzən]	*adj.* 党派心の強い，党派に偏った，党派的な（biased in support of a political party）；パルチザンの
派	**pártisanshìp**	*n.* 党派心
255 ☑	**revoke** [rivóuk]	*vt.* （許可・約束・免許など）を無効にする，を取り消す（to make sth no longer effective）
派	**rèvocátion**	*n.* 取り消し
≒	**cáncel**	*vt.* を取り消す

🖊 語句・表現

☐ *l.2* vary from ～ to ～「～によって異なる」
☐ *l.11* replace ～ with ...「～を…で置き換える」

9-3 Problems with American Presidential Primaries

1 ❸ In most cases, the timeline for holding state caucuses and primaries is determined by the national and state parties. Traditionally, Iowa and New Hampshire have had a **head start** on other states, with Iowa holding the first caucus and New Hampshire the first primary. Both
5 states have jealously sought to **safeguard** their first-in-line positions; in fact, a New Hampshire **statute** stipulates it must be the first state to conduct a presidential primary. This tradition has not been unconditionally accepted by other states, however, and **indignant grumbling** has increased in recent years. Critics claim that the
10 current order creates an **imbalance** that unfairly gives more significance to early primaries and makes later elections irrelevant, since leading candidates have frequently **clinched** the nomination well before the final primaries are held. They also say that the current schedule favors candidates with lots of celebrity **charisma** and cash,
15 since lesser known candidates have little chance to build up their support bases.

256 □	**head start**	(〜よりも) 有利なスタート (an advantage gained by beginning early in a race or any other activity)
257 □	**safeguard** [séifgà:rd]	*vt.* を保護する, を守る (to protect against possible dangers) *n.* 安全対策
258 □	**statute** [stǽtʃu:t]	*n.* 法令, 法規 (a written law or a rule)
	参 **statute law**	制定法
259 □	**indignant** [indígnənt]	*adj.* (卑劣な行為・不当な扱い・不正などに対して) 怒りを込めた, 憤慨した, 怒った (shocked or angry because sb has said or done sth that you consider unfair)
260 □	**grumbling** [grʌ́mbliŋ]	*n.* 不平, 文句, 小言
	派 **grumble**	*vi.* 不平を言う, (怒って) ぶつぶつ言う (to complain in a bad-tempered way)

9-3 米国大統領予備選挙の問題

❸ 大抵の場合，州の党員集会や予備選挙の開催日程は，全米政党と州政党によって決められる。伝統的に，アイオワ州とニューハンプシャー州が他の州より先にスタートを切ってきた。アイオワ州が最初に党員集会を開き，ニューハンプシャー州が最初に予備選挙を開くという形である。両州は油断なく，一番乗りの地位を守ることに努めてきた。実際，ニューハンプシャー州法では，同州は大統領予備選挙を実施する最初の州でなければならないと規定している。しかし，この伝統が他の州に無条件に受け入れられてきたわけではなく，近年では怒りを込めた不満が増えている。批判する人たちの主張では，現在の順序のせいで不均衡が生じており，不当に初期の予備選挙をより重要なものにし，後期の選挙を無意味なものにしてしまっているという。有力候補が最後の予備選挙が開かれるずっと前に指名を確定させてしまうことがたびたびあったためとされている。さらに，現在の日程は，有名人としてのカリスマ性と現金を多く持つ候補者に有利に働くとも語っている。さほど有名でない候補者には支持基盤を築き上げる機会がほとんどないためである。

---

261 ☐	**imbalance** [imbǽləns]	*n.* 不均衡，不安定，不釣り合い (a lack of a fair or correct balance between two things, which results in problems or unfairness) (≒ inequality, instability)
262 ☐	**clinch** [klíntʃ]	*vt.* を確定する，の決着をつける (to finally manage to get what you want in an argument or business argument)
263 ☐	**charisma** [kərízmə]	*n.* カリスマ (的な資質)，信服力 (a powerful personal quality that attracts and influences other people)
派	**chàrismátic**	*adj.* カリスマ的な

✐ 語句・表現

☐ *l.5* first-in-line「一番の，先頭の」
☐ *l.12* well before「ずっと前」ここでの well は副詞。
☐ *l.15* lesser known「有名でない，それほど知られていない」

9-4 Problems with American Presidential Primaries

1 ❹ In their quest to be more relevant, states have steadily advanced the dates of their primaries. This has resulted in an earlier and more compressed timeframe for the elections. It has also resulted in serious friction between national and state party organizations. For the
5 forthcoming election, national party leaders have drawn the line at allowing more states to move up their primary dates. Some states defiantly have done so anyway, even under threat of **disciplinary** action. For example, Florida was told that its delegates would be barred from the national Democratic convention if it stuck to a plan to
10 advance its primary to January 29. Refusing to be browbeaten, state organizers in Florida said they would retaliate via a lawsuit if the national party carried out its threat. Michigan also suffered a rebuke when it violated National Democratic Party rules and moved its election to January 15. Most major candidates chose to remove their
15 names from the ballot and others pledged not to campaign in the state. Like Florida, Democratic leaders in Michigan refused to be chastened, and declined to go back to the original date.

264 ☑	**friction** [fríkʃən]	n. 不和, いさかい (a conflict between people or groups caused by a clash of will, temperament or opinion)；摩擦
265 ☑	**forthcoming** [fɔ̀ːrθkʌ́miŋ]	adj. 今度の, 間近に迫った (that will happen or appear in the near future)
266 ☑	**draw the line**	〈at ～で〉(～に) 一線を画す, (～までは) いかない (to set a limit to what is acceptable)
267 ☑	**defiantly** [difáiəntli]	adv. 反抗的に, 挑戦的に, 恐れ気なく (≒ rebelliously)
☑	**disciplinary** [dísəplənèri]	adj. 懲戒の；規律上の (connected with punishment for breaking rules) cf. disciplinary action (懲戒処分, 懲戒)

2

9-4　米国大統領予備選挙の問題

❹ 自州の重要性を高めるために，州は予備選挙の日取りを着実に前倒しにして
きた。この結果，選挙期間が早まり，集中してきている。さらに，全米政党組織と
州政党組織の間の深刻な**不和**にもつながっている。来るべき選挙に対して，政党
の全米組織のリーダーは，これ以上の州が予備選挙の日取りを繰り上げる許可を
与えることには**一線を引いている**。頑としてとにかく日取りを繰り上げる州もあ
る。**懲戒**処分を与えると脅されても，である。例えばフロリダ州は，1月29日に
予備選挙を前倒しする計画を貫くのであれば，民主党全国大会から同州の代議員
を締め出すと言われた。**脅**されるのを拒んだフロリダ州の組織関係者は，もし政
党の全米組織が脅迫を実行しようものならば，訴訟で応酬するつもりだと告げ
た。ミシガン州も全米民主党規約に違反して選挙を1月15日に変え，**叱責**を受け
た。ほとんどの主要候補が候補者名簿から自分の名前を削除し，それ以外の候補
者は同州で選挙運動をしないことを誓った。フロリダ州と同様に，ミシガン州の
民主党指導者は**罰**せられるのを拒否したうえで，元の日取りに戻さなかった。

268 □ **browbeat** [bráubìːt]	*vt.* （人）を**脅す**；を脅して…させる（to intimidate sb to do or not to do sth using stern or abusive language）
269 □ **rebuke** [ribjúːk]	*n.* 非難，**叱責**（an expression of sharp disapproval or criticism）　*vt.* を**叱責する**
≒ **réprimànd**	*n.* 非難，叱責
270 □ **chasten** [tʃéisn]	*vt.* を（改心させるために）**罰する**，を懲らしめる（to have a restraining or moderating influence on）

🖉 語句・表現

□ *l.1*　in one's quest to ...「…することを求めて」in quest of ～とも言う。
□ *l.7*　under threat of ～「～の脅威にさらされて」
□ *l.9*　bar ～ from ...「～を…から締め出す」

9-5 Problems with American Presidential Primaries

1 ❺ This **deadlock** has left the primary schedule somewhat in **disarray**, with New Hampshire threatening to hold its primary in December if necessary to beat other states to the punch. Candidates are hoping that organizers **pin** the dates **down** soon, as it is difficult for them to 5 plan their maneuvers **shrewdly**, not knowing when to arrange for personal visits and media **blitzes**.

271 □	**deadlock** [dédlàk]	*n.* (交渉などの) 行き詰まり (a situation in which two sides cannot reach an agreement) *vi.* 行き詰まる
	参 **déadlòcked** ≒ **stálemàte**	*adj.* 行き詰まった *n.* 行き詰まり
272 □	**disarray** [dìsəréi]	*n.* 混乱, 無秩序 (a state of disorganization or confusion)
	≒ **disórder** 参 **arráy**	*n.* 混乱 *n.* 整列
273 □	**pin ~ down**	~をはっきりさせる, ~を明言する (to describe or explain exactly what sth is)
274 □	**shrewdly** [ʃrúːdli]	*adv.* 抜かりなく, そつなく, 鋭く (with sharp powers of judgement) (≒ astutely)
	派 **shréwd** 派 **shréwdness**	*adj.* そつない *n.* そつのなさ
275 □	**blitz** [blíts]	*n.* 電撃戦, 奇襲 (a sudden or intensive effort or attack on sb/sth) *vt.* を電撃的に攻撃する

9-5　米国大統領予備選挙の問題

❺ こうした膠着状態のせいで，予備選挙の日程はいささか混乱に陥っており，ニューハンプシャー州は他の州の機先を制するのに必要とあれば，12月に予備選挙を開催すると脅している。候補者たちは，まとめ役が早く日取りをはっきりと決めることを願っている。いつ個人的な遊説やマスコミへの攻勢をすべきかがわからないまま，抜かりなく策略を立てることは困難なためだ。

Key Points of This Issue　米国大統領選挙の流れ

党員集会（caucus）／予備選挙（primary election）
共和党，民主党それぞれの全国党大会に出席する代議員を選出するために行われるもので，党員集会か予備選挙どちらを選ぶかは各州に委ねられている。党員集会では，党員が集まって代議員を決定する。予備選挙では，有権者が直接投票を行って代議員を決定する。そこで選ばれた代議員は，各党の全国党大会において大統領候補者を決定するための投票を行うことになる。

全国党大会（national convention）
党員集会または予備選挙で選ばれた共和党，民主党それぞれの代議員が，自党の候補者に投票し大統領候補を指名・決定する。

一般投票（popular vote）
全国党大会で決定したそれぞれの党の候補者に一般有権者が投票する。各州には人口によって比例配分された数の選挙人（elector（選挙人団；electoral college））がおり，一般有権者から最も多くの票を得た大統領候補者がその州のすべての選挙人数を獲得する（勝者独占方式；winner-takes-all）。全国で538名の選挙人がおり，過半数の270名以上を獲得した候補者が勝者となる。その後，選挙人団による投票が行われて正式な大統領が決まるが，実際には一般投票を終えた時点で結果が確定することとなる。

＊補足
米国憲法修正第1条（The First Amendment to the United States Constitution）
「連邦議会は，国教の設立を規定する法律，宗教上の自由な行為を禁じる法律，言論や出版の自由を制限する法律，市民が平穏に集会する権利や苦情の救済を求めて政府に請願する権利を侵す法律を制定してはならない」と定めるもの。

9-6 Problems with American Presidential Primaries

1　(❺続き) Fortunately, Iowa has announced that it will hold its caucus on January 3, which makes it likely that New Hampshire will schedule its primary on January 8. If no other states change their dates, the tension should abate and organizers will be able to **iron out** their differences.

5　This is not likely to **appease** critics in the long term, however, and a permanent solution will be needed in the future. In any case, the American public will still be able to look forward to being **inundated** with political speeches, **sound bites**, and campaign ads for most of the election year.　(Original, 791 words)

276 ☑	**iron out ～**	～を解決する，～を取り除く (to resolve any problems or difficulties that are affecting sth)
277 ☑	**appease** [əpíːz]	*vt.* をなだめる；を静める (to make sb calm down or less angry by giving to the opposing side an advantage that they have demanded) (≒ placate)
	派 **appéasement**	*n.* 鎮静
	派 **appéaser**	*n.* なだめる人
	≒ **concíliàte**	*vt.* をなだめる
278 ☑	**inundate** [ínʌndèit, -ən-]	*vt.* をあふれさせる，を満たす；にどっと押し寄せさせる，に殺到させる (to give or send sb so many things that he/she cannot deal with them all)；(水が) (土地) を氾濫させる
	派 **ìnundátion**	*n.* 殺到；氾濫
	≒ **òverwhélm**	*vt.* (大水などが) (土地) を沈める〔飲み込む〕

9-6　米国大統領予備選挙の問題

(❺続き) 幸いにも，アイオワ州は党員集会を1月3日に開催すると発表している
ため，ニューハンプシャー州が予備選挙を1月8日に予定する可能性が高くなっ
ている。もし日取りを変える州が他になければ，緊張が和らぎ，組織関係者たち
は不和を解決することができるだろう。しかし，このことが批判する人々を長期
的になだめる見込みは低く，恒久的解決策が将来的には必要となるだろう。とに
かく，米国ではそれでもなお，選挙年のほとんどの間は，政治演説やサウンドバ
イトや選挙広告であふれかえるのをまだ楽しみにできるだろう。

| 279 | **sound bite** | サウンドバイト (ニュース番組などで繰り返し放送される，候補者の短く引用しやすい発言) (a very brief statement taken from a recorded interview for broadcasting in a news program, chosen for its appropriateness) |

Quiz
□1　What do critics claim that the current order of the primaries creates?
□2　What did the State of Florida say it would do if it were to be barred from the national Democratic convention?　　▶ Answer は p.463

2 政治・国際 ◆ Politics/International

10-1 Data Breaches in the Era of Global Connectivity

1 ❶ A consequence of global electronic connectivity has been an increase
in the vulnerability of digitally stored data. Any person or organization
linked to the internet is at risk, including private citizens, corporations,
educational institutions, and government entities. Whether through
5 anti-virus software or cyber-security teams, all must be **vigilant** in their
efforts to fend off ever-present **onslaughts** by unseen **culprits**, who
surreptitiously seek access to sensitive information.
❷ Unfortunately, hackers have become more emboldened and
sophisticated in their efforts, leading some to believe they are winning
10 the battle. Indeed, the number of records lost or stolen in data
breaches between 2013 and 2019 **skyrocketed** globally to nearly 15
billion individual items, according to statistics reported on the *Breach
Level Index* website. The rate of loss averages out to a **daunting** 4,000
records per minute **illicitly** downloaded, altered, erased, or otherwise
15 compromised.

280 **vigilant** [vídʒələnt]	*adj.* 警戒を怠らない，警戒している，用心深い，寝ず の番をする (always being careful to notice any signs of danger or trouble) (≒ cautious)	
派 **vígilance**	*n.* 用心，警戒；不眠症	
281 **onslaught** [ánslɔːt, ɔ́n-]	*n.* 猛攻撃，猛襲，突撃 (a fierce and violent attack by an army, or strong criticism of sb)	
282 **culprit** [kʌ́lprit]	*n.* 犯人，犯罪者，罪人，刑事被告人 (sb who has done sth wrong or against the law) (≒ criminal)；(問題の) 原因 (the cause of a problem)	
283 **surreptitiously** [sə̀rəptíʃəsli]	*adv.* 内密に，こっそりと (done secretly or quickly without anyone seeing or knowing) (≒ clandestinely)	
派 **sùrreptítious**	*adj.* 内密の，秘密の，不正な	

10-1　グローバルコネクティビティの時代における情報漏えい

❶ コンピュータ・ネットワークによって世界中と接続されるようになった結果，デジタル保存されたデータの脆弱性が高まっている。インターネットに接続されているならば，民間人，法人，教育機関，政府機関も含めて，どんな人や組織でも危険にさらされている。ウイルス対策ソフトを利用してにせよ，サイバーセキュリティチームの手によってにせよ，機密情報を内密に入手しようとしてくる目に見えない犯人からの常に存在する猛攻撃を払いのける努力をし，誰もが警戒を怠らないようにするべきである。

❷ 残念ながら，ハッカーの活動は，より大胆で巧妙になっているため，戦いにはハッカーが勝っていると考える人もいる。実際に，情報漏えい危険度指数のウェブサイトで報告された統計によると，2013年から2019年までの間に情報漏えいで紛失したり盗難にあったりしたデータの数は，個々の件数にして150億近くまで世界中で急増した。損失の速度を見てみると，毎分平均4000件という気が遠くなる速度で，データが違法にダウンロードされたり，変更されたり，削除されたり，あるいはそれ以外の方法で危険にさらされたりしている。

284 ☐	**skyrocket** [skáirɑ̀kit]	*vi.* 急増する（to rise or increase extremely quickly to a very high level）　*n.* ロケット花火
285 ☐	**daunting** [dɔ́ːntiŋ]	*adj.* 気が遠くなる；圧倒されそうな（making sb feel less confident and nervous about doing sth）（≒ intimidating）
派	**dáunt**	*vt.* を威圧する，を脅す；（人）をひるませる
286 ☐	**illicitly** [ilísitli]	*adv.* 違法に，不正に（≒ unlawfully, illegitimately）
派	**illícit**	*adj.* 違法な，道徳的に認められない（not allowed by law or by the rules or society）

📝 語句・表現

☐ *l.13* average out to ～「平均すると～になる」
☐ *l.15* compromise ～「～（信用・名声・評判など）を危うくする；～を汚す」

10-2 Data Breaches in the Era of Global Connectivity

1 ❸ **The bulk of** major data breaches have occurred since early 2005. In March of that year, an attack on an American shoe company marked the first time more than one-million records — in this case names and credit card numbers — were affected. **A string of** bigger breaches
5 inevitably followed, eventually reaching **epidemic** proportions, with no signs of **abating** any time soon. We have grown accustomed to experiencing hundreds of major data breaches annually, with a combined total of 6,500 big and small breaches reported in 2018, according to Risk Based Security, a leading company specializing in
10 risk assessment and intelligence. No business sector has proven immune, with big name companies like Target, Yahoo, Sony PlayStation Network, Capital One, Toyota Motor Corporation, Facebook, Twitter, and many others, falling **prey** to such attacks.

❹ **Plundered** financial data can be very profitable for cyber thieves,
15 who may use it to create **counterfeit** payment instruments, such as credit or debit cards.

287 ☐	**the bulk of ～**	～の大部分，～のほとんど（the main part or most of sth）
派	**búlk**	*n.* 容積，嵩（かさ）
288 ☐	**a string of ～**	相次ぐ～，一連の～
派	**stríng**	*n.*（rope より細く thread より太い）ひも，（楽器の）弦
289 ☐	**epidemic** [èpidémik]	*adj.* 蔓延している，流行性の（happening a lot and affecting many people）（≒ contagious） *n.* 流行，伝染病；普及
参	**pandémic**	*adj.*（伝染病が）全国〔世界〕的に広がる，汎流行の
290 ☐	**abate** [əbéit]	*vi.* 弱まる，和らぐ（to become less intense or active） *vt.* を減ずる（to reduce in value, amount or intensity）
派	**abátement**	*n.* 減退，減少；（不法妨害の）排除；減税額

10-2　グローバルコネクティビティの時代における情報漏えい

❸ 大規模な情報漏えいの大半は，2005年の初頭以降に起こっている。その年の3月に，アメリカの靴メーカーへの攻撃で，初めて100万件を超えるデータ——この事例では氏名とクレジットカード番号——が被害を受けた。一連のさらに大規模な漏えいが不可避的に続き，ついには蔓延しているとも言える規模まで達して，すぐには弱まる気配がなかった。リスクアセスメントとリスクインテリジェンスを専門とする大手企業のリスク・ベースト・セキュリティ社によれば，2018年は大規模および小規模の漏えいが合計で6500件報告されており，私たちは毎年何百件もの大規模な情報漏えいを経験することに慣れてしまっているとのことだ。免疫があることを証明した事業部門はなく，ターゲット，ヤフー，ソニープレイステーションネットワーク，キャピタル・ワン，トヨタ自動車株式会社，フェイスブック，ツイッターといった有名企業や他にも多くの企業が，このような攻撃の餌食となっている。

❹ 盗まれた金融データはサイバー泥棒にとっては大きな利益になり得るもので，そのデータを利用してクレジットカードやデビッドカードなど，偽造の支払手段を作ることがある。

291 □	**prey** [préi]	*n.* 餌食 (an animal that is hunted and killed for food by another animal)；犠牲 (者)；捕食する習性　*cf.* fall prey to 〜 (〜の餌食〔犠牲〕となる) ／ a bird of prey (猛禽類)　*vi.* 〈on 〜 で〉餌食にする，捕食する
	派 **prédator**	*n.* 捕食者，捕食〔肉食〕動物；(人の弱みに付け込んで) 他人を利用する人
292 □	**plunder** [plʌ́ndər]	*vt.* を盗む，を略奪する (to steal or take by force)；(場所) を不法占拠する
293 □	**counterfeit** [káuntərfit]	*adj.* 偽造の，模造の (made in imitation of sth else with intent to deceive) (≒ forged, fake) (⇔ genuine) *n.* 偽造物，模造品　*vt.* (通貨・文書など) を偽造する

10-3 Data Breaches in the Era of Global Connectivity

1　(❹続き) When combined with other personal information, such as taxpayer identification numbers, birthdates, and mothers' maiden names, financial data can also be used to create profiles of individuals in order to commit identity theft.　Such information can frequently be

5　purchased in secret **marketplaces** available on the so-called dark web.
　❺ In recent years, attention has shifted somewhat from data breaches carried out for monetary gain to those classified as cyber **espionage**. These occur when **malevolent** groups **direct malicious** attacks **against** rival corporations or countries in order to steal or corrupt

10　classified data or intellectual property,　and thereby gain a competitive or political advantage.　One of the most infamous incidents was the Sony Pictures hack in 2014.　A group calling itself "Guardians of Peace" infiltrated the Sony network using malware, obtaining personal information of Sony employees and their families, sensitive email

15　communication, and intellectual property, including copies of several unreleased films.

---

294 ☑	**marketplace** [máːrkitplèis]	*n.* 市場, 商業界
295 ☑	**espionage** [éspiənàːʒ]	*n.* スパイ活動, 諜報, 偵察 (the secret gathering of information on others, especially a foreign government or a competing company) (≒ spying) *cf.* industrial espionage (産業スパイ活動)
296 ☑	**malevolent** [məlévələnt]	*adj.* 悪意のある, 邪悪な；他人の不幸を喜ぶ (having or showing a desire to cause harm to other people) (≒ malicious, vicious)；不吉な (⇔ benevolent)
	派 **malévolently** 派 **malévolence**	*adv.* 悪意を持って, 意地の悪い方法で *n.* 悪意, 意地の悪さ

10-3　グローバルコネクティビティの時代における情報漏えい

（❹続き）納税者番号，生年月日，母親の旧姓などの他の個人情報と併用された場合，なりすまし犯罪を行う目的で個人のプロフィールを作るのに金融データが使われることもある。そのような情報は，いわゆるダークウェブ上で利用できる秘密市場で購入されている場合が頻繁にある。

❺ 近年は，金銭的な利益を得るために行われる情報漏えいから，サイバースパイ活動に分類される情報漏えいへと，いくぶん関心が移っている。このような情報漏えいは，悪意のある集団が，機密データや知的財産を盗んだり破損させたりして，その結果競争や政治において優位に立つために，ライバル企業や競争国に悪意に満ちた攻撃を向けた場合に発生する。最も忌まわしい事件の 1 つだったのが，2014 年に起きたソニー・ピクチャーズへのハッキングだ。「平和の守護者」と名乗る集団が，マルウェアを使ってソニーのネットワークに侵入し，ソニーの従業員とその家族の個人情報，機密情報に関する E メールのやりとり，数本の未公開映画のコピーなどの知的財産を手に入れた。

| 297 ☑ | **direct ～ against** …に～を向ける |
| | … |

---

298 ☑	**malicious** [məlíʃəs]	*adj.* 悪意に満ちた；悪意のある，意地の悪い，腹が黒い，性悪の（intended to harm or upset other people）；（犯罪が）悪意に基づいた，故意の（≒ malevolent, evil）
	派 **malíciously**	*adv.* 悪意を持って，意地悪く，故意に
	派 **málice**	*n.* 悪意，恨み，敵意

🖉 語句・表現

☐ *l.4*　identity theft「なりすまし犯罪」
☐ *l.5*　dark web「ダークウェブ」一般的な検索エンジンでは見つけることができず，一般的なウェブブラウザで閲覧することもできないウェブサイト。「闇ウェブ」とも言われている。匿名性の高さにより，追跡が非常に困難なウェブサイト。
☐ *l.13*　malware「マルウェア」悪意を持って作成されたプログラム。

10-4 Data Breaches in the Era of Global Connectivity

1 (❺続き) When Sony failed to meet all of the hackers' demands, they leaked the stolen information, **dumping** it onto publicly accessible internet storage sites.

❻ More serious instances of cyber espionage occurred in the run-up to
5 the 2016 U.S. presidential election. Most notable was the leak of Democratic National Committee (DNC) emails, attributed at the time to a hacker known as "Guccifer 2.0," who used phishing techniques to **dupe** members into revealing passwords. Published on DCLeaks and WikiLeaks, the emails contained controversial and embarrassing
10 information that seriously damaged the reputations of the organization and its officers, possibly affecting the outcome of the election.

❼ An alarming aspect of the examples of cyber espionage above is that foreign governments were ultimately **implicated** in the attacks, which were **allegedly** executed with the approval of the leaders of the
15 respective countries. It is especially frightening when foreign powers use cyber-attacks to **meddle in** the democratic process of other nations.

299 ☐	**dump** [dʌmp]	*vt.* (中身) を放出する；(無責任に) を放り出す，を投げ捨てる，をどさっと落とす (to throw away, empty or unload all at once) *vi.* どさっと落ちる；投げ売り〔ダンピング〕する *n.* ゴミ捨て場 *cf.* dump truck (ダンプカー)
300 ☐	**dupe** [d(j)úːp]	*vt.* をだます，をカモにする (to cheat or deceive) *n.* だまされやすい人，カモ，まぬけ
301 ☐	**implicate** [ímplikèit]	*vt.* を巻き込む，を関与させる (≒ incriminate)；をほのめかす，を暗示する
	派 **implicátion**	*n.* 包含，裏〔言外〕の意味；密接な関係
302 ☐	**allegedly** [əlédʒidli]	*adv.* 伝えられるところによると (according to what has been said)

10-4　グローバルコネクティビティの時代における情報漏えい

(❺続き) ソニーがハッカーのすべての要求には応じなかったため，ハッカーは誰でもアクセス可能なインターネット上の保存サイトに盗んだ情報を放出して漏えいさせた。

❻ さらに深刻なサイバースパイ活動の事例が，2016年のアメリカ大統領選挙の準備段階で発生した。最も注目すべきなのは民主党全国委員会 (DNC) のEメールの流出だが，当時は「グシファー 2.0」として知られるハッカーが，フィッシング技術を使用し委員会の職員をだましてパスワードを漏らさせたとされていた。EメールはDCリークスやウィキリークスで公表され，その内容には物議をかもす恥ずかしい情報が含まれていて組織と組織の幹部の名声を著しく損なうこととなったため，選挙の結果を左右した可能性がある。

❼ 上記のサイバースパイ活動の事例の警戒すべき点は，結局のところ他国の政府が攻撃に関与しているということで，伝えられるところによればそれぞれの国の指導者の承認を得て攻撃が実行されたとされている。とりわけ恐ろしいのが，外国勢力がサイバー攻撃を利用して，他国の民主的プロセスに干渉する場合だ。

---

303 ☑ **meddle in ~**　　～に干渉する，～におせっかいする (to interest oneself in what is not one's concern)

Terms & Expressions　情報漏えいに関する表現

情報漏えい, 情報流出　data breach (データブリーチ), data leak (データリーク)
※「データブリーチ」: 攻撃者がコンピュータの脆弱性を通じてサーバーにアクセスすること
　「データリーク」: 無責任さや不正などにより, データが不適切な人物の手に渡ること
ヒューマンエラー　human error (人間に起因する, 機械やシステムなどの誤作動)
不正アクセス　unauthorized access　　　サイバー攻撃　cyberattack, cyber attack
セキュリティホール　security hole (情報セキュリティ上の弱点)

✎ 語句・表現

☐ *l.4*　in the run-up to ~「～の準備段階で, ～の直前で」
☐ *l.7*　phishing「フィッシング, フィッシング詐欺」phishing は fishing (餌で魚を釣ること) の異綴語。phisher は「フィッシング詐欺師」の意味。

10-5 Data Breaches in the Era of Global Connectivity

1 (**❼** 続き) Many have declared such interference as tantamount to an act of war, requiring not only defensive action but retaliation in kind.
❽ With an array of techniques at their disposal, hackers are constantly bombarding organizations in every country every day.
5 Cooperation between the most skilled IT experts and governmental bodies at the national and international levels is imperative. Currently, the response has been less than satisfactory, with some political leaders downplaying the danger, even appointing officials with little or no relevant experience to oversee cybersecurity agencies. Whether
10 data breaches are carried out for commercial or political purposes, we cannot afford to gloss over the threat they represent on an international scale, and we must do everything in our power to combat them. Although we may never eradicate data breaches completely, it is only through the most rigorous effort that we can even
15 hope to reduce their number and lessen their impact.

(Original, 749 words)

---

304 ☑	**tantamount** [tǽntəmàunt]	*adj.* 〈to ～で〉(～に) 同等で, 等しい (equal to sth in value) (≒ equivalent)
305 ☑	**retaliation** [ritæ̀liéiʃən]	*n.* 報復; 仕返し (≒ revenge, vengeance)　*cf.* in retaliation for ～ (～に対する報復〔仕返し〕として)
	派 **retáliàte**	*vi.* 〈against ～で〉(人に) 報復する; 〈for ～で〉(行為に) 仕返しする　*vt.* (危害など) に報復〔仕返し〕する
306 ☑	**an array of ～**	数々の～, ずらりと並んだ～ (a series〔group〕of ～)
307 ☑	**bombard** [bɑmbɑ́ːrd , bɔm-]	*vt.* (連続的・持続的に) を攻める, を攻め立てる; を砲撃する, を爆撃する; 〈with ～〉(質問などを浴びせて) (人) を攻める, を苦しめる (to attack vigorously or persistently) (≒ assail, attack)
	≒ **assáil**	*vt.* を猛攻する, を攻め立てる

10-5　グローバルコネクティビティの時代における情報漏えい

(❼続き) 多くの人が，そのような干渉は戦争行為に等しいと明言し，防衛措置だけではなく同じやり方での報復も求めている。

❽ 数々の技術を自由に使って，ハッカーたちは毎日あらゆる国で絶え間なく組織を攻め立てている。最も熟練したIT専門家と政府組織が，国家レベルおよび国際レベルで協力することが絶対に必要である。現在のところ対応は満足できるものではなく，政治指導者の中には，脅威を軽視しているばかりでなく，サイバーセキュリティ機関を監督するのに妥当な経験がほとんどあるいはまったくない役員の選任さえ行っている者がいる。情報漏えいが商業目的で行われようが政治目的で行われようが，私たちには国際的な規模で情報漏えいが示す脅威を軽く扱っている余裕はなく，情報漏えいに対抗するためにできる限りのことを尽くす必要がある。完全に情報漏えいを根絶することは決してないかもしれないが，この上なく徹底した努力をすることでしか，情報漏えいの発生件数を減らして影響を少なくしたいと願うことすらできないのだ。

308 ☑	**gloss over ~**	~ (都合の悪いこと) を軽く扱う，~をうまく取り繕う，~をごまかす，~のうわべを飾る〔きれいごとを言う〕(to make sth seem less bad by offering excuses)；~につやを出す
309 ☑	**do everything in one's power**	全力を尽くす，最善の努力を払う
310 ☑	**eradicate** [irǽdikèit]	*vt.* を根絶する，を撲滅する (to get rid of or destroy sth completely) (≒ wipe sth/sb out)

❓Quiz

☐ 1　According to reports, 6,500 data breaches occurred in 2018. How can cyber thieves use stolen financial data and personal information to harm individuals?

☐ 2　To successfully fight cyber espionage, cooperation between governmental bodies and IT experts is necessary. How has the current response to cyber threats been unsatisfactory?

▶ Answer は p.463

2 政治・国際 ◆ Politics/International

11-1 Time for emerging Asian powers to help set global rules

1 West must accept rise of China, India and other states or risk growing clashes

❶ The World Bank executive board this month **unanimously** approved as its new head David Malpass, the U.S. Treasury under-secretary for
5 international affairs.

❷ The American Malpass succeeded another American, Jim Yong Kim.

❸ Once again, an opportunity has been missed to create a **precedent** by naming a non-Western official to a post with huge impact on the economic progress of emerging countries.

10 ❹ The leadership of the most important multilateral organizations continues to be **monopolized** by Western representatives. Since 1946, the International Monetary Fund and the World Bank have been run by Americans and Europeans, respectively. Numerous other international organizations, from the World Food Program to the
15 United Nations Department for Peacekeeping Operations, follow the same tradition of appointing Western officials.

☑	**unanimously** [juːnǽnəməsli]	*adv.* 全会 (満場) 一致で (in a way that is agreed or supported by everyone in a group)
	派 **unánimous**	*adj.* 合意して；全会 (満場) 一致の
☑ ³¹¹	**under-secretary** [ʌ́ndərsékrətèri]	*n.* 次官 (a high rank official in a government department directly below a member of a cabinet)
☑	**precedent** [présidənt]	*n.* 前例, 慣例, 判例 (an action or decision that has happened in the past and can be used as an example or a rule to be followed in a similar situation later) *adj.* 先行する, 前の (prior in time, order or arrangement)
	派 **precéding**	*adj.* 前の, 先行する (⇔ following)

11-1　アジアの新興国がグローバル・ルールの策定に一役買う時が来た

欧米は，中国，インドおよびその他の国の台頭を受け入れなければ，衝突が増え続けるリスクを冒すことになる

❶ 世界銀行理事会は今月，次期総裁としてデービッド・マルパス米財務**次官**（国際問題担当）を**全会一致**で承認した。

❷ アメリカ人であるマルパスが，もう 1 人のアメリカ人のジム・ヨン・キムの後任になった。

❸ またしても，新興諸国の経済発展に莫大な影響を与える役職に欧米人以外の役員を選ぶことによって**先例**を作るという機会を逃すこととなった。

❹ 最も重要な多国間機関の指導者の地位は，欧米の代表者によって**独占**され続けている。1946年以来ずっと，国際通貨基金と世界銀行はそれぞれアメリカ人とヨーロッパ人によって運営されてきた。世界食糧計画から国連平和維持活動局まで，他にも数多くの国際組織が，欧米人の役員を選任するという同じ慣例に従っている。

312	**multilateral** [mʌ̀ltilǽtərəl]	*adj.* **多国間の**（involving more than two nations or parties）（≒ international, multinational）；**多角的な**
参	**biláteral**	*adj.* 二国間の
	monopolize [mənɑ́:pəlàiz]	*vt.* **を独占する，をひとり占めにする**（to assume complete control or possession of sth）
派	**monópoly**	*n.* 独占（権），専売（権），専売品
313	**respectively** [rispéktivli]	*adv.* **それぞれ，各々**（in the order given）
派	**respéctive**	*adj.* それぞれの，個別の

11-2 Time for emerging Asian powers to help set global rules

1 ❺ The "rules-based world order" is, in fact, poorly veiled code for preserving the Western-led status quo. But international resentment is growing, and will inevitably trigger long-overdue change. It would be wise for Western powers to start embracing this shift and share power
5 to reduce the risk of clashes.

❻ Beyond leadership, the practices of multilateral bodies reinforce Western dominance. For example, the International Criminal Court, based in The Hague, has largely focused on prosecuting African **defendants**. Any attempt to take action against potential Western
10 criminals is often resisted. When the ICC moved to investigate allegations of war crimes committed by the U.S. and allied forces in Afghanistan, John Bolton, U.S. national security adviser, threatened that the U.S. would impose **sanctions** on the court and seek to prosecute its officials. This amounted to exempting the U.S. from
15 international law.

314 □ **veil** [véil]	*vt.* をベールで覆う, を隠す（to cover, conceal or obscure with or as if with a veil）　*n.* ベール
315 □ **long-overdue** [lɔ́(ː)ŋòuvədúː]	*adj.* (計画などが)長年の懸案だった, 延び延びになっている, だいぶ遅れている
参 **overdue**	*adj.* 延び延びになった；期限を過ぎた（delayed beyond an appointed time）
316 □ **clash** [klǽʃ]	*n.* 衝突（a fight or disagreement）（≒ battle, combat） *vi.* 衝突する　*vt.* をぶつける
317 □ **reinforce** [rìːinfɔ́ːrs]	*vt.* をより強固にする, を補強する（to make sth stronger）（≒ fortify）
派 **rèinfórcement**	*n.* 強化
≒ **stréngthen**	*vt.* を強化する

11-2　アジアの新興国がグローバル・ルールの策定に一役買う時が来た

❺「ルールに基づく世界秩序」とは実際には，欧米主導の現状を維持するための隠し切れていない慣例である。しかし，国際社会の憤りが高まっており，必然的に，長年の懸案だった変化を引き起こすことになるだろう。欧米の列強にとっては，この変化を受け入れ始めて権力を共有することが，衝突のリスクを減らすために賢明だろう。

❻ 多国間組織の慣行は，リーダーシップの域を越えて，欧米による支配を強固にしている。例えば，国際刑事裁判所 (ICC) はハーグを拠点にしているが，主にアフリカ人の被告の訴追に主に的を絞っている。犯罪者になりそうな欧米人に対して訴訟を起こそうとするいかなる試みは，抵抗されてしまうことが多々ある。米軍と連合軍がアフガニスタンで犯した戦争犯罪についての申し立ての調査にICCが着手した時には，ジョン・ボルトン米国家安全保障担当大統領補佐官は，アメリカはICCに制裁を加え，裁判所職員を訴追すると言って脅した。これは実質上，アメリカへの国際法の適用を免除するということに等しかった。

☑	**defendant** [diféndənt]	*n.* 被告（sb who is being sued or accused of committing a crime）
	⇔ **pláintiff**	*n.* 原告
³¹⁸ ☑	**allegation** [æ̀ləɡéiʃən]	*n.*（十分な証拠のない）申し立て，主張（a statement that is made without giving proof, accusing sb of doing sth wrong or illegal）（≒ accusation）
	派 **allége**	*vt.*（証拠提示なしに）を申し立てる
	派 **alléged**	*adj.*（証拠なく）申し立てられた
	派 **allégedly**	*adv.*（真偽は定かではないが）申し立てによると
☑	**sanction** [sǽŋkʃən]	*n.*〈複数形で〉制裁措置（an official order or punishment that is taken against a country or group as a means of making it obey）；認可　*vt.* に制裁措置を取る
³¹⁹ ☑	**exempt** [iɡzémpt, eɡz-]	*vt.* を免除する（to free from an obligation or liability to which others are subject）（≒ release）
	派 **exémption**	*n.* 免除，免税；（課税）控除

11-3 Time for emerging Asian powers to help set global rules

1 ❼ Clearly achieving a more **equitable** and democratic global system requires a **rebalancing** of power. This is not to suggest that the West should be **sidelined**. But the rest of the world must be given a proportionate voice in international affairs.

5 ❽ A good way to start would be to give India — the world's second most **populous** nation and its third largest economy calculated on a purchasing power parity basis — its rightful place on the U.N. Security Council.

❾ Top-level multilateral institutions such as the World Bank must also 10 be removed from Western **hegemony**. Sharing power proportionally with the non-Western world is inevitable.

❿ Non-Western institutions should be allowed to compete with Western ones. These include two based in Beijing — the Asian **Infrastructure** Investment Bank, which has 70 member countries, and 15 the eight-member Shanghai Cooperation Organization.

320 ☐	**equitable** [ékwətəbl]	*adj.* 公正な, 公平な (≒ fair, decent)
	派 **équity**	*n.* 公正さ；(衡平法上の) 正当な権利
321 ☐	**rebalance** [ribǽləns]	*vi.* バランスを取り戻す, 再び均衡をとる (to become balanced again) *vt.* と再び平衡をとる *cf.* rebalancing (リバランス, 再調整)
322 ☐	**sideline** [sáidlàin]	*vt.* を脇に追いやる, を中心的地位から外す, を蚊帳の外に置く (to stop sb taking an active and important part in sth)

11-3　アジアの新興国がグローバル・ルールの策定に一役買う時が来た

❼ より公平で民主的なグローバルシステムをきちんと実現するには，力のバランスを再調整することが必要である。これは，欧米は脇に追いやられるべきであるということではない。しかし，世界の他の国々は，国際問題に関して見合った発言権を与えられる必要があるのだ。

❽ 手始めに，世界で2番目に人口の多い国であり，購買力平価ベースで計算した場合の世界第3位の経済大国であるインドに，国連安全保障理事会における相応の地位を与えるとよいだろう。

❾ 世界銀行などの最重要な多国間機関も，欧米の覇権から離れる必要がある。非欧米世界と権力を按分し共有することは避けられない。

❿ 欧米以外の機関は，欧米の機関との競合を認められるべきである。これらには，北京に本拠を置く2つの機関である，加盟国70カ国のアジアインフラ投資銀行（AIIB）と加盟国8カ国の上海協力機構（SCO）が含まれる。

323 ☑	**populous** [pápjələs]	*adj.* 人口の多い，人口密度の高い（densely populated）；人の多い
派	**pópulàte**	*vt.* （人が）に居住する，（動物が）に生息する
324 ☑	**hegemony** [hədʒémoni]	*n.* 覇権，主導権，ヘゲモニー（control by one country or organization over other groups）（≒ leadership, predominance）
≒	**predóminance**	*n.* 〈over ～で〉支配；（数量的な）優勢
☑	**infrastructure** [ínfrəstrʌ̀ktʃər]	*n.* インフラ，基盤，基盤施設（the basic system of public works and services）
派	**ìnfrastrúctural**	*adj.* インフラとなる，基盤の

🖉 語句・表現

☐ *l.7*　purchasing power parity basis「購買力平価ベース」

11-4 Time for emerging Asian powers to help set global rules

1　⑪ These Asian-led organizations remain hampered by the need to gain Western acceptance to avoid **exacerbating** divisions.　It is important for these new multilaterals to operate successfully in areas of Western influence and in partnership. That would ensure the West remains
5　engaged, but not dominant, and would reduce the risk of **systemic** clashes.

　⑫ Western-led multilaterals must accept a diversity of **ideological** and cultural perspectives.　This does not mean ignoring **blatant** violations of human rights and international law, or **scrapping rigorous** lending
10　**criteria**.　But multilaterals can no longer operate solely on the basis of the ideology of market liberalization, which has marked the Western-led Washington Consensus.

　⑬ The West must recognize that multilateral institutions must change as developing countries become significant global players, which
15　means adopting development ideas that align with their ideological positions as well as political realities.

325 ☑	**exacerbate** [igzǽsəɾbèit, eksǽs-]	*vt.* を悪化させる，を深刻にする（to make sth that is already bad even worse）；を憤激させる
	≒ **ággravàte**	*vt.* を更に悪化させる；（人）を怒らせる，を悩ませる
326 ☑	**systemic** [sistémik]	*adj.* システム全体に影響する（involving or related to a whole system）；全身の
☑	**ideological** [àidiəládʒik(ə)l]	*adj.* 観念的な，イデオロギーの（based on or relating to a certain set of beliefs or ideas）
	派 **ìdeólogy**	*n.* イデオロギー（a set of ideas which forms the basis for a political or economic system）；観念形態
327 ☑	**blatant** [bléitənt]	*adj.* 露骨な，あからさまな（obvious and intentional）；騒々しい；図々しい
	派 **blátancy**	*n.* 露骨さ；騒々しさ；図々しさ
	派 **blátantly**	*adv.* 露骨に；騒々しく；図々しく

11-4 アジアの新興国がグローバル・ルールの策定に一役買う時が来た

⓫ これらのアジア主導の組織は，分裂を悪化させないように欧米の賛同を得る必要があるために，いまだ自由な活動ができないでいる。このような新しい多国間組織にとっては，欧米が勢力を振るう分野において協力して運営に成功することが重要だ。そうすれば，欧米が関わりを持ちながらも支配的ではなくなり，システム全体に影響する衝突のリスクも減少することが保証されるだろう。

⓬ 欧米主導の多国間組織は，多様な**イデオロギー的**・文化的観点を受け入れなければならない。これは，露骨な人権侵害や国際法違反を無視することや，厳しい融資基準を反故にすることを意味するわけではない。しかし，多国間組織はもはや，欧米主導のワシントン・コンセンサスを特徴付けてきた市場自由化のイデオロギーだけに基づいて活動することはできないのだ。

⓭ 欧米が認めなければならないのは，発展途上国が重要なグローバルプレイヤーになるにつれて，多国間機関は変化する必要があるということであり，それらの国の政治情勢だけでなくイデオロギー的立場にも沿うような開発計画を採用するということだ。

328 ☐	**scrap** [skrǽp]	*vt.* (計画・法案など) を反故にする (to discontinue with a system or plan) (≒ abandon)；をスクラップ (廃物，くず，くず鉄，小片，切り抜き) にする
329 ☐	**rigorous** [ríg(ə)rəs]	*adj.* 厳しい (rigidly severe or harsh) (≒ uncompromising)；厳密な，正確な (≒ precise)
	派 **rígor**	*n.* (態度・基準などの) 厳しさ，厳密さ；(体の) 硬直
330 ☐	**criteria** [kraitíəriə]	*n.* (判定) 基準 (standards on which a decision or judgement may be based) (≒ barometers, benchmarks) ※単数形は criterion。

🖊 語句・表現

☐ *l.15* align with ～ 「～と足並みをそろえる」

11-5 Time for emerging Asian powers to help set global rules

1 ⑭ For example, multilateralism is the cornerstone of China's Belt and Road Initiative, with the AIIB giving it priority in its $3.5 billion investment budget in 2018. Yet Italy's plan to join the project has alarmed its allies in the G-7 group of leading industrial nations. They
5 blatantly seek to protect existing multilateral structures from challengers.

⑮ The shift in global rules to reflect the **emergence** of new powers must include the international justice system. New international criminal courts are emerging which are not limiting themselves to
10 Western rules.

⑯ For example, the Tanzania-based African Court of Justice and Human Rights is the world's first regional court with jurisdiction to examine genocide, war crimes and crimes against humanity, giving it potentially greater jurisdiction than the ICC in Africa. The ACJHR has
15 so far been ratified by only nine of the 55 states of the African Union. It has been criticized for **granting** immunity from prosecution to heads of state and senior officials. But Western powers could help overcome such problems if they would treat developing countries as partners.

(Nikkei Asian Review, 703 words)

331 ☐	**cornerstone** [kɔ́ːrnərstòun]	*n.* 礎, 土台, 基礎 (≒ foundation);肝心なもの (the most important part of sth that everything else depends on)
☐	**emergence** [imə́ːrdʒəns]	*n.* 出現 (the fact of sth becoming known or starting to exist) (≒ appearance);浮上
332 ☐	**jurisdiction** [dʒùərisdíkʃən]	*n.* 管轄権;司法権, 裁判権 (the power or right to exercise authority)
333 ☐	**ratify** [rǽṭəfài]	*vt.* (法案・条約など) を批准する, を承認する (≒ approve)
☐	**grant** [grǽnt]	*vt.* を (正式に) 与える;を認める (to accept for the sake of agreement) (≒ admit);(嘆願・懇願) を承諾する

11-5　アジアの新興国がグローバル・ルールの策定に一役買う時が来た

⓮ 例えば，多国間主義は中国の「一帯一路」構想の礎であり，AIIBが2018年の35億ドルの投資予算案で優先事項としている。しかし，このプロジェクトに参加しようというイタリアの計画に，G7，先進国グループの同盟国は警戒心を抱いている。これらの国々はあからさまに，現存の多国間体制を，その座を狙うものから守ろうとしているのだ。

⓯ 新興大国の**出現**を映し出す，グローバルなルールにおける変更には，国際司法制度を盛り込む必要がある。欧米のルールの範囲内にはとどまらない，新しい国際刑事裁判所が出現してきている。

⓰ 例えば，タンザニアに拠点を置くアフリカ司法および人権裁判所（ACJHR）は，ジェノサイド（大量殺戮），戦争犯罪，人道に対する罪を調査する**管轄権**を有する世界初の地域裁判所であり，将来的にはアフリカにおいては国際刑事裁判所（ICC）よりも大きな管轄権を有する可能性がある。ACJHRはこれまでのところ，アフリカ連合の55カ国のうち9カ国にしか承認されていない。ACJHRは，国家元首や政府高官に訴追免責**を与えている**ことで非難されている。しかし，欧米の列強に発展途上国をパートナーとして扱う気があるのならば，このような問題を打開する手助けをすることもできるだろう。

Key Points of This Issue　世界銀行（The World Bank）

　国際復興開発銀行(International Bank for Reconstruction and Development, IBRD)，国際開発協会 (International Development Association, IDA)，国際金融公社 (International Finance Corporation, IFC)，多数国間投資保証機関 (Multilateral Investment Guarantee Agency, MIGA) ，投資紛争解決国際センター (International Centre for Settlement of Investment Disputes, ICSID) という，5つの組織から成る。

❓Quiz

☐ 1　According to the article, how have Western countries retained control over international organizations, such as the World Bank and the International Monetary Fund?

☐ 2　What is the initial step the article mentions that can be taken to allow non-Western countries greater participation in world affairs?

▶ Answer は p.463

2 政治・国際 ◆ Politics/International

12-1 Israel asks Arab visitors to open emails to search

1　❶ Jerusalem — When Sandra Tamari arrived at Israel's international airport, she received an unusual request: A security agent pushed a computer screen in front of her, connected to Gmail and told her to "log in."

5　❷ The agent, suspecting Tamari was involved in pro-Palestinian **activism**, wanted to inspect her private email account for **incriminating** evidence. The 42-year-old American of Palestinian **descent** refused and was swiftly expelled from the country.

❸ Tamari's experience is not unique. In a cyber-age **twist** on Israel's
10　**vaunted** history of airport security, the country has begun to force incoming travelers deemed suspicious to open personal email accounts for inspection, visitors say.

❹ Targeting mainly Muslims or Arabs, the practice appears to be aimed at **rooting out** visitors who have histories of pro-Palestinian
15　activism, and in recent weeks, has led to the **expulsion** of at least three American women.

❺ It remains unclear how widespread the practice is.

334 ☑	**activism** [ǽktivìzm]	n. 活動；行動主義（the action or policy of using vigorous campaigning to bring about political or social change）
	派 **áctivist**	n. 活動家；積極的行動主義者
335 ☑	**incriminating** [inkrímənèitiŋ]	adj. 有罪を証明する（tending to suggest guilt）（⇔ vindicating）
	派 **incríminàte**	vt. に罪を負わせる，を有罪にする；を告発する
	派 **incrìminátion**	n. 罪を負わせること
	派 **incríminatòry**	adj. 有罪にする；告訴する
336 ☑	**descent** [disént]	n. 家系，血統（derivation from an ancestor）；降下；下り坂
	派 **descéndant**	n. 子孫
337 ☑	**twist** [twíst]	n. 新案，新方式；工夫，仕掛け；ねじれ vt. を編む，をよる，をねじる，をひねる
	派 **twísted**	adj. ねじれた；（心が）ひねくれた

12-1 イスラエル，アラブ人旅行者に捜査のためＥメールの開示を求める

❶【エルサレム】サンドラ・タマリはイスラエル国際空港に到着した時，普通でない要求をされた。警備員が彼女の前にコンピュータ画面を差し出し，Gmailに接続して，「ログイン」するよう言ったのである。

❷ 警備員はタマリが親パレスチナ活動に関わっているのではないかと疑い，有罪を証明する証拠を得るために，彼女の個人用Ｅメールアカウントを調べようとしたのだ。42歳のパレスチナ系アメリカ人の彼女がそれを拒否すると，直ちにイスラエルから追放された。

❸ タマリの経験は特別なことではない。イスラエルが自慢の空港警備の歴史におけるサイバー時代の新対策として，疑わしいと思われる入国旅行者たちに検査のため個人のＥメールアカウントを開示することを強要し始めた，と旅行者たちは言う。

❹ この行為は，主にイスラム教徒やアラブ人たちを対象にしたもので，親パレスチナ活動の経験がある旅行者を根絶することを目的にしているようだ。そしてこの数週間で少なくとも３人の米国人女性の排除につながった。

❺ この慣習がどれほど広範囲に広がっているかははっきりしていない。

338 ☑	**vaunted** [vɔ́:ntid]	*adj.* 自慢の，誇示されている（≒ boosted）
	派 **váunt**	*vt.* を誇る　*vt.* 誇る　*n.* 自慢，大言壮語
339 ☑	**root out ~**	を根絶する，を一掃する（find and get rid of sb or sth pernicious or dangerous as if pulling up plants by the root）　*cf.* rooting out（根絶）
340 ☑	**expulsion** [ikspʌ́lʃən, eks-]	*n.* 排除，駆除；追放（the action of forcing sb to leave the place），除名
	派 **expúlsive**	*adj.* 追放する，駆除力のある

📝 語句・表現

- ☐ *l.5*　pro-Palestinian「親パレスチナ」
- ☐ *l.11*　incoming「入国する」

12-2 Israel asks Arab visitors to open emails to search

1　❻ However, asked about Tamari's claims, the Shin Bet security agency confirmed she had been **interrogated** and said its agents acted in accordance with the law.

❼ Israel has a long history of using **ethnic profiling**, calling it a
5　**necessary evil** resulting from its bitter experience with terrorist attacks. Arab travelers and anyone else seen as a risk are often subjected to intense questioning and **invasive** inspections, including strip searches.

❽ The security procedures appear to be getting stricter: Recent
10　searches of journalists at official events have been invasive enough to create a series of mini-**uproars** and **walkouts** — a situation that has dovetailed with increasing concerns that the government is trying to stifle dissent.

---

341 ☐	**interrogate** [ínterəgèit]	*vt.* を尋問する, に取調べを行う (≒ question, examine) *vi.* 尋問する
	派 **ìnterrogátion**	*n.* 尋問, 取調べ, 質問
	派 **ínterrogàtor**	*n.* 尋問者
	派 **ìnterrógative**	*adv.* 質問の；不審そうな

342 ☐	**ethnic profiling**	民族プロファイリング (≒ racial profiling)
	参 **prófiling**	*n.* プロファイリング ※犯罪の特徴などをもとに分析し, 犯人を割り出す捜査の手法。

343 ☐	**necessary evil**	必要悪
	参 **évil**	*n.* 悪, 不正

344 ☐	**invasive** [invéisiv]	*adj.* 侵略的な (tending to intrude on sb's privacy)；出過ぎた；健康な組織を侵略する
	派 **inváde**	*vt.* に侵略する；を襲う

12-2 イスラエル，アラブ人旅行者に捜査のためEメール の開示を求める

⑥ しかし，タマリの申し立てについて尋ねられると，シン・ベット警備会社は彼女が尋問を受けたことを認め，警備員は法に従って行動したのだと言った。

⑦ イスラエルには民族プロファイリングを行ってきた長い歴史があり，それをテロリストの攻撃を受けた苦い経験に起因する必要悪だと呼んでいる。アラブ人旅行者たちや危険だとみなされたその他の人は，裸にされての所持品検査も含めて，厳しい尋問と強引な検査にさらされることがしばしばある。

⑧ 警備上の手続きはだんだん厳しくなっているようだ。公式行事で行われる報道関係者に対する最近の検査は，ちょっとした騒ぎや退席が相次いで起こるほど強引になってきた。この状況は政府が反対意見を押さえ込もうとしていることに対する懸念が増加していることと符合している。

345 ☑	**uproar** [ʌ́prɔ̀ːr]	*n.* 大騒ぎ，騒動（a state of excitement, commotion, or violent disturbance）（≒ ballyhoo）；騒音
	派 **upróarious**	*adj.* 騒がしい
346 ☑	**walkout** [wɔ́ːkàut]	*n.* （抗議として）退席，退場；ストライキ；冷やかしの客

✎ 語句・表現

☐ *l.2* in accordance with ～「～に従って」
☐ *l.4* have a long history of ～「～の長い歴史がある」
☐ *l.8* strip search「裸にしての所持品検査」

12-3 Israel asks Arab visitors to open emails to search

1 ❾ Diana Butto, a former legal adviser to the Palestinian Authority and a **fellow** at the Harvard Kennedy School of Government, said the policy of email checks, once used **sporadically**, appears to have become more widespread over the past year.

5 ❿ Butto said she has led three tour groups to the region over the past year, and in each case, at least one member of the group was asked to open their email. She said Muslims, Arabs and Indians were typically targeted, and in most cases, were denied entry.

⓫ Butto said agents typically want to see people's **itineraries**, articles
10 they have written or Facebook status updates.

⓬ "The problem is there's no way to honestly say you're coming to visit the West Bank without falling into some type of security trap," she said. "Either you lie and risk being caught in a lie, or you tell the truth ... and it's not clear whether you'll be allowed in."

15 ⓭ Tamari, who is from St. Louis, said she arrived in Israel on May 21 to participate in an **interfaith** conference. She described herself as a Quaker peace activist and acknowledged taking part in campaigns calling for boycotts and **divestment** from Israel.

347	**fellow** [félou]	*n.* 特別研究員；仲間, 同僚
	派 **féllowshìp**	*n.* 特別研究員の地位；仲間；交際
348	**sporadically** [spɔrǽdikli]	*adv.* 散発的に, 時折 (not regularly or constantly)
	派 **sporádic**	*adj.* 時折の, ばらばらの (occurring or happening irregularly or in only a few places)
	≒ **occásionally**	*adj.* 時折
349	**itinerary** [aitínərèri, itín-]	*n.* 旅行の日程, 旅程, 旅行案内書 (a plan of a journey including the route and the places to visit)
350	**interfaith** [ìntərféiθ]	*adj.* 異教徒間の ※ faith は strong belief in a particular God の意味。

12-3　イスラエル，アラブ人旅行者に捜査のためEメールの開示を求める

❾ パレスチナ自治政府の元法律顧問でハーバード・ケネディスクールのダイアナ・ブット特別研究員は，かつては散発的に行われていたEメールチェックというやり方が，この1年でますます広がったようだと話した。

❿ ブット氏はこの1年間に3つの旅行団体をこの地域に案内したが，どの場合もグループの少なくとも1人がEメールを開くように求められたと言った。彼女によると，一般的にイスラム教徒とアラブ人とインド人が標的にされ，多くの場合入国を拒否されたという。

⓫ 警備員は一般に旅行日程や彼らが書いた記事，あるいはフェイスブックの更新履歴を見たがるとブット氏は話した。

⓬ 「問題は，何らかの警備上のわなにはまらずに，正直にヨルダン川西岸地区を訪れに来たのだと言うことが不可能であるということです」と彼女は言った。「うそをついてうそがばれる危険を冒すか，あるいは本当のことを話すか…。それでも入国できるかどうかわかりません。」

⓭ タマリはセントルイス出身で，異教徒間会議に参加するために5月21日イスラエルに到着したと話した。彼女は自分がクエーカー教の平和活動家であることを述べ，不買運動とイスラエルからの投資の撤収を求める活動に参加していることを認めた。

---

351 □ **divestment**
[daivést̬mənt, di-]

n. 投資の撤収，投下資金の回収；負の投資（⇔ investment）

※ disinvestment とも綴る。

派 **disinvést**

vi. 投資を引き上げる；資本を減らす
vt. （資本）を引き上げる

✐ 語句・表現

□ *l.11* there's no way to ～ without ... 「…せずに～することは不可能である」
□ *l.12* fall into a trap 「わなにはまる」
□ *l.14* be allowed in 「入国を許される」
□ *l.17* Quaker 「クエーカー教の；クエーカー教」正式には Religious Society of Friends（キリスト友会）といい，17世紀の英国で生まれた。

12-4　Israel asks Arab visitors to open emails to search

1　⑭ Given her activism, Tamari said she expected some security delays. But she was **caught off guard** by the order to open her email account. She said the agents discovered her address while **rifling through** her personal papers.

5　⑮ "That's when they turned their (computer) screens around to me and said, 'Log in,'" she said.　When she refused, an interrogator said, "'Well you must be a terrorist.　You are hiding something.'"

⑯ Tamari said she was searched, placed in a holding cell and flown back to the US the following day.　"The idea that somebody my age, a
10　Quaker, on a **peace delegation** with folks from the US, would be denied entry — that never **crossed my mind**," she said.

⑰ Najwa Doughman, a 25-year-old Palestinian American from New York City, said she underwent a similar experience when she arrived for a one-week vacation on May 26.

15　⑱ A female interrogator ordered Doughman to open her Gmail account, threatening she would be **deported** if she didn't.

⑲ "She typed in gmail.com and she turned the keyboard toward me and said, 'Log in.　Log in now,'" Doughman recounted.　"I asked, 'Is this legal?'　She said, 'Log in.'"

352 ☐	**catch ~ off guard**	～が (油断しているところに) 不意をつく
353 ☐	**rifle through ~**	～をくまなく捜す (to search through sth quickly and carelessly often in order to take or steal sth)
354 ☐	**peace delegation**	講和全権団, 平和代表団
	🔊 dèlegátion	*n.* 派遣団, 代表団
355 ☐	**cross one's mind**	～の脳裏をよぎる, ～の心に浮かぶ

12-4 イスラエル，アラブ人旅行者に捜査のためEメールの開示を求める

⑭ タマリは自身の行動主義から考えて，警備でいくらか手間取ることは予想していたと話した。しかし，Eメールアカウントを開くように命じられて，不意をつかれた。警備員が彼女の個人的な書類をくまなく捜す最中にアドレスを見つけたのだと彼女は言った。

⑮ 「そこで彼らはコンピュータ画面を私のほうに向けると『ログインしろ』と言いました」と彼女は言った。拒否すると，取調官はこう言った。「『そうか，おまえはテロリストに違いない。何か隠しているな。』」

⑯ タマリは取り調べを受け，待機房に入れられて，翌日米国に送還されたのだと語った。「私くらいの年齢のクエーカー教徒が，米国人たちと一緒に平和代表団で来て，入国を拒否されるなんて脳裏をよぎりさえもしませんでした」と彼女は言った。

⑰ ニューヨーク市出身の25歳のパレスチナ系アメリカ人ナイワ・ドウマンは，5月26日に1週間の休暇で到着した時，同じような経験をしたと話した。

⑱ 女性取調官がドウマンにGメールアカウントを開くよう命じ，そうしなければ強制送還すると脅したのだ。

⑲ 「彼女はgmail.comと打ち込んで，キーボードを私に向けると『ログインしなさい。今すぐログインしなさい』と言いました」とドウマンは詳しく述べた。「『これって合法ですか』と尋ねましたが，彼女は『ログインしなさい』と言ったのです。」

| 356 ☐ **deport**
[dipɔ́ːrt] | *vt.* を強制送還する，を国外に追放する（to force to leave a country）（≒ expatriate） |
| 派 **dèportátion** | *n.* 強制送還，国外追放（≒ forced repatriation） |

🖉 語句・表現

□ *l.9*　the following day「翌日」= the next day
□ *l.10*　be denied entry「入局を拒否される」

12-5 Israel asks Arab visitors to open emails to search

1 ㉒ She said the agent searched for keywords like "West Bank" and "Palestine" and made fun of a chat in which Doughman talked of reading **graffiti** on Israel's West Bank separation barrier.

㉑ "After she read a bunch of stuff, **humiliating** and **mocking** me, I
5 said, 'I think you've read enough,'" Doughman said, adding that agents jotted down names and emails of her friends as they inspected her chat history.

㉒ Doughman's traveling **companion**, Sasha Al-Sarabi, said agents pulled her aside and checked out her Facebook page.

10 ㉓ Both women said they were approached because of their Arab family names, and were repeatedly asked about the nature of their visit, and whether they planned to go to the West Bank and participate in anti-Israel demonstrations.

㉔ While acknowledging she belonged to Palestinian activist groups
15 when she was in college, Doughman said she **insisted** the one-week visit was purely for a vacation.

㉕ "The interrogator asked me, 'Do you feel more Arab or more American? ... Surely you must feel more Arab," Doughman said. "I told her I was born in the US and studied there, but she didn't like my
20 answer."

357 ☐	**graffiti** [grəfíːti]	*n.* 落書き（unauthorized writing or drawing on a wall or other surface in a public place）
358 ☐	**humiliate** [hju(ː)mílièit]	*vt.* に恥をかかせる，に屈辱を与える，のプライドを傷つける（to lower or hurt the dignity or pride of sb）
	派 **humíliàting**	*adj.* 屈辱的な
359 ☐	**mock** [mák]	*vt.* をばかにする，をあざける（to laugh at or make fun of sb or sth especially by copying an action）；をまねる *n.* なぶり；まね
	派 **móckery** 派 **mócker**	*n.* 名ばかりのもの，まねごと；にせもの；あざけり *n.* まねる人；あざける人

12-5 イスラエル，アラブ人旅行者に捜査のためEメールの開示を求める

⑳ 警備員は「ヨルダン川西岸地区」や「パレスチナ」などのキーワードを検索して，ドウマンがイスラエルのヨルダン川西岸地区の分離壁の落書きを読んだことを話したチャットを笑いものにした。

㉑ 「彼女がひとしきりどうでもよい話を読み，私に恥をかかせ，ばかにしてから，私は『もう十分でしょう』と言ったのです。」警備員は彼女のチャット履歴を調べ，友人の名前とEメールを手早くメモしたとドウマンは付け加えた。

㉒ ドウマンの同行者，サーシャ・アルサラビによると，警備員は彼女を脇に連れ出し，彼女のフェイスブックのページを調べたと言った。

㉓ 2人の女性はどちらもそのアラブ系の名前のために声をかけられ，旅行の目的，ヨルダン川西岸地区に行く予定かどうか，反イスラエルデモに参加するかどうかについて繰り返し尋ねられたと話した。

㉔ ドウマンは大学時代パレスチナ人の活動グループに属していたことを認めながらも，1週間の訪問はただの休暇だと主張したと言った。

㉕ 「取調官は『アラブ人と米国人のどちらのような気がするか。もちろんアラブ人に違いないわよね』と尋ねてきました」とドウマンは言った。「私は米国で生まれて米国で学んだと話したのですが，その答えは気に入らなかったようです。」

360 ☑	**companion** [kəmpǽnjən]	*n.* 同行者，連れ；仲間，友人；必携 *vt.* に付き添う
	派 **compánionship**	*n.* 仲間付き合い；親交
361 ☑	**insist** [insíst]	*vt.* (…である)と主張する (≒ assert, affirm) *vi.* ⟨on, upon ～で⟩ 主張する；強く要求する
	派 **insístence**	*n.* 主張；強要
	派 **insístent**	*adj.* ⟨on, upon ～で⟩ 主張して；しつこい
	派 **insístently**	*adv.* しつこく，くどく

📝 語句・表現

☐ *l.9*　pull ～ aside「～を脇へ引っ張る」

12-6　Israel asks Arab visitors to open emails to search

1　㉖ After hours of questioning, both women were told they would not be allowed in.　They said they were subjected to strip searches, placed in a **detention** center and sent back to the US the following day. Doughman said they weren't allowed to call the US **Embassy**.

5　㉗ American Embassy spokesman Kurt Hoyer said the embassy does not comment on specific cases.　But he said the embassy is "usually" contacted whenever an American citizen is not allowed to enter Israel, or any other country.

㉘ The embassy typically remains in contact with **local authorities**
10　throughout the process until a decision on entry is made.

㉙ He said the US stresses to all governments "to treat American passport holders as Americans, regardless of their ethnic origin ...　At the same time, any **sovereign** nation has the right to decide who to let in, and not to let in."

---

362 ☐	**detention** [diténʃən]	*n.* 拘留, 留置, 拘禁（a holding in custody）；（学校での規則違反に対する）罰則
	派 **detáin**	*vt.* を引き止める；を拘留する
	≒ **detáinment**	*n.* 留置
	熟 **detention home**	少年鑑別所

| 363 ☐ | **embassy**
[émbəsi] | *n.*〈しばしば Embassy で〉大使館；大使官邸 |
| | 参 **ambássador** | *n.* 大使；使節 |

12-6 イスラエル，アラブ人旅行者に捜査のためEメールの開示を求める

㉖ 何時間も尋問された後，2人の女性は入国は許されないと告げられた。2人は裸にされて所持品検査をされ，拘留センターに入れられ，翌日米国に送還されたと話した。米国大使館に電話することも許されなかったとドウマンは言った。

㉗ 米国大使館の報道官である，カート・ホイヤー氏は，大使館は具体的事例についてのコメントはしないと言った。しかし，「通常なら」米国市民がイスラエルや他のどんな国でも入国を許されなかった時は，必ず大使館に連絡があると話した。

㉘ 一般に大使館は，入国に関わる決定が下されるまでは絶えず現地当局と連絡を取り続ける。

㉙ 米国はすべての政府に対し「米国のパスポートを所持する人は民族的出自に関係なく米国人として扱うこと…。そして同時に，あらゆる主権国家は，誰を入国させ，誰を入国させないかについて決定権を有する」ことを強調しているとホイヤー氏は述べた。

364 ☑	**local authority**	〈複数形で〉現地〔地元〕当局；《英》地方自治体（≒ local government）
☑	**sovereign** [sávərən]	*adj.* 主権を有する，独立の，自治の
派	**sóvereignty**	*n.* 主権，統治権

✎ 語句・表現

☐ *l.2* be subjected to ~ 「~を受ける」
☐ *l.2* placed in ~ 「~に収監される」
☐ *l.9* in contact with ~ 「~と連絡を取る」
☐ *l.12* regardless of ~ 「~に関係なく」

12-7 Israel asks Arab visitors to open emails to search

1 ㉚ Israel has become increasingly strict following a series of **run-ins** with international activists in recent years, **highlighted** by a deadly clash two years ago between Israeli **naval** **commandos** and a **flotilla** trying to break Israel's naval **blockade** of the Gaza Strip. Both sides
5 accused the other of provoking the violence in which nine Turkish activists were killed.

㉛ Since then, Israel has **prevented** international activists from arriving on similar flotillas as well as a pair of "fly-ins" by pro-Palestinian activists. Israeli officials acknowledge they used social
10 media accounts, such as Facebook and Twitter, to identify activists ahead of time and prevent them from boarding flights to Israel.

㉜ Emanuel Gross, a law professor at Haifa University, said such a practice would seem to be **illegal** in Israel.

㉝ "In Israel, you need a **search warrant** to go into somebody's
15 computer," he said. "I'm skeptical that the security guards asked a judge first for a warrant and I'm skeptical that a judge would give it."

(**AP** Associated Press, 1,133 words)

365	**run-in** [ránìn]	n. いさかい, 喧嘩 (argument or quarrel with sb)；議論；逮捕
	highlight [háilàit]	vt. を際立たせる；を強調する n. ハイライト, 呼び物
366	**naval** [néivl]	adj. 海軍の；軍艦の
	参 **návy** 参 **air force**	n. 海軍 n. 空軍
	commando [kəmǽndou]	n. 特殊部隊, コマンド
367	**flotilla** [floutílə]	n. 小艦隊 (a group of small military ships)；船舶

12-7　イスラエル，アラブ人旅行者に捜査のためEメールの開示を求める

㉚ イスラエルは近年の国際活動家たちによる一連のいさかいの後，ますます厳しさを増してきた。それは，2年前イスラエルの海軍特殊部隊とイスラエル海軍のガザ地区封鎖を粉砕しようとした艦隊との激しい衝突によって浮き彫りになった。どちらの側も9人のトルコ人活動家が死亡した暴力行為を挑発したとして，相手側を非難した。

㉛ それ以降イスラエルは，親パレスチナ活動家が同じような船団でやってくることや，一組の「飛行機で来る集会」を阻止してきた。イスラエル当局は，フェイスブックやツイッターのようなソーシャル・メディアを使って事前に活動家たちを特定し，彼らがイスラエル行きの便に搭乗することを阻止していると認めている。

㉜ ハイファ大学のエマニュエル・グロス法律学教授は，このような慣習はイスラエルでは違法であると思われると話した。

㉝ 「イスラエルでは誰かのコンピュータに侵入するには捜査令状が必要です」とグロス教授は語る。「警備員がまず司法官に令状を求めたかは疑わしいですし，司法官がそれを与えるということも疑わしいです。」

368 ☑	**blockade** [blɑkéid]	*n.* 封鎖，包囲；障害 *vt.* を封鎖する
	參 **blóckage**	*n.* 妨害，阻害
369 ☑	**search warrant**	捜査令状
	參 **arrest warrant**	逮捕令状

✏️ 語句・表現

☐ *l.5*　accuse sb of ～「…を～として非難する」
☐ *l.8*　fly-ins「飛行機で乗りつけてくる集会」

❓ Quiz

☐ 1　What happened to Tamari after being interrogated at Israel's international airport?
☐ 2　What was the purpose of Tamari's visit to Israel?　　▶ Answer は p.463

2 政治・国際 ◆ Politics/International

13-1 Political animals

1 ❶ As those who follow American politics know all too well, **Republicans** and Democrats sometimes act as if they belonged to different **species**. This, it seems, is more than mere **metaphor**. A growing body of research is **shedding light on** ways in which
5 partisans are indeed biologically distinct. According to one famous study, conservatives are not just more god-fearing than **liberals** (as Americans call left-leaning folk). They are more fearful in general, making them more **receptive to** threatening aspects of the environment. Hence, the argument goes, their **penchant** for tougher
10 **policing**, harsher sentencing, stronger armed forces and other Republican **shibboleths**.

☑	**Republican** [ripʌ́blikn]	*n.* 共和党員；共和党支持者 *adj.* 共和党の
☑	**species** [spíːʃi(ː)z]	*n.* 種, 種類〈a group of plants or animals that are all the same and that can breed together〉
370 ☑	**metaphor** [métəfɔːr, -fər]	*n.* 比喩〈a figure of speech in which a word or phrase is applied to an object or action to which it is not literally applicable〉
派	**mètaphórical**	*adj.* 比喩的な（≒ metaphoric）
派	**mètaphórically**	*adv.* 比喩的に
371 ☑	**shed light on ~**	～を明らかにする, ～を浮き彫りにする, ～に光を当てる
☑	**liberal** [líbərəl]	*n.* リベラル派, 自由主義者（≒ liberalist） *adj.* 自由主義の；教養を広めるための；寛大な
派	**líberty**	*n.* 自由, 解放（≒ freedom）；勝手な行為
派	**líberalìze**	*vt.* を自由主義化する；を緩和する, を寛大にする
派	**lìberalizátion**	*n.* 自由化（≒ deregulation）
派	**líberalìsm**	*n.* 自由主義；寛大さ

13-1 政治的動物

❶ 米国の政治をよく知っている人たちにはわかりきったことだが, **共和党員**と民主党員は時々まるで異なる**種**に属するもののように行動することがある。これは単なる**比喩**ではないようだ。ますます多くの研究結果が, 党員たちが実際に生物学的に異なっていることを明らかにしている。ある有名な研究によると, 保守派は(米国人が左寄りの人々と呼ぶような)**リベラル派**より神を恐れているばかりではなく, 一般に小心者で, 周囲の脅威を感じるような状況を受け入れる力がより強い。それゆえ, より断固とした治安維持, より厳しい判決, より強力な兵力, そしてその他の共和党的な標語に対する強い好みがあるという主張がある。

$\overset{372}{\square}$ **receptive to ～**	～を受け入れる力がある, ～の受容力〔感受性〕がある(willing to listen to and accept new ideas and suggestions)
$\overset{373}{\square}$ **penchant** [pén*t*ʃənt]	*n.* 強い好み, 傾向；偏好(a strong liking for sth)
$\overset{374}{\square}$ **policing** [pəlíːsiŋ]	*n.* 治安維持, (警察力による)警備
派 **políce**	*n.* 警察；治安 *vt.* の治安を維持する
$\overset{375}{\square}$ **shibboleth** [ʃíbəliθ]	*n.* (政党などの)標語, 合言葉(≒ tagline, slogan)；(特定集団の)特殊な言葉〔発音〕

🖉 語句・表現

□	title	Political animals「政治的動物」アリストテレスの言葉としても知られる。
□	*l.1*	those who …「…する人」
□	*l.1*	know all too well「わかりきっている」
□	*l.2*	act as if …「まるで…のように行動する」
□	*l.4*	growing body of ～「ますます多くの～」
□	*l.5*	partisan「熱心な支持者」

13-2 Political animals

1 ❷ However, this observation does not by itself explain liberals' **preoccupation** with progressive policies which often aim to make people's lives more pleasant, as opposed to less unpleasant. Michael Dodd, of the University of Nebraska, wondered whether this is because
5 they are drawn more strongly than conservatives are to the bright side of life. As he and his colleagues report in the *Philosophical Transactions of the Royal Society*, this does in fact appear to be the case.
❸ To arrive at his conclusion, Dr Dodd tested how 46 self-**professed** right- and left-leaning Nebraskans react to a series of 33 images. Some
10 were **associated with** negative feelings: a spider on a man's face (fear), an open wound with maggots (disgust) and a man being beaten up by a **mob** (anger). Others — a smiling child, a bowl of fruit or a cute rabbit — were picked to evoke a warm and **fuzzy** sensation (positive emotions fall less **readily** into distinct categories).

376	**preoccupation** [priàkjəpéiʃən]	*n.* 夢中, 没頭, 関心ごと；先入観 (extreme or excessive concern with sth)
派	**preóccupancy**	*n.* 先取り；夢中
派	**preóccupy**	*vt.* を夢中にする；を先取りする
派	**preóccupied**	*adj.* 夢中になった, 気を取られた；先約の

	profess [prəfés, prou-]	*vt.* を明言する；と公言する (≒ declare)；のふりをする (≒ pretend)；を専門の職業とする
派	**proféssed**	*adj.* 公言した；専門の；自称の
派	**proféssedly**	*adv.* 公言して；自称して

	associate A with B	A を B とを関連づけて考える

377	**mob** [máb]	*n.* 群衆, 大衆；暴徒　*adj.* 群衆の *vt.* に群がって押し寄せる　*vi.* 群がる
派	**móbbish**	*adj.* 暴徒のような；無秩序な

13-2　政治的動物

❷ しかし，この観察結果そのものは，リベラル派が人々の生活を不快ではなく，より快適なものにすることを目指す進歩的政策に**執着**していることを説明するものではない。ネブラスカ大学のマイケル・ドッド氏は，これはリベラル派が保守派よりも人生の明るい面により強く引きつけられるせいではないかと考えた。ドッド氏とその同僚が『フィロソフィカル・トランザクションズ』の中で報告しているように，事実その通りのようだ。

❸ 自分なりの結論を導き出すために，ドッド博士は，自ら右寄りや左寄り**を公言する**ネブラスカ州民46人が33種類の映像に対してどう反応をするかを調べた。その中には否定的感情**に関連した**ものもあった。人の顔の上のクモ（恐怖），うじ虫がたかった傷口（嫌悪），群衆に袋だたきにされる男（怒り）などだ。他に，温かくあいまいな感覚を連想させるために選ばれた笑顔の子ども，鉢に入った果物，かわいらしいウサギなどもあった（肯定的感情が**直ちに**明確に分類されることはあまりない）。

---

378 ☐	**fuzzy** [fʌ́zi]	*adj.* あいまいな，ぼんやりとした（lacking in clarity） （≒ indefinite, vague）；毛羽立った
派	**fúzziness**	*n.* あいまいさ，不明瞭さ
派	**fúzz**	*n.* 毛羽，綿毛；ぼやけ *vt., vi.* （が）毛羽立つ；（が）あいまいになる

---

379 ☐	**readily** [rédili]	*adv.* すぐに；たやすく，容易に（quickly and easily）； 快く
派	**réadiness**	*n.* 準備ができていること；進んですること

🖋 語句・表現

- ☐ *l.3*　as opposed to ～「～とは対照で」
- ☐ *l.6*　*The Philosophical Transactions of the Royal Society*『フィロソフィカル・トランザクションズ』英国学士院の会報。
- ☐ *l.7*　be the case「～のようだ」
- ☐ *l.11*　maggot「うじ虫」
- ☐ *l.13*　evoke ～「～を連想させる，～を喚起する」

13-3 Political animals

1　❹ The level of **arousal** was measured by tracking changes in how the participants' skin conducts a tiny current. The nervous system reacts to emotionally **salient** stimuli by spurring **eccrine glands** to release moisture. Since more moisture makes skin a better conductor, an

5　**uptick** in conductivity reflects heightened arousal (a phenomenon **polygraphers** exploit to help detect whether someone is lying). The results confirmed that nasty pictures aroused Republicans more than pleasant ones did. And, as Dr Dodd expected, the opposite was true for Democrats. In both cases, the more partisan the participant, the more

10　pronounced the respective **predilection**.

　❺ But would Democrats also home in on nice things more readily than Republicans when presented with a mix of pleasant and unpleasant stuff? In a follow-up study, Dr Dodd recruited 76 **undergraduates** of different political persuasions and employed eye-tracking kit to follow

15　their gaze as they were presented with **collages** of unpleasant and pleasant pictures. This time it turned out that both sides of the political divide **fixated** on nasty images more quickly than on nice ones.

380 ☑	**arousal** [əráuzl]	*n.* 覚醒, 喚起
	派 **aróuse**	*vt.* を喚起する, を駆り立てる (to cause a particular reaction or strong emotion in people)
381 ☑	**salient** [séiliənt]	*adj.* 顕著な, 目立った (standing out conspicuously); 突出した
	派 **sálience**	*n.* 突き出ていること；顕著な点 (= saliency)
382 ☑	**eccrine** [ékrin]	*adj.* エクリンの, 汗腺の　※全身にある水分を分泌して体温調節をする汗腺を指す。
383 ☑	**gland** [glǽnd]	*n.* 腺；リンパ腺
384 ☑	**uptick** [ʌ́ptìk]	*n.* 上昇, 改善；(株価などの) 値上がり (⇔ downtick)

13-3　政治的動物

❹ 覚醒水準は，参加者の皮膚がわずかな電流をどう伝達するか，その変化をたどることで計測された。神経系は，エクリン汗腺を刺激して水分を放出することで感情面の顕著な刺激に反応する。水分量が増加すると，皮膚はより伝導体となるため，伝導性の上昇は覚醒の高まり（うそ発見器を使う人が相手がうそをついているかどうかを見抜くのに利用する現象）を反映する。その結果，不快な写真のほうが心地よい写真より共和党員を覚醒させたことが裏づけられた。そしてドッド博士が予想したとおり，民主党員はその逆だった。どちらの場合も参加者が熱心な党支持者であればあるほど，それぞれの好みがより際立った。

❺ しかし，不快なものと心地よいものが混ざったものを見せられた時，民主党員はまた共和党員より直ちに心地よいほうに目をやるのだろうか。追跡研究では，ドッド博士は異なる政治的信念を持つ76人の大学生を集め，視線追跡キットを用いて不快写真と心地よい写真のコラージュを見せられた時の彼らの視線をたどった。今回は，政治的隔たりのあるどちらの側の人たちも，すぐに心地よい写真より不快な写真を凝視した。

385 ☑	**polygrapher** [páligræfər]	*n.* うそ発見器を使う人
	派 **pólygràph**	*n.* うそ発見器，ポリグラフ
386 ☑	**predilection** [prèdəlékʃən]	*n.* 好み（≒ preference）；偏愛，ひいき
387 ☑	**undergraduate** [λ̀ndərgrǽdʒuət]	*n.* 大学，学部；学部生 *adj.* 学部の，学部生の
	参 **pòstgráduate**	*n.* 大学院生　　*adj.* 大学院の，大学卒業後の
388 ☑	**collage** [kəlάːʒ]	*n.* コラージュ　※絵画技法の１つで，さまざまな素材を組み合わせて作品を構成する。
389 ☑	**fixate** [fíkseit]	*vi.* 〈on ～で〉凝視する，じっと見る（≒ peer）；固定する，定着する *vt.* を凝視する；を固定する

13-4 Political animals

1 (⑤ 続き) Both groups also **dwelt on** them for longer. (This makes evolutionary sense: nasty things can do harm, and so merit more attention than those which are pleasant, and mostly harmless.) But the effect was much subtler among liberals than among conservatives. For
5 instance, they looked at the nasty and nice pictures for just under 2 seconds and just over 1.5 seconds, respectively. The figures for conservatives were about 2.8 seconds and 1.2 seconds.

⑥ These findings do not answer the question whether conservativism and liberalism are **hard-wired**. But, as Dr Dodd notes, this may not
10 matter. Once the distinct physiologies are **in place**, be they acquired or innate, they are hard to **dislodge** — and no doubt spur some on the right to dismiss those on the left as ignorant **hedonists** just as some on the left **slag** those on the right off as obsessive **fearmongers**. Moderates will find none of this reassuring. Biology is, after all, more
15 formidable an obstacle to compromise even than ideology.

(*The Economist*, 594 words)

390 ☑	**dwell on ~**	～をくよくよ考える，～にこだわる (keep the attention directed on ～)；～を詳しく述べる
	派 **dwéll**	*n.* 居住者　*vi.* (ある状態のまま) 残る，とどまる；住む，暮らす
391 ☑	**hard-wired** [hàːrdwáiərd]	*adj.* 生まれつきの (≒ inborn)；コンピュータに組み込まれた；固有の
	参 **hard wiring**	配線
☑	**in place**	定まって，定位置に；準備ができて
392 ☑	**dislodge** [disládʒ]	*vt.* を取り払う，を取り除く；を追い立てる *vi.* 移動する
	派 **dislódgement**	*n.* 除去；移転

13-4 政治的動物

(❺続き) また両グループとも不快な写真により長く注目したままでいた。(これには進化論的な意味がある。不快なものは害を及ぼす可能性があるので, たいていは害のない心地よいものよりも注目に値する。) しかしその影響は, 保守派よりリベラル派のほうがずっと少なかった。例えば, リベラル派は不快な写真と心地よい写真をそれぞれ 2 秒弱と 1.5 秒強ずつしか見なかった。保守派のデータではおよそ 2.8 秒と 1.2 秒だった。

❻ これらの研究結果は保守主義とリベラル主義が生来のものかどうかという疑問に答えるものではない。しかし, ドッド博士の指摘のように, それは問題ではないだろう。ひとたびはっきした生理機能が定まれば, 後天的なものでも生まれつきのものでも, それを取り払うことは難しい。それはたぶん, 右寄りの人が左寄りの人を無知な快楽主義者と片付けることに拍車をかける。左寄りの人が右寄りの人を強迫観念に取りつかれた恐怖をあおる者とこき下ろすのと同じである。穏健派はこんなことで安心はしないだろう。結局生物学は, イデオロギーよりずっと譲歩に難い障害なのだ。

393 **hedonist** [híːdənist]	*n.* 快楽主義者 (a person who is devoted to the pursuit of pleasure) (≒ a pleasure-seeker)
派 **hédonìsm**	*n.* 快楽主義, 快楽論, 享楽的生活
派 **hèdonístic**	*adj.* 快楽主義の
394 **slag** [slǽg]	*vt.* 〈~ off〔off ~〕で〉をこきおろす, をけなす *n.* 人間のくず；たわごと
395 **fearmonger** [fíərmʌ̀ŋgər]	*n.* 恐怖をあおる者 (one who deliberately arouses public fear or needlessly raises the alarm) (≒ scaremonger)
派 **féar-móngering**	*adj.* 恐怖をあおること

❓ Quiz

☐ 1 According to the famous study mentioned in the passage, what are the characteristics of conservatives?

☐ 2 What kind of test did Dr Dodd conduct to reach his conclusion?

▶ Answer は p.463

【1】 **Choose the correct definition for each word.**

◆ Nouns

1. ascension   [　]   **2.** expulsion   [　]
3. incursion   [　]   **4.** preoccupation   [　]
5. segregation   [　]

Ⓐ extreme or excessive concern with something
Ⓑ the act of entering some territory or domain
Ⓒ the act of reaching or moving up to the throne or a higher position
Ⓓ the action of forcing somebody to leave the place
Ⓔ the state of being alone or kept apart from others

◆ Verbs

6. defuse   [　]   **7.** exacerbate   [　]
8. inundate   [　]   **9.** plunder   [　]
10. revoke   [　]

Ⓐ to give or send somebody so many things that he/she cannot deal with them all
Ⓑ to make less harmful or tense
Ⓒ to make something no longer effective
Ⓓ to make something that is already bad even worse
Ⓔ to steal or take by force

◆ Adjectives

11. baffling   [　]   **12.** optimal   [　]
13. plausible   [　]   **14.** preeminent   [　]
15. ubiquitous   [　]

Ⓐ appearing, happening, done, etc. everywhere
Ⓑ believable because something is logical and reasonable
Ⓒ best or most favorable
Ⓓ extremely confusing or difficult to understand
Ⓔ outstanding; surpassing all others

【2】 **Choose the most suitable word for each space.**

A. Just 1,000 days after taking the （ **1.** ） of office in a glittering inauguration ceremony, in which he also called on Americans to "ask not what your country can do for you — ask what you can do for your country," the presidency of John Fitzgerald Kennedy ended （ **2.** ） when an assassin's bullet took his life on the streets of Dallas, Texas.

1. Ⓐ affirmation   Ⓑ crackdown   Ⓒ oath   Ⓓ scope   〔   〕
2. Ⓐ abruptly   Ⓑ embarrassingly   Ⓒ lethally   Ⓓ literally   〔   〕

B. He was also a strong supporter of the （ **3.** ） by many physicists for a grand unified theory of the universe, referred to in physics （ **4.** ） as "The theory of everything."

3. Ⓐ arousal   Ⓑ blockade   Ⓒ emergence   Ⓓ quest   〔   〕
4. Ⓐ bulletin   Ⓑ edict   Ⓒ jargon   Ⓓ retaliation   〔   〕

C. The well-known （ **5.** ） "Early to bed and early to rise, makes a man healthy, wealthy, and wise," is attributed to Benjamin Franklin. Its common sense advice indicates the （ **6.** ） effects for those who abide by its simple recommendations.

5. Ⓐ condolence   Ⓑ mastery   Ⓒ proverb   Ⓓ rite   〔   〕
6. Ⓐ beneficent   Ⓑ colossal   Ⓒ formidable   Ⓓ notorious   〔   〕

3 経済・経営 ◆ Economics/Management

14-1 The Pros and Cons of Outsourcing

1 ❶ Most U.S. shoppers have become accustomed to purchasing products manufactured or grown in foreign countries. Occasionally, there is some **backlash** to this trend, with "Buy American" campaigns rising up, but these tend to fade quickly, due to consumer **apathy** to the
5 realities of global **capitalism**. The **allure** of **dependable** but cheap products has proven to be more powerful than any **ambivalent** feelings people may have concerning potential downsides of international business expansion. And, **as it happens**, it is **commonplace** that even our preferred familiar brands — from TVs to athletic shoes to
10 various assorted sundries — are no longer produced domestically, so we are often hard-pressed to buy American, even if we want to. One of the factors **propelling** this development is the increasingly common practice of outsourcing labor.

---

396 ☐	**outsourcing** [áutsɔ̀ːrsiŋ]	*n.* アウトソーシング，業務委託
	派 **òutsóurce**	*vt.* を外部委託する (to transfer non-core operations from internal production to a third party service provider)

| 397 ☐ | **backlash**
[bǽklæ̀ʃ] | *n.* (政治的や社会的理由による) 過激な反発 (a strong feeling among a group of people in reaction to a change in society or politics)；(ロープなどの) 反動，跳ね返り |

| 398 ☐ | **apathy**
[ǽpəθi] | *n.* 無関心 (≒ indifference)，無気力 (a lack of interest or enthusiasm) |
| | 派 **apathétic** | *adj.* 無関心な |

| ☐ | **capitalism**
[kǽpətəlìzm] | *n.* 資本主義，資本制 |

---

399 ☐	**allure** [əlúə]	*n.* 魅力，魅惑 (a mysterious, exciting, or desirable quality) (≒ temptingness) *vt.* を引きつける
	派 **allúring**	*adj.* うっとりさせるような，魅力的な
	派 **allúrement**	*n.* 魅惑，人を引きつけること

14-1　アウトソーシングに関する賛否両論

❶ たいていのアメリカの買い物客は，外国製または外国産の品物を購入することに慣れている。たまにこの傾向への反発が起き，「バイ・アメリカン」（アメリカの自国製品優先購入）運動が発生する。しかしこうした反発も，グローバル**資本主義**の現実に対する消費者の無関心のために，すぐに収束する傾向にある。信頼でき，かつ安価な製品の魅力は，国際的な事業の拡大がもたらし得る負の側面に関して，人々の両価的感情（※ある物事に対する相反する感情のこと。アンビバレンス）よりも強いとわかっている。そして，あいにく，テレビから運動靴，さまざまな小物にいたるまで，自分の好みのブランドがもはや国内で製造されていない，ということはよくあることなので，たとえアメリカ製品を買いたくてもしばしば苦労する。この進展を推進する要因の１つが，ますます一般的になっている労働力のアウトソーシングなのだ。

400 ☑	**dependable** [dipéndəbl]	*adj.* 頼りになる，信頼できる (to be trusted; reliable)
	⇔ **ùndepéndable**	*adj.* 信頼できない，頼りにならない
401 ☑	**ambivalent** [æmbívələnt]	*adj.* 両価的な；（心が）揺れる，不安定な，決めかねている (having two opposing feelings simultaneously, or not being certain about how you feel)
402 ☑	**as it happens**	あいにく (≒ unfortunately)；たまたま，偶然に (≒ by chance)；そのままに
403 ☑	**commonplace** [kámənplèis]	*adj.* ありふれた，平凡な，普通の (commonly found or seen) (≒ ordinary)；当たり前の
404 ☑	**propel** [prəpél]	*vt.* を促す，を推進する，を駆り立てる (to drive or push sth forward) (≒ thrust)
	派 **propéller**	*n.* プロペラ；推進するもの

🖊 語句・表現

□ *l.11* hard-pressed 「苦境に立たされて」

14-2 The Pros and Cons of Outsourcing

1 ❷ Outsourcing has been a frequently used **buzzword** since the 1980s. It originally referred to the practice of turning over non-core operations of a business or **enterprise** to an external **entity**, domestic or foreign, with **expertise** in managing those operations. For example, a
5 pharmaceutical company may contract with an outside company that specializes in conducting clinical trials to test the effectiveness of new drugs. Today, outsourcing has become so **pervasive** that just about every company in the world employs it in some way or another. Economists and CIOs view it as an **imperative** business strategy for
10 companies that wish to bolster their competitive edge by improving cost-effectiveness, efficiency, and flexibility. However, in recent years, outsourcing has come to be associated primarily with the more controversial practice of **diverting** domestic operations to overseas entities, especially in developing countries, also known as offshoring or
15 **offshore** outsourcing.

405 ☑ **buzzword** [bʌ́zwəːrd]	*n.* バズワード（それらしくは聞こえるが，実はあいまいな意味のまま世間に広まる言葉）；流行となった専門〔業界〕用語；流行り言葉	
参 **búzz**	*n.* （蜂，機械などの）ブンブンという音（蜂の羽音から）	
☑ **enterprise** [éntərpràiz]	*n.* 事業，企て（a new plan, project, business, etc）；冒険心	
406 ☑ **entity** [éntəti]	*n.* 独立した組織，独立体；存在，実在；実在物，実体	
☑ **expertise** [èkspəːrtíːz]	*n.* 専門技術，専門知識（a high level of special knowledge or skill）	
407 ☑ **pervasive** [pərvéisiv]	*adj.* 広がった，行き渡っている，普及している（that is present in all parts of sth）（≒ permeative）	
派 **pervásively**	*adv.* 行き渡って	
派 **perváde**	*vt.* （思想・考え・影響・においなどが）に行き渡る	

14-2　アウトソーシングに関する賛否両論

❷ アウトソーシングは，1980年代から頻繁に用いられているバズワードである。もともとこの用語は，企業や事業の非中核的な業務を，その業務管理の専門技術を有する国内もしくは国外の外部組織に委託する手法を示していた。例えば，製薬会社は，新薬の有効性を検査するために，臨床試験の実施を専門にする外部企業と契約を結ぶことがある。今日，世界のほぼすべての企業が何らかの形でこの手法を用いているほどにアウトソーシングは普及している。経済学者や最高情報責任者は，費用対効果，能率，柔軟性を改善することで競争力を強化したいと考える企業にとって，この手法は不可避なビジネス戦略と考えている。しかし近年では，アウトソーシングは主に，国内業務を特に開発途上国の海外法人に移転するという，さらに物議を醸す手法を連想させるようになってきている。この手法はオフショアリング（海外移転）または海外アウトソーシングとしても知られている。

3　経済・経営 ◆ Economics/Management

408 ☑	**CIO**	*n.* 最高情報責任者（chief information officer）
	参 **CEO**	最高経営責任者（chief executive officer）
	参 **CAO**	最高会計責任者（chief accounting officer）
☑	**imperative** [impérətiv]	*adj.* **不可避な**；緊急の（≒ urgent, pressing）；**命令的な**　*n.* 急務　（≒ essential（必要不可欠な））
409 ☑	**divert** [dəvə́ːrt]	*vt.* の向きを変える，を転換する，をそらす（to change the direction or purpose of sb/sth）
	派 **divérsion**	*n.* 脇へそらすこと；資金流用；気晴らし；陽動作戦
410 ☑	**offshore** [ɔ̀(ː)ffʃɔ́ːr]	*adj.* **海外での**（made, situated or conducting business in a foreign country）；沖合の　*adv.* 海外で
	派 **òffshóring**	オフショアリング，海外移転

🖉 語句・表現

☐ *l.10*　competitive edge「競争力」

14-3 The Pros and Cons of Outsourcing

1　❸ The **transformation** of the world economy that began in the last decades of the previous century has been consistently accompanied by intense criticism and dire predictions.　Critics of offshore outsourcing say that it causes **turmoil** in domestic labor markets due to **rampant**
5　unemployment as jobs are outsourced to cheap foreign laborers in other countries.　They also question the ethics of outsourcing, claiming the practice is not **humane** because it exploits workers in less industrialized nations, where rights and safety may not be protected by law or **affiliation** with labor unions.　They cite notorious "sweatshop"
10　**abuse** cases, in which workers have been forced to endure **draconian** conditions for **meager** wages.　Finally, they contend that outsourcing is not a secure way to improve **productivity** and efficiency, since global workers tend to demand higher salaries and more benefits as their standard of living improves.

411 ☐ **transformation** [trænsfərméiʃən]	*n.* 変化, 変形, 変質 (a complete change of sb/sth, especially in a way which improves him/her/it)；変圧	
派 **transfórm**	*vt.* を変貌させる, (外見, 性質など)を一変させる；を変換する　*vi.* 変貌する	
派 **transfórmer**	*n.* 変圧器	
参 **tráns-**	接頭辞で「変化, 変換」などをの意味を表す。	
412 ☐ **turmoil** [tə́rmɔil]	*n.* 混乱, 騒ぎ；動揺 (a state of great disturbance, uncertainty or confusion)	
≒ **cháos**	*n.* 混乱, カオス	
413 ☐ **rampant** [rǽmpənt]	*adj.* はびこっている, 蔓延した ((especially of sth unwanted or unpleasant) flourishing or spreading everywhere in a way that is very difficult to control)	
派 **rámpantly**	*adv.* 手に負えないほどに	
414 ☐ **humane** [hjuːméin]	*adj.* 人道的な, 思いやりのある (having or showing kindness or benevolence)	
派 **humánity**	*n.* 人類	
派 **humànitárian**	*n.* 人道主義者　*adj.* 人道主義の	

14-3　アウトソーシングに関する賛否両論

❸ 前世紀最後の数十年間に始まった世界経済の変化には，激しい批判と悲惨な予測が常につきものであった。海外アウトソーシングを批判する人たちは，他国の低賃金の外国人労働者に仕事が外部委託されるので，はびこる失業のために国内の労働市場に混乱が生じると言っている。こうした人たちはまた，アウトソーシングの倫理性にも異議を唱えており，この手法が人道的ではないと主張している。なぜならば，開発途上国の労働者から搾取するからである。そのような国々では，権利や安全性が法律や労働組合への加入によって保護されていない可能性がある。悪名高い「労働搾取工場」での酷使の事例が批判者たちによって引き合いに出されているのだが，そこの労働者は過酷な状況に乏しい賃金で耐えることを強いられている。しまいには，批判する人たちは，アウトソーシングは生産性や能率を向上するのに確実な方法ではないとまで主張している。なぜならば，世界の労働者は生活水準が向上するにつれ，給料や手当の増額を要求する傾向にあるためだ。

415 ☑	**affiliation** [əfíliéiʃən]	*n.* 加入，加盟；合併，提携；提携先，系列会社
☑	**abuse** [əbjúːz]	*n.* 酷使，乱用；虐待　*vt.* を乱用する；を虐待する
416 ☑	**draconian** [dreikóuniən]	*adj.* （処置・罰が）過酷な，（法が）極めて厳しい ※ Originally from the name of an ancient Greek lawmaker, Draco, known for his particularly harsh laws.
≒ **hársh**		*adj.* （人，罰などが）厳しい；残酷な
417 ☑	**meager** [míːgər]	*adj.* わずかな，乏しい（too small in amount）
派 **méagerly**		*adv.* わずかに，乏しい程度に；乏しい方法で
派 **méagerness**		*n.* 貧弱；乏しさ
☑	**productivity** [pròudʌktívəti]	*n.* 生産性，生産力（the effectiveness of productive effort）
派 **prodúctive**		*adj.* 生産的な
派 **prodúction**		*n.* 生産（高）

14-4 The Pros and Cons of Outsourcing

1 ❹ **Proponents** of foreign outsourcing see it as a **win-win** situation. They admit that outsourcing may cause some initial job losses due to layoffs or **terminations**, but claim that this is more than made up for by the number of new and better jobs created in a robust economy. For
5 example, a group of American programmers who lost their jobs when they were outsourced to Asia were re-employed as software engineers as more positions opened up. Furthermore, lower production costs result in lower prices for domestic consumers, which means it is easier for them not only to **make ends meet**, but also to enjoy **luxuries** they
10 couldn't afford before. As for the working conditions for foreign workers, companies say they have taken measures to guarantee that **subcontracted** foreign entities are in compliance with basic fair labor practices and that workers receive **livable** wages, where previously they may have been at best barely able to **eke out a living**.

418 ☑ **proponent** [prəpóunənt]	*n.* 擁護者, 支持者 (a person who recommends or says that he/she supports a particular idea or plan of action)
≒ **suppórter** ⇔ **oppónent**	*n.* 支持者 *n.* 敵
419 ☑ **win-win** [wínwín]	*adj.* 双方に有利な；双方に利益のある (describing a situation which is advantageous to both sides, as in a negotiation)
420 ☑ **termination** [tə̀ːrmənéiʃən]	*n.* 契約終了 (the act of dismissing a person from employment)；(契約などの) 満期；終了 (≒ ending)
派 **términate** 派 **términal**	*vt.* を終わらせる *vi.* 終わる *adj.* 最終の；末期の *n.* 終点
421 ☑ **make ends meet**	収入の範囲内でやっていく, 収支を合わせる (to have enough money for your needs)；何とか生計を立てる

14-4 アウトソーシングに関する賛否両論

❹ 海外へのアウトソーシングを支持する人たちは，この手法が双方に利益のある状況だと考えている。支持者は，アウトソーシングが，一時解雇や契約終了のために最初は多少の失業を生じさせるかもしれないと認めながらも，健全な経済により生み出される新しくよりよい仕事の数で十二分に埋め合わせられると主張している。例えば，自分の仕事がアジアに外部委託されて失業したアメリカ人プログラマーたちは，役職の空きが増えたために，ソフトウェア・エンジニアとして再就職した。さらに生産費が下がることで，国内消費者に価格の低下をもたらすこととなり，収入内でやりくりすることだけでなく，以前はできなかったぜいたくを味わうことも容易になるのだ。外国人労働者の労働条件はどうかと言うと，下請けの外国業者が基本的な公正労働の履行に従うことや，労働者が生活できるだけの賃金を受け取ることを保証するための措置はとってきたと，企業側は語っている。以前の労働者は，よくても何とか食いつないでいくのがやっとだったかもしれない，とのことだ。

422 ☑	**luxury** [lʌ́gʒəri, lʌ́kʃəri]	n. ぜいたく，豪華 (the enjoyment of great comfort and extravagant living)；ぜいたく品
	派 **luxúrious**	adj. ぜいたくな
423 ☑	**subcontracted** [sʌ̀bkántræktid]	adj. 下請けの (employed to do part of a job which another company is responsible for)
	派 **subcóntractor**	n. 下請け業者
	参 **súb-**	接頭辞で「下位，副」の意味を表す。
424 ☑	**livable** [lívəbl]	adj. 生きていけるだけの額の (enough to live on)；(家などが) 住むのに適した；生きがいのある
425 ☑	**eke out a living**	食いつなぐ，何とか生計を立てる(to manage to support oneself or make a living with difficulty)

🖊 語句・表現

- ☐ *l.3* this is more than made up for ... : more than 〜 は「〜では言いたりない」，「非常に〜」の意味。make up for 〜「〜の埋め合わせをする」
- ☐ *l.11* take measures「措置をとる」

3 経済・経営 ◆ Economics/Management

14-5 The Pros and Cons of Outsourcing

1 ❺ While the opposing sides on the outsourcing issue are not likely to see eye-to-eye on these points any time soon, it appears outsourcing is here to stay, at least for the immediate future. All major corporations today list outsourcing as a significant part of their growth strategy, with
5 India luring the most business. From the companies' point of view, they have a right to increase their profits, and outsourcing is a legal and **pragmatic** means to achieve this goal. They offer **reassurance** in the fact that U.S. jobless rates have been persistently low over the past several years, and that the overall economic impact has been positive,
10 both here and abroad. As they see it, change itself is neutral, and it is our reaction to it that is either negative or positive. Ultimately, it is flexibility in the face of change that will allow individuals as well as large corporations to be **beneficiaries** in the age of globalization.

(Original, 727 words)

426 ☐	**pragmatic** [prægmǽtik]	*adj.* 実際的な，実用的な (dealing with problems in a practical way rather than by following theoretical considerations) (≒ practical)
派	**pragmátically**	*adv.* 実際的に
派	**prágmatìsm**	*n.* 実利主義
427 ☐	**reassurance** [rìːəʃúərəns]	*n.* 安心させるためのもの，安心材料，元気付け (the advice or help that you give to sb to stop him/her worrying or being afraid)；再保険
派	**rèassúre**	*vt.* を安心させる
派	**rèassúring**	*adj.* 安心させる
参	**assúrance**	*n.* 確信；保証

14-5 アウトソーシングに関する賛否両論

❺ アウトソーシング問題に関して反対の側が，近いうちにこのような点で意見の一致をみる可能性は低いが，少なくとも目下のところアウトソーシングは定着していきそうだ。今日，あらゆる大企業はアウトソーシングを重要な自社の成長戦略の一環と考えており，インドが最も多くの事業を誘致している。企業の観点からすると，企業には利益を増やす権利があり，アウトソーシングはこの目的を達成するための合法的かつ実際的な手段である。過去数年間にわたってアメリカ国内の失業率が持続的に低く，アメリカだけでなく海外でも全般的な経済的影響がプラスとなっているという事実があり，企業に安心感を与えている。見ての通り，変化自体ははっきりしておらず，マイナスあるいはプラスとするのは，変化に対する私たちの反応である。結局のところ，グローバル化の時代において，変化に直面した時の柔軟性が大企業同様に個人をも受益者にしてくれるのだ。

428 ☑	**beneficiary** [bènəfíʃièri, -ʃəri]	*n.* 利益を受ける人，受益者 (a person who receives a benefit from sth)
派	**bénefit**	*n.* 利益　*vi.* 利益を得る　*vt.* に利益をもたらす
派	**bènefícial**	*adj.* 有益な，ためになる (promoting or enhancing well-being)；有利な，利益となる
参	**benéficent**	*adj.* 慈悲深い

✐ 語句・表現

- ☐ *l.2*　see eye-to-eye on ～「～について意見が一致する；(過去の不一致を捨てて)
　　　　　～に真剣に取り組む」
- ☐ *l.12*　in the face of ～「～に直面して」

❓ Quiz

- ☐ 1　What did "outsourcing" originally refer to?
- ☐ 2　What do critics of offshore outsourcing think will happen? ▶ Answer は p.463

3 経済・経営 ◆ Economics/Management

15-1 Should we embrace the gig economy?

1 ❶ American musicians coined the word "gig" during the Jazz Age (1920-1929) as a shortened form of "engagement," in reference to a paid musical performance. It eventually evolved to mean any kind of compensated work, while still retaining the connotation of temporary
5 or intermittent labor. It is with this sense the term is used in the expression "gig economy," which refers to a labor market with a prevalence of part-time, freelance, and contracted workers.
❷ Aided by ingenious internet and smart phone apps able to connect companies and customers with independent laborers and vendors, the
10 gig economy has undergone exponential growth over the last decade, increasingly encroaching on more traditional labor markets. This rapid expansion raises a burning question as to whether the new economic model is a beneficial or detrimental development for workers, companies, and society at large.

429	**connotation** [kùnətéiʃən]	*n.* 含意, 言外の意味, 暗示的な意味 (a feeling or idea that is suggested by a word or thing in addition to its main meaning) (≒ implication)
	⇔ **dènotátion**	*n.* 明示的な意味, 表示
430	**intermittent** [ìntərmítnt]	*adj.* 断続的な, 一時的にとぎれる, 間欠性の (stopping and starting often over a period of time, but not regularly) (≒ on-and-off)
	派 **intermíttently**	*adv.* 途切れ途切れに, 間欠的に, 合間合間に
431	**ingenious** [indʒíːnjəs]	*adj.* 巧妙な, 工夫に富む ((used about a thing or an idea) made or planned in a clever and original way); 利口な, 発明の才に富む
432	**undergo** [ʌ̀ndərgóu]	*vt.* (変化など)を経験する, を被る (to experience sth, especially a change or sth unpleasant); (つらいこと)に耐える, を我慢する (to go through) (≒ endure)

15-1 ギグエコノミーを受け入れるべきだろうか

❶ アメリカのミュージシャンがジャズ時代（1920 ～ 1929年）に，報酬の出る音楽演奏に関する「契約」の短縮形として「ギグ」という言葉を新たに作り出した。やがてその言葉は報酬が支払われるあらゆる種類の労働という意味に進化したが，一時的または断続的な労働という含意は残った。この言葉は「ギグエコノミー」という表現で使う時はこの意味になる。「ギグエコノミー」とはパートタイム，フリーランス，契約労働者の存在が広がりを見せている労働市場のことだ。

❷ 企業や顧客と，独立系労働者や売り手とを結び付けることができる巧妙なインターネットおよびスマートフォンアプリにあと押しされて，ギグエコノミーは，過去10年間で急激な成長を経験し，従来の労働市場をますます侵食している。この急速な拡大によって緊急課題が生じているが，それはこの新しい経済モデルが，労働者，企業，そして社会全体にとって有益な進展であるのか，それとも有害な進展であるのかという課題だ。

3

経済・経営 ◆ Economics/Management

433 ☐	**exponential** [èkspounénʃəl]	*adj.* 急激な，飛躍的な（(of a rate of increase) becoming faster and faster）；累乗の指数を使った
派	**èxponéntially**	*adv.* （増加・加速などが）急激に；指数関数的に
434 ☐	**encroach on ~**	～を侵害する，～を不当に奪う（to enter into the possessions or rights of another gradually and stealthily）
435 ☐	**a burning question**	焦眉の問題，緊急課題（a very important and urgent problem）；知りたくてたまらないこと
436 ☐	**detrimental** [dètrəméntl]	*adj.* 有害な，弊害をもたらす（harming or damaging sth）（≒ harmful, damaging）
派	**détriment**	*n.* 有害物；損害，損失，不利益

15-2　Should we embrace the gig economy?

1　❸ Not surprisingly, this new way of doing business has met with **vehement** resistance in some established industries.　The clash between ridesharing operations and taxi businesses has probably been the most publicly visible. It is difficult to deny that the taxi companies
5　and drivers have legitimate **grievances**.　Unlike ridesharing, the taxi industry is strictly regulated by government **ordinance**, and it can be a long, difficult process to obtain the necessary permits and licenses to run a taxi business or operate a cab.　With the advent of ridesharing, the streets were suddenly full of unlicensed (for cab driving) and
10　inexperienced competitors, whose cheaper fares were a threat to the companies' existence and their drivers' livelihood.

❹ Additionally, some ridesharing companies were accused of practicing **cut-throat** business tactics, with one company allegedly going so far as to jam cab company telephone lines, the goal being to force customers
15　to choose its rideshare service instead.

❺ That same company reportedly created further **animosity** when it began operating unlawfully in several metropolitan areas before receiving permission from local governments.

---

437 ☐	**vehement** [víːəmənt]	*adj.* 強烈な, 猛烈な (marked by forceful energy)；熱狂的な, 怒りに燃えた (intensely emotional)
	派 **véhemence**	*n.* 激しさ, 熱情
438 ☐	**grievance** [gríːvns]	*n.* 不満, 苦情, 不平 (a complaint or a strong feeling that you have been treated unfairly) (≒ grudge)
439 ☐	**ordinance** [ɔ́ːrdənəns]	*n.* 法令 (a law or rule made by a government or other power) (≒ bill, statute)
	≒ **enáctment**	*n.* 法令, 法規

15-2　ギグエコノミーを受け入れるべきだろうか

❸ 驚くことではないが，この新しいビジネス手法は既存の産業のいくつかで猛烈な抵抗にあっている。ライドシェアリング事業とタクシー事業の間の衝突はおそらく最も一般的に目にするものだろう。タクシー会社とドライバーが当然の不満を抱いているということは否定し難い。ライドシェアリングとは異なりタクシー業界は政府の法令によって厳密に規制されており，タクシー事業を運営したりタクシーを運転したりするために必要な許認可を受けるのは時間のかかる困難なプロセスとなっている。ライドシェアリングの出現により道路が突然（タクシーの運転を）認可されていないライバルや経験の浅いライバルであふれ，ライバルたちのより安い運賃のせいでタクシー会社の存続やドライバーの生計は脅威にさらされた。

❹ さらに，非情なビジネス戦略をとっていると非難されているライドシェア会社もある。伝えられているところでは，ある会社はタクシー会社の電話回線の妨害まで行った。顧客に強制的にその会社のライドシェアサービスを代わりに選ばせるためだ。

❺ 報道によると，同社は，地方自治体から認可を受ける前に，いくつかの大都市圏で違法に操業し始めた時に，さらに恨みを買ったそうである。

440 ☑	**cut-throat** [kʌ́tθròut]	*adj.* 冷酷至極な，残酷な（caring only about success and not worrying about hurting anyone; using ruthless methods）　*n.* 殺人者
441 ☑	**animosity** [ænəmásəti]	*n.* 恨み，強い憎しみ，敵意，悪意（a feeling of strong hostility）；対立（an antagonistic attitude）
	≒ **antágonìsm**	*n.* 敵意，敵対；対立，拮抗
	⇔ **ámity**	*n.* 友好，親善（関係）

🖊 語句・表現

- □ *l.3*　ridesharing「ライドシェアリング」（環境への配慮，交通費節約のための）自動車の相乗り。
- □ *l.14*　jam ~「~をふさぐ，~を妨害する」

3

経済・経営 ◆ Economics/Management

15-3 Should we embrace the gig economy?

1　(**5** 続き) The perceived **reprehensible** behavior only added to the **furor** ridesharing operations had already sparked, with protests and strikes taking place in major cities around the world, such as Paris, Seoul, and San Francisco.

5　**6 Detractors** also **disparage** the lack of benefits for both skilled and unskilled gig workers across a broad spectrum of industries, including paid vacation time, adequate insurance coverage, retirement plans, or other **perks** full-time employees take for granted. Some workers say they were lured by seemingly **lucrative** offers that turned out to be

10　highly exaggerated, especially after **factoring in** expenses, such as wear and tear on vehicles, fuel, and other supplies or equipment. Many complain they have to **juggle** several jobs to barely scrape by, while the fruits of their labor fill the **coffers** of **entrepreneurs** and companies.

---

442 ☑	**reprehensible** [rèprihénsəbl]	*adj.* 非難に値する，とがむべき (morally wrong and deserving reprehension)（≒ culpable）
	派 rèprehénsion	*n.* 非難，叱責
443 ☑	**furor** [fjúərər, -rɔːr]	*n.* 騒動，大騒ぎ，強い怒り (an outbreak of public anger or excitement)；熱狂（≒ frenzy）
444 ☑	**detractor** [ditrǽktər]	*n.* 批判者；中傷者 (a person who regards or represents sth/sb as being less good or important)（≒ insulter）※企業にとってのデトラクターとは，製品・サービスに対して，満足度が低い顧客のこと。
445 ☑	**disparage** [dispǽridʒ]	*vt.* をけなす；を非難する（≒ belittle）（⇔ acclaim, praise）；を軽蔑する，を見くびる（≒ degrade）
	派 dispáragement	*n.* 非難，軽蔑，軽視
446 ☑	**perk** [pə́ːrk]	*n.* 恩恵（≒ privilege）；臨時収入；心付け（≒ gratuity, tip）※perquisite の短縮形。通常複数形で使われる。

15-3　ギグエコノミーを受け入れるべきだろうか

（❺続き）そういう目に見える非難に値する行為は，ライドシェアリング事業がすでに引き起こしていた騒動を大きくするだけだった。パリ，ソウル，サンフランシスコなど世界中の主要都市では抗議活動やストライキが行われた。

❻（ギグエコノミーを）非難する人はまた，さまざまな業界のギグ労働者たちが，スキルが高かろうが低かろうが，適切な手当が受けられないことを非難している。有給休暇，十分な保険の補償，退職金制度，あるいはフルタイムの従業員であれば当然なことと考えるその他の恩恵がないことである。一部の（ギグ）労働者は，表面上は有利な（仕事の）オファーにつられたが，そのオファーは過度に誇張されていたことがわかったと言う。特に車両の損傷，燃料やその他の消耗品や機器の費用を計算した後になってわかったそうだ。多くの（ギグ）労働者たちは，かろうじて寄せ集めた複数の仕事をやりくりしなければならず，その間にも，自分たちの労働による成果が起業家や会社の財源を潤していると不満をもらす。

447 □	**lucrative** [lúːkrətiv]	*adj.* 有利な，もうかる，利益のあがる（able to make a lot of money）（≒ profitable）
	≒ **remúnerative**	*n.* （商売などが）利益のある，割にあう
448 □	**factor in ～**	～を計算に入れる，～を考慮に入れる（to include or admit as a factor）
449 □	**juggle** [dʒʌ́gl]	*vt.* を上手にやりくりする（to manipulate or rearrange in order to achieve a desired end）；を不正操作する
450 □	**coffer** [kɔ́ːfər , kɔ́f-]	*n.* 〈複数形で〉財源（≒ funds, treasury）；金庫；貴重品箱
451 □	**entrepreneur** [ὰːntrəprənúər]	*n.* 起業家，事業主（a person who organizes and operates his/her own business）（≒ enterpriser）

🖉 語句・表現

□ *l.2*　spark ～「～を引き起こす，～の引き金になる」
□ *l.11*　wear and tear「損傷，老朽化，消耗」

15-4 Should we embrace the gig economy?

1 ❼ They also lack the support of union membership and must fend for themselves if any disputes arise with the companies, having very little **recourse** if they are fired, their pay is cut, or they are subjected to other unfair labor practices.

5 ❽ On the other hand, proponents of the gig economy see it as a **boon** for businesses, workers, and the general economy, pointing out the advantages while **downplaying** the **drawbacks**. They say it offers businesses invaluable flexibility during unpredictable economic times. Companies can fulfill their labor requirements on an "as needed" basis,

10 without having to lay people off during downturns. The gig system can also significantly augment the number of available workers in countries like Japan, where a shrinking labor pool is a **byproduct** of an aging population. Advocates do acknowledge the new competition the gig economy presents, but view it as healthy because it has forced

15 established companies to improve their business practices or see their share of the market decline.

---

452 ☐	**recourse** [ríːkɔːrs , rikɔ́ːrs]	n. 頼みとする人・もの (a source of help or strength) (≒ resort)；依頼，(助けなどを求めて) 頼ること
453 ☐	**boon** [búːn]	n. 恩恵，利益，たまもの (sth that is very helpful and improves the quality of life) (≒ benefit, favor)
454 ☐	**downplay** [dáunplèi]	vt. を重要視しない，を軽視する (to make sth seem less important than it really is) (≒ understate) (⇔ overstate)
455 ☐	**drawback** [drɔ́ːbæ̀k]	n. 欠点，不利益，短所 (a disadvantage or problem)
456 ☐	**byproduct** [báiprὰdəkt]	n. 副産物 (sth that happens as the result of sth else)；思いがけない副次的な結果 (the result of another action often unintended) ※ by-product の表記もある。

15-4 ギグエコノミーを受け入れるべきだろうか

❼ 労働者たちはさらに，組合への加入によるサポートが受けられず，会社との紛争が生じた場合，自分自身で闘わなければならない。解雇されたり，給与が削減されたり，他の不当労働行為にさらされたりした場合に，頼りになるものがほとんどないのだ。

❽ 一方，ギグエコノミーの支持者は，ギグエコノミーを企業，労働者，経済全体にとっての恩恵とみなし，欠点を重要視しないで，利点を指摘する。支持者によると，ギグエコノミーが，予測不可能な経済の時代に企業に非常に貴重な柔軟性を提供するという。企業は「必要に応じて」必要な労働力を満たすことができ，不況時に人々を解雇する必要がなくなる。ギグシステムは，人口の高齢化の副産物である労働力の縮小が見られる日本のような国で，雇用可能な労働者の数が大幅に増加する可能性がある。支持者たちは，ギグエコノミーがもたらす新しい競争を認めるものの，それを健全なことだと考えている。というのは，ギグエコノミーが，既存の企業に対して，商習慣の改善や，市場シェアの低下を強いるためだ。

3

経済・経営 ◆ Economics/Management

🖊 語句・表現

☐ *l.4*　unfair labor practice「不当労働行為」労働組合法において禁止されている，使用者が労働者の団結権を侵害する行為。

☐ *l.10*　downturn「(景気の) 後退」⇔ upturn ((景気の) 回復)

Key Points of This Issue　ギグエコノミー

　ギグエコノミーはインターネットを通じて単発の仕事を受注する働き方と，それによって成り立つ経済形態である。代表的なものは配車サービスのUBER，宿泊予約仲介サービスのAirbnb (エアビーアンドビー) などがある。PCやスマートフォン1つで注文できる手軽さと低コスト，そして受注者側も働き方に自由があるなどメリットは多い。一方で安定した待遇や労働者保護の面で警鐘を鳴らす者もいる。日本では2019年，フードデリバリー大手Uber Eatsの配達員がドライバーズユニオンを結成した。ITを使った新しい時代のビジネスモデルだからこそ，労働者が安心して働ける環境を整えることが今後の課題だ。

15-5 Should we embrace the gig economy?

1 ❾ Concerning the gig workers themselves, supporters say they **have the best of both worlds**, enjoying the autonomy to work when and for whom they want while making a decent living. In developing countries, governments are encouraging the gig economy for its potential to
5 **amplify** productivity and boost the overall economy through providing additional opportunities to unemployed or underemployed workers. As for the rights of gig workers, there have recently been movements to legally classify them as employees, with the corresponding protections. Unfortunately, some of the major gig companies have seemed willing to
10 **spare no expense** in contributing millions of dollars to fight against legislation that would accomplish this. However, many labor experts, economists and ordinary citizens believe we must guarantee all workers the protection they are entitled to **by law**, while extending the social safety net characteristic of thriving democratic societies. It is
15 only then that the gig economy can be fully embraced as a vital component of our broader economic system. (Original, 763 words)

457 ☑	**have the best of both worlds**	両者の長所を生かす，両方からうまい汁を吸う（to enjoy the benefits of two different opportunities at the same time）
458 ☑	**amplify** [ǽmpləfài]	*vt.* を増幅する（≒ expand）；を拡大する（to make sth larger, greater or louder）
	派 **ámplifier**	*n.* アンプ，増幅器；拡大するもの（人）；拡大鏡
459 ☑	**spare no expense**	出費を惜しまない，金に糸目をつけない
460 ☑	**by law**	法律によって，法律的に
	派 **býlàw**	（会社・団体の）内規，定款；（地方自治体の）条例

15-5 ギグエコノミーを受け入れるべきだろうか

❾ ギグ労働者自身については，支持者によると，いつ誰のために働くのかという自主性を享受しながら人並みの生計を立てられるという両方の長所を生かしているとのことである。開発途上国では，政府は，ギグエコノミーを奨励している。というのは，ギグエコノミーには，失業者やパートタイムの労働者にさらなる機会を提供することで，生産性を増幅し，経済全体を向上させる可能性があるからだ。ギグ労働者の権利に関しては，最近では，相応の保護をされるべき従業員として，法的に分類する動きがある。残念ながら，主要なギグ企業の一部は，これを達成する法案に反対すべく百万ドルを寄付するための出費を惜しまないようだ。しかし，多くの労働問題専門家，エコノミスト，一般市民は，すべての労働者に法律で認められている保護を確実にし，それと同時に，繁栄している民主主義社会の特徴である社会的セーフティネットを拡大しなければならないと考えている。そのとき初めて，ギグエコノミーは，私たちのより広い経済システムの重要な要素として確かに受け入れられるだろう。

3
経済・経営 ◆ Economics/Management

🖊 語句・表現

- ☐ *l.2* autonomy「自主性；自律性」
- ☐ *l.3* make a decent living「人並の暮らしをする」
- ☐ *l.5* boost 〜「〜（経済）を押し上げる［向上させる］」
- ☐ *l.6* underemployed「非正規雇用の；能力を十分に生かしていない」
- ☐ *l.14* safety net「（失業者が増えた時に備えるための）安全網，セーフティネット」

❓ Quiz

- ☐ 1 As it is used today, the word "gig" can refer to any kind of paid work, but gig jobs are different in various ways from regular, full-time jobs. What are some of these differences?
- ☐ 2 The rise of the gig economy has met with a lot of criticism, especially regarding conditions for workers. In contrast, what do proponents say are some benefits for workers?

▶ Answer は p.463

3 経済・経営 ◆ Economics/Management

16-1 Financial Planning: An American Perspective

1 ❶ Some people leave their personal finances to chance with solely a "money comes in, money goes out" approach. Yet, effective money management **entails** detailed planning, mindful spending, and consistent savings for the future. Here are some ideas to accomplish
5 these objectives.

❷ Net Worth: First, it's important to **appraise** your overall financial health by calculating your net worth — the difference between your assets and your **liabilities**. Go through everything you own (bank accounts, all your savings, investments, and property such as, your
10 home, car, furnishings, clothes and personal items) and estimate the value of each item. Once you have the total of your assets, subtract the total of your liabilities such as, your **mortgage** or rent, any credit card debt or other regular payments you're making. This will give you your net worth.

15 ❸ Personal Budget: Developing a personal budget is also critical. It can help you plan for regular and emergency expenses, reduce or eliminate unnecessary expenses, spend **judiciously**, and save for future goals.

461 ☐	**entail** [intéil]	vt. を必要とする, を必然的に伴う (to make sth necessary or to involve sth) (≒ require)
462 ☐	**appraise** [əpréiz]	vt. を評価〔鑑定〕する (to examine sth or sb in order to judge their qualities) (≒ evaluate, estimate)
	派 **appráiser**	n. (資産などの) 鑑定士, 評価人；税関査定官
463 ☐	**liability** [làiəbíləti]	n. (通常複数で) 負債, 債務 (≒ debt) (⇔ asset)；傾向があること；(法的) 責任, 負担
	派 **líable**	adj. (法的に) 責任があって；〜しがちな
464 ☐	**mortgage** [mɔ́ːrɡidʒ]	n. 住宅ローン (a loan obtained in order to buy a house or flat) (≒ 〈口語で〉 home loan), 抵当 vt. を抵当に入れる (to offer sth of value in order to borrow money from a bank)

16-1 資産計画：アメリカ人の視点

❶ 個人資産管理を，単に「お金が入っては，出ていく」だけのやり方で，成り行きに任せている人もいる。しかし，効果的な資産管理には，詳細な計画，慎重な支出，および将来のための堅実な貯蓄を必要とする。これらの目的を達成するためのアイデアを次に示す。

❷ 純資産：まず，純資産を計算することにより，全体的な経済状態を評価することが重要だ。純資産とは資産から負債を差し引いたもののことである。所有するものすべて（銀行口座，すべての貯蓄，投資，財産（家屋，車，家具，衣服，私物など））を調べて，それぞれの資産価値を見積もる。資産の合計がわかったら，住宅ローンや家賃，クレジットカードでの借り入れ，その他の定期的な支払いなどの負債の総額を差し引く。これにより，純資産がわかる。

❸ 個人予算：個人予算を組むことも重要だ。こうすることで，通常の支出および非常時の支出の計画が立てられ，冗費を軽減またはなくすことができるため，賢明に金を使うことができ，将来の目標のための貯蓄につながる。

465 □ **judiciously** [dʒuːdíʃəsli]	*adv.* 賢明に，思慮深く（in a way that has reason and good judgement in making decisions）
派 **judicious**	*adj.* 思慮分別のある，賢明な

🖊 語句・表現

- □ *l.1*　leave ～ to chance「～を成り行きに任せる」
- □ *l.1*　personal finance「個人資産管理，パーソナルファイナンス」
- □ *l.2*　money management「資産管理，資金運用」
- □ *l.6*　net worth「純資産」
- □ *l.16*　reduce or eliminate ～「～を軽減またはなくす，～を低減または解消〔除去〕する」

3 経済・経営 ◆ Economics/Management

16-2 Financial Planning: An American Perspective

1　(**❸** 続き) The categories you include in your budget depend on your unique situation. Sticking to a meaningful personal budget helps prevent excessive spending and avoid any loan **delinquencies**.

　❹ Needs vs. Wants: Be aware of the difference between needs and
5　wants.　Needs are what you must have to survive (food, shelter, transportation, and a reasonable amount of clothing), while wants are what you'd like to have, but don't need for survival.　Be careful not to let the distinction between the two get **blurred**.　That new sports car can be rationalized away since you "need" a car to get to work, but a
10　more practical car will do.　Only after all your needs have been met, can you spend money on your wants.　And don't forget to **sock** some money **away** into savings, too.　One **rule of thumb** some financial advisors suggest is the 50-20-30 rule which splits your after-tax take-home pay into three buckets: 50% for needs; 30% for wants; and 20% for
15　savings.

⁴⁶⁶ **delinquency** [dilíŋkwənsi]	*n.* 滞納, 不履行 (a debt on which payment is overdue)；(職務などの) 怠慢, 過失；非行　*cf.* juvenile delinquency (少年非行)
派 **delínquent**	*adj.* 滞納の；怠慢の；過失を犯した, 非行の *n.* 滞納者, 怠慢者；非行少年少女, 不良
⁴⁶⁷ **blur** [blɔ́:r]	*vt.* (境界, 輪郭, 記憶など)をぼやけさせる, を不鮮明にする (to make the difference between two things less clear) (≒ becloud)　*vi.* ぼんやりする　*n.* 不明瞭

16-2　資産計画：アメリカ人の視点

（❸続き）予算に含める範疇は，各個人それぞれの状況によって異なる。有意義な個人予算を守ることにより，過剰な支出を防ぎ，ローンの滞納がなくなる。

❹ 必要なもの対ほしいもの：必要なものとほしいものの違いに注意すること。必要なものとは，生きるために必要なもの（食料，住まい，交通費，そして適度な量の衣服）であり，一方，ほしいものは，所有はしたいが，生きるために必要というわけではないものである。2つの区別をぼやけさせないように注意すること。例の新しいスポーツカーは，仕事に行くための車が「必要である」ので，正当化できるが，より実用的な車でもかまわないはずだ。すべての必要なものが満たされた後にのみ，自分のほしいものにお金を使ってもよい。そしていくらかのお金を貯蓄することも忘れないようにしたい。ファイナンシャルアドバイザーが推奨する経験則の1つに，50-20-30ルールというものがある。これは，税引き後の手取り給与を3つ（のバケツ）に分割するもので，50％を必要なものに，30％をほしいものに，20％を貯蓄に使うというものだ。

---

468 ☑	**sock away ～**	〈俗語〉～を貯金する，～をため込む，（to save money for future use） ※昔お金を靴下に隠しためておいたことから。
469 ☑	**rule of thumb**	経験則，おおまかなやりかた（a method of judging a situation or condition based on experience and common sense） ※語源として，イギリスで昔，夫が妻を撲ってもよい棒の太さを「だいたい親指の太さまで」とするルールがあったことからという説がある。

✎ 語句・表現

□ *l.9*　rationalize away ～「～を合理的に説明する」

16-3 Financial Planning: An American Perspective

1 ❺ Start Saving Early: The sooner you start saving for the future, the better off you will be. Why? It's because of the astonishing power of **compounding**, which involves the reinvestment of earned interest plus the principal of your investment over time. The longer the
5 earnings are invested, the greater the value of your investment will most likely become. Let's say, for example, you want to save $500,000 by the time you turn 60. As you see below, the "early saver" makes monthly allotments that are much lower than others who start saving later in life. Also, this "early saver" **expends** fewer total dollars to
10 attain the exact same financial goal as the "later savers".

Reaching $500,000 By Age 60

STARTING AGE	ALLOTMENT	DURATION	TOTAL $ EXPENDED
Age 20	$327.65/mo.	40 years	$157,272
Age 40	$1,216.45/mo.	20 years	$291,984
Age 50	$3,219.95/mo.	10 years	$386,394

Assumes a return rate of 5%, compounded monthly with no initial investment.

☑ **compounding** [kəmpáundiŋ]	*n.* 複利	
派 **cómpound**	*vt.* (利子) を複利で支払う；を合成する，を組み立てる *n.* 化合物，混合物，合成物　*adj.* 合成の，混合の	
470 ☑ **allotment** [əlátmənt]	*n.* 分担額，割り当て額，分け前；分配 (a share given for a specific purpose) (≒ allocation)	
派 **allót**	*vt.* を分配する，を割り当てる	

16-3　資産計画：アメリカ人の視点

❺ 早めに貯蓄を開始する：将来のための貯蓄を早く開始するほど，より良い結果が得られる。なぜかと言うと，**複利**の驚異的な力によるものだ。複利とは，ある期間に得た利息を投資の元金に加えたものを，再運用することである。利息の運用期間が長いほど，出資金の額は大きくなりやすい。例えば，60歳になるまでに50万ドルを貯めたいとする。下に示すように，「早期から貯金した人」は，もっと年をとってから貯蓄を開始するよりも毎月の分担額がはるかに少なくなる。また，まったく同じ貯蓄目標額を達成するのに，「早期から貯金」すれば，「年をとってから貯金」するより**費やす**総額がより少なく済む。

60歳までに50万ドルを貯めるには

開始年齢	月額	期間	払い込み総額
20歳	327.65ドル／月	40年	157,272ドル
40歳	1,216.45ドル／月	20年	291,984ドル
50歳	3,219.95ドル／月	10年	386,394ドル

毎月複利5％，初期投資なしで想定。

☐	**expend** [ikspénd]	*vt.*（金・時間・労働など）を**費やす**，を使い果たす（≒ spend）（to use or spend a lot of energy, etc. in order to do something）
	派 **expénditure**	*n.* 費用，支出（⇔ revenue）；消費
471 ☐	**duration** [djuəréiʃən]	*n.* 継続（持続）期間（the length of time that sth lasts or continues）；（時間の）継続，持続
	派 **dúrable**	*adj.* 永続性のある；耐久性のある，長持ちする，丈夫な
	派 **dùrabílity**	*n.* 耐久性，耐久力；永続性

✎ 語句・表現

☐ *l.2*　be better off「（以前より）暮らし向きがよくなる，経済的余裕ができる」

3
経済・経営 ◆ Economics/Management

16-4 Financial Planning: An American Perspective

1　❻ Set Up an Emergency Fund: Life happens. Anyone could get injured in a car accident, or suddenly discover dental work is needed. So, you need to prepare for the **unforeseeable** future. Financial planners often recommend you save enough to cover six months of living expenses.
5　Don't be **intimidated** by what seems like a large figure — just get started and work on **building** your emergency fund **up**. For example, if you want $1,000 in this fund after one year's time, set up an automatic transfer of $40 from every bi-weekly paycheck into a separate savings account specifically for your emergency fund, and at the end of a year
10　you would have over $1,000 in your fund. If you withdraw money for an emergency, find a way to **reimburse** the fund.
　❼ Invest and Diversify: Investing can help you **keep pace with** the rate of inflation which in the U.S. has generally been about 3% per year.

472 ☐	**unforeseeable** [ʌnfɔːrsíːəbl]	*adj.* 予期できない (incapable of being predicted or planned for in advance) (≒ unexpected)
	派 **ùnforeséen**	*adj.* 予期しない, 予見不可能な, 意外な
473 ☐	**intimidated** [intímidèitid]	*adj.* (圧倒的な才能や富で) 恐れをなした, 及び腰になった, 怖気づいた (held back or affected by feelings of fear or timidity); 威圧された
	派 **intímidàte**	*vt.* (暴力的な脅しで) を怖がらせる, をおびえさえる
474 ☐	**build up ~**	~ (富・事業・名声など) を築き上げる (to make sth higher or stronger than it was before); ~を高める, ~を増大させる; (食事や運動で) ~ (人) を強くする
475 ☐	**reimburse** [rìːimbə́ːrs]	*vt.* を返済する, を払い戻す, を返金する (to pay back to sb); を賠償する, を弁償する
	派 **rèimbúrsement**	*n.* (費用などの) 返済, 賠償, 償還, 払い戻し

16-4 資産計画：アメリカ人の視点

❻ 非常用資金を作る：人生にはいろいろある。誰でも自動車事故で負傷したり，突然歯科治療が必要になったりすることもあるだろう。そのため，予測不可能な将来に備える必要がある。ファイナンシャルプランナーは，多くの場合，6カ月分の生活費を賄うのに十分な貯金を勧める。大金のように見えるからと言って及び腰になることはない。とにかく非常用資金を築き上げることを開始し，取り組むことだ。例えば，1年後にこの非常用資金に1,000ドルを貯めたいとすると，給与から隔週で40ドルを，非常用資金専用の別の普通預金口座に自動振替するように設定する。1年たつと，非常用資金に1,000ドル以上貯まっている。非常事態のためにお金を引き出した場合，この非常用資金に出費分を戻す方法を考えること。

❼ 投資と分散：投資は，インフレ率のペースに合わせるのに役立つ。インフレ率は米国で一般に年間約3％である。

₄₇₆ ☐ **keep pace with ～** ～に遅れずについていく，～に歩調を合わせる（to move, change, increase, etc. at the same speed as sb or sth）

Terms & Expressions 資産運用に関する表現

資産運用 asset management　　運用計画 investment planning
資産配分 asset allocation（投資資金を複数の異なった資産に配分して運用すること）
インフレリスク inflation risk（物価の上昇により，お金の実質的価値が低減するリスク）
投資 investment　　投資撤退 divestment

🖉語句・表現

☐ *l.8* bi-weekly「隔週の」副詞としては「隔週に」の意味になる。
☐ *l.13* inflation「《経済》インフレ；高騰；膨張」

16-5 Financial Planning: An American Perspective

1 (**❼続き**) An effective strategy is to design a broadly diversified retirement **portfolio** that can hold up under a wide range of economic conditions. According to David Blanchett, Morningstar's head of retirement research, "a 50-50 stock and bond mix, which gives you
5 growth and income is a good starting point."

❽ Stay the Course: Financial planners usually caution investors not to make **rash** decisions reacting to bad news, such as when the stock market **tumbles** or when there is uncertainty about an **impending** recession. Don't **jeopardize** your long-term financial security by
10 making knee-jerk reactions to short-term market **volatility**. If you pull your money out of the stock market during downturns, you are locking in losses by selling when stocks are down and missing out on opportunities for your investments to **rebound**.   (Original, 783 words)

477 □	**portfolio** [pɔːrtfóuliòu]	*n*. ポートフォリオ，運用資産の組み合わせ（a collection of investments held by an individual or an organization）；書類ばさみ；画集
478 □	**rash** [rǽʃ]	*adj*. 早まった，気の早い（acting with excessive or careless speed）；向こう見ずな（≒ reckless） *n*. 発疹，吹き出物；(不快な出来事などの) 多発
479 □	**tumble** [tʌ́mbl]	*vi*. 暴落する（to suddenly become much lower）；倒れる，転ぶ *vt*. を倒す *n*. 転倒；暴落
480 □	**impending** [impéndiŋ]	*adj*. (不吉なことが) 今にも起こりそうな，(嫌なことが) 差し迫った，切迫した，近い将来の（(usually used about an unpleasant event) that is going to happen soon）（≒ imminent）

16-5 資産計画：アメリカ人の視点

（❼続き）効果的な戦略としては，幅広い経済状況下に耐えることができる，幅広く多様な退職時ポートフォリオ（運用資産の組み合わせ）を設計することだ。モーニングスター社の退職研究責任者であるデビッド・ブランシェットによると，「株式と債券を50対50で保有することで，成長性と収益を得られるので，（投資を）始めるにはよいだろう。」

❽ 方針を堅持する：ファイナンシャルプランナーは通常，投資家に悪いニュースに反応して早まった決定を下さないよう警告する。例えば，株式市場が暴落したり，近い将来の景気後退についてはっきりしないような場合だ。短期的な市場の乱高下に対して反射的な行動を起こすことで，長期的な資金の安全性を危険にさらしてはならない。株価が下落している時に株式市場から資金を引き上げてしまうと，株価が下落した時に売ることで自分の損失を確定してしまい，投資したものが回復する機会を逃してしまうためだ。

481 ☐	**jeopardize** [dʒépərdàiz]	*vt.* を危険にさらす，を危うくする（to expose to risk or danger）（≒ endanger, imperil）
	派 **jéopardy**	*n.* 危険，有罪になる危険性
482 ☐	**volatility** [vùlətíləti]	*n.*（株価などの）乱高下，不安定さ（likely to change suddenly, frequently or unexpectedly）；揮発性
	派 **vólatile**	*adj.* 不安定な，激しやすい
483 ☐	**rebound** *v.* [ribáund] *n.* [ríːbàund]	*vi.* 回復する，立ち直る（to rise in price after fall）（≒ recover）；跳ね返る　*vt.* を跳ね返す　*n.* 回復

🖉 語句・表現

☐ *l.10* knee-jerk「（言動などが）反射的な，思慮に欠ける」

❓ Quiz

☐ 1　How would you calculate your net worth?
☐ 2　What are two ways that compounding gives "early savers" an advantage over "later savers"? ▶ Answer は p.463

3 経済・経営 ◆ Economics/Management

17-1 The promotion curse

1 **Updating** the Peter principle

❶ IS YOUR PROMOTION really necessary? Many workers focus their hopes on climbing the **hierarchy** of their organisations. The prospect of higher pay helps explain their ambition, but so does the greater
5 status that comes with each **successive** title.

❷ This scramble can often end in disappointment. The Peter principle, developed by Laurence Peter for a book published in 1969, states that workers get promoted until they reach their level of **incompetence**. It makes perfect sense. If you are good at your job, you rise up the career
10 ladder. Eventually, there will be a job you are not good at and at that point your career will **stall**. The logical **corollary** is that any senior staff members who have been in their job for an extended period are incompetent.

❸ There is another problem with chasing the promotion chimera. In a
15 recent article for VoxEU, an online portal, the records of almost 40,000 salespeople across 131 firms were studied by Alan Benson, Danielle Li and Kelly Shue.

484 ☐	**curse** [kə́ːrs]	*n.* 災いのもと；呪い (a charm or formula intended to cause misfortune to sb)；罵りの言葉 (swear word)
	⇔ **bléssing**	*n.* 恩恵, 天の恵み；神をたたえること, お祈り
485 ☐	**update** [ʌ̀pdéit]	*vt.* (最新の情報で)を最新の状態にする〔改訂する；更新する〕(to bring up to date) (≒ modernize, refurbish, renew)
	派 **updátable**	*adj.* 変更可能な
	≒ **refúrbish**	*vt.* を改造〔改装〕する, を一新する
486 ☐	**hierarchy** [háiərɑ̀ːrki]	*n.* 階層, ピラミッド型組織, 階級組織；序列, 順位 (≒ ranking, pecking order)
	参 **pecking order**	(人間社会の)序列, 順序；(鳥社会の)つつきの順位
☐	**successive** [səksésiv]	*adj.* 次に続く, 連続する (following in order or in uninterrupted sequence)

17-1　昇進は災いのもと

「ピーターの法則」を最新の状態にする

❶ あなたにとって昇進は本当に必要だろうか。多くの労働者は，組織内での階級が上がることを強く望んでいる。報酬が上がる見込みがあることが，そうした野心を持つ理由ではあるが，次に続く肩書きが伴うことで，社会的地位がより高くなるということもその一因である。

❷ この争奪戦の結果，失望に終わることも多い。ローレンス・ピーターが1969年に出版した本で展開した「ピーターの法則」によると，労働者は不適任なレベルに達するまで，昇進するというのだ。まったくその通りだ。担当の仕事が得意なものであれば，昇進の階段を駆け上っていく。最終的に，得意ではない仕事に行き着き，その時点でその人の昇進が止まる。理論上，当然の結果として，長期間にわたって同じ地位にいる上級スタッフは，（その仕事においては）能力が低いということになる。

❸ 昇進に対する奇妙な幻想を追い求めることに関しては，別の問題もある。VoxEU（政策ポータルサイト）の最近の記事で，アラン・ベンソン，ダニエル・リー，ケリー・シューが，131社の約40,000人の営業職員の経歴を調査した。

487 ☑	**incompetence** [ìnkámpətns]	*n.* 不適格（a state of not being qualified）；能力がないこと（a lack of ability）（≒ inability）（⇔ competence）.
	派 **incómpetent**	*adj.* 至らない，力量に乏しい；無能な，役に立たない
	≒ **inéptitùde**	*n.* 不適格，愚かさ
488 ☑	**stall** [stɔ́ːl]	*vi.* 機能停止する（to stop functioning）（≒ halt）；（馬・馬車が）立ち往生する　*vt.* （エンジンなど）を動かなくする　*n.* 停止，エンスト，失速
489 ☑	**corollary** [kɔ́ːrəlèri]	*n.* 当然の結果（sth that is the direct result of sth else）（≒ result）；推論

🖉 語句・表現

□ *l.14* chimera「奇妙な幻想」an idea or hope that is not really possible and can never exist

17-2 The promotion curse

1　(**❸続き**) They found that companies have a strong tendency to promote the best sales people.　Convincing others to buy goods and services is a useful skill, requiring charisma and **persistence**. But, as the authors point out, these are not the same capabilities as
5　the strategic planning and administrative competence needed to lead a sales team.

　　❹ The research then looked at what happened after these super-salespeople were promoted.　Their previous sales performance was actually a negative indicator of **managerial** success.　The sales
10　growth of workers assigned to the star sellers was 7.5 percentage points lower than for those whose managers were previously weaker performers.

　　❺ Scott Adams, the **cartoonist**, described this problem in his book, "The Dilbert Principle."　In his world, the least competent people
15　get promoted because these are the people you don't want to do the actual work.　It is foolish to promote the best salesperson or computer programmer to a management role, since the company will then be deprived of unique skills.　That is how the workers in the Dilbert cartoon strip end up being managed by the **clueless**
20　"pointy-haired boss."

	persistence [pərsístəns]	*n.* ねばり強さ, 持続性 (the state or action of being persistent)；しつこさ, こだわり
	派 **persístent**	*adj.* しつこい, 頑固な；絶え間ない
490	**managerial** [mænədʒí(ə)riəl]	*adj.* 経営者の, 管理者の (relating to a manager or management)；経営上の, 管理上の
491	**cartoonist** [kɑːrtúːnist]	*n.* 漫画家 (a person who draws cartoon)

17-2　昇進は災いのもと

（❸ 続き）その調査によると，企業は販売成績がトップの営業職員を昇進させる傾向が強いことがわかった。商品やサービスを購入してもらう力は有用な能力であり，カリスマ性と**ねばり強さ**が必要とされるものだ。しかし，この記事の著者が指摘しているように，これらの能力は，営業チームを率いるのに必要な戦略的な企画力および管理能力と同じ能力ではないのだ。

❹ 次に，これらのすぐれた営業スタッフが昇進した後に，何が起こっていたのかを調査した。彼らの過去の営業成績は，実際のところ管理職としての成功にとってはマイナスの指標となっていた。花形の営業スタッフの下に配属された従業員の売上成長率は，以前に営業成績が悪かった管理職の下で働く従業員よりも，7.5ポイント下回っていたのだ。

❺ 漫画家のスコット・アダムスは，この問題を，自身の本「ディルバートの法則」で描いた。その世界では，最も能力の低い人が昇進する。そういう人には実務をしてほしくないからだ。最高の営業担当者またはコンピュータ・プログラマーを，管理職に昇進させるのは愚かなことだ。昇進させてしまうと，企業が比類のない能力を失うことになるからである。そのようにして，ディルバートのマンガの労働者は無知な「とがった髪のボス」に管理されることになっている。

492	**clueless** [klúːləs]	*adj.* 無能な，無知な（having no knowledge of sth or of things in general）（≒ ignorant）；手がかりのない（having no clue）（≒ at a loss, trackless）
派	**cluélessness**	*n.* 無知であること；手がかりのないこと

🖉 語句・表現

□ *l.18* be deprived of ~　「~を奪われる」

17-3 The promotion curse

1 ❻ Bartleby is not an expert at climbing the **greasy** pole. When he was last promoted, Iraq had yet to be invaded. In part, that is because he has observed a **variant** on the Peter and Dilbert principles; what might be dubbed the Bartleby curse. People get promoted until they reach a

5 level when they stop enjoying their jobs. At this point, it is not just their competence that is affected; it is their happiness as well.

❼ The trick to avoiding this curse is to stick to what you like doing. If you enjoy teaching, don't be a **headmaster** or college principal. If you like writing articles and columns, **editing** other people's work (let

10 alone conducting career reviews) may not give you the same degree of satisfaction.

493 ☑	**greasy** [gríːsi]	*adj.* つるつるする, ぬるぬるする (≒ slippery)；脂ぎった, 脂を塗った (covered with fat or oil)；脂っこい ※ greasy pole は the hard route to the top of a profession の意味。
	派 **gréasily**	*adv.* つるつるして；脂ぎって
494 ☑	**variant** [vé(ə)riənt]	*n.* 変形, 別の形 (the state or fact of being varied)；(標準から) わずかに異なるもの (sth that is slightly different from other similar things)　*adj.* 変わりやすい；異なる
	派 **váriance**	*n.* 変化, 不一致, (意見・考えなどの) 相違
	派 **vàriátion**	*n.* 変化, 変化することまたはその状態, 変化量
	派 **váriably**	*adv.* 変化しやすく, 可変的に
495 ☑	**headmaster** [hèdmǽstər]	*n.* 校長 (a person who is in charge of a school)
	参 **héadmìstress**	*n.* 女性の校長

17-3　昇進は災いのもと

❻ バートルビーはツルツル滑る（出世への）ポールを登ることの達人ではない。バートルビーが最後に昇進した時，まだイラク侵攻が行われていなかった。それはバートルビーが，ある程度「ピーターの法則」と「ディルバートの法則」の別の形に気付いていたからだと言える。バートルビーの呪いと呼んでもよいだろう。それは，人は仕事を楽しめなくなる地位に達するまで昇進する，というものだ。こうなってしまうと，その人の能力だけではなく，幸福までもが侵されてしまう。

❼ この災いを避けるための秘訣は，自分が好きなことにこだわることだ。教えることが好きなら，校長や大学の学長になってはならない。記事やコラムを書くのが好きなら，他人の作品を編集すること（キャリアの評価をすることは言うまでもなく）では，書くことと同等の満足度は得られないだろう。

496 □ **edit** [édit]	*vt.* を編集する，を校訂する（to make changes to a text or film in order to prepare it for being printed or shown）
派 **èditórial**	*n.* 社説，論説 *adj.* 編集上の；社説の，論説の

🖉 語句・表現

- □ *l.1*　Bartleby：ここではこの記事の著者がペンネームとして使っており，自らのことを言っている。
- □ *l.3*　Peter and Dilbert principles「ピーターの法則」と「ディルバートの法則」：「ピーターの法則」とは，組織構成員の労働に関する社会学の法則。能力主義の階層社会では人間は能力の極限まで出世し，有能な平構成員は無能な中間管理職になる。その結果，各階層は無能な人間で埋め尽くされる。その組織の仕事は，まだ出世の余地があり，無能となるレベルに達していない一部の人間によって遂行される。
  「ディルバートの法則」とは，1990年代のアメリカのコマ割り漫画の風刺的見解。企業は事業への損害を最小限にとどめるために，実務の邪魔になる無能な者から系統的かつ意図的に管理職に昇進させていく傾向があり，大部分の現実的で生産的な仕事は下層部の人々によってなされている，とするもの。

17-4 The promotion curse

1　**❽** Another problem with pursuing frequent promotions is that it turns you into a **supplicant**, endlessly in search of favourable feedback from the **higher-ups**. This can lead you to lose control of your work-life balance. In Charles Handy's new book, "*21 Letters On Life And Its*
5　*Challenges*," the **veteran** management **theorist** recalls an **epiphany** when working for Royal Dutch Shell, an oil giant. "In exchange for the promise of financial security and guaranteed work, I had sold my time to complete strangers with my permission for them to use that time for their own purposes," he writes.
10　**❾** The higher up the ladder you go, the greater the demands are likely to be on your time. The chief executive will expect you to be available at weekends; after all, that is why you get paid the big bucks. **Subordinates** will also feel that they are able to ask you tricky questions whenever they arise; they don't want to take decisions that
15　are above their pay grade.

---

497 ☑	**supplicant** [sʌ́plik(ə)nt]	*n.* 懇願者, 哀願者 (a person who asks for sth in a humble way) (≒ beggar)
	派 **súpplicàte**	*vt.* を嘆願する, を祈願する
	派 **súppliant**	*adj.* 嘆願するような, すがり付くような　*n.* 嘆願者, 懇願者
498 ☑	**higher-up** [háiərʌ́p]	*n.* 上司, 上役 (a person in a position of higher authority in an organization) (≒ boss, supervisor) ; 上層部の人 ; 首脳, 高官 ※口語的表現
499 ☑	**veteran** [vétərən]	*adj.* 老練な, 実戦経験が豊富な (≒ seasoned) *n.* ベテラン, 熟達者 (a person who has a long experience in some occupation or skill) ; 老兵, 退役軍人
	≒ **dóyen**	*n.* (組織などの) 長老, 最古参者　※【dɔ́iən】と発音する。
	⇔ **nóvice**	*n.* 新米, 若輩者, 初心者

17-4　昇進は災いのもと

❽ 頻繁な昇進を追求することに伴う別の問題は，それがあなたを懇願者に変えてしまい，上司からの好意的な評価を際限なく求めるようになることだ。これにより，ワークライフバランスを制御できなくなる可能性がある。チャールズ・ハンディの新しい本 *21 Letters On Life And Its Challenges*（人生とその挑戦に関する21通の手紙）で，老練な経営理論家が大手石油会社のロイヤル・ダッチ・シェルで働いていた時の突然の悟りの瞬間を振り返っている。「経済的安定と保証された仕事の確約と引き換えに，私はまったくの赤の他人に，自分の時間を売り渡してしまっていた。彼らが，自分たちの目的のために私の時間を使うことを，自ら許可してしまっていたのだ。」と彼は書いている。

❾ 出世の階段を上がれば上るほど，あなたの時間を使ってしなければならないことが増えていく。最高経営責任者は，あなたが週末に仕事をこなしてくれると思っている。結局のところ，それで高収入を得られるわけだ。部下たちは，判断の難しい問題が起これば，あなたに尋ねればよいと思っている。彼らは賃金水準以上の決断などしたがらない。

500 ☑	**theorist** [θíːərist]	*n.* 理論家（a person who theorizes）
	派 **théorìze**	*vi.* 理論を立てる
501 ☑	**epiphany** [ipífəni]	*n.* （本質的意味の）突然のひらめき，直感的真実把握（a sudden and surprising moment of understanding）；公現祭，顕現日；（キリスト教における）神の顕現 ※キリスト教において、東方の三博士のベツレヘムへの来訪が象徴する、異邦人に対する主の顕現などを指す。
502 ☑	**subordinate** [səbɔ́ːrdənət]	*n.* 部下，従属者（a person who has a less important position）
	⇔ **supérior**	*n.* 上司，先輩，上役
	派 **subòrdinátion**	*n.* 服従，従属関係

📝 語句・表現

☐ *l.12* get paid the big bucks「高給をもらう」

3

経済・経営 ◆ Economics/Management

17-5 The promotion curse

1 (**9** 続き) If you are in charge of a **geographical** region, you may spend much of your time on planes, visiting the corporate troops. And when you are not travelling, your day will be filled with meetings. At the end of the day, you will have been extremely busy, but with a
5 **nagging** feeling that you have achieved nothing of substance.
10 So that shiny promotion may not be for everyone. **Beware** the curse of overwork and **dissatisfaction**. Some people like to devote their whole lives to their job and be at the centre of events. It is best to let them get on with it. (*The Economist, 752 words*)

503 ☑	**geographical** [dʒìːəgrǽfik(ə)l]	*adj.* 地理的な（relating to a particular region or area）（≒ local）；地理学の（relating to geography）；地域に関する（connected with the way in which the physical features of a place are arranged）
	参 geographical region	地理的地域, 地域（地球の区分された地域）（a demarcated area of the Earth）
504 ☑	**nagging** [nǽgiŋ]	*adj.* 払拭できない, 頭から離れない（making you worry slightly all the time）；厄介な, 粗探しをする（persistently annoying or finding fault with sb）；口やかましい（always complaining） ※ nagging feeling〔suspicion, doubt, question〕のように使う。
	派 nág	*vt.* を苦しめる, を悩ませる；に（しつこく）文句を言う
505 ☑	**beware** [biwéər]	*vt.* に注意する, に気を付ける（to be cautious or careful of）；を警戒する ※ be + ware（知覚する, 気を付ける）より。（≒ be wary）

17-5 昇進は災いのもと

（❾ 続き）ある地理的地域を担当している場合，その地域の企業戦士たちを訪問するために，飛行機での移動にかなりの時間がかかるかもしれない。さらに，出張で移動していない時は，終日，会議だらけだ。一日の終わりには，極限まで忙しいというのに，自分は実質的には何も達成していないような，払拭できない気分にさいなまれる。

❿ だから，輝かしい昇進はすべての人のためになるわけではない。過労と不満による災いに注意してほしい。一生を仕事に捧げ，イベントの中心にいることが好きな人もいる。そういう人にそれをやってもらうのが最善だ。

506　**dissatisfaction**　*n.* 不平，不満（a lack of satisfaction）（≒ discontent）
[di(s)sæ̀tisfǽkʃən]

派　**dìssátisfy**　　*vt.* に不満を抱かせる

❓ Quiz

□ 1　How does the author define the three principles mentioned in the article: The Peter Principle, the Dilbert Principle, and the Bartleby Curse?

□ 2　According to the author, how can individuals avoid the pitfalls of the "promotion curse"?　　　　▶ Answer は p.463

Key Points of This Issue　バートルビー（Bartleby）

『代書人バートルビー ウォール街の物語』（Bartleby, the Scrivener: A Story of Wall Street）はハーマン・メルヴィルが1853年に発表した小説。法律事務所に雇われた青年バートルビーが，やがて一切の仕事を温和な口調で拒否しながら事務所に居座り続けようとする，という寓話的な物語。代書の仕事以外は "I would prefer not to"（せずにすめばありがたいのですが）という言葉で断り続け，最終的に仕事一切を断るようになり，クビにするというと「行かずにすめばありがたいのですが」と言って居座るので，上司はオフィスごと引っ越す羽目になる。この小説から「バートルビー現象（Bartleby phenomenon）」「バートルビー症候群」といった用語が生まれた。

3 経済・経営 ◆ Economics/Management

18-1 The economics of the Bitcoin payment system

1 ❶ A **crypto**currency is a digital currency stored on an open and **decentralised** electronic payment system. Following Nakamoto (2008), cryptocurrencies have caught the attention of industry, **academia**, and the public **at large**, with Bitcoin being the most
5 prominent. There are hundreds of cryptocurrencies, many running on large and reliable decentralised computer networks. An innovative computer science design called the blockchain has enabled this wave. The blockchain supports the creation of a decentralised electronic payment system that can be trusted **in aggregate**, although none of the
10 system's servers is individually trusted. This novel blockchain design relies on a combination of cryptography and game-theory based incentives. These incentives should be of interest to economists, especially those focusing on market design.

507 ☐ **crypto-** [kríptou]	*prefix.* 暗号の，暗号法の；見えない，隠れた，秘密の〈secret or hidden〉 *cf.* cryptograph（暗号，暗号文）／cryptocurrency（暗号通貨） ※母音の前では crypt- になる。
派 **crýpto**	*adj.* 暗号の，暗号文の，暗号法の〈with a meaning which is hidden or not easily understood〉；秘密の，内密の *n.* 暗号
508 ☐ **decentralised** [di:séntrəlàizd]	*adj.* 分散型の，分散の，分散した
派 **decéntralìse, decéntralìze**	*vt.*（人口・行政権など）を分散させる，の集中をなくす〈to disperse or distribute functions or powers of〉 ※ decentralise の綴りは《英》。
509 ☐ **academia** [ækədí:miə]	*n.* 学界，学術的な世界〔生活〕〈the part of society, especially universities, which is connected with thinking and studying, or the activity or job of studying〉

18-1　ビットコイン決済システムの経済学

❶ 暗号通貨は，オープンで分散型の電子決済システムに保管される，デジタル通貨だ。ナカモトによる論文 (2008) 以降，暗号通貨は産業界，学界，そして一般大衆の注目を集めているが，中でもビットコインが最も有名だ。数百の暗号通貨が存在するが，その多くは大規模で信頼性の高い分散型のコンピュータネットワークで稼働されている。ブロックチェーンと呼ばれる革新的なコンピュータサイエンスのデザインが，暗号通貨の現在の高まりを生み出した。この決済システムの個々のサーバーはいずれも信頼性が高くないが，ブロックチェーンによって，全体としては信頼性の高い分散型の電子決済システムの作成が支えられている。この新しいブロックチェーンは設計上，暗号化と，ゲーム理論をベースとしたインセンティブ（報酬）の組み合わせに依拠している。このインセンティブは，経済学者にとって，特に市場設計に焦点を当てている経済学者にとって興味深いものだろう。

3

経済・経営 ◆ Economics/Management

510 ☐	**at large**	〈後置修飾で〉一般の，全体として（≒ in general） *cf.* community at large（一般社会）；州〔地方〕全体を代表する；捕まらないで
511 ☐	**in aggregate**	全体として，総計で（added together as a total mount） （≒ as a whole, in total）
	派 **ággregate**	*vt.* を集める，を合計する　*vi.* 集まる，総計で〜になる *adj.* 集合的な，総計の　　*n.* 集合（体）

✎ 語句・表現

☐ *l.7*　blockchain「ブロックチェーン，分散型取引台帳」デジタルに記録される取引台帳。

☐ *l.11*　game-theory「ゲーム理論の」ゲーム理論とは，利害関係を持った複数の人々が，相互依存関係の下でいかなる行動をとるかを数学的に考察する理論。

☐ *l.13*　those = the economists

18-2 The economics of the Bitcoin payment system

1 ❷ The blockchain design enables Bitcoin and other cryptocurrencies to function similarly to conventional electronic payment systems such as PayPal, Venmo, FedWire, Swift, and Visa. Each of them is owned and operated by an organisation that determines the system's rules and
5 modifies them as circumstances change. The governing organisation ensures the system is trusted, and it is responsible for maintaining the required system infrastructure. It also decides how, and how much, participants pay for using the system. These electronic payment systems are natural monopolies in that they enjoy economies of scale
10 and network effects. Consequently, they are often regulated (or outright owned by government agencies) in order to mitigate the welfare loss associated with their monopolistic positions.
 ❸ The innovation in Bitcoin's blockchain design is its ability to operate an electronic payment system without a governing organisation.
15 Rather, a protocol sets the system's rules, by which all constituents abide. Absent is a central entity that maintains the infrastructure.

512 ☑	**economies of scale**	規模の経済, スケールメリット (the decrease in unit cost of a product or service resulting from an increase in the scale of production)
513 ☑	**outright** *adv.*[àutráit] *adj.*[áutràit]	*adv.* 完全に, 徹底的に (≒ completely, entirely); 率直に, きっぱりと; 即座に; 即金で *adj.* 完全な; 明白な, 率直な
514 ☑	**protocol** [próutəkɔ̀ːl]	*n.* プロトコル, 通信接続手順 (a standard procedure for regulating data transmission between computers); (外交上の) 儀礼, 典礼; 条約原案, 議定書; (実験・治療などの) 実施計画

18-2 ビットコイン決済システムの経済学

❷ ブロックチェーンの仕組みにより，ビットコインのような暗号通貨は，PayPal, Venmo, FedWire, Swift, Visaといった従来の電子決済システムと同じように機能することができる。従来型の電子決済システムはそれぞれ，システムのルールを決定し状況の変化に応じてそのルールを修正する組織によって所有，運営されている。運営する組織が，システムの信頼性を保証し，必要なシステムインフラを維持する責任をもつ。また，運営する組織が，システム使用者に対して，使用料の支払い方法と金額も決定する。これらの電子決済システムは，自然と独占状態となってしまう。その中で規模の経済とネットワーク効果が働くからである。その結果，独占状態と関連がある厚生損失を軽減するために，これらの電子決済システムには規制がかけられる（または政府機関が完全に所有権を持つ）ことがよくある。

❸ ビットコインのブロックチェーンという手法が革新的であるのは，運営組織がなくても電子決済システムを運用できることだ。むしろ，プロトコル（通信接続手順）がシステムのルールを設定し，それによりすべての構成要素がそのルールを順守する。インフラを維持する中心的な存在はない。

515 ☑ **constituent** [kənstítʃuənt]	*n.* 構成要素，成分 (one of the parts that makes up a whole) (≒ component, element)；有権者，選挙区民 *adj.* 構成する，成分の；選挙権のある
派 **constítuency**	*n.* 選挙民，選挙区，選挙地盤

🖊 語句・表現

- ☐ *l.7* infrastructure「インフラ（ストラクチャ），基礎構造，土台，基盤」
- ☐ *l.12* welfare loss「厚生損失」消費者が「支払ってもよいと思う最大の金額」から，実際に支払った金額を引いた残りの額（消費者余剰）と，生産者が「販売してもよいと思う最小の金額」と実際の販売額の差額分（生産者余剰）を合わせたものを「総余剰」と言い，この「総余剰」が減少した場合に，この減少分を「厚生損失」と言う。供給する側が独占状態となっている場合に起こる。

3 経済・経営 ◆ Economics/Management

18-3 The economics of the Bitcoin payment system

1 （❸続き）Bitcoin's infrastructure instead consists of computer servers (called 'miners') which enter and exit the system **at will**, responding to perceived profit opportunities. Any internet-connected computer with enough memory and processing capacity can serve as a miner.
5 Participating miners need to exert **computational** efforts, and are rewarded for their service to the system. Miners follow the rules of the protocol because it is in their self-interest to do so; when they believe others follow the protocol they will **maximize** their expected profits by following it as well. Thus, the protocol is difficult to change as changes
10 require collective agreement on a new protocol.

A two-sided platform
❹ Unlike other payment systems, Bitcoin is a two-sided platform with pre-specified rules. Its two main constituencies are the users who hold
15 balances and engage in electronic **transactions**, and miners who maintain the system's infrastructure.

516 ☑ **at will**	自由自在に，思いのままに，随意に（at one's discretion or pleasure）
517 ☑ **computational** [kàmpjutéiʃənl]	*adj.* 計算的な，算定の；コンピュータによる（using or connected with computers）
派 **còmputátion**	*n.* 計算，評価；計算結果；コンピュータの使用

18-3　ビットコイン決済システムの経済学

(❸続き) 代わりに，ビットコインのインフラは (「マイナー」と呼ばれる) コンピュータサーバーから成り立っている。マイナーは，利益を得る機会があれば，それに応じてシステムに自由に出入りする。十分なメモリと処理能力を備え，インターネットに接続できるコンピュータであれば，マイナーを務めることができる。参加するマイナーは，コンピュータの計算作業が必要であり，システムへの貢献に対して報酬が支払われる。マイナーはプロトコルのルールに従うことが自分の利益につながるのでそのルールに従う。つまり，他のマイナーがプロトコルに従うと考える場合，自分もそれに従えば，期待できる利益を最大にするからだ。したがってプロトコルを変更するのは困難である。変更するには新しいプロトコルに対して集団的な同意が必要だからだ。

両面的なプラットフォーム

❹ 他の決済システムと異なり，ビットコインは事前に指定されたルールのある両面プラットフォームである。ビットコインの主な構成者は 2 者であり，残高を保有して電子取引を行うユーザーと，システムのインフラを維持するマイナーだ。

518 ☐ **maximize** [mǽksəmàiz]	*vt.* を最大にする，を極限まで増す (to increase sth to a maximum)；を最大限にする〔生かす〕(⇔ minimize)
派 **màximizátion**	*n.* 極大化
519 ☐ **transaction** [trænzǽkʃən]	*n.* 取引，トランザクション (≒ deal, trade)，ビットコインの所有権移転；(業務の) 処理，取扱い；相互作用，交流；〈複数形で〉議事録，会報

📝 語句・表現

- ☐ *l.2* miner「マイナー，採掘者」ここでは，ビットコインのマイニング (ビットコインの取引が正常に行われたことを承認する作業) を行う人，または組織。
- ☐ *l.12* two-sided platform「両面プラットフォーム」異なる 2 つのユーザーグループ (例：売り手と買い手) を結び付けて，1 つのネットワークを築くための基盤のこと。
- ☐ *l.12* platform「プラットフォーム」コンピュータを動作させる際の基本的な環境や設定。

3　経済・経営 ◆ Economics/Management

18-4 The economics of the Bitcoin payment system

1　(❹続き) A simplified description of the system is as follows.　Coin owners broadcast messages in which they announce payments they wish to make.　Each transaction is a cryptographically **verified** message.　The miners vet newly received transactions for legality (they
5　verify conformity with syntax rules, ownership, absence of double spending, etc.) and organise them into blocks of newly received transactions.　Each miner maintains the **ledger** of all past transactions (the blockchain) where transactions are arranged in blocks.　Every ten minutes, on average, the Bitcoin system randomly selects one miner to
10　add a block of transactions to the ledger, processing all the transactions within that block.　To participate in the selection process, a miner must exert computational effort, which is referred to as 'proof of work.'　The probability of being selected is proportional to a miner's computational effort.　When the selected miner adds a block to the ledger, he is said
15　to have mined the block.　**Equilibrium** between many small miners ensures that all miners are in **consensus**, and only legal transactions are processed.

---

520 ☑	**verified** [vérəfàid]	*adj.* 検証済みの
	派 **vérify**	*vt.* を検証する, を実証する (to check that sth is true or accurate) (≒ confirm)；を (調査などで) 確かめる, を点検する, を照合する (≒ authénticàte)
	派 **vèrificátion**	*n.* (真実であることの) 検証, 立証, 照明, 確認
521 ☑	**ledger** [lédʒər]	*n.* 台帳, 元帳 (a book that a company uses to record information about the money paid or received)

18-4　ビットコイン決済システムの経済学

（❹続き）システムの簡単な説明は次のようになる。コインの保有者は，決済したい内容をメッセージとして発信する。それぞれの取引は，暗号検証済みメッセージになる。マイナーは，新しく受け取った取引の正当性を検証（構文規則との一致，所有権，二重支払いがないことなどを確認）し，新しく受け取った取引のブロックという形にまとめる。各マイナーは，取引情報がブロックに分けられている，過去のすべての取引の台帳（ブロックチェーン）を保管している。平均10分ごとに，ビットコインシステムでは取引台帳にブロックを追加するマイナーが1人だけ無作為に選ばれ，そのブロック内のすべての取引の処理を担当する。その選考過程に参加するには，マイナーは「プルーフオブワーク（作業証明）」と呼ばれるコンピュータ計算処理を行わなければならない。マイナーが選ばれる確率は，コンピュータ計算処理量に比例する。選ばれたマイナーが台帳にブロックを追記することを，そのブロックをマイニングしたと呼ぶ。多数の小規模なマイナーが均衡を保つので，確実にすべてのマイナーの合意が成り立ち，正当な取引だけが処理される。

522 equilibrium [iːkwəlíbriəm]	*n.* 均衡，平衡，釣り合い（a state of balance between opposing forces or influences）（≒ balance, poise）（⇔imbalance）；心の平静，落ち着き
≒ póise	*n.* 釣り合い，バランス；平静，落ち着き　*vt.* のバランスをとる　*vi.* 平衡状態にある；（鳥などが）空中で停止する
⇔ disèquilíbrium	*n.* （特に経済の）不均衡，不安定
consensus [kənsénsəs]	*n.* 合意，意見の一致，コンセンサス（a general agreement）（≒ consent）

🖊 語句・表現

- *l.3*　cryptographically「暗号で」
- *l.5*　verify conformity with ～「～との一致を証明する」

18-5 The economics of the Bitcoin payment system

1　(**❹**続き) The Bitcoin protocol limits the block size to 1MB, and thereby the number of transactions within a block. Therefore, the system's **throughput** is bounded, and does not depend on the number of miners.

5　**❺** To provide proper incentives, the system compensates miners for their effort by rewarding miners when they are selected to mine a block. The reward consists of newly **minted** coins and the transaction fees paid by the transactions processed in the block. The protocol specifies how many newly minted coins are awarded in each block.
10　This number is cut in half approximately every four years. In contrast, transaction fees are not fixed by the protocol; users choose the transaction fees they pay.

❻ Thus, the blockchain design carries an economic innovation in that no participant has the power to set or modify fees or **rules of conduct**
15　or otherwise control the system. Users and miners are price-takers. Users are provided protection from monopoly pricing: even if the system becomes a monopoly, there is no monopolist who charges monopolist fees. However, for the system to function properly it must raise sufficient revenue from the users to fund the required
20　infrastructure.　　　　(*Perspectives from Around the World (RIETI)*, 773 words)

---

523 ☑	**throughput** [θrúːpùt]	*n.* (一定時間内に処理される) 情報量，処理量 (能力)，スループット (the amount of data or material that passes through a system or machine in a particular period of time)；回線容量
524 ☑	**mint** [mínt]	*vt.* (貨幣) を鋳造する，を発行する (to make coins out of metal)；(新語) を作り出す *n.* 造幣局；〈しばしば a 〜〉(金銭などの) 多額 *adj.* 鋳造の；新品同然の，未使用の
	🔊 **a mint of 〜**	多額の，巨額の　*cf.* a mint of money (巨額の金)

18-5　ビットコイン決済システムの経済学

(❹続き) ビットコイン・プロトコルでは，1ブロックのサイズが1MB (メガバイト) に制限されているため，1ブロック内の取引数も制限されている。したがって，システムの処理量には限界があるが，マイナーの数に依拠しているわけではない。

❺ 適切なインセンティブを提供するために，マイナーが選ばれてブロックをマイニングした際に，システムは報酬を出すことでマイナーの作業を補償する。報酬は，新たに発行されたコインと，そのブロックで処理された取引の手数料で構成される。プロトコルでは，各ブロックで与えられる新たなコイン発行数が決まっている。この数は約4年ごとに半減する。対照的に，取引手数料はプロトコルによって定められていない。ユーザーが，自ら支払う取引手数料を選択する。

❻ このように，ブロックチェーンの仕組みは，経済学的な革新をもたらしている。というのは，手数料や行為規則を設定したり変更したりする権限のある参加者が存在せず，システムを管理する者も存在しないからである。ユーザーとマイナーは価格受容者 (価格を受け入れる消費者) である。ユーザーは独占的な価格設定から保護される。そのシステムが独占状態になっても，独占的な手数料を課す独占者も存在しない。ただし，システムが適切に機能するためには，必要なインフラに資金を供給するために，ユーザーから十分な収益を上げる必要がある。

3
経済・経営 ◆ Economics/Management

---

525 ☑ **rules of conduct** 〈法律〉行為規則，行動規則 (a set of rules about how to behave and do business with other people) (≒ code of conduct)；交戦規定

❓Quiz

☐ 1　How does blockchain's innovative design allow cryptocurrencies, such as Bitcoin, to operate similarly to traditional payment systems (PayPal, Visa, etc.), but without a centralized governing organization?

☐ 2　In Bitcoin's two-sided platform, what are the different roles of "users" and "miners" regarding balances and transactions?　　▶ Answer は p.464

3 経済・経営 ◆ Economics/Management

19-1 Co-creating unique value with customers

1　❶ Twin **paradoxes** describe the twenty-first-century economy. Consumers have more choices that yield less satisfaction. Top management has more strategic options that yield less value. This emerging reality is forcing a **reexamination** of the traditional system
5　of **company-centric** value creation that has served us so well over the past 100 years. Leaders now need a new **frame of reference** for value creation. The answer, we believe, lies in a premise centered on co-creation of unique value with customers. It begins by recognizing that the role of the consumer in the industrial system has changed
10　from isolated to connected, from unaware to informed, from passive to active. The impact of the connected, informed, and active consumer is manifest in many ways.

❷ Information Access: With access to unprecedented amounts of information, knowledgeable consumers can make more informed
15　decisions. For companies accustomed to restricting the flow of information to consumers, this shift is radical. Millions of networked consumers are now collectively challenging the traditions of industries as varied as entertainment, financial services, and health care.

---

526 ☑	**paradox** [pǽrədὰks]	*n.* 逆説, 矛盾した状態, パラドックス (a situation or statement that seems senseless, logically impossible, or self-contradictory)
	派 **pàradóxical**	*adj.* 逆説的な
527 ☑	**reexamination** [rìːigzæmɪnéiʃən]	*n.* 再検討 (the act or process of examining sth again from a different point of view); 再試験, 再検査, 再審理, 再尋問
528 ☑	**company- centric** [kəmpəniséntrik]	*adj.* 企業主体の, 企業が中心となった (⇔customer-centric)
	派 **-céntric**	〜中心の (having the stated thing as your main interest)

19-1 他にはない価値を顧客と共創する

❶ 双子のパラドックスが21世紀の経済を表している。消費者にとっては選択肢がより多いのだが満足度が上がらない。経営陣にはより戦略的な選択肢があるのだが，その選択肢はさらに価値を下げてしまうものである。この新たに発生した現実によって，過去100年にわたってとてもうまくいっていた，企業主体の価値創造という従来型のシステムの再検討が必要となっている。経営陣は現在，価値創造のための新しい準拠枠を必要としている。その答えは，顧客と一緒になって他にはない価値を創り出すこと（共創）に重点を置いた前提に存在すると筆者は考えている。それは，産業システムの中での消費者の役割が，孤立状態からつながった状態へ，情報のない状態から情報に通じた状態へ，受動から能動へと変化したことを認識することで始まる。消費者がつながり，情報を得て，積極的に活動することの影響は，多くの点で明らかになっている。

❷ 情報の入手：前例のないほど大量の情報に接することができるので，知識のある消費者は，さらに情報に基づいた決定を下すことができる。消費者への情報の流れを制限することに慣れている企業にとって，この変化は急進的だ。何百万人ものネットワークでつながった消費者が今では集団となって，エンターテイメント，金融サービス，医療といった，さまざまな業界の伝統に対して挑戦を仕掛けている。

²⁹ **frame of reference**	準 拠 枠，基 準 枠，枠 組 み（a set of ideas, facts or experiences that determine how sth will be perceived or approached）（≒ frame）；見解，理論（≒ perspective）；座標系 ※「準拠枠」とは，社会学用語で，行動や思考の基準・原則のこと。

19-2 Co-creating unique value with customers

1 ❸ Global View: Consumers can also access information on firms, products, technologies, performance, prices, and consumer actions and reactions from around the world. Geographical limits on information still exist, but they are eroding fast, changing the rules of business
5 competition. For example, broader consumer scrutiny of product range, price, and performance across geographic borders is limiting multinational firms' freedom to vary the price or quality of products from one location to another.

❹ Networking: "Thematic consumer communities," in which
10 individuals share ideas and feelings without regard for geographic or social barriers, are revolutionizing emerging markets and transforming established ones. The power of consumer communities comes from their independence from the firm. In the pharmaceutical industry, for instance, word of mouth about actual consumer experiences with a
15 drug, and not its claimed benefits, is increasingly affecting patient demands. Thus, consumer networking inverts the traditional top-down pattern of marketing communications.

530 ☐	**erode** [iróud]	*vi.* 侵食される，（金属が）腐食する *vt.* （信頼など）を損なう；をむしばむ〈to slowly destroy or reduce sth〉
	派 **erósion**	*n.* 侵食，（金属の）腐食
	派 **erósive**	*adj.* 侵食的な，侵食性の
531 ☐	**thematic** [θimǽtik]	*adj.* テーマに沿った，テーマの，主題の〈relating to or based on a theme or subjects〉
532 ☐	**pharmaceutical** [fὰːrməs(j)úːtikl]	*adj.* 薬剤の〈connected with the production, use or sale of medicines〉 *n.* 〈複数形で〉調合薬
	派 **phármacist**	*n.* 薬剤師
	派 **phármacy**	*n.* 薬局

19-2　他にはない価値を顧客と共創する

❸ 国際的な視野：消費者は，世界中の企業，製品，技術，業績，価格，消費者行動や反応に関する情報も入手できる。情報には地理的な制限がまだあるが，そのような制限は急速に侵食され，ビジネス上の競争のルールを変えている。例えば，消費者が地理的境界を越えてより広く，取扱製品，価格，性能を精密に調査していることで，多国籍企業が地域ごとに製品の価格や品質を変える自由は制限されている。

❹ ネットワーク形成：「テーマに沿った消費者コミュニティ」では，個人が地理的，社会的障壁に関係なく考えや感情を共有しており，新興市場を変革し，既存の市場を変化させている。消費者コミュニティに力があるのは，企業に依存していないからだ。例えば，製薬業界では，（企業が）主張する効用ではなく，実際に消費者がその薬を使ってみた経験からのクチコミが，だんだん患者の需要に影響するようになっている。このように，消費者ネットワークがマーケティングにおけるコミュニケーションの従来のトップダウン型を逆さにしている。

533 ☑	**word of mouth**	クチコミ，口づて (informal oral communication)
参	**word-of-mouth**	*adj.* クチコミによる，口づての (orally-communicated)
参	**by word of mouth**	クチコミによって，口づてで

534 ☑	**invert** [invə́rt]	*vt.* を逆さにする，を逆にする，を反対にする；を転倒させる；を前後ろにする (to reverse in order, position or relationship) (≒ reverse, turn over)　*vi.* 逆になる，反転する　*adj.* 反対の
派	**invérsion**	*n.* 逆，反転

📝 語句・表現

☐ *l.16* top-down「トップダウンの」(⇔ bottom-up (ボトムアップの) 企業のトップが意思決定を行い，それを下に向けて指示することで運営を行うトップダウン型に対し，消費者や現場のアイデアや意見を経営陣が吸い上げてまとめることによって組織の運営を行うことをボトムアップ型と言う。

19-3 Co-creating unique value with customers

1　**❺** Experimentation: Consumers can also use the Internet to experiment with and develop products, especially digital ones. Consider MP3, the compression standard for encoding digital audio developed by a student Karlheinz Brandenburg and released to the
5　public by the Fraunhofer Institute in Germany. Once technology-savvy consumers began experimenting with MP3, a veritable audio-file-sharing movement surged to challenge the music industry. The collective genius of software users the world over has similarly enabled the co-development of such popular products as the Apache Web
10　server software and the Linux operating system.
　　❻ Activism: As people learn, they can better discriminate when making choices; and, as they network, they embolden each other to act and speak out. Consumers increasingly provide unsolicited feedback to companies and to each other. Already, hundreds of Web sites are
15　perpetuating consumer activism, many targeting specific companies and brands. America Online's AOL Watch, for example, posts complaints from former and current AOL customers.

535 ☐ **compression** [kəmpréʃən]	*n.* （ファイルなどの）圧縮（the act of making computer files smaller in order to use less space on a disk）（≒ compaction）；圧搾，（文章などの）要約	
536 ☐ **encode** [inkóud]	*vt.* をコード化〔符号化〕する（to convert sth into a coded form）	
⇔ **decóde**	*vt.* （符号化された情報）を解読する，を複合する	
537 ☐ **veritable** [véritəbl]	*adj.* 真の，正真正銘の，本当の（being truly or very much so）（≒ authentic）	
派 **véritableness**	*n.* 真実，紛れもないこと	

19-3 他にはない価値を顧客と共創する

❺ 実験：消費者は，インターネットを使用すれば，製品，特にコンピュータ関連製品を実験，開発することも可能だ。MP3について考えてみよう。これは，デジタル音声をコード化する，圧縮規格である。学生だったカールハインツ・ブランデンブルクが開発し，ドイツのフラウンホーファー（集積回路）研究所が一般に公開したものだ。テクノロジーに精通した消費者がMP3の実験を開始すると，真の音声ファイル共有運動が高まり音楽業界を刺激した。同様に，世界中のソフトウェア使用者の天才が集結して，アパッチウェブサーバーソフトウェアやリナックスOS（オペレーティングシステム）のような人気製品の共同開発が可能になった。

❻ 行動主義：学ぶにつれて，人は選択する際に，よりうまく微細な違いを見極められるようになる。また，ネットワーク化するにつれて，お互いを励まし合って，行動し，意見を自由に言うようになる。消費者は，企業やお互いに対して，求められていない意見をますます伝えるようになる。すでに，何百ものウェブサイトは消費者主義を存続させており，その多くは特定の企業やブランドをターゲットにしている。例えば，アメリカオンライン社のAOLウォッチは，アメリカオンラインを退会した顧客や現顧客からの苦情を投稿している。

538 ☐ **embolden** [imbóuldən]	*vt.* を励ます，を大胆にする（to make someone bold or brave）（≒ encourage）（⇔ dishearten）	
539 ☐ **speak out**	思い切って言う，正々堂々と意見を述べる（to state one's opinion freely and boldly）	
540 ☐ **unsolicited** [ʌ̀nsəlísitid]	*adj.* 求められていない（not asked for）（≒ unasked）； おせっかいな *cf.* unsolicited bulk e-mail（迷惑メール）	
派 **solícit**	*vt.* を求める，をせがむ（to formally ask for sth, such as money）；（売春婦が）（客）を誘う *vi.*〈for で〉懇願する	

🖉 語句・表現

☐ *l.15* consumer activism「消費者主義；コンシューマリズム」欠陥商品・不当表示・不当値上げなどに対抗して，消費者が自らを守るために起こす運動や活動とその思想を指す。

3 経済・経営 ◆ Economics/Management

19-4 Co-creating unique value with customers

1 ❼ What is the **net** result of the changing role of consumers? Companies can no longer act **autonomously**, designing products, developing production processes, crafting marketing messages, and controlling sales channels with little or no interference from
5 consumers. Consumers now seek to exercise their influence in every part of the business system. Armed with new tools and dissatisfied with available choices, consumers want to **interact** with firms and thereby co-create value. The use of interaction as a basis for co-creation is **at the crux of** our emerging reality.

10 ❽ In the conventional value creation process, companies and consumers had distinct roles of production and consumption. Products and services contained value, and markets exchanged this value, from the producer to the consumer. Value creation occurred outside the markets. But as we move toward co-creation, this distinction
15 disappears. Increasingly, consumers engage in the processes of both defining and creating value. The co-creation experience of the consumer becomes the very basis of value.

541 ☑ **net** [nét]	*adj.* （結果など）最終の，結局の（≒ final）；掛値なしの，正味の（remaining after deduction of tax or other expenses）（⇔ gross）　*cf.* net earnings（純利益）
☑ **autonomously** [ɔ́ːtánəməsli]	*adv.* **自律的に；自主的に**
派 **àutonómic**	*adj.* 自律の；自治の；自律神経系の
派 **autónomy**	*n.* 自律性，自主性；自由；自治権
☑ **interact** [ìntərǽkt]	*vi.* 〈with ～で〉**(～と)相互に作用する，(～と)互いに影響し合う**（to act in such a way as to have an effect on each other）
派 **interáction**	*n.* 相互作用，言葉のやり取り，ふれあい

19-4　他にはない価値を顧客と共創する

❼ 消費者の役割が変化しつつあることの**最終的な**結果はどうなるだろうか。企業はもはや**自律的に**活動することはできなくなっている。消費者からの干渉をほぼ受けずに，製品の設計，生産工程の開発，販売促進の広告メッセージの作成，販売経路の管理を行うことはもはやできない。消費者は現在，ビジネスシステムのあらゆる部分で影響力を行使しようとしている。新しいツールで武装し，手に入る選択肢では満足できない消費者は，企業と**互いに影響し合い**，それによって価値を共創したいと考えている。共創の基盤としての相互作用が，新たに発生した現実の**最重要事項**なのだ。

❽ 従来の価値創造の過程においては，企業と消費者には，生産と消費という明確な役割があった。製品とサービスに価値を付け，市場でこの価値が生産者から消費者に交換されていた。価値の創造は市場の外で起こっていた。しかし，共創に向かうにつれて，この区別はなくなる。ますます，消費者は価値を明確にし，創造する過程に携わる。消費者の共創体験こそが，まさに価値の根底となる。

3　経済・経営 ◆ Economics/Management

---

542 ☑	**at the crux of ～**	～の最重要事項である，～の本質の（at the most important or serious part of a problem or an issue）
派	**crúx**	n. 〈通例 the ～ で〉最重要点，要点；最も難しい点（the most important or serious part of a matter, problem, or argument）；〈C ～ で〉南十字星

🖉 語句・表現

□ *l.17*　the very ～ 「まさにその～」

19-5 Co-creating unique value with customers

1 ❾ The future of competition, however, lies in an altogether new approach to value creation, based on an individual-centered co-creation of value between consumers and companies. Armed with new connective tools, consumers want to interact and co-create value, not
5 just with one firm but with whole communities of professionals, service providers, and other consumers. The co-creation experience depends highly on individuals. Each person's uniqueness affects the co-creation process as well as the co-creation experience. A firm cannot create anything of value without the engagement of individuals.
10 Co-creation **supplants** the exchange process.
❿ The New Frame of Reference for Value Creation: What might a new, internally consistent system based on co-creation of value look like? Managers must attend to the quality of co-creation experiences, not just to the quality of the firm's products and processes. Quality depends on
15 the infrastructure for interaction between companies and consumers, oriented around the capacity to create a variety of experiences. The firm must efficiently innovate "experience environments" that enable a diversity of co-creation experiences. It must build a flexible "experience network" that allows individuals to co-construct and
20 **personalize** their experiences. Eventually, the roles of the company and the consumer converge toward a unique co-creation experience, or an "experience of one."

---

543 □ **supplant** [səplǽnt]	*vt.* に取って代わる，を置き換える (to replace)；の地位を (力ずくや策略で) 奪い取る
≒ **sùperséde**	*vt.* に取って代わる，に代わって就任する；を取り換える

19-5 他にはない価値を顧客と共創する

❾ しかし，競争の将来は価値創造を行うためのまったく新しい手法にかかっている。それは，消費者と企業との間で，個人主体の価値共創を行うというものだ。新しい連結ツールを備えた消費者は，1つの企業だけでなく，専門家，サービス提供者，他の消費者といったコミュニティ全体と相互作用し，価値を共創したいと考える。共創体験は個人に大きく依存する。それぞれの人の個性が，共創体験と同様に共創過程にも影響する。企業は，個人の関与なしに価値のあるものを生み出すことができない。共創は価値の交換という手法に取って代わるものである。

❿ 価値創造のための新しい枠組み：価値の共創に基づく，新しく，内部的に一貫したシステムとはどのようなものだろうか。経営者は，共創体験の品質に注意を払わなければならない。会社の製品の品質や，製造工程の品質に注意を払うだけではだめだ。品質は，企業と消費者が相互作用する際の，さまざまな体験を生み出す能力を重視した構造基盤によって決まる。企業は，多様な共創体験を可能にする「体験のための環境」を効率的に革新する必要がある。また，柔軟な「体験ネットワーク」を作り，そこで個人が自分たちの体験を共同で構築したり，個人的なものにしたりできるようにしなければならない。最終的に，企業と消費者の役割は，他にはない共創体験，あるいは「1つだけの体験」に向かって収束していく。

544 ☑	**personalize** [pə́:rsənəlàiz]	*vt.* を個人的なものにする，を自分に向けられたものとして考える（to make sth personal）
派	**persònificátion**	*n.* 擬人化；象徴
派	**persónify**	*vt.* を擬人化する；を象徴する
派	**pèrsonnél**	*n.* 職員，人員；人事部

📝 語句・表現

☐ *l.16* be oriented around ~ ≒ give a lot of attention to ~

19-6 Co-creating unique value with customers

1 ⓫ Notice what co-creation is not. It is neither the transfer nor outsourcing of activities to customers nor a marginal **customization** of products and services. Nor is it a **scripting** or staging of customer events around the firm's various offerings. That kind of company-
5 customer interaction no longer satisfies most consumers today.

⓬ The change that we are describing is far more fundamental. It involves the co-creation of value through personalized interactions that are meaningful and sensitive to a specific consumer. The co-creation experience (not the offering) is the basis of unique value for each
10 individual. The market begins to resemble a forum organized around individuals and their co-creation experiences rather than around passive pockets of demand for the firm's offerings.

(*The Future of Competition*: *Co-creating Unique Value with Customer*, 948 words)

---

545 ☑ **customization** [kÀstəmaizéiʃən]	*n.* カスタマイズ, 特注生産 (the act of making or changing sth according to the buyer's or user's needs)
派 **cústomize**	*vt.* (要求に合うように) を直す, を特注する, をカスタマイズする (to change something to make it more suitable for you, or to make it look special or different from things of a similar type)
派 **cústomìzable**	*adj.* カスタマイズ可能な
546 ☑ **script** [skrípt]	*vt.* (一連の行動など) を計画する (to provide carefully considered details for); の台本 〔脚本〕 を書く *n.* 台本, 脚本；(一連の行動の) 計画；文字

100   200   300   400   500   600

19-6　他にはない価値を顧客と共創する

⓫ 共創ではないものに注意すること。共創とは，業務を顧客に移転したり委託したりするものではなく，製品やサービスの少しだけのカスタマイズでもない。また，企業のさまざまな製品に関する顧客イベントを計画することや実施することでもない。こういった企業と顧客とのやり取りは，今日，ほとんどの消費者を満足させるものではない。

⓬ ここで述べている変革は，かなり根本的なものだ。特定の顧客だけに意義があり，影響する，パーソナル化された相互作用を通した価値共創のことである。(提供ではなく) 共創体験というものは，各個人にとっては他にはない価値の基礎である。市場は，企業の商品に対する需要を受動的に入れておく入れ物でできた広場ではなく，個人とその個人の共創体験でできた広場のようになり始めている。

3

経済・経営 ◆ Economics/Management

❓Quiz
☐ 1　How was value created previously in the traditional company-centric system?
☐ 2　What is the ultimate result of the changing role of the connected, informed and active consumer?
▶ Answer は p.464

Key Points of This Issue　共創 (co-creation)

　共創とは，異なる立場や業種の人や団体が協力して，新しい商品・サービス・価値観などを「共」に「創」り上げていくこと。企業が消費者に対して一方的に価値を提供する従来型と違い，多様化した消費者ニーズに応じて新しい製品や価値を生み出すため，異業者や消費者の声を直接反映させて商品やサービスを開発する，まさにSNSが普及したこの時代にふさわしい概念である。

4 司法・法律 ◆ Judiciary/Law

20-1 Judging the judges

1 New York's steamrolling governor proposes much-needed court reform

❶ Last month a Brooklyn **jury** convicted Gerald Garson, a former **matrimonial** court judge, of taking bribes. The trial revealed that he
5 had fixed divorce cases in exchange for **top-notch** liquor, meals, cigars and cash. His arrest in 2003 **prompted** investigations into judicial **corruption** and the selling of **judgeships**. One in ten Brooklyn judges were said to be under investigation at one point.

---

547 ☐	**jury** [dʒúəri]	*n.* 陪審 (a group of members of the public in a court of law who listen to the facts about a crime and decide if the defendant is guilty or not guilty)
派	**jùrisdíction**	*n.* 裁判権, 司法権；管轄区域 (≒ district)；支配権, 管轄権
派	**jurídical**	*adj.* 司法の
派	**júrist**	*n.* 法律専門家
派	**jùrisdíctional**	*adj.* 管轄区域の；支配権の；司法権の

548 ☐	**matrimonial** [mætrimóuniəl]	*adj.* 結婚の, 婚姻の (of or relating to marriage, the married state, or married persons)
派	**mátrimòny**	*n.* 結婚, 婚姻
参	**márriage**	*n.* 結婚
参	**márital**	*adj.* 結婚の

549 ☐	**top-notch** [tápnàtʃ]	*adj.* 一流の, 最高の (of the highest possible quality)
≒	**first-ráte**	*adj.* 一流の
参	**nótch**	*n.* 階級 *vt.* (結果など) を収める

20-1 裁判官を裁く

強硬派ニューヨーク州知事，裁判所の待望の改革を打ち出す

❶ 先月，ブルックリンの陪審は，収賄罪で元婚姻裁判所裁判官ジェラルド・ガースンに有罪判決を下した。裁判では，彼が最高級の酒，食事，葉巻や現金の見返りに，離婚訴訟で不正工作を行っていたことが明らかになった。2003 年に同裁判官が逮捕されたことがきっかけとなり，裁判官の**汚職**と**裁判官の権限**の売り渡しに対する調査が始まった。一時は，ブルックリンの裁判官 10 人に 1 人が取り調べを受けていると言われた。

☑	**prompt** [prámpt]	*vt.* を促す（to cause sth to happen; to cause sb to decide to do sth; to activate）；を刺激する *adj.* 機敏な，素早い
	派 **prómptly**	*adv.* 敏速に；きっかり，ちょうど
☑	**corruption** [kərʌ́pʃən]	*n.* 汚職，収賄（≒ bribery）；堕落
	派 **corrúpt**	*adj.* 地位を悪用した；堕落した　*vt.* を堕落させる
☑	**judgeship** [dʒʌ́dʒʃip]	*n.* 裁判官の職〔地位，権限〕（the condition of being a judge, or the term of office of a judge）
	派 **júdge**	*n.* 裁判官　*vt.* を判断する，を裁く *vi.* 判断〔審査〕する
	派 **júdgement**	*n.* 判決，判断
	派 **judgeméntal**	*adj.* 判断の；批判的な

4 司法・法律 ◆ Judiciary/Law

🖉 語句・表現

- ☐ *l.4*　take bribes「わいろを受け取る」
- ☐ *l.5*　in exchange for 〜「〜の見返りに」
- ☐ *l.8*　under investigation「取り調べを受けている最中」

20-2 Judging the judges

1 ❷ New York state's judges are **elected** by districts based on its 62 individual counties, and many of these counties are either strongly **Democratic** or strongly Republican. This means that many judgeships are not so much elected as **awarded** in backroom intra-party deals,
5 with a fair degree of **attendant** corruption. Indeed the current system for electing state Supreme Court justices — actually the lowest level of judges — has been deemed unconstitutional in two federal court decisions. A special commission on New York's courts, set up by Judith Kaye, the state's chief judge, recently noted that New York state
10 has the "most archaic and bizarrely convoluted court structure in the country".

☑	**elect** [ilékt]	*vt.* を投票で選挙する，を（役職に）選ぶ，を決める
	派 **eléction**	*n.* 選挙（≒ poll）
	派 **eléctive**	*adj.* 選挙の，選挙による；選択の（⇔ compulsory）
	派 **eléctor**	*n.* 選挙人，有権者
☑	**Democratic** [dèməkrǽtik]	*adj.* 民主党の
☑	**award** [əwɔ́ːrd]	*vt.* （人に賞など）を与える（to give sth to sb as a prize, payment, etc） *n.* 賞，奨学金
	参 **rewárd**	*n.* 報酬，報奨金 *vt.* に報いる
550 ☑	**backroom** [bǽkrùːm]	*adj.* 舞台裏の，秘密の（≒ hidden, secret, clandestine）
☑	**attendant** [əténdənt]	*adj.* 伴う，付随する

20-2　裁判官を裁く

❷ ニューヨーク州の裁判官は，州内に62ある各郡に基づいた地区ごとに**選出さ**れるのだが，こうした郡の多くは**民主党を強く支持する**か共和党を強く支持するかのいずれかである。つまり，裁判官の地位は選出されるというよりむしろ，舞台裏の党内取引で，かなりの不正行為**を伴って与えられる**場合が多いということになる。実際，本当のところは一番下位の裁判官である州最高裁判所裁判官を選出する現行制度は，連邦裁判所の2件の判決で憲法違反と判断されている。ニューヨークの裁判所に関する特別委員会は，州の首席裁判官ジュディス・ケイによって設けられたが，彼はニューヨーク州の「裁判所の構造は，国内で最も旧式で異様に複雑だ」ということを最近指摘した。

551 ☑	**federal court**	連邦裁判所 (a court of a federal government, especially one established under the Constitution of the United States)
参	**féderal**	*adj.* 連邦政府の
参	**family〔domestic〕court**	家庭裁判所
552 ☑	**chief judge**	首席裁判官，(最高) 裁判長 (the principal, presiding, or most senior judge of a court)
≒	**chief justice**	裁判長
553 ☑	**convoluted** [kánvəlù:tid]	*adj.* 複雑な，込み入った (extremely complicated and difficult to follow)；回旋状の
派	**cònvolúte**	*adj.* 回旋状の　*vi.* 巻き込む　*vt.* を巻き込む
派	**cònvolútion**	*n.* 回旋；複雑さ
≒	**cómplicàted**	*adj.* 複雑な

📝 語句・表現

☐ *l.2*　county 「郡」 州の下にある地方行政の区画。
☐ *l.8*　set up by ～ 「～によって設けられた」

20-3 Judging the judges

1 ❸ Influenced by that report, Eliot Spitzer, New York's governor,
proposed a number of reforms on April 26th. Independent nominating
commissions would be established to **evaluate** and screen candidates,
who would then be appointed on merit by the governor, rather than
5 elected. This change, though, will require an **amendment** to the
state's **constitution**.
   ❹ Mr Spitzer also wants to consolidate trial courts into a two-tier
system across the state. His reform package would increase the
number of Supreme Court judges to help offset growing caseloads.
10 He is also proposing constitutional amendments to allow the creation
of another appellate court division to handle cases.

☐	**evaluate** [ivǽljuèit]	*vt.* を評価する，を見積もる（≒ estimate）
	派 **evàluátion**	*n.* 評価，見積もり
☐	**amendment** [əméndmənt]	*n.* 改正，訂正，修正案
☐	**constitution** [kὰnstət(j)úːʃən]	*n.* 憲法，規約；性質；構造，組織
	派 **cónstitùte**	*vt.* を構成する；を任命する；を設立する
	派 **cònstitútional**	*adj.* 憲法の，合憲の；体質の
	派 **cònstitùtionálity**	*n.* 合憲性
	派 **cònstitútionally**	*adv.* 合憲的に
554 ☐	**consolidate** [kənsálidèit]	*vt.* を統合する（to combine different parts or items into one whole）；を強化する　*vi.* 統合する
	派 **consòlidátion**	*n.* 統合；強化
	派 **consólidàted**	*adj.* 統合された
	≒ **combíne**	*vt.* を統合させる　*vi.* 統合する

20-3 裁判官を裁く

❸ その報告に促され，4月26日，ニューヨーク州エリオット・スピッツァー知事は，いくつもの改革を打ち出した。独立した指名委員会が設置されて候補者の**評価**と審査を行い，その後候補者は選出されるのではなく，その人の功績に基づき，州知事によって任命されるというものである。しかし，こうした変革には，州**憲法**の**改正**が必要となるだろう。

❹ スピッツァー州知事は，州全体の第一審裁判所を統合して2階層制にすることも望んでいる。同氏の改革一括法案で，（裁判の）**取扱件数**の増加を**相殺**するために，最高裁判所（ニューヨーク州では高位裁判所）裁判官の数が増えることになるだろう。同氏はまた，訴訟を扱うための別の**控訴裁判所**の部署の創設を可能にするため，憲法改正案も提出している。

555	**Supreme Court**	最高裁判所（(in many states) the highest court of the state; the highest court of the U.S.） ※ニューヨーク州では最上級の裁判所は Supreme Court ではなく，Court of Appeals である。
	≒ **Supreme Judicial Court**	（州の）最高裁判所
	⚙ **suprême**	*adj.* 最高の；最大限の
556	**offset** *v.* [ɔ̀(ː)fsét] *n.* [⸍⸍]	*vt.* を相殺する，を埋め合わせる（to make the effect of sth less strong or noticeable）　*n.* 相殺
	≒ **còunterbálance**	*vt.* を相殺する
557	**caseload** [kéislòud]	*n.* 取扱件数（the amount of work which sb, especially a doctor or lawyer, has to do at one time）
	⚙ **lóad**	*n.* 仕事量；荷物
558	**appellate court**	控訴裁判所，上訴裁判所（a court with the power to review and reverse the decisions of lower courts）
	⚙ **appéllant**	*n.* 上訴人
	⚙ **àppellátion**	*n.* 名称

📝 語句・表現

□ *l.4*　on merit「功績に基づいて」

4 司法・法律◆ Judiciary/Law

700　800　900　1000　1100 words done!!

20-4 Judging the judges

1 ❺ He has proposed, too, a salary increase for state judges, the first in nine years. Judges would receive a salary of $162,100, compared with the $136,700 they have been getting since 1999 — less than some lawyers make straight out of law school. The cost of living has
5 increased by 26% since then. Higher pay would lessen the **temptations** of corruption.

❻ The Republican-led state **Senate** also introduced a wage bill last week giving pay rises to the judiciary. At the same time, however, senators set up a commission to consider pay hikes for all government
10 branches, including themselves. Mr Spitzer is **reluctant** to support their bill unless they also support his campaign-finance reforms, which they have previously **rejected**.

559 ☐ **temptation** [temptéiʃən]	*n.* 誘惑, 誘惑するもの, 心を引きつけるもの (≒ allurement)
派 **témpt**	*vt.* に誘い込む；に引き込む；の気を引く
派 **témptable**	*adj.* 誘惑されやすい
派 **témpting**	*adj.* 味覚をそそる；魅力的な；誘惑する
☐ **Senate** [sénət]	*n.* 上院
派 **sénator**	*n.* 議員, 上院議員
☐ **reluctant** [rilʌ́ktənt]	*adj.* (…するのを) しぶって, 嫌がって (not wanting to do sth)
派 **relúctance**	*n.* 気が進まないこと
派 **relúctantly**	*adv.* しぶしぶ, 不本意ながら
☐ **reject** [ridʒékt]	*vt.* を拒絶する, を断る
派 **rejéction**	*n.* 拒否

20-4 裁判官を裁く

❺ 同氏は同様に，9年ぶりとなる州裁判官の増給を提案した。裁判官は一部の弁護士がロースクールを出てすぐに稼ぐ額にも満たない13万6,700ドルという額を1999年以来受け取ってきたのに比べ，16万2,100ドルの給料を受け取ることになるだろう。1999年以来，生活費は26％上昇した。給料が増えれば，汚職の誘惑が少なくなるだろう。

❻ 共和党主導の州**上院**も先週，裁判官の給料を上げる賃金法案を提出した。しかし，同時に上院議員は，自分たちを含む政府の全部門の昇給を検討する委員会を設置した。スピッツァー州知事は，以前**否決した**選挙資金改革についても上院が支持しない限り，この上院の法案への支持に**難色を示している**。

4

司法・法律 ◆ Judiciary/Law

✎ 語句・表現

- ☐ *l.4* straight out of ～「～を出て〔卒業して〕すぐ」
- ☐ *l.7* the Republican-led「共和党主導の」
- ☐ *l.9* pay hike「昇給」

Key Points of This Issue 米国における裁判官の選出方法

　米国の裁判官のうち，連邦裁判所の裁判官は，大統領の指名によって選ばれる任命制を採用しており，任期は原則的に終身となっている。この任命制は，政治情勢の影響を受けやすいと考えられている。通常，裁判官候補者は，自分が支持する政党を表明しているため，任命の際に政権を持っている政党（共和党あるいは民主党）を支持する候補者が選ばれやすくなるためである。よって，選任の際に，裁判官としてふさわしいかどうかよりも，党派が重視されているのではないかという批判がある。

　一方，州裁判所の裁判官の選出に関しては，80％以上の州で公選制を採択しており，任期も州や裁判官の位ごとに定められている。過去に任命制をとっていた州においても，民意が適切に反映されないことで選ばれた裁判官に対する住民の不満が募り，公選制が広まっていったとされる。

700　　　　800　　　　900　　　　1000　　　　1100 words done!

20-5 Judging the judges

1 ❼ The governor and the **legislature** are likely to battle over other plans of his. He wants to shore up abortion choice in New York. And on April 27th he introduced a proposal to make New York only the second state to allow same-sex marriage, after Massachusetts. Joseph
5 Bruno, the state Senate **majority leader**, thinks the governor has his priorities wrong; he should be **advocating** other issues, such as making more use of the death **penalty**.　　　　　(*The Economist*, 472 words)

☐	**legislature** [lédʒislèitʃər]	*n.* **州議会, 立法府** (the group of people in a country or part of a country that has the power to make and change laws)
	派 **législàte**	*vi.* 法制化する　*vt.* を法制化する
	派 **lègislátion**	*n.* 立法；法律, 法令
	派 **législàtive**	*adj.* 立法上の　*n.* 立法府
	派 **législàtor**	*n.* 立法者, 立法府議員, 国会議員
560 ☐	**shore up ~**	～を強化する, ～にてこ入れする, ～を支える
561 ☐	**majority leader**	多数党院内総務 (the leader of the majority party in a legislative body, especially the party member who directs the activities of the majority party on the floor of either the Senate or the House of Representatives)
	⇔ **minority leader**	少数党院内総務
☐	**advocate** *v.* [ǽdvəkèit] *n.* [ǽdvəkət, -keit]	*vt.* **を主張する, を弁護する, を支持する** (to recommend or say that you support a particular plan or action) *n.* **主唱者, 支持者** (a person who supports a particular plan or action, especially in public)
	派 **ádvocacy**	*n.* 弁護, 支持, 擁護

20-5　裁判官を裁く

❼ 州知事と**州議会**は，知事の他の案をめぐって争う見込みだ。知事は，ニューヨークで妊娠中絶を選ぶ権利を強化することを求めている。さらに知事は 4 月 27 日に，ニューヨークをマサチューセッツに次いで，まだ 2 例目となる同性婚を許可する州にする案を提出した。州上院の多数党院内総務であるジョセフ・ブルーノは，知事は優先事項の判断を誤っていると考える。知事は，死刑をもっと執行することなど，他の問題を取り上げるべきだというのだ。

4

司法・法律 ◆ Judiciary/Law

☑ **penalty** [pénəlti]	*n.* 刑罰, 処罰（≒ punishment）; 罰金（≒ fine）; 報い	
参 **gúilty**	*adj.* 有罪の（⇔ innocent）	

🖉 語句・表現

- ☐ *l.1*　battle over ～「～をめぐって争う」
- ☐ *l.2*　abortion choice「妊娠中絶を選ぶ権利」
- ☐ *l.4*　same-sex marriage「同性による結婚」米国マサチューセッツ州では 2003 年に同性同士の結婚が州憲法で合法と定められた。

❓ Quiz

- ☐ 1　What was Gerald Garson convicted of?
- ☐ 2　Give one example of the reform plans proposed by Governor Eliot Spitzer.

▶ Answer は p.464

4 司法・法律 ◆ Judiciary/Law

21-1　Do attempts to legislate against "fake news" recall the tactics of religious censors?

1　Though less extreme than the censorship of yesteryear, some laws threaten the important freedom to be wrong

❶ ARE today's warriors against "fake news" taking a road that will eventually lead to the methods of **inquisitors** and religious censors?

5　That is the view put forward by Jacob Mchangama, a Danish lawyer and founder of a think-tank which defends free speech against all comers.

❷ Mr Mchangama does not **underestimate** the threat that **phony** news items and the "weaponisation" of information pose to the functioning of

10　democracy.　But in his view, set out this week in a **pithy** essay, some reactions to the challenge are unhealthy and **inimical** to freedom.

❸ He cites, as one example, a German law which imposes fines on social-media companies if they fail to delete "illegal" content within 24 hours.　Although **ostensibly** aimed at **hateful** or defamatory speech,

15　he believes that the German authorities are blurring the boundary between statements that would in any case be illegal and a dangerously ill-defined concept of fake news.

562	**censor** [sénsər]	*n.* 検閲官（an official who examines materials to suppress or delete anything considered objectionable）
	派 **cénsorable**	*adj.* 検閲に引っ掛かる可能性のある
563	**inquisitor** [inkwízətər]	*n.* 宗教裁判官, 異端審問官；（厳しい）尋問者（one who makes an inquisition）（≒ interrogator）
	派 **inquisítion**	*n.* 宗教裁判, 異端審問；取り調べ, 尋問
564	**underestimate** [ʌndəréstəmèit]	*vt.* を過小評価する, （価格・数量など）を低く見積もる（to place too low a value on）（≒ underrate）
565	**phony** [fóuni]	*adj.* 偽の, いんちきの, 嘘の（not real or genuine）（≒ fraud, fake）
	⇔ **authéntic**	*adj.* 本物の, 正真正銘の, 偽りのない（≒ genuine）

21-1 「フェイクニュース」を禁止する法律を制定しようとする試みは宗教検閲官の方策を想起させるのか

かつての検閲に比べれば極端ではないが，間違えるという大切な自由を脅かす法律もある

❶「フェイクニュース」に闘いを挑む今日の戦士は，いずれは異端審問官や宗教検閲官の手法へとつながる道を歩んでいるのだろうか。それが，デンマーク人弁護士で，誰が相手であろうと言論の自由を守るシンクタンクの創設者でもある，ジェイコブ・ムチャンガマが唱える見解である。

❷ ムチャンガマ氏は，いんちきのニュース記事や情報の「武器化」が民主主義の機能に及ぼす脅威を見くびっているのではない。しかし，同氏が今週，簡潔ながらも要を得たエッセイで述べた意見によれば，このような挑戦に対する反応の中には，不健全で自由にとって有害なものもあるという。

❸ 同氏は 1 つの例として，ソーシャルメディア企業が24時間以内に「違法な」コンテンツの削除を怠った場合には，その企業に罰金を科すドイツの法律を引き合いに出している。表向きには，悪意に満ちていたり中傷的であったりする発言に照準を合わせているが，どのような場合であろうと違法になる発言と，危険なほど定義の輪郭がはっきりしないフェイクニュースの概念との境界を，ドイツ当局は曖昧にしていると同氏は考えている。

566 ☐	**pithy** [píθi]	*adj.* (文章などが) 簡潔ながらも要を得た〔含蓄のある〕 (brief, forceful, and meaningful in expression)
派	**píth**	*n.* (植物の) 髄；(柑橘類の) 中果皮；核心，要点
567 ☐	**inimical** [inímik(ə)l]	*adj.* 有害な，不利益な (adverse in tendency or effect) (≒ harmful, hostile)；反目して，敵意のある
568 ☐	**ostensibly** [ɑːsténsəbli]	*adv.* 表向きは，表面上は，うわべは (being such in appearance) (≒ seemingly)
569 ☐	**hateful** [héitf(ə)l]	*adj.* 憎むべき，悪意に満ちた (full of hate) (≒ abhorrent, spiteful)

4 司法・法律 ◆ Judiciary/Law

21-2　Do attempts to legislate against "fake news" recall the tactics of religious censors?

1　(**❸**続き) Italian lawmakers, he notes, have been **mulling** a bill that would punish **media outlets** of all kinds for "fake, exaggerated or **tendentious** news regarding data or facts that are manifestly false or unproven." But how can anyone define what "tendentious" means,
5　without being…tendentious?

❹ By way of warning where all this might lead, Mr Mchangama **takes a glimpse at** the **checkered** history of freedom in the historically Christian West. In 2013, Christians celebrated 1,700 years of the edict of Emperor Constantine, which ended the **persecution** of their faith
10　and provided a degree of religious liberty. But barely six decades after that edict, the eastern Roman empire began to enforce a particular understanding of Christianity. The influential law code of Emperor Justinian, dating from the early sixth century, said of "heretics" or religious **dissidents**: "Let no occasion be offered for them to display
15　the **insanity** of their obstinate minds."

570 ☑	**mull** [mʌl]	*vt.* をじっくり考える，を検討する，を慎重に考慮する (to consider at length before making a decision)
	≒ **cóntempláte**	*vt.* (問題など)をじっくり考える，を熟考する
571 ☑	**media outlets**	放送機関，報道発信源 (a publication or broadcast program that provides news and feature stories to the public through various distribution channels, which include newspapers, magazines, radio, television and Internet)
572 ☑	**tendentious** [tendénʃəs]	*adj.* 偏向した，傾向的な (supporting or expressing an opinion that many other people disagree with)
	派 **tendéntiously**	*adv.* 偏向的な方法で
573 ☑	**take a glimpse at ～**	～を一瞥する，～をちらっと見る，～を垣間見る (to look briefly at)

21-2 「フェイクニュース」を禁止する法律を制定しようと する試みは宗教検閲官の方策を想起させるのか

（❸続き）イタリアの議員たちが「明らかに間違っているか立証されていないデータや申し立てに関する，偽りや誇張や偏向があるニュース」に対して，あらゆる種類の報道発信源を罰する法案を熟考していることに同氏は言及している。しかし，どうしたら「偏向がある」とはどのような意味かを，偏向することなく，定義することができるのだろうか。

❹ これらすべてのことが，どこに行き着く恐れがあるかを警告するために，ムチャンガマ氏は，歴史的にキリスト教を信仰してきた西洋における波瀾に富んだ自由の歴史を一瞥している。2013年にキリスト教徒は，コンスタンティヌス帝の勅令から1700周年を迎えたことを祝った。その勅令が彼らの信仰に対する迫害に終止符を打ち，ある程度信仰の自由を与えたのだ。しかし，その勅令からたった60年の後に，東ローマ帝国がキリスト教の特定の解釈を強要し始めた。大きな影響を及ぼしたユスティニアヌス帝の法典は，6世紀初頭に編纂されたのだが，「異端者」つまり宗教的な反対者について次のように述べている。「彼らの強情な心の狂気を表す機会を与えることがあってはならない。」

4

司法・法律 ◆ Judiciary/Law

574 ☑	**checkered** [tʃékərd]	*adj.* 波瀾万丈の，変化に富んだ（≒ full of ups and downs）；格子縞の，色とりどりの
	派 **chécker**	*vt.* に変化を与える　*n.* 検査する人；格子柄
575 ☑	**persecution** [pə̀ːrsikjúːʃən]	*n.* 迫害，虐待，しいたげること（cruel treatment because of race, religion, or political beliefs）
	派 **pérsecùte**	*vt.* （宗教・人種などの理由で）を迫害する
576 ☑	**dissident** [dísidənt]	*n.* 反対者（a person who publicly disagrees with and criticizes the policy of an organization they belong to）
577 ☑	**insanity** [ìnsǽnəti]	*n.* 狂気，精神異常，心神喪失（the state of being insane）；愚行
	派 **insáne**	*adj.* （行動・考えなどが）常軌を逸した（≒ harebrained）

📝 語句・表現

☐ *l.15* obstinate「強情な」

21-3 Do attempts to legislate against "fake news" recall the tactics of religious censors?

1　❺ Similarly, the invention of the printing press in the 15th century is generally remembered as a **landmark** in intellectual and spiritual liberty **akin to**, some say, the advent of electronic and social media. But as Mr Mchangama points out, one immediate consequence was the
5　Catholic church's **countervailing** move to issue an index of prohibited works, updated regularly until the 20th century. The church justified the list by arguing that "freedom of belief" and "freedom to be wrong" were **pernicious** both for the **errant** individual and, by extension, for society.
10　❻ The Protestant Reformation was in part an **uprising** against the Vatican's tough enforcement of its intellectual monopoly, but as Mr Mchangama puts it, "Protestant states would also guard their official and monopolised versions of the "Truth" against competing sects."

578 ☐ **landmark** [lǽn(d)mὰ:rk]	*n.* 画期的〔顕著〕な事件 (an event, discovery or invention that marks an important stage in sth)；(場所を特定するのに役立つ) 目印, 陸標 *cf.* seamark (航海目標)
参 **mílestòne**	*n.* 道しるべ, マイル標石；画期的出来事
579 ☐ **akin to ～**	～と類似して (very similar to sth)；～と同種〔同族, 血族〕の (related by blood)
派 **akín**	*adj.* 同種の, 血族の
580 ☐ **countervailing** [káuntərvèiliŋ]	*adj.* 対抗する, 相殺する (having equal force but an opposite effect)
派 **còunterváil**	*vi.* 対抗する, 拮抗する (to exert force against) *vt.* を相殺する, を埋め合わせる

21-3 「フェイクニュース」を禁止する法律を制定しようと する試みは宗教検閲官の方策を想起させるのか

❺ 同様に，15世紀の印刷機の発明は，知的・精神的自由の画期的な出来事として一般的に記憶されており，電子メディアやソーシャルメディアの出現と類似していると言う人もいる。しかし，ムチャンガマ氏が指摘しているように，結果として直ちにもたらされたのは，禁書目録を発行するというカトリック教会による対抗措置であり，この目録は20世紀まで定期的に改訂された。教会は，「信仰の自由」と「間違える自由」は正道から外れた個人にとっても，ひいては社会にとっても有害であると主張して，目録を正当化した。

❻ 宗教改革は，ある部分バチカンが強硬に知的独占を行ったことに対する反乱だったが，ムチャンガマ氏が言うように，「プロテスタント国家は，自分たちが公認し独占している『真理』の解釈を対立する宗派から守ろうともしていた」のだ。

581 ☑	**pernicious** [pərníʃəs]	*adj.* 有害な（having a very harmful effect or influence） （≒ harmful）；致命的な ※ラテン語 *perniciosus*（「戦争などが甚大な損害もたらす」の意）から。
582 ☑	**errant** [érənt]	*adj.* 正道から外れた，軌道を逸した（straying outside the proper path）；気まぐれな
	≒ **déviant**	*adj.* （社会の基準から）逸脱した
583 ☑	**uprising** [ʌ́pràiziŋ]	*n.* 反乱，蜂起，暴動，謀反（an act of opposition, sometimes using violence, by many people in one area of a country against those who are in power）（≒ revolt, insurrection, rebellion）；起床；上り坂

4
司法・法律 ◆ Judiciary/Law

21-4 Do attempts to legislate against "fake news" recall the tactics of religious censors?

1 (**❻続き**) The secularisers of the French Revolution were eloquent in their denunciation of Christian tyranny over the mind, but soon became ruthless despots themselves. And even the champions of liberty who founded the United States did not defend the idea
5 consistently once they gained office.
❼ Of course a clumsily worded European law on social-media regulation, however undesirable, is a very long way from burning heretics at the stake. But it is worth remembering that in the distant and not-so-distant past, the authorities took it as read that certain
10 ways of thinking and speaking were so manifestly dangerous and disruptive to society that they should be prevented in every possible way. The "freedom to be wrong" is a new and precarious concept, and there is no guarantee that it will survive.

---

584 ☑	**seculariser, secularizer** [sékjələràizər]	*n.* 宗教を分離させる者, 世俗化を進める者 (one who removes religious influence, power or control from society, politics, education, etc.) ※ seculariser の綴りは《英》。
	派 **sécularìze**	*vt.* を (宗教から) 分離する, を世俗化する
	派 **sècularizátion**	*n.* 世俗化, (教育・政治などの) 宗教からの分離
	派 **sécular**	*adj.* (宗教的なものと区別して) 非宗教的な, 世俗の
585 ☑	**eloquent** [éləkwənt]	*adj.* 雄弁な, 説得力のある (able to give a clear, strong message) (≒ articulate, expressive) (⇔ ineloquent) ; (人の感情などを) 物語って〔よく表して〕いる
586 ☑	**denunciation** [dinÀnsiéiʃən]	*n.* (公然の) 非難, 糾弾 (public criticism of sth or sb) (≒ accusation) ; (罪の) 告発 ; (条約などの) 廃棄通告
	派 **denóunce**	*vt.* (公然と) を非難する, を弾劾する
587 ☑	**ruthless** [rú:θləs]	*adj.* 冷酷な, 無慈悲な (not thinking or worrying about any pain caused to others) (≒ cruel, cold-blooded) ; 断固とした

21-4 「フェイクニュース」を禁止する法律を制定しようと する試みは宗教検閲官の方策を想起させるのか

（❻続き）フランス革命で（政治と）宗教を分離させた者たちは，精神へのキリスト教の圧制に対する非難を語るに雄弁であったが，程なくして自らが冷酷な独裁者となった。そして，アメリカを建国した自由の擁護者たちでさえ，ひとたび政権を握れば，その思想を常に擁護したわけではなかった。

❼ もちろん，ソーシャルメディア規制に関して不器用に書かれたヨーロッパの法律は，どんなに好ましくないものであろうと，異端者を火あぶりの刑に処することとは非常にかけ離れている。しかし，覚えておく価値があるのは，遠い過去においても，それほど遠くない過去においても，御上は，ある考え方や言い方は，社会にはあまりにも明らかに危険で破壊的なため，何としても禁止される必要があるのは当然だとみなしたということである。「間違える自由」は新しくてあやふやな概念であり，この概念が存在し続けていく保証はないのだ。

4

司法・法律 ◆ Judiciary/Law

588 □	**despot** [déspɔt]	*n.* 独裁者，暴君，専制君主（a ruler with absolute, unlimited power）（≒ autocrat, tyrant）
589 □	**gain office**	政権を握る（come to power）
590 □	**clumsily** [klʌ́mzili]	*adv.* 不器用に，ぎこちなく，下手に（lacking tact or subtlety）（⇔ skillfully）
591 □	**heretic** [hérətik]	*n.* 異端者，異教徒（one who differs in opinion from an accepted belief or doctrine）
	派 **héresy**	*n.* 異教，異端，異説
592 □	**take ～ as read**	～を当然のこととみなす（to accept that sth is correct without discussing it）
593 □	**disruptive** [disrʌ́ptiv]	*adj.* 破壊的な，崩壊的な，分裂〔混乱〕を起こさせる（causing problems so that sth cannot continue normally）
	派 **disrúption**	*n.* 崩壊，混乱，分裂

21-5 Do attempts to legislate against "fake news" recall the tactics of religious censors?

1 ⑧ In our time, there are plenty of ideas that are viewed in the liberal Western world as not merely wrong but **obnoxious** and outside the limits of **decent discourse**: holocaust denial and openly racist or sexist ideas would be high on most people's lists.

5 ⑨ As long as the advocates of such ideas stop short of **inciting** violence, however, well-aimed ridicule and tough **counter-argument** are generally a better response than jail terms or fines. The most effective answer to fake news is accurate news. And for those with strong convictions about spiritual matters, the best response to a
10 **theological** challenge is to argue back, not to **brandish** a pair of handcuffs. *(The Economist*, 685 words)

594 □	**obnoxious** [əbnάkʃəs]	*adj.* とても不快な，感じの悪い；気に障る，嫌な (extremely unpleasant, particularly in a way that offends people) (≒ annoying)
595 □	**decent** [díːsnt]	*adj.* まともな，適正な (being of an acceptable standard)；礼儀作法のある；きちんとした
	派 **décentness** ⇔ **indécent**	*n.* ふさわしさ，適切さ *adj.* 無作法な，好ましくない，不適当な
596 □	**discourse** [dískɔːrs]	*n.* 談話，会話；講演，講話 (verbal interchange of ideas) (≒ dialogue, conversation)
597 □	**incite** [insáit]	*vt.* (怒り・強い感情・好奇心など) を引き起こす，をかき立てる；〈sb to ～で〉(ある行動に人) を扇動する，を駆り立てる；〈sb to do で〉(…するように人) をそそのかす (to encourage sb to do sth unpleasant, especially by making them angry or excited)
598 □	**counter-argument** [káuntərὰːrgjəmənt]	反論 (an opposing argument)

21-5 「フェイクニュース」を禁止する法律を制定しようと する試みは宗教検閲官の方策を想起させるのか

❽ 現代では，自由主義の西洋諸国において単に間違っているだけでなく，とても不快な，かつまともな談話の域を越えたとみなされる思想はたくさんある。ホロコースト否認や，あからさまな人種差別，性差別的な思想は，ほとんどの人にとって，そのリストの上位にくるであろう。

❾ しかし，このような思想の擁護者が暴力行為を引き起こす寸前で思いとどまっている限りは，ほとんどの場合，狙いどころをついた嘲りと厳しい反論の方が，懲役刑や罰金よりも概してふさわしい対応だ。フェイクニュースへの最も効果的な対処法は，正確なニュースである。そして，精神的な事柄に関して強い信念を持っている人たちにとっては，神学的な挑戦への最善の対応は，反論することであり，手錠を振り回すことではないのだ。

599 ☑ **theological** [θìːəládʒɪk(ə)l]	*adj.* 神学の；聖書に基づく (relating to the study of religion and religious belief)	
派 **theólogy**	*n.* 神学，神学理論	
600 ☑ **brandish** [brǽndiʃ]	*vt.* を振り回す，を誇示する (to wave sth in the air in a threatening or excited way)	
≒ **wíeld**	*vt.* (権力・武力など)を振るう；(影響など)を及ぼす	

🖉 語句・表現

☐ *l.5* stop short of ... ing「…する寸前で思いとどまる〔踏みとどまる〕」

❓ Quiz

☐ 1 According to Jacob Mchangama, what actions did the Catholic Church undertake in the 15th century that are comparable to the current suppression of information on social media?

☐ 2 What ways to deal with false or hateful information does Mr. Mchangama suggest are more effective than imposing criminal penalties for such content?

▶ Answer は p.464

4

司法・法律◆ Judiciary/Law

4 司法・法律 ◆ Judiciary/Law

22-1 Wesson accuses council of racial, geographic cliques

1 A **Baptist** ministers group releases a video of the council president's remarks on conflicts among lawmakers over redrawing council district maps.

❶ To the outside world, the Los Angeles **City Council** is a body that
5 works **harmoniously**, with members almost always voting unanimously and working **congenially** when they don't.

❷ But last month, in an unusually **candid** conversation with a group of black ministers, council President Herb Wesson served up a different portrait of a **legislative body**, one **carved into** racial and geographic
10 **cliques**.

❸ In videotaped remarks posted online by a Los Angeles Baptist ministers organization, Wesson discussed the council's recent, once-a-decade redistricting process, saying the council is divided into four **factions**: white, black, Latinos and those who represent the San
15 Fernando Valley.

601	**Baptist** [bǽptist]	*adj.* バプテストの, バプテスト派の *n.* バプテスト, バプテスト派
	派 **báptize**	*vt.* に洗礼を施す；に洗礼名をつける　*vt.* 洗礼を行う
602	**city council**	市議会
603	**harmoniously** [hɑːrˈmóuniəsli]	*adv.* 調和して, 仲よく
	派 **hármony**	*n.* 一致, 調和；心地よい音
	派 **harmónious**	*adj.* 仲のよい；調和のとれた；耳に快い
604	**congenially** [kəndʒíːniəli]	*adv.* 和やかに, 気性に合って (in a friendly or pleasant manner)
	派 **congénial**	*adj.* 性分に合った；気心の知れた
	派 **congèniálity**	*n.* (性質・趣味などの) 合致, 相性；性分の合うこと
605	**candid** [kǽndid]	*adj.* 率直な, 誠実な；歯に衣を着せない
	派 **cándidly**	*adv.* 率直に (openly and honestly)
	≒ **fránk**	*adj.* 率直な

22-1　ウェッソン，議会を人種的，地域的派閥であると非難

バプテスト派の聖職者グループは，市議会の選挙区の区割を見直すことに関する議員間の対立について市議会議長が発言したビデオを公表した。

❶ 外部から見ると，ロサンゼルス市議会は調和的に動いている組織で，ほとんどの場合議員たちは満場一致で決議しており，そうでない時も和やかに仕事を進めている。

❷ しかし先月，黒人聖職者グループとのいつになく率直な会話の中で，ハーブ・ウェッソン市議会議長は，人種的・地域的派閥に刻まれた，立法機関の別の姿を示した。

❸ ロサンゼルス・バプテスト聖職者協会によってインターネット上に掲載されたビデオでの発言で，ウェッソン氏は10年に1度の市議会再編成の最近の経過を説明し，市議会は白人，黒人，ラテン系，サンフェルナンド・バレーを代表する人たちの4つの派閥に分かれていると言った。

4

司法・法律◆ Judiciary/Law

---

606 ☑ **legislative body**　立法機関，立法府

参 **législàtive**　*adj.* 立法の，立法権のある

---

607 ☑ **carve into ～**　～に刻む；～に彫り込む

参 **cárve**　*vt.* を刻む，を彫る　*vi.* 彫刻する

---

608 ☑ **clique**
[klí:k]　*n.* 派閥，徒党，小集団
　　　　vi. 徒党を組む

派 **clíquey**　*adj.* 派閥的な，排他的な（≒ cliquish）

---

609 ☑ **faction**
[fǽkʃən]　*n.* 派閥，徒党，党派心

派 **fáctional**　*adj.* 党派の；党派心の強い

🖋 語句・表現

☐ *l.2*　redraw「（地図など）を引き直す」
☐ *l.8*　serve up ～「～を提示する，～を提供する」
☐ *l.12*　once-a-decade「10年に1度の」

22-2 Wesson accuses council of racial, geographic cliques

1 (❸続き) He noted an ongoing split between himself and the council's two other black council members, Jan Perry and Bernard C. Parks. And he said some of his colleagues deliberately tried to exploit that **rift**, which **became public** after Parks and Perry skipped the vote to make
5 Wesson council president.

❹ "People are very smart," Wesson told the **predominantly** black audience. "When I was elected president… the other factions said 'A-ha! The Negroes are fighting. We're going to use this to our advantage.'"

❺ "Brothers and sisters, it was me against 12 other members of the
10 council," Wesson continued. "I had no **backup**. I had no faction. And I did the very best I could with what I had. I was able to protect the most important **asset** that we as black people have, and that's to make sure that a minimum of two of the council people will be black for the next 30 years."

15 ❻ Wesson's statements have given **ammunition** to critics in Koreatown and elsewhere who are suing to undo the new council boundaries, alleging in part that race was the **driving factor** in redrawing Wesson's Mid-City district. On Tuesday, some of those critics held a news conference to distribute DVDs featuring **excerpts** of Wesson's comments, saying his statements **bolster** the lawsuit against City Hall.

610 ☑	**rift** [ríft]	*n.* 対立, 不和；裂け目；亀裂 *vt.* を裂く *vi.* 裂ける
611 ☑	**become public**	公になる, 知れ渡る (to become known)
612 ☑	**predominantly** [pridámənəntli]	*adv.* 圧倒的に, 主として, 大部分は (for the most part) (≒ mainly)
☑	**backup** [bǽkʌp]	*n.* 支援 (者) (help or support)；予備, 代替 (≒ replacement) *adj.* 予備の
613 ☑	**asset** [ǽset]	*n.* 財産 (≒ capital, fortune)；価値のあるもの, 有用なもの；〈複数形で〉資産
614 ☑	**ammunition** [æ̀mjuníʃən]	*n.* 攻撃材料；弾薬, 武器 (≒ ammo)

22-2 ウェッソン，議会を人種的，地域的派閥であると非難

(❸ 続き) ウェッソン氏は彼自身と他の 2 人の黒人市議会議員ジャン・ペリー氏とバーナード・C・パークス氏との間で今も続く対立について言及した。そして同僚たちの中には意図的にその対立を悪用しようとする者がいると言った。その対立は，ウェッソン氏を市議会議長にしようとする選挙をパークス氏とペリー氏が棄権した後，公になった。

❹ 「皆とても賢いのです」とウェッソン氏は圧倒的に多い黒人の聴衆に話した。「私が議長に選出された時，他の派閥の人たちは『そうか，黒人たちはけんかをしているのか。これはうまく利用させてもらおう』と言ったのです。」

❺ 「兄弟姉妹の皆さん，それは私対他の 12 人の議員たちという構図でした」とウェッソン氏は続けた。「私には**支援者**は 1 人もいませんでした。派閥もありませんでした。ですから，自分が持っていたもので最善を尽くしました。黒人として我々が持っている最も大切な財産を守ることができました。それは，今後 30 年間，市議会議員のうち最低 2 人の黒人議員を維持することです。」

❻ ウェッソン氏の発言は，コリアタウンや新しい市議会の選挙区の境界線を取り消すよう求めているあらゆる地域の反対派たちに攻撃材料を与えた。ウェッソン氏のミッドシティ地区の見直しには人種が大きな要因となっていたというのが彼らの主張の 1 つだった。これらの反対派の中には，火曜日に記者会見を開き，ウェッソン氏のコメントの抜粋を取り上げた DVD を配って，彼の意見は市当局に対する告訴を支持するものだと言った人たちもいた。

615 ☑	**driving factor**	原動力，機動力，推し進める要因（≒ driving force）
616 ☑	**excerpt** *n.* [iksɔ́ːrpt, ek-] *v.* [éksəːrpt]	*n.* 抜粋；引用（a short extract from a text, broadcast, a piece of music, etc.）　*vt.* を抜粋する
	派 **excérption**	*n.* 抜粋
617 ☑	**bolster** [bóulstər]	*vt.* を支持する；を増進する，を強化する *n.* 支え；長枕

✎ 語句・表現

- ☐ *l.8* use 〜 to one's advantage「〜を…に有利になるように利用する」
- ☐ *l.16* sue「訴える」
- ☐ *l.16* undo 〜「〜をやり直す」

700　　800　　900　　1000　　1100 words done!!

22-3 Wesson accuses council of racial, geographic cliques

1 ❼ "The lawyers indicate that in a lot of ways, it's **damning**," said David Roberts, who served on the city's Redistricting **Commission** and is now running for Perry's seat. "It shows that race was used as a predominant factor in drawing these lines, and we're **expressly**
5 prohibited from doing that."

❽ Wesson would not discuss details of the redistricting process Tuesday. But both he and the city's lawyers said previously that the new maps are legally defensible.

❾ Wesson's remarks were designed to smooth tensions with ministers
10 who came to **testify** at City Hall on redistricting two months ago, only to be **rebuffed**. Some of those ministers have **voiced** concerns about the council's decision to take the majority of downtown out of Perry's district and USC out of Parks' district.

618 ☐	**damning** [dǽmiŋ]	*adj.* 有罪を証明する (strongly suggesting guilt or error)；破滅的な，地獄に堕ちる
派	**dámn**	*vt.* を強く非難する；を破滅させる *n.* 〈不満などを表して〉ちくしょう
派	**dámned**	*adj.* 忌まわしい；のろわれた
619 ☐	**commission** [kəmíʃən]	*n.* 委員会 (a group of people entrusted by an official body with authority to do sth)；委任；任務；手数料
派	**commíssioner**	*n.* 委員，理事
620 ☐	**expressly** [iksprésli, eks-]	*adv.* 明確に，はっきりと (≒ explicitly)；わざわざ
☐	**testify** [téstəfài]	*vi.* 証言する，立証する (to make a formal statement that sth is true; to give evidence as a witness in a law court) *vt.* と証言する，の証拠となる
派	**téstimòny**	*n.* 証言

22-3　ウェッソン，議会を人種的，地域的派閥であると告発

❼「弁護士たちはいろいろな意味で，それは罪を証明するものだと述べています」市の再編成委員会の一員として働き，今ペリー氏の議席に立候補しているデービッド・ロバーツ氏は言った。「境界線を引くのに人種が重要な要因として使われたことがわかります。そういった行為は明確に禁止されています。」

❽ ウェッソン氏は火曜日に，再編成の過程について詳細を語ろうとはしなかった。しかし，ウェッソン氏も市の弁護士たちも以前，新しい地図は法的に正当なものであると言っていた。

❾ ウェッソン氏の発言は，2カ月前に再編成について市当局に証言しに来た聖職者たちとの間の緊張を和らげるためのものだったのだが，結局拒絶された。この聖職者たちの中には，ペリー氏の地区から中心街の大半を外し，パークス氏の地区から南カリフォルニア大学 (USC) を外すという市議会の決定に懸念を表明した人たちもいた。

621 ☐ **rebuff** [ribʌ́f]	*vt.* を拒絶する (reject sb or sth in an abrupt or ungracious manner) (≒ brush-off)；を阻止する *n.* 断固たる拒絶
622 ☐ **voice** [vɔ́is]	*vt.* を表明する，を表現する *n.* 声；意見；発言権
派 **vóiceless**	*adj.* 声がない；意見を言わない

🖉 語句・表現

☐ *l.3*　run for ～「～に出馬する」
☐ *l.4*　predominant factor「重要な要因」
☐ *l.9*　smooth tensions with ～「～との間の緊張を和らげる」

22-4 Wesson accuses council of racial, geographic cliques

1 ⑩ Pastor Marvis Davis, who heads the Baptist Ministers Conference of Los Angeles and Vicinity, said shifting downtown out of Perry's district leaves her with the poorest constituency in the city. "It is deplorable," he said.

5 ⑪ Parks and Perry contend that the council president worked closely with 12 of the council's 15 members on the new council district maps. Two council members on friendlier terms with Wesson also **took issue with** some of his videotaped statements.

⑫ **Councilman** Mitch Englander, who is white and represents the
10 northwest Valley, said council members may have personality differences but are not split on race. Councilman Paul Koretz, a Wesson ally since their days in the state **Assembly**, said council members typically split on specific issues, such as whether to pursue **layoffs**, not on race or ethnicity.

15 ⑬ Wesson said his description of racial factions applied to the redistricting process, not day-to-day council relations and decisions. "I was just trying to explain to some people how all of this happens and to be as honest as I can," he said.

623 ☑	**take issue with ~**	〜に異議を唱える，〜と (意見が) 対立する
624 ☑	**councilman** [káunslmən]	*n.* 市会議員 (≒ councilor)；評議委員
625 ☑	**assembly** [əsémbli]	*n.* 議会；集会；立法機関，〈米州議会〉下院
	派 **assémble**	*vi.* 集合する (to gather together in a group) *vt.* を集合させる；を組み立てる
626 ☑	**layoff** [léiɔ̀(ː)f]	*n.* 一時解雇，レイオフ (the temporary discharge of a worker because of lack of money to pay him/her or lack of work to be done)
	熟 **lay off ~**	〜を (一時) 解雇する

22-4　ウェッソン，議会を人種的，地域的派閥であると非難

⑩ ロサンゼルスとその周辺地域のバプテスト聖職者会議の長を務めるマービス・デイビス牧師は，ペリー氏の地区から中心街を外すと市で最も貧しい有権者たちが残ることになると言った。「嘆かわしいことです」と牧師は言った。

⑪ パークス氏とペリー氏は，市議会の新しい地区図に関して，15人いる市議会議員のうち12人と市議会議長が緊密に協力したと強く主張する。ウェッソン氏とより関係の深い2人の議員たちも議長のビデオでの発言について異議を唱えた。

⑫ ミッチ・イングランダー市会議員は白人で，ノースウェスト・バレーの代表であるが，議員たちには性格的な違いはあっても人種についての対立はないと述べた。ポール・コレッツ市会議員は州議会の頃からウェッソン氏の味方で，議員たちは通常一時解雇を押し進めるかどうかといった特定の問題については意見が分かれるが，人種や民族性についてはそのようなことはないと語った。

⑬ ウェッソン氏は人種的派閥についての自分の話は区割りの再編成のプロセスにあてはまるもので，日常的な市議会の関係や決定にあてはまるものではないと言った。「私はただどうしてこんなことが起きたのか一部の人たちに説明し，できる限り正直であろうとしただけです」と語った。

4

司法・法律◆Judiciary/Law

🖊語句・表現

☐ *l.5*　work closely with ～「～と緊密に連携する」
☐ *l.14*　ethnicity「民族性」

22-5 Wesson accuses council of racial, geographic cliques

1 ⑭ Some of Wesson's most candid statements did not make it onto the DVD passed out by **activists** Tuesday. At one point, he said Asian Americans did not get their own council seat because they "live all over." At another, he discussed the upcoming campaign in Perry's 9th
5 District, which covers the eastern end of South Los Angeles and is now heavily Latino. Perry is running for **mayor**, leaving that seat open in March.

⑮ Wesson told the group that 40% of the district's voters are black. He advised the Baptist ministers to begin vetting candidates, saying there
10 was still a strong chance that another black council member could be elected to the seat.

⑯ "If we come together as a people, we will have a council person from the 9th District... who looks like you and looks like me," he told the audience. "If we do not come together, it's gone. As my
15 grandmother would say, 'It's gone, boy.'"   (*Los Angeles Times*, 792 words)

☑	**activist** [ǽktivist]	*n.* 活動家, 運動家
派	**áctive**	*adj.* 活動的な, 積極的な (⇔passive)；現役の；作動中の
派	**actívity**	*n.* 活動, 運動；活躍
派	**áctivàte**	*vt.* を作動させる；を活性化する
627 ☑	**upcoming** [ápkÀmiŋ]	*adj.* 起ころうとしている, やがてやってくる (about to happen; forthcoming)
☑	**mayor** [méiər]	*n.* 市長, 町長
派	**máyoral**	*adj.* 市長の, 町長の
派	**máyoralty**	*n.* 市長〔町長〕の職〔任期〕

22-5　ウェッソン，議会を人種的，地域的派閥であると非難

⑭ ウェッソン氏の非常に率直な発言には，火曜日に**活動家**たちによって配られたDVDには含まれていなかったものもあった。ある時，ウェッソン氏はアジア系アメリカ人たちが市議会に独自の議席を持っていないのは彼らが「至る所に住んでいる」からだと言った。また別の時には，ペリー氏の第9地区で近く行われる選挙運動について論じた。そこはロサンゼルス南部の東端で，現在ラテン系の人々が多く住んでいる所だ。ペリー氏は**市長**に立候補しており，3月には同氏の議席は空席となる。

⑮ ウェッソン氏はグループに，その地域では40％の有権者が黒人であると話した。彼はバプテスト派の聖職者たちに候補者を**精査する**ことを始めるよう忠告し，その議席に新たな黒人議員が選出される可能性はまだ大いにあると言った。

⑯ 「我々が民族として**団結すれ**ば，第9地区から議員が生まれるでしょう…あなたたちや私のような外見の」とウェッソン氏は聴衆に語った。「団結しなければ，それで終わりです。『坊や，もう終わりよ』と私の祖母がよく言っていたように。」

4

司法・法律 ◆ Judiciary/Law

628 ☑	**vet** [vét]	*vt.* （経歴・過去など）を詳しく調べる；を念入りに**審査す**る；（動物など）を診察する *n.* 獣医
	參 **vèterinárian**	*n.* 獣医師
629 ☑	**come together**	団結する，力を合わせる

❓Quiz

☐ 1　What is the legacy that President Herb Wesson said he was able to protect as President of the council?

☐ 2　Why did Herb Wesson make the controversial remarks that were released on a video in the first place?　　▶ Answer は p.464

4 司法・法律 ◆ Judiciary/Law

23-1 Coping with Online Piracy

1　❶ Almost from the dawn of the information age, media producers have **bemoaned** the loss of profits **incurred** through digital piracy. The international reach of the Internet, combined with its ease of access and **anonymous** nature, has made it an ideal venue for would-be

5　pirates to illegally obtain and distribute copyrighted materials. So-called peer-to-peer programs have **lured** computer geeks and ordinary users into becoming witting or unwitting **lawbreakers**, as they **copiously** upload and download songs, movies, games, software and other digital media free of charge. Those in support of more

10　**stringent** anti-piracy laws claim that in the U.S. alone the annual loss to the economy is somewhere between 200 and 250 billion dollars. Needless to say, producers (and some artists) have been **frantically** searching for ways to **counter** this state of affairs and put an end to online copyright **infringement**.

---

630 □	**bemoan** [bimóun]	*vt.* を嘆く，を不満に思う (to express sorrow or discontent over)　*vi.* 悲しむ，嘆く
631 □	**incur** [inkə́:r]	*vt.* (負債・損害など) を被る (to experience unpleasant results which we ourselves have caused)
□	**anonymous** [ənánəməs]	*adj.* 匿名の，無記名の；作者不明の (known but not named)
	派 **ànonýmity**	*n.* 匿名 (性)
632 □	**lure** [l(j)úər]	*vt.* をおびき寄せる，を誘惑する　*n.* 引きつけるもの；(釣りの) ルアー
633 □	**lawbreaker** [lɔ́:brèikər]	*n.* 法律違反者 (a person who does not obey the law)
	派 **láwbrèaking**	*n.* 違法行為　*adj.* 違法の
634 □	**copiously** [kóupiəsli]	*adv.* 豊富に，おびただしく (in large amounts) (≒ extravagantly)；(液体などが流れ出す様子) どくどく

23-1 インターネット上の著作権侵害への対処

❶ 情報化時代の黎明期からほぼずっと，メディア・プロデューサーたちはデジタル上の著作権侵害によって被った利益の喪失を嘆いてきた。インターネットの国際的な広がりは，アクセスの容易さと匿名性が相まって，インターネットを著作権侵害者予備軍が著作物を違法に入手して配布するための理想的な場所にした。いわゆるピアツーピア・プログラムは，コンピュータおたくや一般の利用者を意図的にあるいは無意識のうちに法律違反者になるようそそのかしてきた。歌，映画，ゲーム，ソフトウェア，およびその他のデジタルメディアを大量に無料でアップロードまたはダウンロードする際にである。そのようなことがなされたのは，歌，映画，ゲーム，ソフトウェア，およびその他のデジタルメディアを大量に無料でアップロードまたはダウンロードする際にである。より厳格な著作権侵害対策法を支持する者たちは，経済への年間損失額は米国内だけでもおよそ2,000～ 2,500億ドルにものぼると主張する。言うまでもなく，プロデューサー（および一部のアーティスト）が必死に模索しているのは，この事態に対抗しオンライン著作権侵害に終止符を打つための方法である。

⁶³⁵ ☑ **stringent** [stríndʒənt]	*adj.* 厳格な (extremely limiting or difficult; severe) (≒ rigorous)；金詰まりの	
⁶³⁶ ☑ **frantically** [frǽntikəli]	*adv.* 必死に，狂気のように (in an uncontrolled manner) (≒ frenziedly)	
⁶³⁷ ☑ **counter** [káuntər]	*vt.* に反論する，に反抗する　*vi.* 反論する　*adj.* 反対の *adv.* 反対して　*n.* 反論；逆	
⁶³⁸ ☑ **infringement** [infríndʒmənt]	*n.* 侵害；違反 (an action that breaks a rule, law, duty or obligation)	
派 **infrínge**	*vt.* を侵害する *vi.* 〈upon/on ～で〉 (～を) 侵害する (≒ violate)	

🖉 語句・表現

- *l.1*　the dawn of ～「～の黎明期 [夜明け，幕開け]」
- *l.4*　make it an ideal venue for ～「それを～のための理想的な場所にする」
- *l.5*　copyrighted material「著作権のあるもの」
- *l.6*　peer-to-peer program「ピアツーピア」ネットワーク上で複数の一般端末を直接接続し，データを送受信する方式。

右側縦書き：4　司法・法律 ◆ Judiciary/Law

700　800　900　1000　1100 words done!!

23-2 Coping with Online Piracy

1 ❷ One of the biggest challenges to overcoming online piracy has been persuading foreign governments to conform to international agreements on Internet intellectual property rights (IPR). According to the Business Software Alliance, the highest rates of piracy are in
5 Central and Eastern Europe, followed by Asia Pacific and the Middle East & Africa. Even though many countries in these regions signed the IPR agreements, a number have been dragging their feet on enacting meaningful anti-piracy laws. Lenient penalties and lapses in enforcement allow perpetrators to continue their illicit activities with
10 little fear of reprisal. Largely due to pressure from the U.S., the status quo has been reversing in recent years, and governments are becoming more conscientious about acting in accordance with the agreements.

639 ☐ **conform** [kənfɔ́ːrm]	*vi.* 従う，守る；順応する (to follow a rule or law) *vt.* を同等にする	
派 **confórmity**	*n.* 順応；服従	
640 ☐ **drag one's feet on ~**	～に消極的である (to have doubts and hesitate before performing a task or starting a relationship)	
641 ☐ **lenient** [líːniənt]	*adj.* 手ぬるい，大目に見る，甘い；慈悲深い，情け深い，(…に) 寛大で (not as severe in punishment as would be expected) (≒ merciful, forgiving)	
642 ☐ **lapse** [læps]	*n.* しくじり，ふとした過ち，間違い (a slight error due to forgetfulness or carelessness)；衰退，喪失；失効；時の経過 (time lapse) *vi.* 陥る；堕落する；終わる	
派 **lápsed**	*adj.* 無効になった；堕落した	
643 ☐ **reprisal** [ripráizl]	*n.* (政治的・軍事的) 報復，仕返し (a retaliatory act)	
644 ☐ **status quo**	現状 (the existing state of affairs)；体制	
参 **status quo ante**	以前の状態，旧態	

23-2　インターネット上の著作権侵害への対処

❷ オンライン著作権侵害に打ち勝つための最大の課題の1つは，インターネットの知的財産権 (IPR) に関する国際協定に従うよう外国政府を説得することである。ビジネス・ソフトウェア・アライアンス (BSA) によれば，著作権侵害が最も行われているのは中央および東ヨーロッパで，続いてアジア太平洋地域と中東，アフリカである。これらの地域の多くの国が知的財産権協定を締結しているにもかかわらず，多くは意味のある著作権侵害対策法を制定することに消極的だった。違反者は手ぬるい処罰や取締りのしくじりのせいで報復をほとんど恐れることなく違法行為を続けられる。主に米国からの圧力により，近年では，現状は変わってきており，各国政府は協定に従って行動することにより誠実になっている。

4

司法・法律 ◆ Judiciary/Law

645 ☐	**conscientious** [kὰnʃiénʃəs]	*adj.* 良心的な，誠実な (in accordance with one's sense of right and wrong)；入念な，用心深い
派	**cònsciéntiously**	*adv.* 良心的に，誠実に；入念に，注意深く
派	**cónscience**	*n.* 良心，誠実さ
646 ☐	**in accordance with ～**	～に従って，～通りに (in a way that follows or obeys sth/sb)
参	**accórdance**	*n.* 合致，調和

🖉 語句・表現

☐ *l.3*　Internet intellectual property rights (IPR) 「インターネットの知的財産権」
☐ *l.4*　Business Software Alliance (BSA) 「ビジネス・ソフトウェア・アライアンス」ソフトウェアの権利保護活動をしている，米国のソフトウェア企業が結成した非営利団体の名称。

23-3 Coping with Online Piracy

1 (❷ 続き) China, for example, has launched several campaigns to crack down on violators, conducting raids, imposing fines, and subjecting online pirates to imprisonment. Likewise, Japan — although it is not among the worst offenders — **signed** an amendment to its

5 copyright regulations **into law**, promising stiff jail time and substantial **monetary** sanctions for those found guilty of online piracy.

❸ Efforts to stamp out online piracy have not been without criticism, however. The proposed U.S. Stop Online Piracy Act (SOPA) encountered severe resistance. The act sought **court orders** to

10 prevent advertisers and payment services from doing business with offending websites. Search engine links to the sites would also have been forbidden, and Internet service providers would have been required to block users from accessing the sites.

---

647 ☑	**sign ～ into law**	～を法制化する (to pass a law)
	参 **légalize**	*vt.* を合法化する
	参 **législate**	*vt.* を法制化する
648 ☑	**monetary** [mánətèri]	*adj.* 金銭上の，金銭の ; 財政上の ; 金融の；通貨の (relating to money, especially all the money in a particular country)
	派 **mónetarist**	*n.* 通貨主義者，マネタリスト ※通貨主義とは，1830 ～ 40 年代に英国で唱えられた通貨論争における主張の 1 つ。
	≒ **fináncial**	*adj.* 財政上の (relating to money or management of money)
	≒ **pecúniary**	*adj.* 金銭の (relating to or consisting of money)
649 ☑	**court order**	裁判所命令 (an order issued by a court that imposes a legal obligation on sb/sth)

23-3　インターネット上の著作権侵害への対処

(❷ 続き) 例えば中国は，手入れを行う，罰金を科す，オンライン著作権侵害者を投獄するなど，違反者を取り締まるためのいくつかの取り組みに着手している。同様に，日本では，極めて重大な違反者に対するものではないが，著作権法の改正案を法制化した。オンライン著作権侵害の有罪判決を受けた者には厳しい懲役刑と相当な金銭的制裁を科すことを約束するものである。

❸ しかしながら，オンライン著作権侵害を撲滅するための取り組みに批判がなかったわけではない。提案された米国のオンライン海賊行為防止法案 (SOPA) は激しい抵抗にあった。その法案は，広告主や決済サービス会社が違法なウェブサイトとの取り引きを行わないようにするための裁判所命令を求めるものだった。ウェブサイトへの検索エンジンのリンクも禁止され，インターネットプロバイダーには，ユーザーがそのようなウェブサイトへアクセスするのを阻止することが求められた。

4

司法・法律 ◆ Judiciary/Law

✏️ 語句・表現

- ☐ *l.2*　crack down on 〜「〜を厳しく取り締まる，弾圧する」
- ☐ *l.2*　raid「(警察の) 手入れ」
- ☐ *l.2*　impose a fine「罰金を科す」
- ☐ *l.5*　jail time「懲役刑」
- ☐ *l.6*　found guilty of 〜「〜の罪で有罪判決を受けた」
- ☐ *l.7*　stamp out 〜「〜を撲滅する」
- ☐ *l.8*　U.S. Stop Online Piracy Act (SOPA)「米国のオンライン海賊行為防止法案」

23-4 Coping with Online Piracy

1　(**❸ 続き**) Opponents of the act claimed that its embedded threats to free speech and innovation outweighed the potential benefits touted by supporters. The opposition was so strong that several popular websites — Wikipedia being the most prominent — temporarily shut

5　down their services in protest.　Others, such as Google and Tumblr posted protest messages and encouraged users to contact congressional leaders to voice their opposition.　Surprised by the negative response, several **lawmakers** withdrew their support of the act and consideration of the bill was postponed, which effectively

10　scuttled it.
　　❹ Critics have also expressed the point of view that successfully wiping out online piracy is neither possible nor necessarily desirable.　If we take a glance at prevailing attitudes, it is clear that the majority of computer users think there is nothing wrong with downloading or

15　sharing copyrighted material without paying.

⁶⁵⁰ ☐ **outweigh** [àutwéi]	*vt.* より勝っている；より体重がある (to be more in amount or importance than sth)
⁶⁵¹ ☐ **tout** [táut]	*vt.* を高く評価する；をほめちぎる；を大げさに宣伝する，をうるさく勧める (to praise or publicize lavishly and often excessively) *vi.* 客引きをする　*n.* 客引き
☐ **lawmaker** [lɔ́:mèikərɾ]	*n.* (国会) 議員，立法者；立法府の議員 (sb who is responsible for making and changing laws including politicians) (≒ legislator)
⁶⁵² ☐ **scuttle** [skʌ́tl]	*vt.* (計画・希望など) を断念する，を無効にする，をダメにする，を破棄する (to give up a plan or spoil a possibility for success)；(船) に穴を開けて沈める
⁶⁵³ ☐ **prevailing attitudes**	一般的な〔社会などに浸透している〕姿勢〔考え方〕
派 **prevail**	*vi.* 優勢である，流行している，広く行き渡る；まさる (≒ predominate)

23-4　インターネット上の著作権侵害への対処

（❸ 続き）法案の反対者たちは，言論の自由と革新に対する隠された脅威のほうが支持者たちが高く評価する潜在的利益より勝っていると主張した。反対の声はあまりにも強く，いくつかの人気のウェブサイト——ウィキペディアが最も顕著であった——はそれに抗議してサービスを一時的に停止した。グーグルやタンブラーなどの他のウェブサイトは，抗議のメッセージを掲載し，ユーザーに議会指導者に連絡を取り反対を表明するよう促した。否定的な反応に驚き，何人かの議員は自身の法案への支持を撤回し，法案の審議は延期され，そのため法案は事実上断念された。

❹ 批評家たちはまた，オンライン著作権侵害を首尾よく撲滅することは不可能であり，そのことは必ずしも好ましいわけではないという見解も表明してきた。一般的な姿勢にちょっと目を向けてみれば，コンピュータ使用者の大多数が，ただで著作物をダウンロードしたり共有したりすることを悪いことだとはまったく考えていないことは明らかである。

4
司法・法律 ◆ Judiciary/Law

📝 語句・表現

□ *l.2*　free speech「言論の自由」
□ *l.5*　in protest「抗議して」
□ *l.7*　voice one's opposition「反対を表明する」
□ *l.8*　withdraw ～「～を撤回する」

Key Points of This Issue　知的所有権（知的財産権）(Intellectual Property Rights)

　知的所有権とは，人間の知的創造活動について，その創作者に権利保護を与えるもの。日本では，独創的なアイデアである発明 (invention) や考案 (utility models) は特許法 (Patent Law)・実用新案法 (Utility Model Law) で，ユニークなデザインである意匠 (design) は意匠法 (Design Law) で，音楽，小説・評論，絵画などの著作物は著作権法 (Copyright Law) でそれぞれ保護されている。近年では，インターネット上の著作権侵害が急増し，深刻な問題となっている。著作権者に無断で音楽や映像をアップロードすることはかねてより違法であったが，ダウンロードに関しても，2012年10月より「2年以下の懲役または200万円以下の罰金（またはその両方）」が科されることとなった。

23-5 Coping with Online Piracy

1 （ ❹ 続 き ）According to a study by PricewaterhouseCoopers, 81 percent of users who have pirated media say that they will continue doing so despite the possibility of getting into legal trouble. Most of these users are either unwilling or unable to **fork out** the necessary
5 cash to pay for the media they are pirating. While individuals have been successfully sued for illegal downloading — a Minnesota housewife was fined over two million dollars for downloading 24 songs — such **verdicts** have turned out to be **Pyrrhic victories**. Many people feel that such harsh penalties are not **commensurate** with the relatively
10 minor nature of the offenses. Because of the ill-will that has been generated, media producers have retreated from suing individuals, focusing on pirating sites instead. They want to remind users though, that illegal uploading and downloading are still **dicey** activities. They not only rob producers and artists of income they are entitled to, but
15 expose users to legal risks, not to mention computer viruses and the inferior quality of pirated material.

(Original, 694words)

654 ☑	**fork out ～**	～を (しぶしぶ) 払う (to pay unwillingly)
655 ☑	**verdict** [və́ːrdikt]	*n.* (陪審員による) 評決；判断 (a decision made by a jury after examining various facts, especially such a decision made at the end of a court trial)
	≒ **júdgment**	*n.* 判決, 裁判, 判断, 審査
	≒ **séntence**	*n.* (裁判官が言い渡す) 判決；文　*vt.* に判決を下す
656 ☑	**Pyrrhic Victory**	ピュロスの勝利, 犠牲が多く割に合わない勝利 (a victory or goal achieved at too great a cost) ※紀元前3世紀. ギリシャのエピルス王国の王ピュロスは, ヘラクレアの戦いでローマ軍に勝利したが, そのために払った犠牲は甚大であった。このことから, 代償が大きく割に合わない勝利を「ピュロスの勝利」と呼ぶようになった。
657 ☑	**commensurate** [kəménsərət]	*adj.* 相応の, 同等の, ふさわしい, 見合っている (corresponding in size, amount or degree)
	派 **comménsurable**	*adj.* 同じ単位で計れる；釣り合いの取れた；約分できる

23-5 インターネット上の著作権侵害への対処

(**④** 続き) プライスウォーターハウスクーパースの調査によると, メディアの著作権侵害をしたユーザーの81％は, 法的トラブルに巻き込まれる可能性があるにもかかわらず, その行為を続けると言っている。こうしたユーザーのほとんどは, 自らが著作権を侵害しているメディアに対して本来は支払うべき金を払うことができないか望まないかのいずれかである。個人が違法ダウンロードでまんまと訴えられている中で——ミネソタ州のある主婦は24曲をダウンロードしたことで200万ドル以上の罰金を科せられた——このような評決は結局犠牲が大きすぎる勝利だということがわかった。多くの人たちが, このような厳しい刑罰はそれが相当する比較的軽度の違法行為と見合っていないと感じている。それによって引き起こされた反感のため, メディア・プロデューサーは個人を訴えることをやめ, その代わり著作権侵害を行うウェブサイトに照準を合わせている。だが, メディア・プロデューサーはユーザーに違法アップロードおよびダウンロードはそれでもやはり危険な行為であることを気づかせたいと考えている。それらはプロデューサーやアーティストが受け取るはずの収入を彼らから奪うだけでなく, ユーザーを法的リスクにさらすものでもある。コンピュータウイルスや海賊版の素材の品質の低さについては言うまでもないが。

658 ☑	**dicey** [dáisi]	*adj.* 危険な (≒ risky)；不確かな (not certain or safe; unpredictable)
派	**díce**	*n.* さいころ, (さいころを用いた) ばくち

📝 語句・表現

- ☐ *l.1* PricewaterhouseCoopers：ロンドンを拠点として総合的な企業コンサルティングを行う企業。
- ☐ *l.3* get into legal trouble「法的トラブルに巻き込まれる」
- ☐ *l.7* be fined over 〜「〜で罰金を課せられる」

❓ Quiz

- ☐ 1 What is being done in order to crack down on violators of online copyright in Japan?
- ☐ 2 Why was consideration of SOPA postponed? ▶ Answer は p.464

4 司法・法律 ◆ Judiciary/Law

24-1 Sentencing Juveniles for Capital Crimes

1 ❶ In 2005, the U.S. Supreme Court **rendered** a decision declaring capital punishment for juveniles under the age of 18 to be "cruel and unusual punishment," and thus in violation of the Eighth Amendment of the U.S. Constitution. The verdict **overturned** statutes in 25 states
5 and directly affected the sentences of 72 death row **inmates** in 18 states. In its ruling, the court cited "evolving standards of decency," which had previously been used as an argument in a 2002 decision **repudiating** death sentences for cognitively **impaired** individuals. Justice Anthony Kennedy wrote in the majority opinion that
10 sociological and scientific studies had shown a definite **disparity** between juveniles and adults with regards to maturity and sense of responsibility. The research also found that juveniles are less "morally **culpable**" because they are more subject to negative influences and pressures, including **peer pressure**, and have less control over
15 themselves and their environments.

659 ☐	**render** [réndər]	*vt.* (判決)を言い渡す (to officially and formally pronounce); (理由, 回答など) を提出する; を表現する
	派 **réndering**	*n.* (劇, 音楽などの) 表現; 役作り; 演奏
660 ☐	**overturn** *v.* [òuvərtə́:rn] *n.* [－－－]	*vt.* を覆す (to officially decide that a decision is wrong and change it); を打ち負かす　*vi.* 倒れる　*n.* 転覆
661 ☐	**inmate** [ínmèit]	*n.* (刑務所, 病院などの) 被収容者, 囚人, 患者
662 ☐	**repudiate** [ripjú:dièit]	*vt.* を否認する, 否定する, を拒否する (to say that you refuse to accept or believe sth); と縁を切る
	派 **repùdiátion**	*n.* 否認; 放棄
663 ☐	**impaired** [impéərd]	*adj.* 障害のある, 損なわれた (damaged or not functioning normally)
	派 **impáir**	*vt.* (健康, 価値など)を損なう, 害する
	派 **impáirment**	*n.* 機能障害, 障害, 損傷

24-1　未成年者に死刑を宣告すること

❶ 2005年に，米国連邦最高裁判所は，18歳未満の未成年者に死刑を求刑することは「残酷で異常な刑罰」であり，それゆえに米国憲法修正第8条に違反しているという判決を言い渡した。その評決は25の州で法令を覆し，18の州の死刑判決を受け収監されている受刑者72人の判決にも直接影響を及ぼした。最高裁の判決において裁判官は「進展する品位の水準」を引き合いに出したが，それは2002年の認知障害者に対する死刑判決を否認する根拠として過去に用いられたものだった。アンソニー・ケネディ判事は多数意見として，社会学的・科学的研究により，未成年者と成人では成熟度と責任感に関して明確な相違があることが示されていると書いた。また，その研究からわかったこととして，未成年者はより軽めに「道徳的に非難されるべき」対象であり，それは悪影響，そして，同調圧力を含むプレッシャーによりさらされやすく，自分自身や周囲をうまく制御できないからだ。

4
司法・法律 ◆ Judiciary/Law

664 □	**disparity** [dispǽrəti]	*n.* 相違，不一致，格差，不釣り合い (a lack of equality or similarity, especially in a way that is unfair)
派	**dísparate**	*adj.* 異種の，異なる，まったく別の
665 □	**culpable** [kʌ́lpəbl]	*adj.* 過失のある，非難される（≒ blameworthy）
派	**cùlpabílity**	*n.* 過失があること
666 □	**peer pressure**	同調圧力 (≒ social pressure)，仲間からの圧力
派	**péer**	*n.* 仲間，同僚；同等の者

✐ 語句・表現

- □ *l.3*　the Eighth Amendment of the U.S. Constitution「米国憲法修正第8条」残虐で異常な刑罰の禁止を定める。
- □ *l.6*　evolving standards of decency「進展する品位の水準」憲法が定められてから時間が経過するにつれ，人間の品位の水準が移り変わっていくこと。

24-2 Sentencing Juveniles for Capital Crimes

1 ❷ Even though the execution of juveniles was **deemed** unconstitutional, they still could be sentenced to life without parole (LWOP). A juvenile so sentenced could never become **eligible** for early release, regardless of behavior or length of time in prison. In 2006, a Florida youth was
5 sentenced to life in prison for violating a plea agreement for a **conviction** of armed **burglary** with assault and battery and attempted armed robbery. Since the State of Florida had abolished parole, this automatically became an LWOP sentence, in spite of the fact that the youth had not committed a capital crime. In 2010, the U.S. Supreme
10 Court ruled against applying such sentences except for cases of intentional homicide. In 2012, the court further ruled that LWOP sentences cannot be applied automatically **across the board**, but that judges must **refrain from** imposing such sentences without carefully considering all of the mitigating factors related to the individual and the
15 crime.

667 ☑	**deem** [díːm]	*vt.* とみなす，と考える (≒ consider)
668 ☑	**eligible** [élidʒəbl]	*adj.* (…する) 資格のある，適任の (having the qualifications to do or have sth) (≒ entitled)；的確な *n.* 適任者
	派 **èligibílity**	*n.* 適任；被選挙資格
	⇔ **inéligible**	*adj.* 資格のない
669 ☑	**conviction** [kənvíkʃən]	*n.* 有罪判決；自信；信念，確信 (a very strong opinion or belief) (≒ assurance)
	派 **convícted**	*adj.* 有罪判決を受けた
670 ☑	**burglary** [bɔ́ːrɡləri]	*n.* 住居侵入窃盗，(押し込み) 泥棒 (行為) (≒ housebreaking, robbery)
	派 **búrglar**	*n.* 住居侵入者，(押し込み) 泥棒
	派 **búrglarize**	*vt.* に押し入る *vi.* 泥棒に入る，強盗をする
	参 **thíef**	*n.* (暴力を用いないで行う) 泥棒

24-2　未成年者に死刑を宣告すること

❷ 未成年者の死刑執行は違憲とみなされてはいたが，仮釈放なしの無期刑（LWOP）の判決を受けることはあり得た。この判決を受けた未成年者は，絶対に早期釈放の資格を得られなかった。それは，服役態度や服役期間にかかわりなかった。2006年に，フロリダ州のある若者が，司法取引に違反したため終身刑を言い渡された。その司法取引は，脅迫暴行を伴う武装侵入窃盗および強盗未遂の有罪判決のものであった。フロリダ州では仮釈放が廃止されていたので，これは自動的にLWOPの判決となった。極刑に値する罪を犯していないという事実にもかかわらずである。2010年に，米国連邦最高裁判所は，意図的殺人の場合を除き，このような判決の適用を禁じる裁定を下した。2012年に，裁判所はさらに，LWOPを自動的に一律に適用することはできず，個人と犯罪に関係するすべての減刑要素を慎重に考慮することなくこのような判決を下すことを判事は控えなければならない，と裁定した。

4

司法・法律 ◆ Judiciary/Law

671 ☑	**across the board**	一律に，全面的に，全体に及ぶ
672 ☑	**refrain from ～**	～を控える，～をやめる

🖉 語句・表現

- ☐ *l.2*　life without parole（LWOP）「仮釈放なしの無期刑（終身刑）」life imprisonment without parole と同義。仮釈放が認められる日本の無期懲役刑（life imprisonment）とは異なる。imprisonment は「懲役，収監」の意。
- ☐ *l.3*　so sentenced：ここでの so は前の文のLWOPを指す。
- ☐ *l.3*　regardless of ～「～にかかわらず」
- ☐ *l.4*　be sentenced to life in prison「終身刑を言い渡される」
- ☐ *l.5*　a plea agreement「司法取引」厳密には「答弁合意」を表す。
- ☐ *l.6*　assault and battery「脅迫暴行，暴行，暴力行為」
- ☐ *l.8*　in spite of the fact that ...「…という事実にもかかわらず」

24-3 Sentencing Juveniles for Capital Crimes

1 ❸ Although the Supreme Court's 2012 decision somewhat **rectified** what many considered overly harsh treatment of juvenile criminals, it did not eliminate the possibility of LWOP sentences for these offenders. Some state Supreme Courts have ruled that LWOP is
5 appropriate for homicides no matter how old the perpetrator was when the crime was committed. At present, the United States is one of only twelve countries in the world to **inflict** LWOP sentences on juveniles, and it is the only country with minors actually serving these sentences. Inevitably, these sentences are still considered draconian by critics,
10 including **defense attorneys**, social workers, and human rights activists. Using the same reasoning as the Supreme Court decisions, they have more empathy for the **plight** of juvenile offenders, in recognition of the intellectual and behavioral differences between them and adults. They are **appalled** by a system that seems **devoid of**
15 compassion and **precludes** the possibility of rehabilitation for such young lives. The system, they say, is badly in need of **overhaul**.

673 ☐	**rectify** [réktəfài]	*vt.* を改正する (to correct sth by removing errors), を正す, を直す (to make sth right)
	派 **rèctificátion**	*n.* 改正；調整
	派 **réctifiable**	*adj.* 改正できる
674 ☐	**inflict** [inflíkt]	*vt.* (刑など) を科する；(負担など) を負わせる；(苦痛など) を与える (to cause or impose sth unpleasant to be endured)
	派 **inflíction**	*n.* (苦痛などを) 与えること
675 ☐	**defense attorney**	被告側弁護人　⇔ plaintiff's attorney (原告側弁護士)
	派 **deféndant**	*n.* 被告 (sb who is being sued or accused of committing a crime)　⇔ plaintiff (原告) (the party who sues)
676 ☐	**plight** [pláit]	*n.* 窮状, 困難な状況, 苦境 (an unpleasant condition, especially a serious , sad, or difficult one)
	≒ **predícament**	*n.* 苦境

24-3　未成年者に死刑を宣告すること

❸ 最高裁の2012年の裁決により，少年犯罪者に対する過度に厳しい処置であると多くの人が考えているものがいくらか改正されたとはいえ，少年犯罪者がLWOPの判決を受ける可能性が排除されたわけではなかった。州最高裁判所の中には，罪を犯した際の加害者の年齢にかかわらず，LWOPは殺人罪にふさわしいと裁定してきたところもある。現在，米国は，未成年者にLWOPの判決を科している世界にたった12カ国しかない国の1つであり，こうした刑罰で実際に服役している未成年者がいる唯一の国である。当然，こうした刑罰は，被告側弁護人，ソーシャルワーカー，人権問題活動家などを含む批評家たちの間で，いまだに極めて厳しいものとみなされている。最高裁の判決と同様の論法を用いて，批評家たちは少年犯罪者の窮状により強く共感していて，未成年者と成人の間にある知性・行動面での違いを認めている。批評家たちは，思いやりに欠けていて若者の社会復帰の可能性を排除するようなこの制度に愕然としている。この制度には，全面的な見直しが大いに必要とされていると述べている。

4
司法・法律 ◆ Judiciary/Law

677 □	**appall** [əpɔ́:l]	*vt.* を愕然とさせる，をぞっとさせる（≒ frighten） *cf.* be appalled by ～（～に愕然とする）
	派 **appálling**	*adj.* 悲惨な，おそろしい，すさまじい
678 □	**be devoid of ～**	～に欠けている，～がない（not having a particular quality）
679 □	**preclude** [priklú:d]	*vt.* を排除する（≒ exclude）；を妨げる（≒ prevent）；を不可能にする（to make it impossible）
	派 **preclúsion**	*n.* 防止；除外
680 □	**overhaul** *n.* [óuvərhɔ̀:l] *vt.* [‐‐‐́]	*n.* 総点検，分解修理（a thorough examination and repair）　*vt.* を分解点検する；を徹底的に調査する；を分解検査〔修理〕する

🖊 語句・表現

□ *l.9*　draconian「極めて厳しい」古代アテネにおいて，極めて過酷な刑法を制定した執政官 Dracon から生まれた語。

24-4 Sentencing Juveniles for Capital Crimes

1 ❹ In recent decades, Japan has also been wrestling with the issue of sentencing juvenile offenders. In the wake of brutal crimes committed by minors, the Revised Juvenile Act **took effect** on April 1, 2001. As in the U.S. and other industrialized nations, it represented a <u>retreat</u> from
5 leniency for young criminals.　Where cases were once handled in family courts, juveniles as young as 14 and 15 faced the possibility of criminal prosecution, and teenagers 16 and over who commit murder could be sent to adult criminal courts. In 2007, the law was further revised to lower the age at which minors could be placed in juvenile
10 reformatories from 14 to 12.　Another revision in 2014 raised the maximum term of imprisonment from 15 to 20 years for minors under 18, with the inclusion of possible life sentences for capital crimes. The revisions have proven popular with the public, who see them as a <u>deterrent</u> to crime, a **perception** supported by statistics from the
15 National Police Agency showing a significant drop in all juvenile crimes since 2003. **On the flip side**, the revisions have been criticized by scholars, lawyers, and even some judges. They say the decrease in the crime rate can be attributed to the continuing decline in the youth population.

☑	**take effect**	実施される, 効力を発する
	≒ **go into effect**	実施される
681 ☑	**retreat** [ritríːt]	*n.* 撤退, 退却；隠れ家　*vi.* 退く, 逃げる (to move away from a person or place, especially in order to avoid fighting)
682 ☑	**deterrent** [ditə́ːrənt, -tér-]	*n.* 抑止力, 抑止するもの (sth that makes sb less likely to do sth)；戦争抑止力　*adj.* 引き止める, 抑止する
	派 **detér**	*vt.* を思いとどまらせる, (怖気付かせて) をやめさせる (to stop sb from doing sth, by making them realize it will be difficult or have bad results)
	派 **detérrence**	*n.* 抑止, 阻止

24-4 未成年者に死刑を宣告すること

❹ ここ数十年の間，日本も少年犯罪者の判決に関する問題に取り組んでいる。未成年者が犯した残忍な犯罪をきっかけに，2001年4月1日に改正少年法が**施行さ**れた。米国およびその他の先進諸国の流れと同じように，それは少年犯罪者たちに対する寛容さからの**撤退**を意味した。かつては家庭裁判所で扱われた事件でも，14〜15歳の未成年者は刑事訴追の可能性に直面した。殺人を犯した16歳以上の十代の若者は成人用の刑事法廷に送られることになった。2007年，少年法はさらに改正され，未成年者が少年院に送致される年齢が14歳から12歳に引き下げられた。さらに2014年の法改正では，18歳未満の未成年の有期懲役の上限が，15年から20年に引き上げられ，重大な犯罪については無期懲役の可能性も組み込まれた。改正法は世間で高い支持を得ていることが証明されており，世間はそれらを犯罪に対する**抑止力**と見ている。この**認識**は2003年以来すべての少年犯罪の数が著しい減少を示しているという警察庁からの統計に裏打ちされている。その一方で，これらの改正は学者や弁護士，一部の判事たちからさえも批判されている。彼らは，犯罪率の低下は若年人口の継続的な減少に起因し得るとしている。

4

司法・法律 ◆ Judiciary/Law

☑ **perception** [pərsépʃən]	*n.* 認識（≒ concept），知覚；ものの見方，理解（力）	
派 **percéive**	*vt.* を認める，を知覚する，を理解する	
派 **percéptive**	*adj.* 知覚の，知覚力のある	
派 **percéptual**	*adj.* 知覚の，知覚による	
683 ☑ **on the flip side**	その一方で；逆に	
参 **flip side**	裏面，対照的な面	

🖉 語句・表現

☐ *l.2*   in the wake of「〜の結果として；〜に引き続いて」
☐ *l.7*   criminal prosecution「刑事訴追」

24-5 Sentencing Juveniles for Capital Crimes

1 (**❹ 続き**) Furthermore, they **adamantly** believe the current law causes **immeasurable** harm because it **hinders** any chance young criminals have to become decent citizens, and additionally fails to respect the **dignity** of the individual juvenile, as **stipulated** in Article 13 of the 5 Japanese Constitution.

❺ Note: While Japan does not have LWOP sentences, minors 18 or 19 years old who commit homicide can receive the death penalty.

(Original, 746 Words)

684	**adamantly** [ǽdəməntli]	*adv.* 断固として, 頑に (≒ stubbornly)
	派 **ádamant**	*adj.* 断固たる, 譲らない
	派 **ádamancy**	*n.* 不屈, 頑固さ
685	**immeasurable** [iméʒərəbl]	*adj.* 計り知れない, 測れない, 果てしない (that cannot be measured) (≒ inestimable)
	⇔ **méasurable**	*adj.* 測定可能な (which is large enough or not too large to be reasonably measured)
686	**hinder** [híndər]	*vt.* を妨げる, を邪魔する (≒ hamper, obstruct)　*vi.* 妨げになる　*n.* 妨害
687	**dignity** [dígnəti]	*n.* 尊厳, 威厳 (the quality of character or behavior which makes others respect you)
	派 **dígnify**	*vt.* に威厳を添える
688	**stipulate** [stípjulèit]	*vt.* (条項などが) を明記する, を規定する (to say exactly how sth must be or must be done) ; を (条件として) 要求する (to demand or state a requirement, typically as part of an agreement)
	派 **stìpulátion**	*n.* 規定, 条件
	≒ **spécify**	*vt.* を明記する (to explain or describe sth clearly and exactly)

24-5 未成年者に死刑を宣告すること

（**④**続き）その上，現行の法律は計り知れない弊害をもたらしていると頑なに信じている。というのも，改正法は少年犯罪者がまっとうな市民になるべき機会を妨げ，さらに日本国憲法第13条に明記されている未成年者個人の尊厳を尊重していないからだ。

⑤ 注：日本にはLWOPの判決はないが，殺人を犯した18〜19歳の未成年者が死刑判決を受ける可能性はある。

語句・表現

- *l.4* Article 13 of the Japanese Constitution「日本国憲法第13条」すべて国民は，個人として尊重される。生命，自由及び幸福追求に対する国民の権利については，公共の福祉に反しない限り，立法その他の国政の上で，最大の尊重を必要とする，と定めるもの。

❓ Quiz

- 1 What specific differences between juveniles and adults did Justice Anthony Kennedy describe in the U.S. Supreme Court's 2005 ruling?
- 2 In Japan, what counter arguments have some experts made regarding harsher penalties for juveniles who commit capital crimes?

▶ Answer は p.465

Terms & Expressions　犯罪にまつわる表現

窃盗　theft/larceny	恐喝　extortion/blackmail
強盗　robbery	住居侵入窃盗　burglary
不法侵入　breaking and entering/break-in	
横領　conversion/embezzlement/misappropriation	
公金横領　embezzlement of public funds	
器物損壊　criminal damage/destruction of property	
暴行　assault	脅迫暴行　assault and battery
過失致死　(involuntary) manslaughter/negligent homicide	
過失傷害　involuntary injury	強制わいせつ　carnal abuse
殺人　murder	殺人未遂　attempted murder
公務執行妨害　obstruction of the performance of official duties	
性犯罪　sex crime	ハイテク犯罪　high-tech crime
サイバー犯罪　cyber crime	経済犯罪　economic crime
知的犯罪　intellectual crime	刑法犯　criminal offense

700　　　800　　　900　　　1000　　　1100 words done!!

4 司法・法律 ◆ Judiciary/Law

25-1 The Case for Stricter Gun Control Laws

1 **❶** Pencils, ballpoint pens, spiral notebooks, student planner, bulletproof backpack. If you're a parent, you may have deduced that this is a selection of items from a typical back-to-school list, with one seemingly incongruous and ominous addition — the bulletproof backpack. In
5 actuality, anti-ballistic products for children have been flying off the shelves this year, must-have items for many parents, desperate to alleviate the agonizing fear that their child will be a victim in yet another school shooting. Sadly, this reflects the state of affairs in America today, where mass shootings have become endemic.

10 **❷** According to *The Washington Post*, there have been a total of 167 mass shootings — with four or more people fatally shot — since 1966. Of the 1,207 killed, 191 were children and teenagers. The single biggest massacre was at the Mandalay Bay Resort in Las Vegas, Nevada on October 1, 2017, with 58 people killed. The worst school
15 shooting took place at Sandy Hook Elementary school in Newtown, Connecticut on December 14, 2012. A total of 27 people were killed, the tragedy made worse by the fact that 20 of the dead were six- and seven-year-old children.

689 ☑	**deduce** [didʑúːs]	*vt.* を推測する，を演繹する (to form an opinion using the information or evidence that is available)
	派 **dedúction**	*n.* 推論，演繹 (法) ※「差引き，控除 (額)」の意味の deduction は綴りは同じだが deduct の名詞形。
690 ☑	**incongruous** [inkáŋgruəs]	*adj.* 釣り合いの取れない，不似合いな (not suitable in a particular situation) (≒ incompatible)；矛盾した
	派 **incóngruously**	*adv.* (態度などが) 不適切で；(話などが) 矛盾して
691 ☑	**ominous** [ámənəs]	*adj.* 不吉な，縁起の悪い (giving the impression that sth bad is going to happen)
	派 **óminously**	*adv.* 不吉に

25-1　銃規制法厳格化の擁護論

❶ 鉛筆，ボールペン，スパイラルノート，学生のスケジュール帳，防弾バックパック。あなたが親ならば，これが典型的な新学期用品リストからの抜粋だと推測したかもしれないが，見たところ不釣り合いで不穏なものが1つ追加されている——防弾バックパックだ。実際に，今年は子供用の防弾製品が飛ぶように売れており，また新たな学校銃撃事件が起きて自分の子供が犠牲者になるのではないかという苦悶するほどの恐怖を軽減しようと必死になっている多くの親にとっては必需品となっている。悲しいことに，これは今日のアメリカの状況を反映していて，アメリカでは銃乱射事件が風土病化してしまっている。

❷ ワシントン・ポスト紙によると，銃乱射事件——4人以上が銃撃されて致命傷を負った事件——は1966年以降，合計で167件発生しているという。殺害された1207人のうち，191人が子供や10代の若者だった。まさに最大の虐殺事件は，2017年10月1日にネバダ州ラスベガスにあるマンダレイ・ベイ・リゾートで起こったもので，58人が殺害された。最悪の学校銃撃事件は，2012年12月14日にコネチカット州ニュータウンのサンディフック小学校で発生した。全部で27人が死亡しており，犠牲者のうち20人が6歳と7歳の子供だったという事実が，この悲劇的事件をいっそう悲惨なものにしている。

4 司法・法律 ◆ Judiciary/Law

692 ☐	**alleviate** [əlíːvièit]	*vt.* (苦痛など) を軽減する，を緩和する (to make sth less strong and easier to bear) (≒ mitigate, ease)
派	**alleviátion**	*n.* 軽減，緩和
693 ☐	**agonizing** [ǽgənàiziŋ]	*adj.* 苦悶を与える，苦しい，切ない (suffering deep emotional or physical pain) (≒ tormenting)
派	**ágony**	*n.* 苦痛
694 ☐	**endemic** [endémik]	*adj.* (病気などが) 風土性の，地域特有の　*n.* 風土病 (a disease regularly found among a particular group or in a particular area) *cf.* become endemic (風土病化する)

🖉 語句・表現

☐ *l.5*　fly off the shelves「(商品が) 飛ぶように売れる」

25-2 The Case for Stricter Gun Control Laws

1 ❸ With mass shootings reaching **pandemic** proportions, they can no longer be considered **aberrations**. This year, the number of shootings has reached an astounding average of one per day, leaving people asking when we will finally **come to grips with** this **abhorrent**
5 situation and end the **carnage**. Each time another shooting takes place, we are once more forced to witness the anguish of family members and friends grieving the loss of their loved ones. **Counselors** are provided to **console** the traumatized, and there is talk of healing. We wonder if we have finally reached **critical mass**; if
10 everyone **has** finally **had enough**, and lawmakers will at last **address** the crisis by enacting stricter laws to curb the violence.

695 ☐	**pandemic** [pændémik]	*adj.* (病気が) 全国的に広がる, 普及している (occurring or spreading over a whole country or the world)
	参 **èpidémic**	*adj.* 流行性の, 伝染性の
696 ☐	**aberration** [æbəréiʃən]	*n.* 常軌を逸すること, (一時的な) 異常行為 (an incident or way of behaving that is not typical)
697 ☐	**come to grips with ~**	~ (問題など) に真剣に取り組む, ~を受け止める (to deal with sth directly and firmly) (≒ address)
698 ☐	**abhorrent** [əbhɔ́ːrənt]	*adj.* 忌まわしい, 嫌悪すべき (causing or deserving strong dislike or hatred) ; 〈to ~で〉 (~に) 相反して
	≒ **abóminable**	*adj.* 忌まわしい, 不快な, ひどく嫌な
699 ☐	**carnage** [káːrnidʒ]	*n.* 大虐殺, 大殺戮 (the violent killing of a large number of people) (≒ massacre)

25-2　銃規制法厳格化の擁護論

❸ 銃乱射事件は全国的流行の域に達しており，もはや一時的な異常行為とはみなすことができない。今年は銃撃事件の数が1日1件という度肝を抜くような平均件数に達したことで，私たちがようやくこの憎むべき状況に真剣に取り組み，大虐殺に終止符を打つのはいつになるのだろうかと人々は問うようになった。新たな銃撃事件が起きるたびに，またしても私たちは，愛する人が亡くなったことを嘆き悲しんでいる家族や友人たちの激しい苦悩を嫌でも目の当たりにせざるを得なくなる。心に傷を負った人たちを慰めるためにカウンセラーが手配され，心の傷を癒すための相談が行われる。私たちはついに（銃規制を行うための）クリティカルマス（臨界質量）に達したのではないだろうか，そして，ついに誰もがもううんざりだと感じているのだから，ようやく議員たちは暴力を抑制するためにもっと厳しい法律を制定して，この危機に取り組むのではないだろうか。

700	**counselor** [káunsələr]	*n.* カウンセラー，助言者 (a person who has been trained to advise people with problems)
	派 **cóunseling**	*n.* カウンセリング
701	**console** [kənsóul]	*vt.* を慰める，を元気づける (to give comfort or sympathy to sb who is sad or disappointed) (≒ comfort)
	派 **consolation**	*n.* 慰め，慰めとなるもの〔人〕
702	**critical mass**	臨界質量，クリティカルマス，最小必要量〔人数〕 (a number or amount large enough to produce a particular result) ※ここでは「ある結果を得るのに必要とされる数量」の意味を表している。
703	**have had enough**	もうこりごりだ，うんざりした (to want no more)
704	**address** [ədrés]	*vt.* (問題など)に取り組む，に対処する (to deal with or give attention to a matter or problem) (≒ cope with)；(人)に話しかける；(手紙など)に宛名を書く *n.* 手際よさ　*cf.* with address (手際よく)；演説，講演 (≒ speech)；住所，(電子メールの)アドレス

4

司法・法律 ◆ Judiciary/Law

25-3 The Case for Stricter Gun Control Laws

1 ❹ Unfortunately, a familiar cycle has developed. Whenever a shooting occurs, there is a public call for action, with even gun owners decrying the bloodshed, and politicians from both parties seeming open to change. But too many lawmakers fail to follow through on their
5 rhetoric, resisting any effort to restrict gun sales, even simple steps like requiring stricter background checks and "red flag" warnings for people with known mental health issues. The reasons for this inaction lie in the interpretation of the Second Amendment of the U.S. Constitution, pressure from gun rights groups such as the National
10 Rifle Association (NRA), and a lack of courage on the part of many elected officials, who see the issue as a political landmine.

❺ The Second Amendment states that "the right of the people to keep and bear Arms, shall not be infringed." The interpretation, however, has been a bone of contention between gun rights supporters and
15 gun control proponents. For gun rights supporters, it means individuals have the right to own any kind of gun, no matter how destructive.

---

705 ☐ **decry** [dikrái]	*vt.* を非難する, をけなす (to criticize or disapprove sth publicly or officially) (≒ denounce)
706 ☐ **bloodshed** [blʌ́dʃed]	*n.* 流血 (の惨事), (戦争などにおける) 殺りく (violence in which people are killed or wounded)
707 ☐ **follow through on ～**	～ (計画・約束など) に責任を持つ, ～を最後まで遂行する〔やり通す〕 (to finish sth that you have started, to continue doing sth until it has been completed) (≒ follow through with sth) *cf.* follow through ((ゴルフ・テニス・野球などで) 打球後クラブを振り切る)

25-3　銃規制法厳格化の擁護論

❹ 残念ながら，おなじみの過程が繰り返されるようになってしまっている。銃撃事件が起きるたびに，国民から行動を求める声が上がり，銃の所有者でさえも流血の惨事を非難し，両党の政治家たちが変化を受け入れているように見える。ところが，自分の言説に最後まで責任を持つことをしない議員が多すぎる。銃の販売を規制しようとするあらゆる取り組みに抵抗し，身元調査の厳格化や精神衛生上の問題を抱えているとわかっている人物に対する「赤旗」警告を求めるといった簡単な措置にさえ反対する。このように何もしない理由は，アメリカ合衆国憲法修正第2条の解釈や，全米ライフル協会（NRA）のような銃所有権擁護団体からの圧力や，銃規制問題を政治的地雷とみなしている多くの選挙で選ばれた役人側の度胸のなさにある。

❺ 憲法修正第2条には，「人民が武器を保有し携帯する権利は侵してはならない」と明記されている。しかし，この解釈が銃所有権支持者と銃規制支持者の争いのもととなっている。銃所有権支持者にとっては，この条項は，どんなに破壊的であろうと，どんな種類の銃も所有する権利が各個人にあるということを意味している。

708 ☑	**landmine** [lǽndmàin]	*n.* 地雷（a bomb laid on or just under the surface of the ground, that explodes when stepped on or touched）
709 ☑	**a bone of contention**	不和の種，論争の争点（a subject of a dispute） ※犬が1本の骨を争って取り合うことから。
翻	**conténtion**	*n.* 争い，論争；主張

🖉 語句・表現

☐ *l.5*　rhetoric「美辞麗句，大げさな言葉，美文」(speech or writing intended to impress people but may not be honest)
☐ *l.6*　red flag「(危険信号としての) 赤旗，警告」

25-4 The Case for Stricter Gun Control Laws

1 ❻ Gun control proponents, on the other hand, claim the language represents a collective right; that it is the right of the country as a whole to possess weapons for the purpose of **national security**. In 1939, the Supreme Court embraced the collective interpretation, but a
5 2008 decision resulted in a **reversal** when the court struck down a Washington D.C. law banning individual ownership of handguns. The court did, however, make an exception of sawed-off shotguns, reasoning that such weapons would not be used for any legal purpose. In most modern mass shootings, the perpetrators have acted alone,
10 using automatic weapons capable of **discharging** shots in rapid succession. Gun control advocates see this as analogous to the sawed-off shotgun exemption, with such weapons having no legitimate use for individuals. Regrettably, Congress let a 1994 ban on assault weapons lapse in 2004. The NRA has **endorsed** many lawmakers, who are
15 reluctant to disavow the political and financial support, even though most of the organization's own members are in favor of some kind of limits.

710	**national security**	国家安全保障, 国の安全 (protection of a country against threats); 国債
711	**reversal** [rivə́ːrsəl]	n. 逆戻り, 逆転;〈法律〉(上級審による下級審の判決の) 破棄, 無効 (a judgement by a higher court that the judgement of a lower court was incorrect and should be set aside)
712	**discharge** [distʃɑ́ːrdʒ]	vt. (銃など) を発射する (to fire a gun); を排出する (≒ release); を解雇する; (義務・職務など) を遂行する; を退院させる vi. 流出する n. 退院;排出;遂行;免責
	endorse [indɔ́ːrs]	vt. を支持する (to say publicly that you give official support or agreement to a plan, statement, decision, etc.); を是認する (≒ approve)

25-4　銃規制法厳格化の擁護論

❻ これに対して，銃規制支持者は，この文言は集団的権利を意味しており，それは国全体が国家安全保障のために兵器を保有する権利なのだと主張している。1939年に，最高裁判所は集団的な解釈を採用したのだが，2008年に同裁判所が拳銃の個人所有を禁止しているワシントンD.C.の法律を無効にした判決によって逆戻り，という結果になった。しかし，同裁判所は，ソードオフ・ショットガンは例外であるとした。このような武器はどんな法的な目的にも使われることはないだろうと論断したのだ。現代の銃乱射事件のほとんどで，犯人は単独犯で，次々と弾を発射することができる自動火器を使っている。個人にはこのような武器の合法的な使い道などないので，これはソードオフ・ショットガンが適用除外になったことと類似していると，銃規制支持者は考えている。残念ながら議会は，1994年に定められた攻撃用武器の禁止を2004年に失効させてしまった。NRAは，（協会への）政治的・財政的な支援を否定することに消極的な議員の多く**を支持**している。NRA自体の会員のほとんどは何らかの制限を設けることに肯定的なのだが…。

4

司法・法律 ◆ Judiciary/Law

🖋 語句・表現

- □ *l.4*　embrace ～「～（主義・思想など）を採用する，～を受け入れる」
- □ *l.5*　strike down ～「～を無効にする，～を無効であると宣言する」
- □ *l.7*　sawed-off shotgun「ソードオフ・ショットガン」銃身を短く切り詰めた散弾銃。
- □ *l.11*　analogous to ～「～に類似している」

Key Points of This Issue　銃の所有と武器保有の権利

　1791年に成立した合衆国憲法修正第2条の武装権には，民兵を組織するための州の権利であって個人に銃の所持を認めたものではないとする集団的権利説と，個人が武装する権利であるとする個人的権利説がある。1980年代には銃規制運動が高まり始めたが1993年に制定されたブレイディ法で，購入者の身元調査や犯罪者，精神異常者などへの販売規制がかけられた。しかし，これは販売店に対するもので，個人所有の銃の携行・所持は禁止されていない。現在アメリカ国内の個人所有の銃は世界最多の約2億7000万丁，銃を原因とする死亡は毎年3万件以上，銃乱射による大量殺傷事件は2019年1年間だけで409件。そのうち486人もの尊い命が失われた。

25-5 The Case for Stricter Gun Control Laws

1 （❻続き） Moreover, increased **polarization** between the Republican and Democratic parties has obstructed any kind of **bipartisan** action. ❼ It's understandable that parents and others have sought alternative means of protection as **a last resort**. But a clear majority of
5 Americans now recognize the situation has become **untenable**, and we cannot continue to accept **stopgap measures**. Statistics show that in countries where stricter laws have been adopted, such as Australia and the United Kingdom, gun-related deaths have **plummeted**. We must press our lawmakers to take meaningful action, and if that fails,
10 exercise our power at the ballot box by voting out officials who refuse to seek a solution. (Original, 757 words)

---

713 ☐	**polarization** [pòulərizéiʃən]	*n.* 分極化, 対立, 分裂（division into two opposites）；両極性；分極
	派 **pólarize**	*vt.* を分極化させる；に極性を与える *vi.* 分極化する, 分裂する
714 ☐	**bipartisan** [baipáːrtizən]	*adj.* 超党派的な, 二党の（involving two political parties, especially parties with opposing views）
	派 **bipártisanship**	*n.* 超党派的提携関係
715 ☐	**a last resort**	最後の手段（a thing or person you rely on when everything else has failed）
716 ☐	**untenable** [ʌnténəbl]	*adj.* （理論・学説などが）擁護できない, 支持できない；（批判・攻撃を受けた時に）防御できない（not able to be defended or supported against attack or criticism）
	≒ **ténable**	*adj.* （批判・攻撃を受けても）耐えられる, 筋の通った

25-5 銃規制法厳格化の擁護論

（❻ 続き）さらに，共和党と民主党の間の分極化が進んだことが，いかなる超党派的な活動も妨げてしまっている。

❼ 親などが最後の手段として代わりとなる防御手段を探し求めているのも無理はない。しかし，今では明らかに過半数のアメリカ人が，状況は支持できなくなってしまっており，急場しのぎの策を受け入れ続けることはできないということを認めている。統計によれば，オーストラリアやイギリスのような，より厳しい法律が採択された国では，銃による死者が急減している。私たちは有意義な行動を取るよう議員たちに働きかけ，もしもそれがうまくいかなかったら，解決策を模索することを拒む役人は投票で追い出し，選挙で私たちの力を発揮する必要があるのだ。

---

717 ☑ **stopgap measure**	その場しのぎの方法，応急〔暫定〕処置（a temporary way to deal with a problem until sb/sth permanent can be found）；〈医学〉対症療法
派 **stópgàp**	adj. 一時しのぎの，間に合わせの n. 穴埋め；間に合わせ
718 ☑ **plummet** [plʌ́mit]	vi. (数量・価格などが) 急落する，減少する；真っ逆さまに落ちる (to fall very quickly and suddenly) n. 急落；おもり；垂直器

❓Quiz

- □ 1 Why has the sale of bulletproof backpacks and similar anti-ballistic items skyrocketed in the U.S. recently?
- □ 2 A 2008 U.S. Supreme Court decision reversed a previous ruling and upheld the individual right to own handguns. What exception did the court make, and how have gun control supporters used that exemption to argue for stricter laws?

▶ Answer は p.465

4

司法・法律 ◆ Judiciary/Law

Review 2

【1】 **Choose the correct definition for each word.**

◆ Nouns

1. connotation   [   ]   **2.** constituent   [   ]
3. delinquency   [   ]   **4.** luxury   [   ]
5. curse   [   ]

Ⓐ a debt on which payment is overdue

Ⓑ a feeling or idea that is suggested by a word or thing in addition to its main meaning

Ⓒ a charm or formula intended to cause misfortune to somebody

Ⓓ one of the parts that makes up a whole

Ⓔ the enjoyment of great comfort and extravagant living

◆ Verbs

6. beware   [   ]   **7.** embolden   [   ]
8. incite   [   ]   **9.** reimburse   [   ]
10. scuttle   [   ]

Ⓐ to be cautious or careful of

Ⓑ to encourage somebody to do something unpleasant, especially by making them angry or excited

Ⓒ to give up a plan or spoil a possibility for success

Ⓓ to make someone feel brave

Ⓔ to pay back to somebody

◆ Adverbs

11. clumsily   [   ]   **12.** congenially   [   ]
13. copiously   [   ]   **14.** judiciously   [   ]
15. ostensibly   [   ]

Ⓐ being such in appearance

Ⓑ in a friendly or pleasant manner

Ⓒ in a way that has reason and good judgement in making decisions

Ⓓ in large amounts
Ⓔ lacking tact or subtlety

【2】 **Choose the most suitable word for each space.**

A. Outsourcing has been a frequently used （ **1.** ） since the 1980s. It originally referred to the practice of turning over non-core operations of a business or （ **2.** ） to an external entity, domestic or foreign, with expertise in managing those operations.

1. Ⓐ abuse　　Ⓑ buzzword　　Ⓒ epiphany　　Ⓓ ordinance　　〔　　〕
2. Ⓐ academia　Ⓑ counselor　　Ⓒ enterprise　　Ⓓ judgeship　〔　　〕

B. On the other hand, proponents of the gig economy see it as a （ **3.** ） for businesses, workers, and the general economy, pointing out the advantages while （ **4.** ） the drawbacks.

3. Ⓐ boon　　　　Ⓑ consensus　　Ⓒ persistence　Ⓓ temptation　〔　　〕
4. Ⓐ amplifying Ⓑ downplaying Ⓒ encoding　　Ⓓ jeopardizing 〔　　〕

C. This year, the number of shootings has reached an astounding average of one per day, leaving people asking when we will finally （ **5.** ） this abhorrent situation and end the （ **6.** ）.

5. Ⓐ come to grips with　Ⓑ factor in Ⓒ sock away Ⓓ take issue with
　　　　　　　　　　　　　　　　　　　　　　　　　　　〔　　〕
6. Ⓐ apathy　　　Ⓑ carnage　　　Ⓒ disparity　　Ⓓ lapse　　　〔　　〕

5 医療・健康 ◆ Medical Care/Health

26-1 Running repairs

1 An experiment on rats brings hope to the paralysed
❶ The past few months have been a busy time for research into ways to help people paralysed by **spinal** injury use signals from their brains to control mechanical **limbs**. If that could be done routinely, it would
5 be an enormous boon to the **disabled**. But not, perhaps, as enormous as what is being proposed by Grégoire Courtine, of the Federal Institute of Technology in Lausanne, Switzerland. For he and his colleagues have just published a paper in Science in which they explain how they **coaxed** the paralysed to walk again. And not just to walk, but
10 to run, avoid obstacles and even **sprint** up a staircase. Unfortunately for those **crippled** by injury, the paralysed creatures in question were rats. But the results are so extraordinary that they should give hope to human sufferers.

719	**spinal** [spáinl]	*adj.* 脊髄の, 脊椎の, 背骨の
	派 **spine**	*n.* 脊椎, 背骨
720	**limb** [lím]	*n.* 手足；大枝
	disabled [diséibld, diz-]	*adj.* **身体障がいのある, 障がい者になった** (≒ physically challenged)
	派 **disáble**	*vt.* を身体障がい者にする；を無能にする
	派 **disáblement**	*n.* 身体障がい；無力
721	**coax** [kóuks]	*vt.* をうまく取り扱って…させる；をうまくなだめる, を言いくるめる；をあやす *vi.* なだめる；だます
	派 **cóaxer**	*n.* 口先のうまい人
722	**sprint** [sprínt]	*vi.* 全速力で走る *n.* 全力疾走, ラストスパート
	派 **sprínter**	*n.* 短距離選手

26-1　動きながらの治療

ネズミでの実験は麻痺のある人たちに希望をもたらす

❶ 脊髄の損傷によって麻痺状態にある人たちが，脳からの信号を使って機械の手足をコントロールするのを助ける方法に関する研究で，この数カ月間は忙しい日々であった。もしこの方法が日常的に可能になれば，**障がいのある人たちにとっては大きな恩恵となるだろう**。しかしひょっとすると，スイスのローザンヌにある連邦工科大学のグレゴワール・クールティーヌ氏によって提案されたことほどではないかもしれない。というのも，クールティーヌ氏と彼の同僚は『サイエンス』誌に論文を発表したところで，その中でどうやって麻痺のあるものを再び歩けるようにしたかについて説明しているからだ。しかも歩くだけではなく，走ったり，障害物を避けたり，階段を駆け上がることまで。けがによって手足が不自由になった人たちにとって残念なことに，ここで問題となっている麻痺のある生物とは，ネズミなのである。しかし，その結果は非常に驚くべきもので，苦しんでいる人たちの希望となるであろう。

---

723 ☐	**crippled** [krípld]	*adj.* 手足の不自由な；破損した ※この語を politically incorrect（差別的）と考える人もいるので，通常は disabled や handicapped を使うほうがよい。
派	**crípple**	*n.* 手足の不自由な人，身体障がい者　*vt.* を不自由にする（≒disable）；を無力にする；を駄目にする　*adj.* 不自由な
派	**críppledom**	*n.* 身体障がい

5

医療・健康 ◆ Medical Care/Health

✐ 語句・表現

- ☐ *l.1*　bring hope to ～「～に希望をもたらす」
- ☐ *l.1*　the paralysed「麻痺のある人，障がいのある人」
- ☐ *l.2*　research into ways to ...「…する方法を探る研究」
- ☐ *l.5*　boon「恩恵」
- ☐ *l.6*　Federal Institute of Technology：スイス連邦工科大学ローザンヌ校。スイス連邦工科大学チューリッヒ校の姉妹校で，ノーベル賞受賞者を数多く輩出した名門校。

26-2 Running repairs

1 ❷ Dr Courtine paralysed his rats by cutting their spinal cords in two places, so that the animals could no longer move their **hind** legs. The cuts he made did not completely **sever** the cord, so some nerve fibres still ran from the rats' brains to their lower bodies, but the signals
5 transmitted by these fibres were not powerful enough to allow a rat to use its hind legs. These injuries are similar to those of many people who have suffered spinal damage.

❸ Having disabled his rats, Dr Courtine then attached to each animal's spine a small device designed to stimulate its nerves. The stimulation
10 came in two forms: pulses of electricity and pulses of chemicals that **mimic** the action of serotonin and dopamine, two molecules that transmit messages between nerve cells. The question was, would this stimulation be enough to get the rats walking again?

❹ To find out, he used a special harness which held the rats **upright**
15 over a treadmill, with their hind feet touching the mill. He then switched on the treadmill while the stimulator was running, to try to encourage the rats to walk using their back legs alone. And he found that, after seven days or so, they could. But only when the treadmill was running and the stimulator working. The experiment, in other
20 words, had shown that paralysis can be reversed, but not in a way that is particularly useful.

724 ☑	**hind** [háind]	*adj.* 後ろの, 後方の (at the back) (≒ hinder) (⇔ fore)
725 ☑	**sever** [sévər]	*vt.* を切断する (divide by cutting or slicing)；を分断する, を引き裂く
	派 **séverance**	*n.* 断絶, 分割
726 ☑	**mimic** [mímik]	*vt.* に似せて動く, を擬態する；のまねをする (≒ imitate, mock) *n.* まねをする人　*adj.* 偽の, 模擬の

26-2 動きながらの治療

❷ クールティーヌ博士はネズミの脊髄を 2 カ所切って麻痺させ，ネズミが後ろの足を動かせないようにした。脊髄を完全には断ち切らず，神経線維の一部がネズミの脳から下半身までつながるようにした。しかし，これらの線維から伝えられる信号は，ネズミが後ろ足を動かせるほど強いものではなかった。この損傷は，脊髄損傷に苦しむ多くの人たちの損傷と類似するものである。

❸ ネズミを歩けないようにした後，クールティーヌ博士は神経に刺激を与えるために作られた小さな器具をそれぞれの動物の脊椎に取り付けた。その刺激は 2 つの形で伝わった。電気パルスおよび神経細胞間でメッセージを伝える 2 つの分子セロトニンとドーパミンの働きとよく似た働きをもつある化学物質のパルスである。問題は，この刺激が再びネズミを歩かせるのに十分かということだった。

❹ それを解明するために，彼はネズミをトレッドミルの上にまっすぐ立った状態にしておける特殊な装具を使い，後ろ足がトレッドミルに触れるようにした。それから，刺激装置が動いている間トレッドミルのスイッチを入れて，ネズミを後ろ足だけで歩かせるようにした。そしてその 7 日ほど後，ネズミにそれができることを発見した。しかしそれはトレッドミルが動いていて，刺激装置が作動している時だけだった。言い換えると，実験によって麻痺の改善は可能であることはわかったが，とくだん有益というわけではなかった。

5
医療・健康 ◆ Medical Care/Health

---

727 **upright** [ápràit, ʌpráit]	*adj.* まっすぐに立った；上を向いた；正直な *n.* まっすぐ　*vt.* を直立させる
派 **úprìghtness**	*n.* 直立；正直
派 **úprìghtly**	*adv.* 直立して；正直に

✎ 語句・表現

- □ *l.8* Having disabled：After Dr Courtine had disabled … と同意。
- □ *l.9* designed to …「…するように作られた」
- □ *l.11* molecule「分子」
- □ *l.15* treadmill「トレッドミル」ベルト上で走行や歩行ができる装置。

26-3 Running repairs

1 **❺** This first experiment, however, had engaged only the animals' spinal cords. To push things further, Dr Courtine and his team now tried engaging their brains as well — with astonishing results. Once again, the rats were placed on the treadmill, in the harness, and their
5 spinal cords were tickled by the stimulator. This time, though, a piece of food was **dangled** in front of each rat, to give it a motive to move.

❻ And move it did. After an average of six weeks of training, food-motivated rats were able to walk on their hind legs, even with the treadmill switched off. Two or three weeks later they could not only
10 walk but could also **dodge** round **obstructions** and run upstairs. On level ground, they were able to travel at a speed of seven metres a minute. Nor was this a **fluke**. Dr Courtine tried it with 100 different rats and got the same result every time.

❼ The reason, he found when he **dissected** the animals, was that the
15 density of nerve fibres in their spines had increased almost fourfold in response to the combination of electricity, stimulating chemicals and greed. Each rat had, in effect, grown a new nervous system which ran from the motor **cortexes** of its brain, down its spinal column, past the breaks in its spine and into its back legs.

728 ☐	**dangle** [dǽŋgl]	*vt.* をぶら下げる；をちらつかせて気を引く *vi.* ぶら下がる　*n.* ぶら下げること
	派 **dángling**	*adj.* ぶら下がる
729 ☐	**dodge** [dάdʒ]	*vt.* を素早くよける (to move suddenly to avoid being hit or caught)；を巧みにごまかす　*vi.* 素早く身をかわす；ごまかす　*n.* 素早くよけること；ごまかし
730 ☐	**obstruction** [əbstrʌ́kʃən]	*n.* 妨害；障害物
	派 **obstrúct**	*vt.* を妨害する，を邪魔する (to stop sb/sth from happening or moving, either by accident or deliberately)
731 ☐	**fluke** [flúːk]	*n.* 偶然の巡り合わせ；偶然の利得，けがの功名 *vt.* をまぐれで当てる　*vi.* まぐれで成功する

26-3 動きながらの治療

❺ しかし，この最初の実験は動物の脊髄だけを対象としたものだった。さらに実験を進めるために，クールティーヌ博士と彼のチームは，今度はその脳も対象にしようとした。その結果は驚くべきものだった。再びネズミがハーネスをつけられてトレッドミルの上に置かれ，刺激装置で脊髄がくすぐられた。だが今回は，動く動機を与えるために，それぞれのネズミの前に餌がつり下げられた。

❻ そしてネズミは確かに動いたのだ。平均6週間の訓練の後，餌につられたネズミはトレッドミルのスイッチを切っても，後ろ足で歩くことができた。2〜3週間後には，歩けるだけでなく，障害物を素早くかわしたり，2階に駆け上ったりすることもできた。平らな場所では分速7メートルのスピードで走ることができた。これは偶然の結果でもなかった。クールティーヌ博士は100匹の違うネズミで試みて，毎回同じ結果を得たのである。

❼ その理由は，彼がその動物を解剖した時に発見したのだが，電気と刺激化学物質と食欲の結びつきに反応し，脊椎の神経線維の密度がおよそ4倍に増加していたことにある。事実上どのネズミにも，脳の運動皮質から，脊柱を通って，脊椎の損傷箇所を通り過ぎ，後ろ足まで伸びた新しい神経システムが育っていた。

5

医療・健康 ◆ Medical Care/Health

732 ☑	**dissect** [disékt, dai-]	*vt.* を解剖する，を切り裂く，をばらばらにする（≒ anatomize）；を分析する
派	**disséction**	*n.* 解剖（≒ anatomy）；詳細な分析
733 ☑	**cortex** [kɔ́ːrteks]	*n.* 皮質；大脳皮質

📝 語句・表現

- ☐ *l.7* And move it did. : And it moved. の強調文 And it did move. を倒置して，さらに強めた表現。
- ☐ *l.10* on level ground「平地で」
- ☐ *l.12* Nor was this a fluke. : This was not a fluke either. を倒置して強調した形。
- ☐ *l.17* in effect「事実上」
- ☐ *l.18* motor cortex「運動皮質」

26-4 Running repairs

1 ❽ The next step, Dr Courtine hopes, will be to put the **implant** directly under the rat's control, so that it is switched on automatically when the animal thinks about moving. That should not be too hard. The motor cortex is one of the better-understood parts of the brain. When its
5 owner wants to walk, it sends out what is called a tonic signal ordering forward movement and the spine does the rest. Tapping into that tonic signal with an external electrode is simple.

❾ The more difficult trick will be replicating the experiment in people, but Dr Courtine hopes this will be possible within a year or two. His
10 team is already **collaborating** with researchers at University College, London, and Finetech Medical, a British firm, to design a human version of the stimulator. If they can **pull it off**, then many lives will be improved enormously. *(The Economist*, 746 words)

734 □	**implant** n. [ímplænt] v. [−−́]	n. 埋め込まれたもの；移植；移植組織 vt. を (身体に) 埋め込む，を移植する (to put sth into a part of the body in a medical operation)
	派 **implántátion**	n. 移植；教え込むこと
735 □	**collaborate** [kəlǽbərèit]	vi. 共同研究する，共同する；合作する (work jointly on a project or activity)
	派 **collábórátive**	adj. 協力的な，合作の，共同の
	派 **collàbórátion**	n. 共同，協力，コラボ；合作
	派 **collábórátor**	n. 協力者；合作者
736 □	**pull it off**	〈俗語〉うまくやる，成功する，成し遂げる　(≒ pull off 〜)

26-4 動きながらの治療

❽ クールティーヌ博士は次の段階として，埋め込まれたものがネズミに直接コントロールされ，ネズミが動こうと思った時に自動的に始動するようになってくれればと考えている。これはさほど難しいことではないだろう。運動皮質は脳の中でもより解明が進んでいる部分である。本人が歩きたいと思えば，そこから前へ動けと命じるいわゆるトニックシグナルが送られ，残りは脊椎の仕事となる。外部の電極を使ってそのトニックシグナルに接触するのは簡単だ。

❾ より難しいのはその実験を人で再現することだろうが，クールティーヌ博士は1～2年以内にそれが可能になることを願っている。彼のチームはすでに，ロンドンのユニバーシティ・カレッジと英国のファインテック・メディカル社の研究者たちと共同研究して，人間用の刺激装置を設計している。もしクールティーヌ博士らがこれをうまくやってのけることができれば，多くの人の生活が大幅に改善されることだろう。

📝 語句・表現

- [ ] *l.4* better-understood「より解明された」
- [ ] *l.6* tap into ～「～に接触する」
- [ ] *l.8* replicate ～「～を再現する」

❓ Quiz

- [ ] 1 What kind of research does Dr. Grégoire Courtine do?
- [ ] 2 What did Dr. Grégoire Courtine give to each rat in order to motivate it to move? ▶ Answer は p.465

Terms & Expressions　脳の各部の名称

大脳　cerebrum	前頭葉　frontal cortex/frontal lobe
後頭葉　occipital cortex/occipital lobe	
側頭葉　temporal cortex/temporal lobe	頭頂葉　parietal lobe
大脳新皮質　cerebral neocortex	
脳梁　corpus callosum	視床下部　hypothalamus
大脳辺縁系　cerebral limbic system	海馬　hippocampus
小脳　cerebellum	脳幹　brainstem

5

医療・健康 ◆ Medical Care/Health

5 医療・健康 ◆ Medical Care/Health

27-1 There's a scientific reason you crave junk food when you don't get enough sleep

1 ❶ It's 3 a.m. and you're wide awake for the second night in a row. You get up and stumble to the kitchen for some warm milk mom swears will put you to sleep.

❷ So why are you eating a bowl of ice cream with a side of cookies?

5 ❸ "When you're sleep deprived, you're not like, 'Oh, you know what, I want some carrots,' " said behavioral neuroscientist Erin Hanlon, who studies the connection between brain systems and behavior at the University of Chicago.

❹ "You're craving sweets and salty and starchy things," she added.
10 "You want those chips, you want a cookie, you want some candy, you know?"

An ancient system
❺ What is it about sleep exhaustion and junk food? The answer lies in
15 history, back when we dug in the dirt for starchy tubers, foraged for sweet berries and gorged on fatty fish.

737 ☐	**crave** [kréiv]	*vt.* をしきりに欲しがる，を切望する，を懇願する，を無性に食べたくなる（to have a very strong feeling of wanting sth）（≒ desire） *vi.* 〈for 〜，after 〜で〉をしきりに欲しがる
	派 **cráving**	*n.* 切望，熱望
738 ☐	**with a side of 〜**	〜の付け合わせで，〜を添えた
739 ☐	**starchy** [stá:rtʃi]	*adj.* でんぷん質の（containing a lot of starch）；（シャツなど）糊付けした；堅苦しい
	派 **stárch**	*n.* でんぷん；洗濯用のり；堅苦しさ

27-1　十分な睡眠が取れていない時にジャンクフードがしきりに欲しくなるのには科学的な根拠がある

❶ 午前3時，2晩連続してすっかり目が冴えている。起き出してよろよろと歩いて，温かいミルクを飲もうとキッチンへ行く。これを飲めば眠れるといつも母親が断言しているからだ。

❷ それでは，なぜクッキーを添えたボウル1杯分のアイスクリームを食べているのだろう？

❸「睡眠不足になった時，あなたは『あのね，ニンジンが食べたいんだ』とは言わないでしょう？」と，行動神経科学者のエリン・ハンロンは言った。彼女はシカゴ大学で脳システムと行動の関係を研究している。

❹「甘いお菓子や，塩味やでんぷん質の食べ物が欲しくてたまらなくなるものなのです」と彼女は付け加えた。「チップスやクッキー，キャンディが食べたくなるでしょう？」

太古のシステム

❺ 睡眠不足時にジャンクフードが食べたくなるのはどういうことなのだろうか。答えは歴史の中に見つかる。土を掘ってでんぷん質の塊茎（じゃがいもなどの芋の部分）を探し，甘い果実を漁り，脂肪の多い魚をがつがつたらふく食べていた頃にさかのぼる。

---

740 □ **dig**
[díg]

vi. （土などを）掘る（to break up and remove soil using a tool or hands）　*cf.* dig oneself in（（穴を掘って）身を隠す；〈口語で〉（就職して）身を立てる，腰を据える）

---

741 □ **forage**
[fɔ́:ridʒ]

vi. 〈for ～で〉（食べ物などを）漁る，探し回る（to wander in search for food）　*vt.* （牛馬）に飼料を与える；を（探しまわって）手にいれる
n. （牛や馬の）かいば，飼料

---

742 □ **gorge**
[gɔ́:rdʒ]

vi. 〈on ～で〉（食べ物などを）貪り食う，たらふく食べる（to fill oneself with food to capacity）　*cf.* gorge oneself with ～（～を詰め込む），be gorged with ～（～でいっぱいになる）　*n.* ガツガツ食べること；渓谷；喉；（川，道路などを）ふさぐもの，集積物

5

医療・健康 ◆ Medical Care/Health

27-2 There's a scientific reason you crave junk food when you don't get enough sleep

1　❻ Simply put, a lack of sleep triggers ancient instincts that **yearn for** rich, sweet, fatty foods.

❼ "Evolutionarily speaking, it was a big deal to have a high carb, high fat meal, because you didn't necessarily have those all of the time,"
5　explained Hanlon, also a research assistant professor.

❽ "If you think back to **feast or famine** times, having a meal with lots of carbs or fat was something that your brain would say, 'Hey, we want to have that.'

❾ "It's only the last bit of humanity that we have been able to have food
10　around the clock or food that is high in **saturated** fats and high in carbs," Hanlon continued. "And our brain has not evolved as quickly as the food choices that have become available."

Sleep and endocannabinoids
15　❿ You may have heard about two hormones that control our urge to eat: leptin and ghrelin.

⓫ "I always tell my patients to think about them by their first letter," said sleep specialist Dr. Raj Dasgupta, the associate program director of the Sleep Medicine Fellowship at Keck Medicine of USC.

743 ☐	**yearn for ~**	~を切望する (to wish strongly, especially for sth that is difficult to get)；~を懐かしがる，~を恋しく思う，~を恋い慕う，~に憧れる (to have affection for)
744 ☐	**feast or famine**	ごちそうにありつけるかまったく食べられないか，大成功か大失敗か (a situation in which there is always either too much or too little of sth)

27-2　十分な睡眠が取れていない時にジャンクフードがし　きりに欲しくなるのには科学的な根拠がある

❻ 簡単に言えば，睡眠不足は濃厚で甘く，脂肪過多の食物を切望する古代の本能を呼び覚ますのだ。

❼ 「進化の観点から言えば，高炭水化物，高脂肪の食事を取ることはたいへんなことでした。いつでもそんな食事を取れるとは限らなかったからです」と研究助教でもあるハンロンは説明した。

❽ 「ごちそうにありつけるかまったく食べられないかのどちらかしかないという時代を思い返すと，炭水化物の豊富な食事や高脂肪の食事を取るということは，脳が「それが食べたい」と伝えているようなものでした。

❾ 24時間いつでも食事を取ることができるようになったり，飽和脂肪が多く，高炭水化物の食事が取れるようになったりしたのは，人類にとってほんの最近のことなのです」と，ハンロンは続けた。「そして，人類の脳は，手に入るようになった食物の選択肢が進化したスピードほど，速くは進化していないのです。」

睡眠と内因性カンナビノイド

❿ 私たちの食べたいという衝動を制御する2つのホルモン，レプチンとグレリンについて聞いたことがあるかもしれない。

⓫ 「私がいつも患者に伝えているのは，そうしたホルモンについて最初の1文字から考えてほしいということです」と睡眠の専門家で，南カリフォルニア大学医学部睡眠医学フェローシップの副プログラム責任者であるラジ・ダスグプタ博士は言った。

| 745 | **saturated**
[sǽtʃərèitid] | *adj.* 飽和状態の，過剰供給の（sth that is filled to full and cannot take any more）；充満した；しみこんだ |
| | 派 **sáturàte** | *vt.* を飽和させる；を浸す；を過剰供給する |

🖉 語句・表現

- □ *l.10* around the clock「24時間いつでも」
- □ *l.14* endocannabinoid「内因性カンナビノイド；エンドカンナビノイド」体内で自然に生産されるカンナビノイド（＝アサ（大麻草）に含まれる化学物質の総称）のこと。

27-3 There's a scientific reason you crave junk food when you don't get enough sleep

1 ⑫ "The 'l' in leptin stands for lose: It suppresses appetite and therefore contributes to weight loss," he said. "The 'g' in ghrelin stands for gain: This fast-acting hormone increases hunger and leads to weight gain."

⑬ When you're sleep deprived, research shows, ghrelin levels **spike**
5 while leptin **takes a nose dive**. The result is an increase in hunger.

⑭ But food is food, so that doesn't explain why we crave candy instead of carrots.

⑮ To answer that, you have to look at another system of the body: The endocannabinoid system. Its job is to keep our body in homeostasis, or
10 equilibrium and it regulates everything from sleep to appetite to **inflammation** to pain and more.

⑯ Science only discovered the first cannabinoid receptor in 1988, in the brain of a rat. Within a few years, they found two receptors, CB1 and CB2, and discovered it was present in all **vertebrates** — mammals,
15 birds, reptiles and fish — and possibly some invertebrates.

---

746 ☑	**spike** [spáik]	*vi.* 急上昇する，急に増加する (to increase sharply) *vt.* を大釘で打ち付ける；(競技者) を靴のスパイクで傷付ける *n.* 急増，(物価などの) 急騰；先の尖ったもの；(靴の底に付ける) スパイク
	派 **spíky**	*adj.* 先の尖った，釘のような；怒りっぽい，短気な
747 ☑	**take a nose dive**	急降下する，垂直降下する (to go into a sudden and rapid descent)；(株価などが) 暴落する，急落する ※ nose dive は nosedive と綴られることもある。
	派 **nóse**	*n.* 突出部 (銃口，船首，機首など)

27-3　十分な睡眠が取れていない時にジャンクフードがしきりに欲しくなるのには科学的な根拠がある

⑫「レプチンの『l』は lose（損失）を意味する。それは食欲を抑制し，それにより体重減少の一因となる」と彼は言った。「グレリンの『g』は gain（増加）を意味する。この速効性ホルモンは空腹感を増大させ，体重増加につながる。」

⑬ 研究によると，睡眠不足の時，グレリンの量が急上昇する一方，レプチンの量が急低下する。その結果，空腹感が増大する。

⑭ しかし，食べ物には変わりないため，ニンジンではなくキャンディを食べたくてたまらなくなる理由の説明にはなっていない。

⑮ それに答えるためには，身体の別のシステム，つまり内因性カンナビノイドシステムを調べる必要がある。その働きは，私たちの体の恒常性，すなわち平衡状態を保つことであり，睡眠から食欲，炎症，痛みなどに至るすべてを調節することだ。

⑯ 科学的には，1988 年にラットの脳で最初のカンナビノイド受容体が発見されたばかりだ。数年のうちに，CB1 と CB2 という 2 つの受容体が発見され，哺乳類，鳥類，爬虫類，魚などのすべての脊椎動物と，場合によっては無脊椎動物にも存在することが発見された。

748 □ **inflammation** [ìnfləméiʃən]	*n.* 炎症（a localized condition in which a part of the body becomes red, sore and swollen because of infection or injury）；点火；激怒
派 **inflámmable**	*adj.* 可燃性の
派 **infláme**	*vt.* を興奮させる
派 **inflámmatòry**	*adj.* 炎症の
749 □ **vertebrate** [və́ːrtəbrèit]	*n.* 脊椎動物（any animal with a backbone）
⇔ **invértebrate**	*n.* 無脊椎動物

5

医療・健康 ◆ Medical Care/Health

✐ 語句・表現

□ *l.9*　homeostasis「恒常性」生体内の安定をめざす傾向のこと。

27-4 There's a scientific reason you crave junk food when you don't get enough sleep

1 ⑰ Now we know it's an ancient system, evolving eons ago. In fact, the most primitive animal known to have cannabinoid receptors is the sea squirt, which lived more than 600 million years ago.

⑱ What does this system have to do with eating? Endocannabinoids
5 **bind** to the same receptors as the active ingredient in marijuana, which as we know, often triggers the "munchies."

⑲ "We know that you can **infuse** endocannabinoids into specific regions of animals' brains and make them eat," said Hanlon. "They will eat specific things, more **palatable** things. They will choose sucrose
10 over saccharin, despite the fact that in theory both taste the same, but the sucrose has more carbs."

⑳ Researchers now believe it could be the endocannabinoid system that triggers our hedonistic cravings for fatty, starchy and sugary foods.

㉑ And just like with leptin and ghrelin, sleep deprivation seems to
15 make it worse.

---

750 ☑	**bind** [báind]	*vi.* (物質が) 化学結合する (to combine)；固まる；(法や約束などが) 拘束力がある　*vt.* を縛る，を結びつける；(けがなど) に包帯をまく；⟨通例受動態で⟩ …する義務を負う；(物質) を結合させる；を製本する　*n.* (縛るための) ひも，綱；苦境
	慣 bind to ～	～に結合する
751 ☑	**infuse** [infjúːz]	*vt.* を注入する，に点滴する (to administer or inject by infusion)；に影響を与える
	派 infúsion	*n.* 注入，吹き込むこと (adding one thing to another to make it stronger or better)
752 ☑	**palatable** [pǽlətəbl]	*adj.* 口当たりの良い，味の良い (having a pleasant or acceptable taste) (≒ agreeable) (⇔ unpalatable)；趣味にかなう；(考え，事実などが) 受け入れられる

27-4　十分な睡眠が取れていない時にジャンクフードがしきりに欲しくなるのには科学的な根拠がある

⑰ 現在ではそれが非常に長い年月をかけて進化した大昔のシステムであることがわかっている。実際，カンナビノイド受容体を持つことがわかっている最も原始的な動物はホヤである。ホヤは6億年以上前に生息していた。

⑱ このシステムは食事と何の関係があるのだろうか。内因性カンナビノイドは，マリファナの有効成分と同じ受容体に結合する。マリファナは，よく知られているように，「空腹感」を引き起こすことが多い。

⑲ 「動物の脳の特定の領域に内因性カンナビノイドを注入すると，動物たちが食事をすることがわかっています」とハンロンは述べた。「その動物は特定の物，つまりより口当たりの良い物を食べます。その動物たちはサッカリンよりもショ糖を選ぶのです。理論的には両者の味は同じですが，ショ糖の方が炭水化物の含有量が多いのです。」

⑳ 研究者たちは現在，高脂肪，でんぷん質，砂糖の多い食物に対するヒトの快楽主義的な欲求を引き起こすのは，内因性カンナビノイドシステムだろうと考えている。

㉑ レプチンやグレリンと同様に，睡眠不足がそれを悪化させるようだ。

語句・表現

- □ *l.1*　eons「非常に長い年月」(eon = 〈天文〉10億年)
- □ *l.2*　sea squirt「ホヤ」

Key Points of This Issue　ホルモン (hormone)

　ホルモンは，体のさまざまな働きを調整する化学物質であり，体の内分泌線(脳下垂体，甲状腺，副甲状腺，副じん，すい臓，生殖腺など)や細胞などで作られる。以前は内分泌線でホルモンが作られ，血液中を流れて離れた細胞に到達して，そこで働くと考えられていたが，最近では作られた場所のすぐ隣にある細胞や，作られた細胞そのものに働くこともわかっている。ホルモンの役割は「体の健康維持のためにいろいろな機能(主として個体の生命と活動性の維持，成長と成熟および生殖機能)を調節すること」である。現在，体の中には100種類以上のホルモンが発見されているが，これからもまだ増えることが予想される。

27-5 There's a scientific reason you crave junk food when you don't get enough sleep

1 ㉒ In a study published in 2016, Hanlon compared the **circulating levels** of 2-AG, one of the most abundant endocannabinoids, in people who got four nights of normal sleep (more than eight hours) to people who only got 4.5 hours.

5 ㉓ People who were sleep-deprived reported greater increases in hunger and appetite and had higher afternoon concentrations of 2-AG than those who slept well. They also had a rough time controlling their urges for high-carb, high-calorie snacks.

㉔ Why? "We don't know," Hanlon said.

10 ㉕ All of this research is so new that science doesn't yet know how it all **fits together** or what can be done about it.

㉖ And that brings us to the **bottom line**: There's not gonna be a pill any time soon for the sleep-deprived junk-food junkies that we are.

㉗ Instead, you'll have to do what the doctor says to reduce your illicit

15 cravings in the middle of the night: Get more sleep.

(*CNN.com*, 778 words)

---

753 ☐	**circulating level**	循環濃度, 循環レベル
754 ☐	**fit together**	（事実・考えなどが）つながる, 結びつく；組み合わさる（to conform in shape to one another）
755 ☐	**bottom line**	最終結果, 結論（the final result）；（物事の）本質, 肝心かなめのところ（the most important thing to consider; the ultimate criterion）；〈経済〉最終的な収益〔損益〕
	參 **punch line**	（ジョークなどの）落ち

27-5　十分な睡眠が取れていない時にジャンクフードがしきりに欲しくなるのには科学的な根拠がある

㉒ 2016年に発表された研究で，ハンロンは2-AG（内因性カンナビノイドを最も多く含む物質の1つ）の血中循環濃度を，4晩，通常の睡眠（8時間以上）をとった人と4.5時間だけとった人との間で比較した。

㉓ 睡眠不足の人は，よく眠った人よりも空腹感と食欲が大きくなるとともに，午後の2-AG濃度が高いと報告された。睡眠不足の人はまた，高炭水化物や高カロリーのスナック菓子を求める衝動を制御するのにも苦労した。

㉔ なぜなのだろうか。「わからない」とハンロンは述べた。

㉕ この研究はすべて，始まったばかりなので，こういった現象がどのように結びつくのか，またそれ（睡眠不足とジャンクフード摂取の関係性）について何ができるか，科学的にはまだわかっていない。

㉖ そのことは私たちに最終的な結論をもたらす。つまり，我々のような睡眠不足でジャンクフードの中毒者に効くような薬はすぐにはできないということだ。

㉗ その代わりに，夜中に起こる禁断の切望を減らすために，医師の言うことを聞くべきだ。つまり，より多くの睡眠を取ることだ。

5

医療・健康 ◆ Medical Care/Health

📝 語句・表現

□ *l.12* not... any time soon「しばらくは…ない；当分…の予定はない」any time〔anytime〕soon で「近いうちに；将来」の意。

□ *l.13* the ～ junkies that we are：that は関係代名詞で先行詞は junkies。junkies は we are の補語。

❓ Quiz

□ 1　What hormonal changes take place when you are sleep-deprived, and what is the result?

□ 2　What did a recent study using 2-AG, one of the most abundant endocannabinoids, find in the sleep-deprived people?　　▶ Answer は p.465

5 医療・健康 ◆ Medical Care/Health

28-1 Eternal Life

1 ❶ The quest to conquer **mortality** has been with the human race throughout our recorded history. One of the earliest known works of literature, *the Epic of Gilgamesh*, is essentially the story of a heroic man seeking to **defy** death by learning the secret to immortality. In

5 **medieval** times, alchemists sought not only methods to turn ordinary metals into gold, but also the key to **fending off** the natural aging process so that they might live forever. Later, in the New World, Spanish explorer Ponce de Leon is said to have searched **obsessively** for the mythological Fountain of Youth. In the modern era, the

10 possibility and form of human immortality remains a **contentious** topic among religious leaders, philosophers, and scientists. Previously **relegated** to the realm of science fiction or fantasy, the idea of immortality is now being taken seriously by **noteworthy** researchers and scholars. Many believe that it is definitely **within our grasp**, and

15 likely to be realized within the next half-century or so.

☑	**mortality** [mɔːrtǽləti]	*n.* 死すべき運命；〈集合的に〉(死すべき) 人間たち；死亡率；大量死　*cf.* mortality rate (死亡率)
756 ☑	**defy** [difái]	*vt.* に (できるものならやってみろと) 挑む (≒ dare)；を拒み通す，に公然と反抗する (refuse to obey or rebel against sth)　*n.* 挑戦
	派 **defiant**	*adj.* 反抗的な
757 ☑	**medieval** [midíːvəl]	*adj.* 中世の
758 ☑	**fend off ～**	～を近づけない，～を払いのける，～を回避する
	参 **fénd**	*vt.* を受け流す；を追い払う　*vi.* 身を守る；扶養する
759 ☑	**obsessively** [əbsésivli, ɑb-]	*adv.* 執ように，しきりに，異常なまでに (in a compulsive manner)
	派 **obséss**	*vt.* に取りつく (to completely fill your mind so that you cannot think of anything else)
	派 **obséssion**	*n.* 取りつくこと，取りつかれた状態

28-1 永遠の命

❶ 有史以来，人類は**死すべき運命**に打ち勝つための探究を行ってきた。知られている限り最古の文学作品の1つである『ギルガメシュ叙事詩』は，本質的には，ある英雄が不老不死の秘訣を知ることで死に挑もうとする物語だ。中世の時代に，錬金術師たちはありふれた金属を黄金に変える方法だけでなく，永遠に生きられるよう自然な老化の過程を避ける鍵をも探し求めた。後に，アメリカ大陸で，スペイン人探検家のポンセ・デ・レオンは神話の若返りの泉を**執**ように探し求めたと言われている。近代でも，不老不死の可能性と手法は依然として宗教指導者，哲学者，科学者たちの間で論議を呼びそうなテーマとなっている。これまで，サイエンス・フィクションやファンタジーの領域に**追いや**られていた不老不死という考えは，今や注目に値する研究者や学者たちによって真剣に受け止められている。それは間違いなく我々の手の届くところにあり，今後半世紀ほどのうちに実現しそうだと信じている者も多い。

760 □	**contentious** [kənténʃəs]	*adj.* 議論を呼びそうな（likely to cause argument）
	派 **conténtiously**	*adv.* けんか腰で
761 □	**relegate** [réləgèit]	*vt.* を追いやる（to put sb/sth into a lower or worse position）；を降格させる
762 □	**noteworthy** [nóutwə̀ːrði]	*adj.* 注目すべき，特筆すべき（interesting or important; that is worth noticing）
763 □	**within one's grasp**	手の届く；理解のできる

🖉 語句・表現

- □ *l.3* the Epic of Gilgamesh「ギルガメシュ叙事詩」古代メソポタミア時代の作品で，実在したとされるギルガメシュ王の冒険と生命への探求を描いた叙事詩。
- □ *l.8* Ponce de Leon「ポンセ・デ・レオン」フアン・ポンセ・デ・レオン。フロリダまで航海した最初のヨーロッパ人。プエルトリコの統治者にも任命された。

5

医療・健康 ◆ Medical Care/Health

28-2 Eternal Life

1 ❷ To achieve immortality it will be necessary to halt the aging process and **mitigate** the lethal effects of disease. Aging takes place when cells are no longer able to divide because of damaged DNA or shortened telomeres. Telomeres are sections of DNA found at the end of
5 **chromosomes**. They are responsible for protecting the start of genetic coding during successive cell replications. Normally, telomeres get shorter each time a cell replicates, causing them to become less and less able to fulfill their protective function. However, there are organisms and cell types in which this does not occur; for example,
10 simple planarian worms and **malignant** cancer cells. In both cases, a natural enzyme known as telomerase **forestalls** shortening of the telomeres and helps to repair them. The **resultant** effect is biological immortality, which means that cells can continue copying themselves forever. This is what enables cancers to spread uncontrollably and
15 planarian worms to **duplicate** themselves. In many circles, telomerase is seen as the foundation for anti-aging investigation and treatment. In the not-so-distant future, **physicians** may routinely administer telomerase to their patients to slow, stop, or even reverse aging.

764 ☐	**mitigate** [mítəgèit]	*vt.* を軽減する，を緩和する（≒ extenuate）；を和らげる *vi.* 和らぐ
	派 **mìtigátion** 派 **mítigàtive**	*n.* 緩和；鎮静 *adj.* 緩和的な
765 ☐	**chromosome** [króuməsòum]	*n.* 染色体（a part of a cell in living things that decides the sex, character, shape, etc that a person, an animal or a plant will have）
766 ☐	**malignant** [məlígnənt]	*adj.* (病気が) 悪性の；悪意に満ちた *cf.* malignant tumor (悪性腫瘍) ⇔ benign tumor (良性腫瘍)
	派 **malígnity**	*n.* 悪意，敵意
767 ☐	**forestall** [fɔːrstɔ́ːl]	*vt.* を未然に防ぐ（to take action to prevent sb from doing sth or sth from happening）

28-2 永遠の命

❷ 不老不死を実現するためには，老化現象を止め，病気の致死効果を軽減させる必要がある。老化は，DNA損傷やテロメア短縮によって細胞がもはや分裂できなくなった時に起こる。テロメアとはDNAの一部分で，染色体の末端部にある。一連の細胞複製の際に，それらは遺伝暗号の開始を保護する役割を担っている。通常，テロメアは細胞が複製されるたびに短くなっていき，その保護機能はだんだん弱まっていく。しかしながら，これが生じない有機体や細胞の種類がある。例えば，単純なプラナリアや悪性のがん細胞がそうである。どちらの場合も，テロメラーゼとして知られている天然酵素がテロメアの短縮化を未然に防ぎ，それらを修復する手助けをする。その結果として生じるのは生物学的な不死で，それは細胞が永遠に自己複製を行い続けられることを意味する。これが，がんを無制限に広めたり，プラナリアが自分自身を複製したりすることを可能にしているのである。多くの学会において，テロメラーゼは老化防止のための研究や治療の基盤と見られている。あまり遠くない将来に，医師たちは老化を遅らせたり，止めたり，それどころか若返らせたりするために，患者にテロメラーゼを定期的に投与するようになるかもしれない。

5

医療・健康 ◆ Medical Care/Health

768 □	**resultant** [rizʌ́ltənt]	*adj.* 結果として起こる（that results; following as a result）　*n.* 結果
769 □	**duplicate** *v.* [d(j)úːplikèit] *n. adj.* [d(j)úːplikət]	*vt.* を複製する；を繰り返す　*vi.* 複製する（to make an exact copy of sth）　*n.* 複製　*adj.* まったく同じの，複製の
770 □	**physician** [fizíʃən]	*n.* 医者，内科医（a doctor, especially one who treats diseases with medicines）

🖉 語句・表現

- □ *l.6* genetic coding「遺伝暗号」生物を作るタンパク質を構成するアミノ酸配列を決めるためのDNAの塩基配列。
- □ *l.10* planarian worm「プラナリア」ウズムシとも呼ばれる。きれいな河川や海に生息し，著しい再生能力を持つ。

28-3 Eternal Life

1 ❸ Even if the aging process is brought to an end, humans will inevitably continue to **perish** from diseases and other **traumas**. Fortunately, medical practitioners will have a new arsenal of weapons to combat illnesses and injuries. Genetically modified microbes will be
5 designed to attack **contagious** diseases within our bodies and **minuscule** robotic surgeons will be able to target cancer cells one-on-one. Humans themselves are likely to be genetically altered to make them less **susceptible** to such **maladies**. And if replacement **organs** are needed, they will be grown, just as planarian worms are able to
10 grow new muscles, stomachs, and brains. Although absolute immortality is probably not achievable, near immortality almost certainly will become a fact, provided we do not destroy ourselves or our planet before we get to that point.

771 ☐	**perish** [périʃ]	*vi.* (不慮の事故や災害などで) 死ぬ；消滅する, 朽ちる；腐る *vt.* を死なせる；を滅ぼす
	派 **périshable**	*adj.* 消滅しやすい；腐りやすい
	派 **périshing**	*adj.* 死ぬ, 滅びる；腐る
772 ☐	**trauma** [tráumə, trɔ́ː-, trɑ́ː-]	*n.* 外傷 (a physical injury or wound to the body)；心的外傷
	派 **traumátic**	*adj.* 外傷性の；心的外傷となる
	派 **traumátically**	*adv.* 精神的外傷を与えるように, 心的外傷になるほど
	派 **tráumatize**	*vt.* に外傷を与える；に心的外傷を負わせる
773 ☐	**contagious** [kəntéidʒəs]	*adj.* 接触伝染性の；保菌者の；人から人へ移りやすい
	派 **contágion**	*n.* 接触伝染, 感染；染色伝染病；悪い影響
774 ☐	**minuscule** [mínəskjùːl]	*adj.* 非常に小さい (extremely small), 非常に少ない

28-3 永遠の命

❸ たとえ老化作用が止まったとしても，人間は病気やその他の（身体的）外傷によって必ず**死ぬ**ことになる。幸いなことに，医師たちは病気やけがと闘うための新たな対抗手段の蓄えを持つようになるだろう。遺伝子操作された微生物が体の内部で**伝染病**を攻撃するように仕組まれ，**極小の外科医**ロボットががん細胞を個々に狙い撃ちしていくことが可能になるだろう。人間自身もそのような病気に**感染**しにくくなるよう遺伝子操作されるかもしれない。そしてもし移植用臓器が必要であれば，プラナリアが新たな筋肉や胃や脳を作ることができるのと同様に，移植用臓器は培養されるだろう。完全な不老不死はおそらく達成されないだろうが，不老不死に近いものがほぼ確実に現実となることだろう。もし人類が自分たちあるいは地球をその時点までに破壊していなければ，の話だが。

775 ☑	**susceptible** [səséptəbl]	*adj.* 感染しやすい（likely to suffer from a particular illness）；影響されやすい；多感な
派	**suscéptibly**	*adv.* 敏感に，感じやすく
派	**suscéptive**	*adj.*（影響などを）受けやすい
776 ☑	**malady** [mǽlədi]	*n.* 病気，疾患（disease or illness）
777 ☑	**organ** [ɔ́ːrgən]	*n.* 臓器，器官；オルガン；機関
派	**orgánic**	*adj.* 臓器の；有機の

🖉 語句・表現

- □ *l.1* be brought to an end「止まる，終わる」
- □ *l.4* combat illnesses「病と闘う」
- □ *l.6* one-on-one「個々に，1つ1つに」
- □ *l.12* become a fact「現実となる」
- □ *l.12* provided (that) ...「もし…ならば」

28-4 Eternal Life

1　❹ Needless to say, achieving biological immortality would represent a **monumental** change for humanity, with **unpredictable ramifications** for our entire civilization.　Clearly, religious beliefs and metaphysical thought would be hugely affected, as our entire concept of life and our
5　place in the universe would be severely challenged.　Even more **sobering** is the question of how the earth, with its **dwindling** resources, could possibly sustain an ever-growing population wherein the absence of natural death leaves no room for new generations. Perhaps, though, it will be our longevity that saves us, as our ageless
10　existence will give us the immense amount of time we will need to travel across the vast distances of space and seek out new worlds capable of nurturing our **burgeoning** species.　　　(Original, 605 words)

---

778 ☑	**monumental** [mὰnjəméntl]	*adj.* 甚大な, 途方もない；重要な；記念となる
	派 **mónument**	*n.* 記念碑
	派 **mònuméntally**	*adv.* ひどく；記念碑として

779 ☑	**unpredictable** [ὰnpridíktəbl]	*adj.* 予測不可能な, 意表をつく（tending to change suddenly and therefore unable to be predicted）
	派 **ùnpredícted**	*adj.* 予測されていない
	⇔ **predíctable**	*adj.* 予測可能な

780 ☑	**ramification** [rὰməfikéiʃən]	*n.* 結果, 影響；分裂；分脈
	派 **rámify**	*vi.* 枝を出す, 枝状に広がる；分岐する
	派 **rámiform**	*adj.* 枝状の；分岐した

781 ☑	**sobering** [sóubəriŋ]	*adj.* 酔いもさめるような；（人を）冷静にする, 落ち着かせる
	派 **sóber**	*vt.* の酔いをさます　*vi.* 酔いからさめる *adj.* 酒に酔っていない；冷静な；（色などが）地味な
	派 **sóberly**	*adv.* 冷静に, しらふで
	派 **sobríety**	*n.* 酔っていない状態；冷静, まじめ

28-4　永遠の命

❹ 言うまでもなく，生物学的な不老不死を実現することは人類にとって，非常に大きな変化を意味し，文明全体に予測不可能な結果をもたらすだろう。明らかに，宗教的信念や形而上学的な思考は大いに影響されるだろう。というのも，死生観そのものや宇宙の中での人間の居場所が厳しく問われるからだ。さらに酔いもさめるようなことには，地球が，資源が減る中，ますます増加する人口をどのように支えていくことができるのかという問題がある。地球の人口には自然死がないために，新しい世代が入り込む余裕などないはずだ。もしかすると，我々を救うのはやはり我々の寿命かもしれない。不老こそが，広大な宇宙を旅し，急増する人類をはぐくむことができる新世界を探し出すために必要な，途方もない時間を我々に与えてくれるからだ。

782 ☑	**dwindling** [dwíndliŋ]	*adj.* 減少する；衰える
	派 **dwíndle**	*vi.* 少なくなる，縮まる，小さくなる（to become smaller and smaller in size or number）　*vt.* を小さくする，を少なくする

783 ☑	**burgeoning** [bə́ːrdʒəniŋ]	*adj.* 急増する，増大する，急発展する（growing or developing quickly）
	派 **búrgeon**	*vi.* 急に成長する；芽を出す　*vt.* を発芽させる　*n.* 芽

5

医療・健康 ◆ Medical Care/Health

🖉 語句・表現

- ☐ *l.3*　metaphysical thought「形而上学的な思考」形而上学とは，現象を越えた物事の真の本質を見極めようとする，特に神や霊魂などの超自然的な世界を探求する学問。
- ☐ *l.7*　ever-growing「ますます増加する」
- ☐ *l.7*　wherein：ここでは in which に似た働きをする関係詞として使われている。
- ☐ *l.8*　leave no room for ～「～する余裕［余地］がない」

❓ Quiz

- ☐ 1　Explain how aging takes place.
- ☐ 2　What is the potential use for telomerase?　　▶ Answer は p.465

5 医療・健康 ◆ Medical Care/Health

29-1 Lab-Generated Lymph Nodes Connect to Lymphatic System in Mice

1 Researchers hope that "lympho-organoids" could eventually treat lymphedema in humans, but the technique is currently a proof-of-concept.

❶ Researchers have developed lab-generated lymph node–like
5 organoids that, when transplanted into mice in place of lymph nodes that have been removed, **drain** fluid and connect to the animals' original lymphatic **plumbing**, as reported May 30 in *Stem Cell Reports*.

❷ "We developed these lympho-organoids that have acquired **in vivo** some of the features of **endogenous** lymph nodes," says Andrea
10 Brendolan, a researcher at the IRCCS San Raffaele Scientific Institute in Milan, Italy.

❸ Brendolan says he hopes that one day, the technology will be developed to the point that lympho-organoids could serve as a treatment for lymphedema, **swelling** that can result from radiation
15 damage to lymph nodes or their removal as part of cancer treatment.

---

784 ☑	**lab-generated** [lǽbdʒénərèitid]	*adj.* 実験室〔研究室〕で作られた（≒ lab-created） ※ lab- は「実験室の」の意味を表す接頭辞。
785 ☑	**lymph node**	リンパ節（any of numerous bean-shaped masses of tissue in the lymphatic vessels that remove bacteria, toxins, etc. to protect the body from infection）
	參 **lymph gland**	リンパ腺
786 ☑	**drain** [dréin]	*vt.* の排水をする，（土地から水）を排出させる（to make sth dry as liquid flows away and disappears）*vi.* （水が）排出する，水が切れて乾く *n.* 下水管，放水路，排水
	派 **dráinage**	*n.* 排水
787 ☑	**plumbing** [plʌ́miŋ]	*n.* （血管などの）管の配置（an internal system that resembles plumbing）；配管；配管工事
	派 **plúmber**	*n.* 配管工，水道業者

29-1 研究室で生成されたリンパ節が，マウスのリンパ系につながる

研究者は「リンパ・オルガノイド」がついにヒトのリンパ浮腫を治療できるようになるのではないかと期待している。ただし，この技術は現在のところ，概念実証段階である。

❶ 5月30日号の『*Stem Cell Reports*』誌の記事によると，研究者は研究室で生成されたリンパ節様のオルガノイドを開発した。オルガノイドは，切除されたリンパ節の代わりとしてマウスに移植されると，体液を排出してマウスの元のリンパ管につながった。

❷ 「我々は，これらのリンパ・オルガノイドを開発した。リンパ・オルガノイドは，内生のリンパ節の特徴のいくつかを，生体内で獲得している」と，イタリアのミラノにあるIRCCSサンラファエル科学研究所の研究者であるアンドレア・ブレンドランは述べている。

❸ ブレンドランは，いつかこの技術が発展して，リンパ・オルガノイドがリンパ浮腫の治療に利用できるようになることを期待していると述べている。リンパ浮腫とは，がん治療のために行われる，リンパ節に対する放射線治療による損傷やリンパ節の切除によって起こる腫れのことである。

788 ☑	**in vivo**	生体で〔の〕，生体内で〔の〕(in the living body of an animal or plant)
	⇔ **in vitro**	生体外で〔の〕，試験管内で〔の〕
789 ☑	**endogenous** [endάdʒənəs]	*adj.* 内部から生じる，内生の，内因性の (caused by factors inside the body)
	⇔ **exógenous**	*adj.* 外因性の
790 ☑	**swelling** [swéliŋ]	*n.* 腫れ（もの）(a part of your body that has become bigger because of injury or illness)；膨張，増大

🖉 語句・表現

- ☐ *l.1*　organoid「オルガノイド」「器官 (organ)」と「〜に類似したもの (-oid)」の造語で，生体内の細胞で見られる立体的な三次元構造を形作るよう試験管内で培養された細胞の塊。
- ☐ *l.2*　proof-of-concept「概念実証」(PoC) コンセプトの実現可能性を検証すること。

5 医療・健康 ◆ Medical Care/Health

29-2 Lab-Generated Lymph Nodes Connect to Lymphatic System in Mice

1 ❹ "Hypothetically, it is looking at a major medical need," says Mark Coles, a researcher at the University of Oxford's Kennedy Institute of Rheumatology who was not involved in the work. "Do I think it's translatable to humans?　Not as it currently is.　It's sort of a proof-of-
5 principle in mice," he adds.

❺ There is currently no widespread cure for lymphedema, and patients are usually prescribed interventions to help reduce the swelling and pain.　Doctors have found that transplantation of a patient's own lymph nodes to a site of lymphedema can in some cases treat the condition,
10 but it can also cause complications, such as lymphedema at the donor site.

❻ Lymph nodes consist mostly of **immune cells**, but structural support as well as immune-cell recruitment and other functions are provided by a type of fibroblast called the stromal cell.　Since the early
15 2000s, various research groups have reported that stromal cells, stromal cell **progenitors**, or **soluble** molecules produced by stromal cells **seeded onto** a **scaffold** of extracellular **matrix** or **imbedded** within a gel could develop into lymphoid-like structures when implanted into mice.

791 ☐	**immune cell**	免疫細胞 (a cell that helps defend the body against infectious disease and foreign materials)
	派 **immúnity**	*n.* (病気に対する) 免疫；免除
792 ☐	**progenitor** [proudʒénətər]	*n.* 前駆細胞, 前駆体；(人・動物などの) 先祖；原型 ※語源はラテン語の「先に生むもの」。
793 ☐	**soluble** [sáljubl]	*adj.* 溶解できる, 溶けやすい, 可溶性の, 溶性の (that can be dissolved in a liquid, especially water) (⇔ insoluble) *cf.* watersoluble, soluble in water (水溶性の)
794 ☐	**seed ～ onto ...**	～の上に播種する, 種をまく (to spread sth)

29-2　研究室で生成されたリンパ節が，マウスのリンパ系に つながる

❹「仮説としては，それは重要な医学的ニーズを考慮している」と，オックスフォード大学ケネディ・リウマチ研究所の研究者であり，この研究には関与していないマーク・コールズは述べている。「ヒトに応用できると私が考えるかどうかですか。現段階では，できないと思う。まだマウスで原理が証明されたという段階だ」と彼は付け加えている。

❺ 現在のところ，リンパ浮腫には広く受け入れられた治療法がない。したがって患者には通常，腫れと痛みを軽減するための治療介入が行われる。医師たちには，患者自身のリンパ節をリンパ浮腫の部位に移植すると，場合によっては疾患を治療できることが知られているが，提供部位において，リンパ浮腫などの合併症を引き起こすことがあることもわかっている。

❻ リンパ節は主に免疫細胞で構成されているが，構造的な支持体の役割，免疫細胞を補充する役割，その他の機能は，間質細胞と呼ばれる線維芽細胞の一種によって行われている。2000年代初め以降，さまざまな研究グループが次のように報告している。間質細胞，間質前駆細胞，あるいは細胞外マトリックスの足場に播種（はしゅ）されるかゲル内に埋め込まれて生成される可溶性分子がマウスに移植されることで，リンパ様構造に発達し得る。

795 ☑	**scaffold** [skǽfəld]	*n.* 足場（a supporting framework）；死刑台　*vt.* に足場を設ける
796 ☑	**matrix** [méitriks]	*n.* （ものを生み出す）母体，基盤；〈生物〉（細胞間）基質，マトリックス（the extracellular substance in which tissue cells are embedded）《複》matrices
797 ☑	**imbed** [imbéd]	*vt.* を埋め込む，をはめこむ；を包埋する（to fix sth firmly into a substance）※スペルは embed の方が一般的。

🖉 語句・表現

☐ *l.14* fibroblast「線維芽細胞」結合組織の固有細胞。細胞外マトリックスを更新。
☐ *l.14* stromal cell「間質細胞」臓器の結合組織の細胞。stromal cell progenitor は「間質前駆細胞」の意。

5

医療・健康 ◆ Medical Care/Health

29-3 Lab-Generated Lymph Nodes Connect to Lymphatic System in Mice

1　(**⑥**続き) Whether lympho-organoids could fill in for **resected** lymph nodes was unknown, so to find out, Brendolan's team cultured **spleen** stromal cells to create a layer of tissue and washed away the cells to leave only the collagenous extracellular matrix. They then seeded that
5　matrix with stromal cell progenitors harvested from newborn mice.

⑦ The scientists then transplanted the progenitor-bearing matrices into mice, where they developed into lympho-organoids. The animals had had lymph nodes removed at one site, which varied by experiment. They couldn't specifically examine lymphedema in the mice, as mice
10　don't develop it, but they did look at how well the area around the resected lymph nodes drained an injected **tracer**, and poor drainage can cause lymphedema.

⑧ When the researchers injected a lymphatics-specific tracer near the missing lymph nodes, they found that it drained as expected in the
15　mice that had received lympho-organoid transplants, as it did in mice whose lymph nodes had not been removed. In mice that received the extracellular matrix alone, the tracer **pooled up**, rather than draining away.

798 ☑	**resect** [risékt]	*vt.* (体の部分)を切除する, を切断する(to surgically remove part of an organ or structure)
	派 reséction	*n.* (外科的) 切除 (術)
799 ☑	**spleen** [splíːn]	*n.* 脾臓 (an abdominal organ involved in the production and removal of blood cells and forming part of the immune system) ; 不機嫌, 癇癪

29-3　研究室で生成されたリンパ節が，マウスのリンパ系につながる

(❻続き) リンパ・オルガノイドが，切除されたリンパ節の代わりをすることができるかどうかは不明であったため，確認のために，ブレンドランのチームは脾臓の間質細胞を培養して，組織の層を作成し，細胞を洗い流してコラーゲンである細胞外マトリックスのみを残した。その後，生まれたばかりのマウスから採取した間質前駆細胞をそのマトリックスに播種した。

❼ それから，科学者たちがその前駆細胞を含むマトリックスをマウスに移植し，リンパ・オルガノイドに発達させた。実験ごとにさまざまな部位で，マウスはリンパ節を 1 カ所ずつ切除された。マウスはリンパ浮腫を発症しないため，マウスではリンパ浮腫を具体的に調べることはできなかった。しかし，切除されたリンパ節の周囲の領域で，注入されたトレーサー (追跡子) がどの程度，排出されるのかということを調べた。排出不良がリンパ浮腫を引き起こす可能性があるからだ。

❽ 研究者たちが，切除されたリンパ節の近くにリンパ管専用のトレーサーを注入したところ，予想通り，リンパ・オルガノイドの移植を行ったマウスで，トレーサーが排出されていることがわかった。リンパ節が切除されていないマウスでも同じ結果となった。細胞外マトリックスのみを投与されたマウスでは，トレーサーは排出されずに，たまった。

800 ☐ **tracer** [tréisər]	*n.* 追跡子，トレーサー (a radioactive substance used to trace the course of a chemical or biological process)；遺失物追跡捜査 (官)
派 **tráceable**	*adj.* 追跡することのできる，突き止められる
801 ☐ **pool up**	(液体などが) たまりを作る (to accumulate)

✎ 語句・表現

☐ *l.1*　fill in for ～ 「～の代わりになる，～の代理を務める」
☐ *l.2*　culture ～ 「～を培養する」

29-4 Lab-Generated Lymph Nodes Connect to Lymphatic System in Mice

1　（❽続き）Other experiments showed that the transplanted lymph nodes connected to the endogenous lymphatic system, as an injected tracer flowed between the transplanted lympho-organoid and the mouse's endogenous lymphatic **vessels**, which expressed a **fluorescent** label.

5　❾ Coles, who calls the paper's findings "a bit **incremental**," says he thinks that these experiments are "the most interesting aspect of the paper."

　❿ To test whether the lympho-organoids had immune function, the researchers injected mice with T cells engineered to produce a

10　**receptor** specific to an **antigen** in egg whites. When they exposed mice to the antigen, the engineered T cells expanded in number in the mice transplanted with the lympho-organoids, indicating, the authors write in their study, that they had been activated by the protein.

802 ☐	**vessel** [vésl]	*n.* （血）管（a tube that carries body fluid through the body）；（大型の）船（a ship or a large boat）；容器
803 ☐	**fluorescent** [fluərésnt]	*adj.* 蛍光性の，蛍光を発する（having the property of fluorescence）
	派 **fluoréscence**	*n.* 蛍光，蛍光発光
804 ☐	**incremental** [ìnkrəméntl]	*adj.* 漸進的な，徐々に起こる（increasing in small increments）（≒ gradual, step-by-step）
	派 **increméntally**	*adv.* 増加的に，徐々に

29-4　研究室で生成されたリンパ節が，マウスのリンパ系につながる

（❽続き）他の実験では，移植されたリンパ節が内生リンパ系につながることが示された。これは，注入されたトレーサーが，移植されたリンパ・オルガノイドとマウスの内生リンパ管の間を流れ，蛍光標識を発現したことからわかった。

❾ コールズ氏は，この論文の研究結果を「少し漸進的だ」と言い，これらの実験が「この論文の最も興味深い側面」だと考えていると述べている。

❿ リンパ・オルガノイドに免疫機能があるかどうかを検証するために，研究者たちは，卵白の抗原に対して特異的な受容体を作るように操作されたT細胞をマウスに注入した。マウスを抗原にさらすと，リンパ・オルガノイドを移植されたマウスで，操作されたT細胞の数が増え，T細胞がタンパク質によって活性化されたことを示した，と論文の著者は記している。

805 □ **receptor** [riséptər]	*n.* 受容体，受容器官，レセプター（a chemical group or protein molecule on the cell surface or in the cell interior that has an affinity for a specific chemical group, molecule, or virus）
806 □ **antigen** [ǽntidʒən]	*n.* 抗原（生体内で抗体を生成する細胞毒素など）（a substance that can stimulate the production of antibodies）
參 **ántibòdy**	*n.* 抗体，抗毒素

語句・表現

□ *l.9*　T cell「T細胞」リンパ球の一種で，骨髄の幹細胞に由来し，胸腺で分化する免疫担当細胞。

29-5 Lab-Generated Lymph Nodes Connect to Lymphatic System in Mice

1 (⑩続き) This T-cell expansion did not occur in transplanted mice not exposed to the antigen, indicating that the lympho-organoids are capable of **mounting** an immune response.

⑪ This result "basically speaks to the fact that these organoids are
5 functional and the immune system can be primed and expanded at those sites," says University of Pittsburgh **immunologist** Walter Storkus, who was not involved in the work.

⑫ Coles disagrees, stating that the authors haven't yet shown the lymphoid tissue acting as a functional lymph node. "That they didn't
10 address, because the gold standard for that is to show that you can make high-affinity antibody responses," he says.

⑬ "That's one of the next steps," Brendolan says. "There are many things to do, and indeed we would like also to test this B-cell immune response and antibody production."

807 ☑	**mount** [máunt]	*vt.* に取りかかる，を開始する(to launch and carry out)，に取りかかる；に登る；を取り付ける，を搭載する *vi.* 上がる，登る；乗る；増加する；上昇する *n.* 上がること，乗ること；取り付け具
808 ☑	**immunologist** [ìmjunálədʒist]	*n.* 免疫学者 (a person who studies immunology)
派	**immunólogy**	*n.* 免疫学
派	**immunothérapy**	*n.* 免疫療法，免疫治療
派	**immunizátion**	*n.* (病気に対して) 免疫性を与えること，予防接種

29-5 研究室で生成されたリンパ節が，マウスのリンパ系につながる

（⑩続き）このT細胞の数の増加は，（リンパ・オルガノイドを）移植したマウスでも，抗原にさらされなければ起こらなかった。したがって，リンパ・オルガノイドが免疫応答を開始することができることを示した。

⑪ この結果により，「基本的には，これらのオルガノイドは機能を果たし，免疫系がそれらの部位で初回刺激され，拡大するという事実を表している」とピッツバーグ大学の免疫学者で，この実験には関っていないウォルター・ストークスは述べている。

⑫ コールズは異議を唱えており，この論文の著者はそのリンパ組織が機能的なリンパ節の働きをすることをまだ示せていない，と述べている。「彼らはその問題について対処していなかった。というのは，機能的なリンパ節としての働きをすることを示すための最も重要な基準が，高親和性の抗体反応を行うことができることを示すことだからだ」とコールズは述べる。

⑬ ブレンドランは「それは次の段階でやるべきことの１つだ」と述べ，「やるべきことがたくさんある。実際，このB細胞免疫応答と抗体産生も検証したいと考えている」と続けている。

📝 語句・表現

- □ *l.3* immune response「免疫応答〔反応〕」免疫を担当する細胞が，抗原が体内に侵入したことを察知し，特異的に応答し，生体を防御する仕組み。
- □ *l.11* high-affinity「高親和性の」「親和性」とは「ある物質が他の物質と容易に結合する性質や傾向」，「物事を組み合わせた時の，相性のよさ」を表す。
- □ *l.13* B-cell「B細胞」リンパ球の一種。特異的抗原に対する抗体の産生および放出を担う，体液性免疫の中心となる細胞。
- □ *l.14* antibody production「抗体産生」生体に侵入した細菌などの抗原を処理して，再度同様な状況が起きた時に対応できるようにリンパ組織が抗体を産生する機能。

Key Points of This Issue オルガノイドについて

オルガノイドは三次元的に試験管内で作られた臓器であり，話題のES細胞やiPS細胞などの幹細胞から培養，形成される。試験管内で培養するため扱いやすく，観察も容易であり，各臓器の細胞へと分化させ，その臓器での疾患，薬物の効果などの検証に役立てられている。基礎研究のみならず，その特性を生かして患者の症状や状態に合わせて薬の種類や量をオルガノイドの段階で調整する，オーダーメイド医療の分野にも大いに貢献することが期待されている。

5

医療・健康 ◆ Medical Care/Health

29-6 Lab-Generated Lymph Nodes Connect to Lymphatic System in Mice

1 ⓮ Coles says he is also **skeptical** about how the work could translate to the clinic because the human equivalent of the mouse neonatal lymph nodes, the Brendolan team's source of stromal **precursor** cells, would be those from a 24-week-old human embryo.

5 ⓯ Storkus **echoes** this criticism but is nonetheless optimistic. "They'll have to come up with another solution as to where that source of stromal cells will come from, and they need to basically be matched to the specific patient they're putting back into or else there would be a rejection of those organoids once they transplant them," says Storkus.

10 "But again, this is a sort of an early evolution of this technology and I see it as being something that will be quite interesting moving forward into the clinic."

(*The Scientist*, 850 words)

☐	**skeptical** [sképtikəl]	*adj.* 懐疑的な, 疑い深い (≒ doubtful)
	派 **sképtic** 派 **sképticìsm**	*n.* 疑い深い人；無神論者 *adj.* 懐疑的な, 疑い深い *n.* 懐疑, 無神論
809 ☐	**precursor** [prikə́:rsər]	*n.* 〈生物〉前駆細胞, 前駆体；先駆者, 先輩 (a person or thing that comes before sb or sth)；前兆 *cf.* 語源はラテン語の「前を走る人」。
	派 **precúrsory**	*adj.* 先駆けの, 前兆の
810 ☐	**echo** [ékou]	*vt.* に同調する (to repeat an idea or opinion because you agree with it)；をそのまま繰り返す, をおうむ返しに言う (≒ repeat)；をまねする (≒ imitate)；(音) を反響させる *n.* こだま, 反響

29-6 研究室で生成されたリンパ節が，マウスのリンパ系につながる

⑭ コールズは，この研究がどのように臨床に移行できるかについても**懐疑的だ**と述べている。というのは，ブレンドランのチームの間質前駆細胞の供給源である新生児期のマウスのリンパ節に相当するのは，ヒトの場合24週齢のヒト胚のリンパ節であるためだ。

⑮ ストークスもこの批判に**同調**するが，それでも楽観的だ。「間質細胞の供給源について，別の解決策を考え出す必要がある。また，基本的なことだが，(オルガノイドを体に) 戻す特定の患者とオルガノイドが適合する必要がある。そうでなければ，これらのオルガノイドを移植した際，拒絶反応が出ることもあるだろう」と，ストークスは言う。「それでもやはり，これはこの技術の進化の初期段階でもあり，臨床に進むのは非常に興味深いものであると考えている。」

語句・表現

- □ *l.2* neonatal「新生児期の，新生児の」neonate は名詞で「新生児」の意味。
- □ *l.4* those = the neonatal lymph nodes
- □ *l.4* human embryo「ヒト胚，人間の胚細胞，ヒト胎児」
- □ *l.5* nonetheless「それにもかかわらず」文修飾の副詞。nevertheless と同意。

Quiz

- □ 1 What condition could the technology, used in this "lab-generated lymph node" study, someday treat? Explain what this condition is and what causes it.
- □ 2 There is controversy about this study, regarding the lympho-organoid's immune function. Explain the controversy. ▶ Answer は p.465

5 医療・健康 ◆ Medical Care/Health

30-1 Neuroplasticity ─ Your Brain's Amazing Power to Change Itself

1　❶ Your brain is a complex organ. It has over 100 billion neurons ─ as many neurons as the **myriad** of stars in the Milky Way. Each of these neurons makes thousands of connections with other neurons all around the brain. They send **projections** that help to transmit
5　electrochemical signals from one neuron to another, and to nerves that run along the **cranium** and down the spinal cord, eventually reaching all your organs and body parts. Your brain's neurons are specialized, yet they are **intimately** involved in this flexible, continually changing network of neural circuits. The signals transmitted through the
10　network **subsequently** help you interpret and respond to your environment.

---

811 ☑	**myriad** [míriəd]	*n.* 無数 (an indefinitely great number)　*cf.* myriads〔a myriad〕of ～ (無数の～)　*adj.* 無数の (≒ innumerable)　※ギリシャ語で「1万」の意。
812 ☑	**projection** [prədʒékʃən]	*n.* 〈可算名詞で〉突出物, 〈脳神経学で〉投射のために延ばす神経軸索；突出 (部), 突起；投影画；計画　〈不可算名詞で〉〈脳神経学で〉投射；発射, 放射
	派 **projéct**	*vt.* 〈in〔through〕～で〉を (～に) 発射する〔投げ出す〕；〈on〔onto〕～で〉(光・影・映像など) を (～に) 投影する〔映す〕；(声, 身ぶり) を (その場にいる人が全員わかるように) 大きく出す；(自分の感情・考え) を (人に) 投影する
813 ☑	**cranium** [kréiniəm]	*n.* 頭蓋骨, 頭蓋 (≒ skull)　《複》crania
814 ☑	**intimately** [íntəmətli]	*adv.* 密接に；親密に, 親しく (in a very close contact or association) (≒ closely)
	派 **íntimate**	*adj.* 親密な, 心の奥底からの；詳細な

30-1 神経可塑性——脳が自らを変える驚くべき能力

❶ 脳は複雑な器官だ。脳には1000億個を超えるニューロン（神経細胞）——銀河にある無数の星の数ほどのニューロン——が存在している。これらのニューロンの一つひとつが，脳のあらゆる箇所の他のニューロンと数千もの神経結合（シナプス）を形成する。ニューロンは突出物（※投射のために延ばす神経軸索）を送り〔ニューロンは投射し〕，電気化学的信号をニューロンからニューロンへ，それから頭蓋に沿って走り脊髄を下行する神経へ，そして最終的にすべての器官や体の部位に届くように，伝達することを助ける。脳のニューロンは分化しているが，この柔軟で絶えず変化する神経回路ネットワークに密接に関わっている。ネットワークを通じて伝達された信号は，その後，周囲の環境を解釈してその環境に反応するのを助ける。

815

☑ **subsequently**
[sʌ́bsikwəntli]

adv. その後に，その次に（≒ afterwards, later）

- -

派 **súbsequent**　　*adj.* 後の，次の（coming after or later）

派 **súbsequence**　*n.* 続いて起こること

≒ **succéeding**　　*adj.* 続いて起こる，次の

5

医療・健康 ◆ Medical Care/Health

🖋 語句・表現

□ *l.9*　circuit　「回路」

Key Points of This Issue　投射（projection）

　「投射」とは，ニューロンが他のニューロンに信号を伝えるために，軸索と呼ばれる長い繊維状の組織を伸ばしてシナプスを形成すること。なお，神経細胞は神経伝達の仕方によって投射ニューロンと介在ニューロンに分けて整理されることがある。介在ニューロンは隣接した神経細胞のシナプスで伝達を行うが，投射ニューロンは遠方にある他の領域まで軸索を伸ばす。「投射」という動作を介した細胞間の信号伝達は神経細胞にみられる大きな特徴である。

30-2 Neuroplasticity — Your Brain's Amazing Power to Change Itself

1 ❷ Your other brain cells, which are called glia cells, support neurons by **insulating** them, providing nutrients, and removing debris (a process known as synaptic **pruning**). Synaptic pruning, a lifelong process, is the **shedding** of unnecessary or unused connections and
5 the strengthening of connections that are important and used more often. At one time, scientists believed that you were born with all the brain neurons that you'd ever have. Once you'd reach adulthood, those neurons would gradually fade away or die. As a result, your brain would eventually "**shrink**", and along with it, your capacity to learn new
10 things would decline as you grew older. This thinking was disproven by the **pioneering** research in 1998 of Fred Gage and his team at the Salk Institute for Biological Studies in La Jolla, California. They found the first definite evidence of neurogenesis (the birth of new neurons) in the hippocampus of the human brain. The brain was not slowly
15 "shrinking", but it was "constantly changing".

816 □	**insulate** [ínsəlèit]	*vt.* を覆う，を防護する；を絶縁（防音・断熱）する（to cover and surround sth with a material in order to protect it from heat, sound or electricity）；を隔離する
	派 **ínsulàtor**	*n.* 隔離するもの；絶縁体；（建物などの）断熱・遮音・防音材
817 □	**prune** [prúːn]	*vt.* を（短く）刈り込む，（枝）をおろす（to cut off branches from a tree, bush or plant for better growth in the future）；を取り除く；（費用など）を切り詰める *n.* プルーン（西洋スモモの干した実），しわだらけの人，魅力に欠ける人 *cf.* pruning（刈り込み，剪定，枝打ち）

30-2　神経可塑性——脳が自らを変える驚くべき能力

❷ 他の脳細胞でグリア細胞と呼ばれるものは，ニューロンを覆い，栄養を供給し，デブリ（壊死組織片）の除去（シナプス刈り込みとして知られる過程）を行うことで，ニューロンを補助している。シナプス刈り込みは生涯続く過程であり，不要だったり使われていなかったりする結合部を切り捨てて，重要で，より頻繁に使われる神経結合（シナプス）を強めることである。かつて科学者たちは，備えることになる脳のニューロンの数が全部揃った状態で，人は生まれてくるのだと思い込んでいた。いったん大人になると，それらのニューロンは徐々に衰えていったり死滅してしまったりするのであろう。結果として，脳がいずれは「萎縮」し，それに伴って，新しいことを学習する能力が年齢とともに低下するのであろう。この考え方は1998年に，カリフォルニア州ラホヤに位置するソーク生物学研究所のフレッド・ゲージと彼のチームが行った先駆的な研究によって，間違っていることが証明された。同教授のチームは，人間の脳の海馬内でのニューロン新生（新しいニューロンの誕生）の明確な証拠を初めて発見した。脳は徐々に「萎縮して」いたのではなく，「絶えず変化して」いたのだ。

818 ☐	**shed** [ʃéd]	*vt.* （不要なもの）を切り捨てる（to get rid of sth useless or unwanted）；（植物が葉など）を落とす，（動物・昆虫・植物が）（皮膚, 羽毛, 羽など）を（自然に）落とす *vi.* （生物から不要なものが）落ちる，脱皮する *n.* 納屋, 小屋, 物置, 車庫
	參 **exfóliate**	*vt.* （皮膚・角質, 樹皮）を剥離する
819 ☐	**shrink** [ʃríŋk]	*vi.* 小さくなる，縮む（to become smaller）；縮みあがる *vt.* を減少させる　*n.* 縮み；〈俗語〉精神科医
820 ☐	**pioneering** [pàiəníəriŋ]	*adj.* 先駆の，開拓の，草分けの（introducing or using ideas and methods that have never been used before）

語句・表現

☐ *l.14* hippocampus 「海馬」

30-3 Neuroplasticity — Your Brain's Amazing Power to Change Itself

1 ❸ During the next two decades, scientists through numerous studies have **validated** the findings of Gage's research. In fact, researchers at the Karolinska Institute in Sweden in 2013 established that 700 new neurons are created in the human adult brain every single day, and that
5 such neurogenesis continues well into one's 70's and perhaps beyond. This is the neuroplasticity of the brain in action — the brain's ability to reorganize itself with the **malleability** of its neural circuits throughout its complex network. To put it simply, it's how the brain adapts and changes itself.

10 ❹ In a 2017 speech, Max Cynader, the founding director of the Brain Research Centre at the University of British Columbia (UBC), discussed two important factors that research has found to significantly enhance the brain's neuroplasticity — sleep and physical exercise. He cited earlier research done at the Massachusetts Institute of
15 Technology which showed that every night during sleep, you replay the memories of what you learned during the day from your hippocampus (the **hub** of your memory) to all different areas of your **cerebral** cortex, **rehearsing** those memories over and over again, strengthening the association among all of them.

821 ☐ **validate** [vǽlədèit]	*vt.* の正当性を立証する，を確認する (to prove that sth is true)；を (法的に) 有効にする
派 **validity**	*n.* 妥当性，正当性，合法性
派 **valid**	*adj.* 妥当な，有効な，合法的な (⇔ invalid (無効の))
822 ☐ **malleability** [mæ̀liəbíləti]	*n.* 可塑性，可鍛性，順応性，適応性，融通性，マレアビリティ (the capability of being easily influenced or altered by external forces)
参 **plasticity**	*n.* 可塑性，適応性，柔軟性，可変性，プラスティシティ (the quality of being easily made into any shape) *cf.* neuroplasticity (神経可塑性)

30-3 神経可塑性——脳が自らを変える驚くべき能力

❸ その後20年ほどの間に，さらに数々の研究を行うことで，科学者たちはゲージの研究結果の正当性を立証した。実際，2013年にスウェーデンのカロリンスカ研究所の研究者が，成人の脳では来る日も来る日も700個の新しいニューロンが産生されているということ，そしてそのようなニューロン新生（※神経幹細胞と呼ばれるニューロンの素となる細胞がニューロンへ分化すること）は人が70代になってもずっと続き，恐らく70代以降でも続くということを確証した。これが，活動している脳の神経可塑性，すなわち脳の複雑なネットワーク全体にわたる神経回路の可塑性（順応性）により，脳が自らを再編成する能力である。簡単に言えば，脳が順応して自らを変化させる様だ。

❹ 2017年の講演で，ブリティッシュコロンビア大学（UBC）の脳研究センター初代センター長のマックス・シナダーは，研究によって脳の神経可塑性を大幅に高めることが分かった2つの重要な要素——睡眠と運動——について説明した。以前にマサチューセッツ工科大学で行われたもので，人が毎晩寝ている間に，日中学んだことの記憶を，何度も何度も繰り返し，それらの記憶のすべての間のつながりを強め，海馬（記憶の中枢）から大脳皮質のあらゆる部位へ再生するということを明らかにした研究について同氏は言及した。

5

医療・健康 ◆ Medical Care/Health

823 □ **hub** [hʌ́b]	*n.* 中枢，中心（the central or main part of sth where there is most activity）；ハブ，交通網・情報網など種々のネットワークが結集するところ（ハブ空港など）
824 □ **cerebral** [səríːbrəl, sérəbrəl]	*adj.* 大脳の，脳の（of or related to brain）；知的な，知性に訴える
派 **cerébrum**	*n.* 大脳
825 □ **rehearse** [rihə́ːrs]	*vt.* を繰りかえす（to repeat an action in order to develop or maintain one's skill）；を復唱する，を暗唱する；の下稽古をする
派 **rehéarsal**	*n.* リハーサル，下稽古

30-4 Neuroplasticity — Your Brain's Amazing Power to Change Itself

1 (**❹**続き) In more recent studies at UBC, researchers discovered that you can create three times as many brain cells by just doing one good **cardiovascular** workout. Teresa Liu-Ambrose, professor at UBC, **concurs** that physical exercise is important for the brain. She recently
5 did a one-year **longitudinal** study of a group of women on various scheduled exercise programs. Her finding was that both cardio training and resistance training are equally effective in adding more brain cells.

❺ Future research into the neuroplasticity of the brain could offer
10 unprecedented possibilities. For example, think of the **healing** that could occur when research can offer the data needed to identify the cure for Alzheimer's Disease. Think of how existing **therapeutic** methodologies could be improved. Consider, for instance, music therapy.

---

826 ☐	**cardiovascular** [kà:*r*diouvǽskjələr]	*adj.* 心臓血管の〔に関する〕, 循環器の (relating to the heart and blood vessels)
827 ☐	**concur** [kənkə́:*r*]	*vt.*〈that 節を続けて〉(…であること)に同意する *vi.* 同意する, 賛成する (≒ agree, coincide) (⇔ differ, disagree);同時に起こる;協力する
	派 **concúrrently**	*adv.* 同時に, 共に
	派 **concúrrent**	*adj.* 同時に起こる
828 ☐	**longitudinal** [làndʒit(j)úːdənəl]	*adj.* 長期的な, (変化などを) 長期的に追った (concerning the development of sth over a period of time);経度の, 縦の, 長手方向の
	参 **longitudinal study**	縦断的研究, 縦断研究 (同一の対象を一定期間継続 的に追跡して変化を測定・検討すること)
	派 **lóngitùde**	*n.* 経度, 経線 (⇔ latitude);〈天文〉黄経

30-4 神経可塑性——脳が自らを変える驚くべき能力

(❹続き) UBC で行われたもっと最近の研究で，研究者たちは，適切な心臓血管の
トレーニング (＝有酸素運動) を1つ行うだけで，3倍の数の脳細胞を生成するこ
とができるということを発見した。UBC のテレサ・リューアンブローズ教授は，
運動が脳にとって重要であるということに同意している。同教授は最近，さまざ
まな計画的な運動プログラムに参加している女性の集団を対象にして1年間にわ
たる縦断的研究を行った。同教授の研究により，心臓血管トレーニングも筋力ト
レーニングも同様に，脳細胞を追加するのに効果的であるということが分かっ
た。

❺ 脳の神経可塑性に関する今後の研究は，今までに例がない可能性を与えてく
れるのかもしれない。例えば，アルツハイマー病の治療法を突き止めるのに必要
なデータを研究によって提供できるのなら，それによって起きうる治癒を思い浮
かべてみよう。現在の**治療**の方法がいかに改良され得るかを想像しよう。音楽療
法を例に考えてみよう。

829 □ **healing** [híːliŋ]	*n.* 治癒 (the process of becoming well again)；癒し	
派 **héal**	*vi.* (傷などが) 治る (to return to a good condition after an injury or illness) *vt.* (傷など) を治す (≒ cure)	
□ **therapeutic** [θèrəpjúːtik]	*adj.* **治療の，治療法の** (relating to the treatment of disease or disorders)；**健康維持に役立つ**	
派 **thérapy**	*n.* (薬や手術を用いない) 治療，療法	

🖋 語句・表現

□ *l.7*　resistance training 「筋力トレーニング」筋肉に一定の負荷をかけて筋力を
　　鍛えるトレーニング。

5

医療・健康 ◆ Medical Care/Health

30-5 Neuroplasticity — Your Brain's Amazing Power to Change Itself

1 (**⑤**続き) Music has calmed agitated patients, and stimulated memories in Alzheimer's patients who hear a song or melody from their past. Some traumatic-brain-injury (TBI) patients have recovered lost functions with the help of music therapists. For example, in 2011, U.S.
5 congresswoman Gabrielle Giffords was shot in the head during a mass shooting incident, and she suffered a TBI. She lost her ability to speak because of damage to the language pathways in her brain. Yet, she was able to pave new pathways around the damaged ones by singing words to melodies. In ten months of repeated practice, she was finally able to
10 regain her ability to speak. Research could tap into these successes so that we can learn from them and improve them. Future brain research could give us ways to boost our own cognitive fitness, help us improve our brain health at any age, and thereby enrich our lives while we seek to live life to the fullest.   (Original, 741 words)

830	**agitated** [ǽdʒətèitid]	*adj.* 動揺した（worried or angry, very anxious or upset）
派	**ágitate**	*vt.* を動揺させる，（人の心）をかき乱す（to make someone feel worried or angry）（≒ disturb）；をかき混ぜる；を扇動する
派	**ágitàtor**	*n.* （政治運動などの）扇動者，運動員；撹拌機
831	**thereby** [ðèərbái]	*adv.* その結果，それによって（as a result of this action）
参	**hèrebý**	*adv.* この結果，これによって　※特に法律文書などに用いる。
参	**thèreáfter**	*adv.* その後は，それ以来

30-5　神経可塑性——脳が自らを変える驚くべき能力

(❺続き) 音楽は動揺している患者を落ち着かせ，自分が過去に聴いた歌やメロディーを耳にしたアルツハイマー病の患者の記憶を刺激してきた。外傷性脳損傷 (TBI) の患者の中には，音楽療法士の助けを借りて，失われた機能を回復した人もいる。例えば2011年に，米女性下院議員のガブリエル・ギフォーズは銃乱射事件で頭部を撃たれて，外傷性脳損傷を受けた。彼女は脳内の言語の経路への損傷のせいで，話す能力を失った。しかし，彼女は言葉をメロディーにのせて歌うことで，損傷を受けた経路の周りに新しい経路を築くことができたのだ。彼女は訓練を繰り返して10カ月後には，話す能力をやっと取り戻すことができた。これをお手本にして成果を高めることができるように，このような成功例を研究にうまく活用することもできるだろう。私たちが最高に充実した人生を送るために努めている間にも，将来の脳研究が，私たち自身の認知フィットネスを促進する方法を教えてくれ，年齢に関係なく私たちの脳の健康を向上させるのを助けてくれ，その結果私たちの人生を豊かにしてくれるかもしれない。

5

医療・健康 ◆ Medical Care/Health

🖉 語句・表現

☐ *l.6*　suffer ～「～（損傷・損害など）を受ける，～（苦痛など）を経験する」
☐ *l.10*　tap into ～　「～（＝必要なもの）を利用する　」
☐ *l.12*　cognitive fitness「認知フィットネス」認知，脳の健康，ブレイン・フィットネス。

❓ Quiz

☐ 1　What breakthrough research dispelled the previous scientific thinking that, with increasing age, a person's brain gradually shrinks?　What can be implied from this discovery?
☐ 2　What two factors do researchers say can improve the quality of the brain's neuroplasticity, and how can each factor do this?　▶ Answer は p.465

5 医療・健康 ◆ Medical Care/Health

31-1 Autism Spectrum Disorder: Searching for causes and progress

1 ❶ Usually identified in early childhood, **autism** is one of the so-called spectrum disorders. They are designated as such because of the wide range of symptoms and difficulties that individuals with the disorders may experience. Autism Spectrum Disorder (ASD) can refer to Autism

5 Disorder (classic autism), Asperger **Syndrome**, or other similar child development disorders. Symptoms of ASD may differ greatly among children in type or degree, but they usually share certain commonalities. ❷ For example, children with ASD often develop atypical social or communication behavior. They may avoid eye contact or be unable to

10 make sense of customary social and communication cues. They may also engage in repetitive speech or movement patterns that have no apparent meaning to those not afflicted with such disorders. As a consequence, their behavior may be perceived as inappropriate and incomprehensible. Children with ASD are also likely to **simultaneously**

15 suffer from other learning disabilities or mental health conditions, including attention deficiency, depression, anxiety, and hyper-aggression.

832 ☐ **autism** [ɔ́ːtizm]	*n.* 自閉症 (a developmental disorder characterized by challenges with social skills, repetitive behaviors, speech and nonverbal communication)
派 **autistic**	*adj.* 自閉症の
833 ☐ **syndrome** [síndroum]	*n.* 症候群, シンドローム (a medical condition that is characterized by a particular group of symptoms) ; 行動様式

31-1　自閉症スペクトラム障害：原因と進歩を求めて

❶ 自閉症は通常，早期幼児期に確認されるもので，いわゆるスペクトラム障害の1つだ。このように呼ばれているのは，障害を抱えた人たちが経験するかもしれない症状や困難が，広範囲にわたっているためである。自閉症スペクトラム障害（ASD）は，自閉性障害（昔から知られているいわゆる自閉症），アスペルガー症候群，あるいは他の同じような小児発達障害を指すこともある。ASDの症状は，子供によって種類や程度が大きく異なるかもしれないが，大抵の場合は特定の共通した特徴がある。

❷ 例えば，ASDの子供たちは，普通とは異なる社会的行動やコミュニケーション行動をするようになることが多い。彼らは目を合わせなかったり，通例の社会やコミュニケーションの手がかりを理解することができなかったりする場合がある。同じような障害に苦しんでいない人たちにとっては明確な意味を成さないような発話や行動のパターンを，彼らは繰り返す場合もある。結果として，彼らの行動は不適切で理解不能であると思われることがある。ASDの子供たちは同時に，他の学習障害や注意欠陥，うつ状態，不安，異常な攻撃性などの精神的健康状態にも悩まされる可能性が高い。

5

医療・健康 ◆ Medical Care/Health

834　**simultaneously**　*adv.* 同時に，いっせいに（at the same time）
[sàiməltéiniəsli]

派　**sìmultáneous**　*adj.* 同時の　*cf.* simultaneous interpretation 同時通訳

🖋 語句・表現

- [ ] *l.2*　be designated as ～「～と呼ばれる，～と称される」
- [ ] *l.7*　commonality「共通性」
- [ ] *l.8*　atypical「不定型の，異常な」
- [ ] *l.12*　be afflicted with ～「～に悩まされる，～に苦しむ」

31-2 Autism Spectrum Disorder: Searching for causes and progress

1 ❸ In spite of extensive investigation, the search for ASD causes seems to have reached an **impasse**. Some researchers believe ASD is inherited, that it is due to genetic **predisposition**. However, cases seem to be **arbitrary** in this regard, since there is no prior family

5 history for most children afflicted with the disorder. Other researchers are looking into environmental factors, such as family medical conditions, parents' ages, exposure to pesticides and other environmental **toxins**, and pregnancy and birth complications. Still others hold that interactions between environmental factors and

10 **mutated** genes cause some children to develop ASD.

❹ While none of these **variables** can be **ruled out**, no direct cause-effect relationship between any of them and ASD has yet been established beyond a doubt. One theory that is considerably more controversial has arisen among a number of parents with affected

15 children. They believe that the **onset** of ASD is somehow related to childhood vaccines.

---

835 ☑ **impasse** [ímpæs]	*n.* 難局, 行き詰まり (a situation in which no progress is possible) (≒ deadlock) (⇔ breakthrough)
836 ☑ **predisposition** [priːdispəzíʃən]	*n.* (病気などの) 素因 (a condition that makes sb likely to suffer from a particular disease), 体質；傾向, 性質
837 ☑ **arbitrary** [áːrbətrèri]	*adj.* 恣意的な, 任意の, 気まぐれな, 偶然による (not seeming to be based on any reason or plan)；独断的な
838 ☑ **toxin** [táksin]	*n.* 毒素
派 **toxícity**	*n.* 毒性, 有毒性

31-2　自閉症スペクトラム障害：原因と進歩を求めて

❸ 広範囲にわたる調査にもかかわらず，ASDの原因の探求は難局に直面してしまっているようだ。研究者の中にはASDは遺伝によるものであり，遺伝的素因が原因であると考えている者もいる。しかし，この障害に苦しんでいるほとんどの子供には，同じ障害の既往歴を持つ家族がいないため，この点に関しての例は恣意的のように思われる。他には，家族の健康状態，親の年齢，殺虫剤や他の環境毒素への暴露，妊娠中や出産時の合併症などの環境要因を調べている研究者もいる。さらに他には環境要因と突然変異した遺伝子との相互作用が原因で，ASDを発症する子供もいると考える研究者もいる。

❹ これらの不確定要素には除外されることができるものはないが，どれもまだASDとの直接的な因果関係が疑いの余地がない程度に立証されてはいない。これらの説よりもかなり物議をかもしている説が，ASDの子供を持つ多くの親の間で出てきている。ASDの発症が，どうも小児期ワクチンと関連があるものと，彼らは考えている。

839 ☐ **mutate** [mjúːteit]	*vt.* を突然変異させる，を変化させる（to make sth develop a new form or structure, because of a genetic change）　*vi.* 突然変異する，変化する
派 **mutátion**	*n.* 突然変異；変化
840 ☐ **variable** [véəriəbl]	*n.* 不確定要素，変化するもの（a quantity, number, or situation that can vary）；変数　*adj.* 変わりやすい（not staying the same; often changing）
派 **vàriátion**	*n.* 変化，変動
841 ☐ **rule out ～**	～を除外する，排除する（dismiss from consideration）
842 ☐ **onset** [ánsèt]	*n.* 発病，徴候（the beginning of sth unpleasant）；始まり，着手；襲撃，攻撃

31-3 Autism Spectrum Disorder: Searching for causes and progress

1 (❹続き) Children have had numerous **injections** by the age of two, which is about the time that symptoms of ASD are likely to be noticed. However, experts have always been **dubious** that ASD is a side-effect of the vaccines. In fact, recent research has thoroughly **debunked** the

5 theory, with no studies showing any causal link whatsoever between childhood vaccinations and ASD.

❺ In contrast, a recent Japanese study at the RIKEN Brain Science Institute using mice has shown promise in establishing a link between one particular mutated gene and low levels of serotonin in the brain

10 during early development. According to the report, mice with the serotonin **deficiency** displayed poor social interaction and other ASD behavioral patterns. These symptoms were **ameliorated** when the mice were treated with a selective serotonin reuptake inhibitor (SSRI), which **merits** further study as a possible treatment for human patients.

843	**injection** [indʒékʃən]	*n.* (薬品などの) 注射, 注入 (the act of putting a drug into a person's body using a needle and a syringe)；注入液；(資金などの) 投入, つぎ込み
844	**dubious** [djúːbiəs]	*adj.* 疑わしい, 半信半疑の (not sure or certain) (≒ doubtful)；信頼できない；曖昧な
	派 **dúbiously**	*adv.* 疑わしげに；あいまいに
845	**debunk** [diːbʌ́ŋk]	*vt.* (主張・制度・思想など) の偽りを暴く, の正体を暴露する (to expose the falseness or sham of) ※1820年, 米国ノースカロライナ州バンコム郡 (Buncombe County) から選出された下院議員が自らの演説のナンセンスさをごまかすために, 演説は地元バンコムのためだと話したことから, ナンセンスな発言を bunkum と呼ぶようになり, 後に短縮形の bunk を用いるようになった。この言葉が debunk の語源となった (de- は接頭辞で「分離・除去」。debunk で「ナンセンスを取り除く→誤りを暴く」) という説がある。

31-3　自閉症スペクトラム障害：原因と進歩を求めて

（❹続き）子供たちは非常に多くの注射を２歳になるまでに受けているのだが，この年齢の頃にASDの症状に気付きだすことが多いのだ。しかし，専門家はASDがワクチンの副作用だということをずっと疑わしく感じてきた。実際には，最近の研究が完全にこの説の誤りを暴いている。小児期予防接種とASDとの間に何らかの因果関係があると示している研究は一切ないのである。

❺　これとは対照的に，最近日本の理化学研究所脳科学総合研究センターでマウスを使って行われた研究が，発達初期の，ある特定の突然変異遺伝子と脳内のセロトニン量が減少していることとの関連性を証明する将来性をうかがわせた。報告書によれば，セロトニン欠乏のマウスには，社会的相互作用の欠如と他のASDの行動パターンが見られた。選択的セロトニン再取り込み阻害剤（SSRI）でマウスを治療すると，これらの症状が改善されたため，これは人間の患者に利用できる可能性がある治療法としてさらに研究を進める価値がある。

5

医療・健康 ◆ Medical Care/Health

846	**deficiency** [difíʃənsi]	*n.* 不足，欠乏（≒ shortage）；（精神的・肉体的な）欠陥，欠如（the state of not having, or not having enough of sth that is essential）
	派 **deficient**	*adj.* 不足した，不十分な；欠陥のある，不完全な
847	**ameliorate** [əmíːliərèit]	*vt.* を改善する（to make sth better or more tolerable）（≒ improve）
	⇔ **detérioràte**	*vt.* を悪化させる；の質を低下させる
848	**merit** [mérit]	*vt.* の評価に値する（to be worthy of） *vi.* （評価などに）値する（≒ deserve） *n.* 長所，利点；（賞賛すべき）価値

31-4 Autism Spectrum Disorder: Searching for causes and progress

1 ❻ One point that researchers do see eye to eye on is that the number of reported ASD cases has increased dramatically in recent years. The Centers for Disease Control and Prevention (CDC) says that one in 88 American eight-year-olds has been diagnosed with autism. Data 5 collected in the state of California indicates that the occurrence has swelled by 1,000 percent over the past two decades. Reportedly, boys are more prone to the disease than girls — as much as five times as likely to be diagnosed — and diagnosis also varies according to geographic location.

10 ❼ Some researchers concede, however, that the increase in ASD cases could be largely due to increased awareness and improvements in diagnostic techniques, which generally rely on behavioral observation and interviews. Variations in numbers regarding geographic location and related demographic information are also considered 15 questionable, since attitudes towards ASD and reporting it may be influenced by cultural, religious, and socioeconomic factors.

849 ☑ **see eye to eye**	意見が一致する (to share the same opinion about sth)
850 ☑ **be prone to ~**	~しがちである，~する傾向がある (susceptible to or readily affected by sth)
851 ☑ **demographic** [dìːməgræfik]	*adj.* 人口統計学の (of or relating to demography or demographics)
派 **dèmográphics**	*n.* 〈複数形で〉人口動態，人口統計学データ
派 **demógraphy**	*n.* 人口統計学
852 ☑ **questionable** [kwéstʃənəbl]	*adj.* (真実性・正確性などが) 疑わしい，疑問の余地がある (not certain or exact) (≒ dubious)

31-4 自閉症スペクトラム障害：原因と進歩を求めて

❻ 研究者の意見がまったく一致している点は，報告されるASDの症例数が近年劇的に増えているということだ。疾病管理予防センター（CDC）によれば，アメリカの8歳児の88人に1人が自閉症と診断されているという。カリフォルニア州で収集されたデータからは，過去20年の間にASDの発症数が1000％増えていることが分かる。報告によれば，女児よりも男児の方がこの病気になりやすく——診断される可能性が5倍にもなっている——また病気の診断は地理的な位置によっても異なっている。

❼ しかし，ASDの症例が増加したのは，認識が高まったことと，行動観察と面談に頼るのが一般的である診断法が向上したことによるところが大きいのかもしれないと認めている研究者もいる。地理的な位置とそれに関連した人口統計情報に関する症例数の変動も疑わしいと考えられている。というのも，ASDに対する態度やASDの報告は，文化的・宗教的・社会経済的要因の影響を受ける可能性があるからだ。

5

医療・健康 ◆ Medical Care/Health

Key Points of This Issue   自閉症スペクトラム障害

自閉症には「社会性の障害」「コミュニケーションの障害」「イマジネーションの障害」の3つの大きな特徴がある。以前は自閉症，アスペルガー症候群，ADHDなど，症状別に診断がなされていたが，1人ひとりの症状には虹のようにさまざまな色が含まれることから「スペクトラム」と呼ばれるようになった。エジソンやアインシュタインなど，人類の発展に大きな影響を及ぼした人々もこの障害を持っていたであろうと言われている。社会性の面では「困った人」と思われがちだが，優れた集中力やユニークな発想で，スポーツや芸能など，特定の分野で大成功を収める人も多い。

31-5 Autism Spectrum Disorder: Searching for causes and progress

1 🔊 Although ASD is likely to be a lifelong condition, early diagnosis and treatment means the long-term outlook for children and their families is not necessarily **bleak**. In fact, many children with ASD experience significant improvement over the years. Timely and individualized

5 intervention, along with an **empathetic** approach are important keys to successful progress. New technology has helped too, with **minimally** verbal children learning to express themselves through the use of computer tablets. With continuing support, the goal of leading independent and productive lives will be **attainable** for a great many

10 children. In the meantime, medical researchers will continue to **take aim at** the condition, with the hope of one day pinning down the causes of ASD and proclaiming that a cure is at hand.

(Original, 731 words)

853 ☐	**bleak** [blíːk]	*adj.* (将来，先行きなどが) 暗い，わびしい(not encouraging or hopeful) (≒ dim)；(天候が) どんよりした；殺風景な
	派 **bléakness**	*n.* 暗さ，わびしさ
854 ☐	**empathetic** [èmpəθétik]	*adj.* 共感できる(being able to imagine how sb else feels)；親身になってくれる；感情移入の
	派 **émpathy**	*n.* 共感，感情移入 (the ability to imagine how another person is feeling and so understand his/her mood)
855 ☐	**minimally** [mínəməli]	*adv.* 最少に，最小限で (in a way that involves the least possible amount of content or activity)
	派 **mínimal**	*adj.* 最少の；極小の；最小限の
	派 **mínimalist**	*n.* 最小限主義者；ミニマリスト

31-5　自閉症スペクトラム障害：原因と進歩を求めて

❽ ASDは一生続く状態であることが多いが，早期に診断と治療を行えば，子供たちとその家族の長期的な見通しは必ずしも暗いわけではなくなる。実際に，ASDの子供たちの多くが，年月がたつにつれて著しい改善を経験している。共感的なアプローチに加えて，時宜を得た個別の介入治療が，うまく進歩を遂げるのに重要な鍵である。新技術も助けになっており，最小限にしか言葉を使わない子供たちが，タブレット型コンピュータを使用することによって自分の考えを表現できるようになっている。継続的な支援があれば，非常に多くの子供たちにとって，独立して生産的な生活を送るという目標が達成可能なものになるだろう。その間にも医療研究者たちは，この病気に狙いを定め続けることだろう。いつかASDの原因を突き止めて治療法の用意ができたと宣言することを目指して。

---

856 ☑	**attainable** [ətéinəbl]	*adj.* 達成可能な，到達できる（≒ achievable）；**入手できる，獲得できる**（≒ obtainable）
派	**attàinabílity**	*n.* （目標などの）達成の可能性
857 ☑	**take aim at ～**	～に狙いを定める（to point sth at sb/sth before trying to hit him/her with it）

❓ Quiz

☐ 1　Besides typical ASD behavior, what conditions are children with ASD likely to suffer from at the same time?

☐ 2　A recent Japanese study using mice presented interesting results regarding one possible cause of ASD. What relationship was found between genes, brain chemistry, and ASD?
　　　　　　　　　　　　　　　　　　　　　　　▶ Answer は p.466

6 科学・テクノロジー ◆ Science/Technology

32-1 Microbes: A Possible Key to Treating Diseases and Illnesses

1　❶ Did you know that trillions of microbes — bacteria, viruses, and fungi — live on and inside you? Sounds kind of scary, doesn't it? Microbes can cause serious diseases, such as **pneumonia**, tuberculosis, cholera, Ebola, SARS, and many others. However, the
5　microbes that inhabit our bodies — collectively known as our microbiome — do us mostly good not harm. They exist on our skin, in our mouth, nose, and ears, but most live inside our gut, especially in the lower intestine. They are not invaders, instead they are "beneficial colonizers."

10　❷ Jonathan Eisen, a microbiologist and professor at the University of California (UC), Davis outlines some ways our bodies' microbes help us: — They protect us against pathogens. They do this by taking up space and not letting "the bad guys" move in and **take over**. Eisen **likens** this **to** having ample ground cover around your house to keep the
15　weeds away.

---

858 □ **microbe** [máikroub]	*n.* 微生物, 細菌, 病原菌〈an extremely small living thing which you can only see if you use a microscope〉〈≒ microorganism, germ〉※細菌, 菌類, ウイルス, 微細藻類, 原生動物などが含まれる。microbe の語源はギリシャ語の「小さい生物」。1000 ナノメートル程度で光学顕微鏡で見ることができる。
派 **micróbial**	*adj.* 微生物の, 細菌の
□ **pneumonia** [nju:móunjə]	*n.* 肺炎〈≒ inflammation of the lungs〉*cf.* acute pneumonia〈急性肺炎〉
派 **pneumónic**	*adj.* 肺炎の, 肺に関する

32-1　微生物：病気や病を治療する鍵となり得るもの

❶ 何兆もの微生物，つまり細菌，ウイルス，菌類が，あなたの体表や体内に生息していることを知っていただろうか。何だか怖そうな話に聞こえないだろうか。微生物は，**肺炎**，結核，コレラ，エボラ，SARS，さらに他の多くの病気のような，重い病気を引き起こす可能性がある。しかし，私たちの体に生息している微生物（マイクロバイオームと総称される）は，主として私たちのためになるものであって，害を与えるものではない。微生物は私たちの皮膚の上や，口や鼻や耳の中に存在するが，大部分は私たちの腸内に，とりわけ腸管下部に生息している。これらの微生物は侵入者ではなく，むしろ「有益な入植者」である。

❷ 微生物学者でカリフォルニア大学 (UC) デービス校教授のジョナサン・アイゼンが，私たちの体にいる微生物が私たちを助けてくれる方法をいくつか概説している。

——微生物は病原体から私たちを守ってくれる。微生物は，スペースを塞いでしまって「悪玉」が入り込んで優勢にならないようにすることで，これを行っている。アイゼン教授はこれを，雑草を寄せ付けないように家の周りにグラウンドカバーをたっぷりと植えることにたとえている。

⁸⁵⁹ □ **take over**	（以前のものより）優勢になる (to become dominant)；〈from ～で〉（～から）引き継ぐ
參 **take over ～**	～（責任や義務など）を引き継ぐ，～を引き受ける (to replace sb or sth)（≒ succeed to）；～の支配権を得る，～を占領する，
⁸⁶⁰ □ **liken ～ to ...**	～を…にたとえる，～を…になぞらえる (to describe sb/sth as similar or like sb/sth)（≒ compare）（⇔ contrast）

🖉 語句・表現

- □ *l.6*　microbiome「マイクロバイオーム，微生物叢」身体の中の微生物の生態系。微生物の分布は身体の場所，人によってまったく異なる。
- □ *l.14*　ground cover「グラウンドカバー」造園において地表を覆うために植える地被植物のこと。

6

科学・テクノロジー◆ Science/Technology

32-2 Microbes: A Possible Key to Treating Diseases and Illnesses

1 (❷続き) — They boost the **immune system**. Certain bacteria, when in the **digestive** tract, will bind to immune cells and stimulate them to divide and reproduce.

 — They keep us slim. Microbes help us digest foods, as well as
5 produce chemicals that affect our **metabolic** rates. Dysfunction in our microbes is one of the factors leading to **obesity**.

 — They fight off stress. Research has found that people feeling intense stress have much less microbial diversity in their gut than those who are not stressed.

10 ❸ Tim Spector, a genetic epidemiologist and professor at King's College in London, agrees that our bodies' microbes are **profoundly** important. In his view, the more diverse our microbes are, the healthier we tend to be. Spector says that no two microbiomes are the same, even in identical twins. Evidently, everything we touch, the
15 people we interact with, where we live, the food we eat, our lifestyle choices — all affect our own unique community of microbes.

---

861 ☐	**immune system**	免疫システム，免疫系 (the defense system comprising many biological structures and processes within your body that protects against disease)
862 ☐	**digestive** [daidʒéstiv,di-]	*adj.* 消化の，消化を助ける (relating to the body's process of changing food chemically into a form that can be absorbed)
	派 **digéstion**	*n.* 消化
863 ☐	**metabolic** [mètəbálik]	*adj.* (新陳)代謝の (of or relating to metabolism) *cf.* Metabolic Syndrome (メタボリックシンドローム) (内臓脂肪型肥満をきっかけに，脂質異常，高血糖，高血圧となる状態。)
	派 **metábolìsm**	*n.* (新陳)代謝，代謝作用，同化作用

32-2 微生物：病気や病を治療する鍵となり得るもの

(❷続き) ──微生物は免疫システムを活性化してくれる。特定の細菌は，消化管にいる場合には免疫細胞に結合し，免疫細胞を刺激して分裂・増殖させる。

──微生物は私たちをスリムに保ってくれる。微生物は，私たちが食べ物を消化するのを助けるだけでなく，私たちの代謝率に影響を与える化学物質を産生してくれる。私たちの体にいる微生物の機能不全が，肥満につながる要因の１つなのだ。

──微生物はストレスを撃退してくれる。研究により，強いストレスを感じている人は，ストレスを感じていない人よりも腸内の微生物多様性がはるかに低いことが判明した。

❸ 遺伝疫学者である，ロンドンのキングス・カレッジのティム・スペクター教授は，私たちの体の微生物が大いに重要であることに同意している。同教授の考えでは，私たちは体にいる微生物が多様であればあるほど，より健康である傾向がある。スペクター教授の話では，一卵性双生児の体内でさえも，同じマイクロバイオームは２つとないという。どうやら，私たちが触れるすべてのもの，私たちが交流する人々，私たちが住んでいる場所，私たちが口にする食べ物，私たちのライフスタイルの選択，これらすべてが，自分独自の微生物のコミュニティに影響を与えるようだ。

864 ☐	**obesity** [oubíːsəti]	*n.* (極端・病的な) 肥満 (the condition of being extremely fat in a way that is dangerous for your health) (≒ fatness, corpulence) (⇔ leanness)
865 ☐	**profoundly** [prəfáundli]	*adv.* 大いに，奥深く，心底から (deeply or extremely)
派	**profóund**	*adj.* 深い，奥深い，心からの (having intellectual depth, coming from depth)
派	**profóundness**	*n.* 深み；深遠さ；深い知性
派	**profúndity**	*n.* 深み；奥深さ；深みのある発言

✏️ 語句・表現

☐ *l.2*　tract「(器官の) 管，道」
☐ *l.5*　dysfunction「機能障害，機能不全」
☐ *l.10*　epidemiologist「疫学者」epidemiology で「疫学」の意味。

32-3 Microbes: A Possible Key to Treating Diseases and Illnesses

1 (❸ 続き) According to Spector, the primary control center of the microbiome is the gut itself. By analyzing the living contents of the gut via stool **specimens**, his microbiome research team learns how certain microbes **are tied in with** various diseases and **ailments**. "Individuals

5 with diabetes, rheumatoid arthritis, food allergies, **irritable** bowel syndrome, colitis, and **high blood pressure**", says Spector, "tend to lack certain beneficial microbes that in other people are protective." Spector advises those who want to improve their microbial diversity to eat a lot more plants — vegetables and fruit of **varying** kinds.

10 ❹ Dr. Rob Knight, a biologist and professor at UC San Diego, is the director of the Center for Microbiome Innovation. When asked if microbe research will someday bring about a cure for disease, he answers: "It already has." The **insidious** diarrhea infection, *Clostridium difficile*, in its most severe form produces progressively

15 **worsening** colon inflammation, and it causes thousands of deaths worldwide each year.

866 ☑	**specimen** [spésəmən]	*n.* 検査サンプル, 被検査物 (a small amount of blood, urine or stool sample used for testing)；標本；見本
867 ☑	**be tied in with ~**	~と結びつく, ~とつながっている (to have or create a close association with or connection to sth)
868 ☑	**ailment** [éilmənt]	*n.* (重度ではないが慢性的な)病気, 持病, 不調 (a body disorder or disease, especially of a minor or chronic nature)(≒ illness, disorder, sickness)
869 ☑	**irritable** [íritəbl]	*adj.* 過敏な (abnormally sensitive to a stimulus)；怒りっぽい, 癇の強い (getting annoyed easily)
	派 **írritably**	*adv.* 敏感に, 過敏に, イライラして
	派 **irritabílity**	*n.* 過敏症, 被刺激性；短気

32-3 微生物：病気や病を治療する鍵となり得るもの

（**❸続き**）スペクター教授によると，マイクロバイオームの主要なコントロールセンターは腸そのものである。糞便検体によって腸の生きた中身を分析することで，同教授のマイクロバイオーム研究チームは，特定の微生物がさまざまな病気や不調とどのような関連があるかを学んでいる。「糖尿病，関節リウマチ，食物アレルギー，過敏性腸症候群，大腸炎，高血圧を患う人たちは，他の人の体内では防御の働きをしている特定の有益な微生物が不足している傾向にあります」と，スペクター教授は述べている。スペクター教授は，自分の微生物多様性を改善したい人たちには，今よりもっと多くの植物——さまざまな種類の野菜や果物を食べるようアドバイスしている。

❹ 生物学者でUCサンディエゴ校教授のロブ・ナイト博士は，マイクロバイオーム・イノベーション・センター長である。微生物の研究がいつの日か病気の治療法をもたらすのかと質問されると，同博士はこう答える。「もうもたらしていますよ」と。潜行性の下痢感染症を起こすクロストリジウム・ディフィシル腸炎（抗菌薬関連大腸炎）は，最も深刻な病状では次第に悪化していく結腸（大腸）の炎症を引き起こし，毎年全世界で何千人もの死者を出している。

870	**high blood pressure**	高血圧（症）(abnormally elevated arterial blood pressure or a condition resulting from it)
	≒ **hyperténsion**	*n.* 高血圧（症）(abnormally high blood pressure)
871	**varying** [véəriŋ]	*adj.* さまざまな (≒ diversified, varied)；(連続的に)変化する
	派 **váry**	*vi.* 変化する，異なる　*vt.* を変える
	派 **váriable**	*adj.* 変わりやすい；移り気な　*n.* 変数
	派 **vàriátion**	*n.* 変化，変動；変奏曲；変異
872	**insidious** [insídiəs]	*adj.* 知らぬ間に進行する，潜行性の (gradually and secretly causing serious harm)；狡猾な
	派 **insídiousness**	*n.* 人を陥れようとする性質；知らぬ間に進行すること
873	**worsening** [wə́:rsəniŋ]	*adj.* 悪化していく，悪化する (becoming worse)

32-4 Microbes: A Possible Key to Treating Diseases and Illnesses

1　(❹続き) Now, because of research, the most effective treatment for this disease is a fecal microbial transplant from a healthy donor, with no **recurrence** of the infection, Knight says.　Knight also is the co-founder of The American Gut Project which is mapping out the various

5　microbes found in the human microbiome.　For a fee, members of the public send in stool specimens and answers to questions about their diet, health, and lifestyle.　A listing of the microbes living in their guts is sent back to them.　This information is also shared anonymously with researchers and other interested individuals.　Knight's research is

10　**ongoing**, and he's seeking a large sample of people, and then he'll **sort out** the most important variables.　His main research question is, "What lifestyle and health factors are associated with the microbiome differences among people?"

❺ In the Amazon rainforest of Venezuela, the **indigenous** Yanomami

15　hunter-gatherers lead a life **secluded** from the outside world.　No processed foods…and no **antibiotic** use.

874 ☐	**recurrence** [rikə́:rəns]	*n.* 再発 (a return of symptoms as part of the natural progress of a disease)；再現, 再起
	參 relápse	*n.* (病気の) 再発, ぶり返し；(悪い状態への) 逆戻り
875 ☐	**ongoing** [ángòuiŋ]	*adj.* 進行中の, 継続中の (continuing to develop or exist without interruption) (≒ in process) *n.* 継続, 進行
876 ☐	**sort out ~**	～ (問題など) を解く, を明らかにする (to find a solution or answer for sth)；～を整理する；～を選び出す

32-4 微生物：病気や病を治療する鍵となり得るもの

(**❹**続き) 現在は研究のおかげで，この病気の最も効果的な治療法は健常なドナーからの糞便微生物移植であり，感染症の再発はないと，ナイト博士は言っている。ナイト博士は，人間のマイクロバイオームで発見された多種多様な微生物の遺伝子地図を作成しているアメリカ・ガット・プロジェクトの共同創設者でもある。一般の人たちが有料で，糞便検体と，自分の食事，健康状態，ライフスタイルに関する質問への回答を送る。その人たちのところには，自分の腸内に生息している微生物のリストが返ってくる。この情報は匿名で，研究者や他の興味がある人たちとも共有される。ナイト博士の研究は進行中であり，同博士は多くの人々のサンプルを集めているところであるため，それが済んでから最も重要な変動要因を明らかにする予定だ。同博士の主な研究課題は，「どんなライフスタイルと健康要因が，人々の間のマイクロバイオームの違いに関係しているか」である。

❺ ベネズエラのアマゾンの熱帯雨林では，狩猟採集民である先住民ヤノマミ族が外の世界から隔絶された生活を送っている。加工食品などなく…抗生物質の服用もない。

877 ☐	**indigenous** [indídʒənəs]	*adj.* 先住の，土着の，原産の；固有の，生まれながらの *cf.* indigenous people（先住民）
派	**indígenously** ≒ **nátive**	*adv.* 固有な状況で；特有の方法で *adj.* 土着の，原産の；出生地の；固有の，生来の
878 ☐	**seclude** [siklúːd]	*vt.* を引き離す，を隔離する (to keep sb or sth away from other people or things)
	≒ **ísolàte**	*vt.* を隔離する
879 ☐	**antibiotic** [æ̀ntaibaiátik, ænti-]	*adj.* 抗生物質の (of drugs that are used to kill bacteria and other germs)

📝 語句・表現

☐ *l.2* fecal「糞便の」feces, faeces で「糞便；かす；沈殿物」の意。
☐ *l.5* for a fee「有料で」

6
科学・テクノロジー ◆ Science/Technology

32-5 Microbes: A Possible Key to Treating Diseases and Illnesses

1 (**5** 続き) In 2009, researchers went into a Yanomami village and collected fecal specimens from the villagers. Categories of bacteria not seen in the guts of people from industrialized countries were found. Also, the microbiome of the average hunter-gatherer was discovered to
5 be twice as diverse as the average Westerner's. Rutgers University microbiologist Maria Gloria Dominguez-Bello, co-author of the 2015 Yanomami microbiome study, believes such microbes need to be collected **expeditiously** and preserved in anticipation of future scientific breakthroughs. **Hence**, she is leading a team of international
10 researchers currently seeking a secure preservation facility, to be called the Microbiota Vault, with a target date of February 2020. This vault would be used by researchers to **stockpile** microbial samples from people in remote areas, so that viable microbes are available **down the road** whenever their function is understood.

(Original, 725 words)

880	**expeditiously** [èkspədíʃəsli]	*adv.* 迅速に, 素早く (acting with prompt efficiency) (≒ promptly, quickly)
派	**éxpedìte**	*vt.* を促進する, を迅速に処理する (to accelerate the process or progress of; speed up)
派	**èxpedítíous**	*adj.* 急速な, 迅速な
881	**hence** [héns]	*adv.* それゆえに, このような理由で (≒ therefore); 今後 (from this time on) (≒ henceforth)
派	**héncefòrth**	*adv.* 今後, これからは, これ以降
882	**stockpile** [stákpàil]	*vt.* を(大量に)貯蔵〔備蓄〕する (≒ cache, store) *n.* 備蓄品, 食料備蓄 (a large supply of sth that is kept ready for future use)

32-5 微生物：病気や病を治療する鍵となり得るもの

（❺続き）2009年に，研究者がヤノマミ族の村に入って，村人たちから糞便検体を採取した。先進工業国の人たちの腸内には見られない種類の細菌が見つかった。さらに，平均的な狩猟採集民のマイクロバイオームは，平均的な西洋人のものと比べて2倍の多様性を有していることがわかった。ラトガース大学の微生物学者，マリア・グロリア・ドミンゲス・ベロは，2015年のヤノマミ族のマイクロバイオームに関する研究論文の共著者であり，このような微生物は，将来の科学的大発見を見越して速やかに収集・保存しておく必要があると考えている。それゆえに，彼女は確実な保存設備を現在手に入れようとしている国際的な研究者のチームを率いている。その施設は2020年2月完成を目指しており，マイクロバイオータ・ボールトと名付けられる予定である。この施設は研究者が遠隔地に住む人々から得た微生物のサンプルを貯蔵しておくのに使われることになるだろう。生存可能な微生物が将来その機能が解明されればいつでも使用可能なように。

883 ☑	**down the road**	〈比喩的表現として〉いつか将来，そのうちに（in the future）；この道を進んできて
	≒ **down〔along〕 the line**	将来（のある時に），この先 *cf.* somewhere down〔along〕the line（この先いつか）

✐ 語句・表現

- ☐ *l.8* in anticipation of ～「～を見越して」
- ☐ *l.11* microbiota「マイクロバイオータ」ある環境中の微生物。
- ☐ *l.11* vault「ボールト，（教会などの）アーチ形天井；貯蔵室」

❓ Quiz

- ☐ 1 What does genetic epidemiologist Tim Spector suggest that you do to acquire more microbial diversity which thereby may favorably affect your health?
- ☐ 2 When researchers analyzed the fecal specimens from the Yanomami hunter-gatherers, what were their two main findings? ▶ Answer は p.466

700　　　800　　　900　　　1000　　　1100 words done!!

6 科学・テクノロジー ◆ Science/Technology

33-1 Science and Intuition

1 ❶ Most of us would **attest** to the fact that we have at one time or another experienced instances of intuitive **insight** or extraordinary coincidence that seemed to lie outside the realm of normal perception, thought processes, or sequences of events.　Furthermore, a fair
5 number of people would also testify that they have had **premonitions** of significant future events, such as the death of a family member or major catastrophes, including plane crashes, earthquakes, and the like.

---

884 ☐ **intuition** [ìnt(j)uíʃən]	*n.* 直観, 勘 (the feeling or understanding that leads you to believe or know sth is true without being able to explain why; the ability to understand sth immediately, without the need for conscious reasoning) (≒ insight, instinct, feel)
派 **intúit**	*vt.* を直観する　*vi.* 直観する
派 **intúitive**	*adj.* 直観の, 直観力を持つ
派 **intúitively**	*adv.* 直観的に
派 **intúitiveness**	*n.* 直観
885 ☐ **attest** [ətést]	*vi.* 〈to ～で〉(真実であることなどを) 証言〔証明, 立証〕する (to state that sth is true, es-pecially in official form) *vt.* であると証言する, を証明する
派 **àttestátion**	*n.* 証言；証明
派 **attésted**	*adj.* 証明された
886 ☐ **insight** [ínsàit]	*n.* 洞察力, 眼識 (an accurate and deep understanding of what sth is like) (≒ discernment)
派 **ínsìghtful**	*adj.* 洞察力のある
参 **síght**	*n.* 視界；視力

33-1 科学と直観力

❶ 大抵の人は，通常の知覚力や思考過程や物事の順序の領域を越えていると思えるような，直観的洞察力，もしくはただならぬ偶然の一致の例を，何かの折に経験したことがあると証言するだろう。さらに，重大な未来の出来事が起こる予感がしたことがあるということも，かなりの数の人が証言するだろう。例えば家族の死や，飛行機墜落事故や地震などのような大災害などである。

$\overset{887}{\square}$ **premonition** [prìːmouníʃən]	*n.* (何かよくないことが起きるという) 予感，虫の知らせ，前兆 (a strong feeling that sth, typically unpleasant, is going to happen soon) (≒ foreboding, presentiment)；警告 (≒ forewarning)	
派 **premónitory**	*adj.* 前兆の，予告の；警告の	
参 **pré-**	接頭辞で「以前の，前の」という意味を表す。	
≒ **forebóding**	*n.* 予感；前兆	

語句・表現

- □ *l.1* at one time or another「何かの折に」
- □ *l.3* lie outside 〜「〜の域を越えたところにある」
- □ *l.7* the like：名詞の like で，ここでは「前述したものと同等のもの」という意味。
〜 and the like で「〜など」の意味。

33-2　Science and Intuition

1　(**❶ 続き**) **Irrational** or not, we tend to give **credence** to our intuitive perceptions. In fact, we are encouraged to do so. Indeed, throughout our lives, we are often **admonished** to rely on our **gut** instincts when making important decisions or forming impressions of others.

888 ☐ **irrational** [iréʃənl]	*adj.* 不合理な，ばかげた，理性のない，首尾一貫していない (not based on reason or clear thought)
派 **irràtionálity**	*n.* 不合理
派 **irrátionally**	*adv.* 理性をなくして
≒ **unréasonable**	*adj.* 理性を失った

889 ☐ **credence** [kríːdns]	*n.* 信用 (an acceptance that a belief or claim is true) *cf.* give credence to ～ （～を信じる）
派 **credéntial**	*adj.* 信用証明となる
参 **crédible**	*adj.* 信用できる
参 **crèdibílity**	*n.* 信用，信憑性
参 **crédit**	*n.* 信頼；信用貸し；名誉

890 ☐ **admonish** [ədmɑ́niʃ, æd-]	*vt.* を忠告する，を勧告する；(人) に諭す (to advise or encourage sb earnestly to do sth)
派 **àdmonítion**	*n.* 忠告
派 **admónitòry**	*adj.* 忠告の
≒ **wárn**	*vt.* を警告する

33-2 科学と直観力

(❶続き) 不合理であろうとなかろうと，私たちは自分の直観的知覚を信用する傾向にある。それどころか，私たちは，そうするよう仕向けられている。実は，生涯を通じて私たちは，重要な決断を下したり他者がどのような人かを判断したりする際に，自分の本能的直観に頼るよう勧められることが多いのだ。

891 □	**gut** [gʌ́t]	*adj.* 本能的な，直感的な (based on deep-seated emotion or feeling rather than on reason)；切実な *n.* 本能；根性；内臓
派	**gútsy**	*adj.* 根性のある

🖉 語句・表現

□ *l.3*　when making ... : when we make ... を省略した形。

Key Points of This Issue　マックス・プランク研究所 (Max Planck Institute)

　マックス・プランク研究所は，ドイツ最大の研究機関で，1948年の創設以来18名にのぼるノーベル賞授賞者を輩出している。同研究所は，ドイツを代表する物理学者で，量子論の基礎を築いたノーベル物理学賞受賞者でもある，マックス・カール・エルンスト・ルートヴィヒ・プランク (1858 ～ 1947) の名からとられた。

　同氏は，ミュンヘン大学とベルリン大学で数学と物理学を学び，キール大学やミュンヘン大学などで教鞭をとったのち，アインシュタインも在籍していたカイザー・ヴェルヘルム研究所の所長に就任した。しかし，ヒトラーによるユダヤ人科学者の迫害に反発したため，研究所を追放されることとなった。

　第二次世界大戦終結後，同氏は再びカイザー・ヴェルヘルム研究所の所長として招かれ，その際に氏を記念して，マックス・プランク研究所と改名された。マックス・プランク研究所は独立・非営利の研究団体として公的資金で運営されており，現在でも幅広い分野の研究が盛んに行われている。

6

科学・テクノロジー ◆ Science/Technology

700　　800　　900　　1000　　1100 words done!!

33-3 Science and Intuition

1 ❷ The general population may be inclined to accept the existence of intuitive insight and to view it as an asset, but research scientists have been more **contemptuous**. They have for the most part **shied away from** legitimizing intuitive phenomena. The fact is that there has been

5 little **empirical** data to **corroborate anecdotal** evidence, which researchers **denounce** because it generally cannot be investigated using the scientific method. The stories of premonitions that surfaced after the 9/11 attacks on the World Trade Center are examples of anecdotal evidence. Scientists say that such accounts are **misleading**

10 and cause us to **jump to** the wrong **conclusions** because they are subject to selective memory, whereby we remember such feelings when they seem to come true but forget them when they do not.

---

892 ☐	**contemptuous** [kəntémptʃuəs]	*adj.* 軽蔑的な，軽蔑して（feeling that sb/sth does not deserve any respect or is without value）
	派 **contémpt**	*n.* 軽蔑；軽視
893 ☐	**shy away from** ～	～を避ける，～にしりごみする（to avoid doing sth out of fear or nervousness）
894 ☐	**empirical** [empírikl]	*adj.* 実験に基づいた，実証的な；経験主義の（based on observation and practical experience, not on theory）
	派 **empíricìsm**	*n.* 経験主義；経験論
895 ☐	**corroborate** [kərábəreit]	*vt.* を裏付ける，を確証する（to support a statement, idea, etc by providing new evidence）
	派 **corròborátion**	*n.* 確証
896 ☐	**anecdotal** [æ̀nikdóutəl]	*adj.* 事例の，逸話的な，聞き伝えの，裏付けに乏しい（describing information that is based on personal anecdotes or hearsay）
	派 **ánecdòte**	*n.* 逸話

33-3 科学と直観力

❷ 一般の人々は，直観的洞察力の存在を受け入れ，それを役に立つものと考える傾向があるかもしれないが，科学研究者たちはむしろ（直観的洞察力を）軽蔑してきた。科学研究者は大抵，直観的現象を正当化することを避けてきた。実のところ，事例証拠を裏付ける実験に基づいたデータはほとんどなく，概して科学的手段を使っての調査ができないため，研究者は事例証拠というものを非難している。9月11日の世界貿易センターへの攻撃後に浮上してきた虫の知らせの話が，事例証拠の例である。科学者によると，このような報告は誤解を招く恐れがあり，私たちが誤った結論に飛びついてしまう原因となる。現実になったと思える時にはそのような予感を覚えているが，そうでない時には忘れてしまうという選択的記憶に左右されてしまうからだ。

897 **denounce** [dináuns]	*vt.* を非難する，を責める (to say publicly that sb/sth is wrong or evil)；を告発する (≒ stigmatize)
派 **denóuncement** ≒ **críticize**	*n.* 非難；告発 *vt.* を非難する（※ denounce には「公に」というニュアンスがある）
898 **misleading** [mìslí:diŋ]	*adj.* 人を誤らせるような，紛らわしい，誤解の恐れのある (giving the wrong idea or impression about sth)
派 **mìsléad** ≒ **decéptive**	*vt.* を誤った方向に導く *adj.* 人をだますような
899 **jump to conclusions**	軽々しく結論を出す，早合点する (to decide that sth is true without learning or considering all the facts)

🖉 語句・表現

- □ *l.1* be inclined to ... 「…する傾向がある」
- □ *l.3* for the most part 「大部分は」
- □ *l.5* anecdotal evidence 「事例証拠」
- □ *l.10* be subject to ～ 「～の影響を受けやすい」

33-4 Science and Intuition

1　❸ Recently, the number of researchers who view intuitive phenomena with less skepticism has been growing. Researchers have conducted studies they believe indicate that intuitive insights are more than lucky guesses or **fanciful superstitions**. For example, Gerd Gigerenzer, a

5　social psychologist at the Max Planck Institute, a German **think tank**, conducted two studies in which ordinary citizens with little knowledge of the stock market picked stocks based on intuitive feelings. Six months later, the performance of these stocks was compared to that of portfolios based on the calculations of experts. In both studies, the

10　stocks picked by the non-experts outperformed those selected by experts, which is no small **feat**. Gigenrenzer's work was popularized in Malcolm Gladwell's best-selling book, *Blink: The Power of Thinking Without Thinking*, which offers numerous cases that illustrate apparently **instantaneous** non-logical cognitive processes.

900 ☑	**fanciful** [fǽnsifl]	*adj.* 非現実的な, 意外な, 空想の（unrealistic, existing only in the imagination）
	派 **fáncy** ≒ **imáginàry**	*n.* 空想　*adj.* 凝った　*vt.* を気に入る；を空想する *adj.* 想像上の
901 ☑	**superstition** [sùːpərstíʃən]	*n.* 迷信；迷信に基づく習慣〔行為〕（a belief that cannot be explained by reason or science）
	派 **sùperstítious** 派 **sùperstítiously**	*adj.* 迷信深い *adv.* 迷信を信じて
902 ☑	**think tank**	シンクタンク, 頭脳集団（a body of experts that provides advice and ideas on specific political or economic problems）
903 ☑	**feat** [fíːt]	*n.* 功績, 離れ技；偉業（sth a person does that shows great strength, skill, or courage; a notable achievement）
	≒ **achíevement**	*n.* 達成, 功績

33-4 科学と直観力

❸ 最近では，直観的現象をあまり懐疑的に見ない研究者の数が増加している。研究者たちは，直観的洞察力が，まぐれ当たりや非現実的な迷信以上のものであることを示すと思われる研究を行ってきた。例えば，ドイツのシンクタンク，マックス・プランク研究所の社会心理学者ゲルト・ギーゲレンツァーは，株式市場の知識をほとんどもたない一般市民が，直観的印象を基に株を選ぶという調査を2回実施した。6カ月後，これらの株の業績は，専門家の予測に基づくポートフォリオの業績と比較された。両方の調査において，素人が選んだ株のほうが，専門家が選んだものよりも業績がよかったのだが，これは少なからぬ偉業である。ギーゲレンツァーの研究は，マルコム・グラッドウェルのベストセラーである『第1感「最初の2秒」の「なんとなく」が正しい』で世に広まったのだが，同書は明らかに瞬間的な非論理的認知過程の例証となる事例を多く提示している。

---

904 □	**instantaneous** [ìnstəntéiniəs]	*adj.* 瞬間的な，即座の（happening immediately or extremely quickly）
派	**instantáneously**	*adv.* 即座に
派	**ínstant**	*adj.* 即座の　*n.* 瞬間
派	**ínstantly**	*adv.* すぐに

🖉 語句・表現

- □ *l.6*　two studies in which ... : in which 以下で2つの調査について説明をしている。
- □ *l.8*　that of portfolios : that は the performance のこと。
- □ *l.11*　no small「かなりの」

33-5 Science and Intuition

1 The prevailing view regarding gut feelings and other kinds of inspiration is that, **albeit** remarkable, they are the result of rapid inferences made using unconscious memories of prior experiences. Some researchers believe, however, that certain intuitive phenomena
5 are so **intrinsically** unique that they cannot be explained by known cognitive processes. Incredible as it may seem, several researchers claim to have gathered unprecedented evidence that we all are able to sense future events before they happen. In the most compelling research, conducted at the HeartMath Research Center in Boulder
10 Creek, California, participants were connected to a polygraph and randomly shown a series of pictures that included emotionally charged images. Surprisingly, the polygraph registered significantly higher **neurological** and **physiological** responses several seconds before subjects were shown emotional images than those registered before
15 non-emotional images. The results led the researchers to **conjecture** that predicting events further in the future is also a reasonable possibility.

905 ☐	**albeit** [ɔːlbíːit, æl-]	*conj.* ではあるが，であろうとも（≒ although）
906 ☐	**intrinsically** [intrínsikli, -zik-]	*adv.* 本質的に，内因的に（by natural character or ability）（≒ essentially, congenitally）
	派 **intrínsic**	*adj.* 本質的な，本来備わっている
	≒ **fùndaméntally**	*adv.* 根本的に
907 ☐	**neurological** [n(j)ʊərəlɔ́dʒikl]	*adj.* 神経の；神経学上の
	派 **neurólogy**	*n.* 神経学
	派 **neurólogist**	*n.* 神経学者
	参 **néuro-**	接頭辞で「神経の」という意味を表す。

33-5 科学と直観力

❹ 第六感やその他のインスピレーションに関する一般的な見解は，注目すべきではあるが，先行経験の無意識的記憶を使って行われた素早い推測の結果だとされている。しかし，一部の直観的現象は**本質的**に特異であるため，既知の認知過程では説明できないと考える研究者もいる。信じ難いと思えるかもしれないが，数名の研究者は，誰もが未来の出来事を発生前に感知することができるという前例のない証拠を得たと主張している。カリフォルニア州ボルダークリークに位置するハートマス研究所で行われた最も説得力のある研究では，参加者がポリグラフにつなげられて無作為に映像を相次いで見せられた。その中には感情をかき立てる映像も含まれていた。驚いたことにポリグラフは，被験者が感情に訴える映像を見せられる数秒前のほうが，そうでない映像の前の反応よりもかなり高い神経学的かつ**生理学的**な反応を示した。この結果により，研究者はさらに先の未来の出来事を予測することも，十分に可能であると**推測**するに至った。

908 **physiological** [fìziəládʒikl]	*adj.* 生理的な（relating to the way in which the bodies of animals and plants work）；生理学上の	
派 **phỳsiólogy**	*n.* 生理学	
派 **phỳsiólogist**	*n.* 生理学者	
参 **phýsio-**	接頭辞で「生理（学）の」「自然の」という意味を表す。	
909 **conjecture** [kəndʒéktʃər]	*vt.* と推測する，と憶測でものを言う（to guess about sth without real proof or evidence） *vi.* 推測する *n.* 推測	
派 **conjéctural**	*adj.* 憶測的な	
≒ **spéculàte**	*vt.* と推測する	

🖉 語句・表現

- *l.6* Incredible as it may seem「信じられないかもしれないが」As incredible as it may seem を省略した形。
- *l.11* emotionally charged「感情に訴える」

33-6　Science and Intuition

1 **❺** Although conventional scientists might **grudgingly** admit that these findings are **intriguing**, they aren't likely to do an **about-face** and accept phenomena that conflict with their established scientific convictions.　There have been attempts to **refute** some of the findings
5 on the grounds that the statistical analysis wasn't done properly, and there have even been suggestions of **fraud** on the part of participants and/or researchers.　However, researchers in the field of intuitive phenomena say these criticisms are **unwarranted**, as they have taken the necessary steps to **certify** that their research strictly adheres to
10 accepted scientific practices.　Experience has shown though, that conventional scientists who were already open to the possibility of intuitive phenomena are more likely to accept the results than scientists with pre-existing negative viewpoints.　　(Original, 659 words)

910 ☐ **grudgingly** [grʌ́dʒiŋli]	*adv.* しぶしぶ, 嫌々ながら（≒ unwillingly）	
派 **grúdging**	*adj.* しぶしぶの	
派 **grúdge**	*vt.* をねたむ　*n.* ねたみ	
911 ☐ **intriguing** [intríːgiŋ]	*adj.* 興味を引く, 好奇心をそそる（making sb very interested in and wanting to know more about sth; arousing the curiosity or interest of）; 陰謀を企てる	
派 **íntrigue**	*n.* 陰謀　*vi.* 陰謀を企てる　*vt.* に興味を持たせる	
派 **intríguingly**	*adv.* 興味深いことに	
912 ☐ **about-face** [əbáutféis]	*n.* 180度の転換, 急な変更（a complete change of opinion, plan or behavior）; 回れ右	
☐ **refute** [rifjúːt]	*vt.* が間違っていると証明する（to prove sth to be false or incorrect）; に反論する	
派 **rèfutátion**	*n.* 反論	
派 **refútable**	*adj.* 反論の余地がある	

100　　200　　300　　400　　500　　600

33-6　科学と直観力

❺ 型にはまった科学者たちは，こうした発見が興味深いものであることをしぶしぶ認めるかもしれないが，180度転換して，自分たちの確立した科学的信念と矛盾する現象を認める可能性は低い。統計分析が適切に行われなかったとの理由で，発見の一部に異議を唱える多くの試みがされてきた。さらには参加者か研究者，あるいは両者の詐欺行為を示唆することさえもあった。しかし，直観的現象分野の研究者は，こうした批判は不当であると話している。自分たちの研究が，一般に認められた科学的慣例に完全に忠実に行われたことを証明するのに必要な手段を踏んだのであるからだ。しかしこれまでの経験からして，すでに直観的現象の可能性を受け入れる用意があった型にはまっている科学者のほうが，既存の反対意見を持つ科学者よりも，この結果を受け入れる可能性は高いのだ。

913	**fraud** [frɔ́ːd]	*n.* 詐欺行為, 不正手段 (an act of cheating sb illegally)；詐欺師
	派 **fráudulence**	*n.* 詐欺
	派 **fráudulent**	*adj.* 詐欺の
	≒ **decéption**	*n.* 詐欺
914	**unwarranted** [ʌnwɔ́ːrəntid]	*adj.* 不当な (that is not deserved or for which there is no good reason)
	参 **wárrant**	*n.* 正当な理由；(逮捕などの) 令状　*vt.* は当然である
	参 **wárranty**	*n.* 保証書
915	**certify** [sə́ːrtifài]	*vt.* を証明する, を保証する, を認定する (to say formally that sth is true or correct)
	派 **certíficate**	*n.* 証明書

❓Quiz

☐ 1　Give an example of anecdotal evidence mentioned in the passage.
☐ 2　According to the article, what is the general view among researchers of gut feelings or other kinds of inspiration?　▶ Answer は p.466

6 科学・テクノロジー ◆ Science/Technology

34-1 Frightened by artificial intelligence? These candidates have a solution for that.

1 THE PROBLEM

❶ From self-driving cars to **augmented** reality to advancements in medicine, agriculture and weaponry, many aspects of everyday life and a large share of the U.S. economy and military will be transformed by
5 artificial intelligence in the not-too-distant future.

❷ In the U.S., AI innovation is being driven by massive investments in research and development at the technology **behemoths** — Google, Facebook, Apple, Amazon and Microsoft. They stand to gain the most from these technologies by **leveraging** the huge amounts of data that
10 users have provided. But more and more businesses in all kinds of industries are looking to AI to increase productivity, service and their bottom lines. Hospitals are testing how AI can enhance care, school districts are looking at AI-equipped cameras that can spot guns, and human resources departments are using AI to **sift through** job
15 applications. Government agencies, including law enforcement, are looking for ways to harness this next technological revolution to meet their ends.

---

916 ☑	**augmented** [ɔːgméntid]	*adj.* 増加された，拡張された
		cf. augment = to increase the size or value of sth
派	**àugmentátion**	*n.* 〈不可算名詞で〉増加，増強，拡大，促進，強化 〈可算名詞で〉増加物，添加物
参	**augmented reality (AR)** 拡張現実（現実の環境から視覚・聴覚などの知覚に与えられる情報を，コンピュータ技術によって拡張する技術の総称）
917 ☑	**behemoth** [bihíːməθ]	*n.* 巨大なもの〔組織，企業〕，巨大企業（sth that is extremely large and powerful）（≒ giant, colossus）

34-1　人工知能に恐れを抱いているだろうか。これらの候補にはその解決策がある

問題点

❶ 自動運転車から拡張現実，そして医学や農業や兵器の進歩に至るまで，日常生活の多くの側面とアメリカの経済と軍隊の大部分は，そう遠くない将来に人工知能によって変容を遂げるだろう。

❷ アメリカでは，巨大テクノロジー企業，グーグル，フェイスブック，アップル，アマゾン，マイクロソフト，での研究開発への大規模投資によって，AIイノベーションが推進されている。これらの企業は，ユーザーが提供した膨大な量のデータを活用することで，これらのテクノロジーから最も利益を得そうな状況である。しかし，生産性を高め，サービスを増やし，自社の純利益を増やすためにAIに期待を寄せている企業が，あらゆる業種において増えている。病院はAIがどのように看護を向上させることができるかを試しており，学区は銃を発見することができるAI搭載カメラに注目しており，人事部は求職志願書を入念に調べるためにAIを活用している。法執行機関などの政府機関は，この次世代の技術革命を利用して自分たちの目的を満たす方法を模索している。

918 ☑	**leverage** [lévəridʒ]	*vt.* (技術・人材)を活用する，にてこ入れする (to use sth that you already have in order to achieve sth new or better)；に借入金を利用して投資する *n.* てこの作用
919 ☑	**sift through ～**	～をふるいにかける，～を入念〔厳密〕に調べる (to examine sth to sort out what is useful or valuable)
参	**síft**	*vt.* をふるいにかける；を選別する (≒ sieve) *vi.* 〈through ～で〉(場所)をふるいを通るように動く

✐ 語句・表現

☐ *l.8*　stand to gain「得をしそうな状況にある」*cf.* stand to lose ～（～を失いそうな状況にある）

34-2 Frightened by artificial intelligence? These candidates have a solution for that.

1 ❸ But looming over AI development are warnings from top scientists, including the late Stephen Hawking, who said in a 2014 BBC interview that "the development of full artificial intelligence could spell the end of the human race."

5 ❹ Artificial general intelligence — a program that could replicate (or arguably constitute) consciousness — may be far off, but the technology in its current form may already be outpacing the legal and ethical frameworks for its safe and responsible deployment. Important debates about how AI automation will affect data privacy, civil rights 10 and national security have crept out of the confines of academia onto the national political stage.

❺ The perils of AI are already on display in China, which is deploying AI facial recognition technology to strengthen its Orwellian state surveillance infrastructure — from helping police catch jaywalkers to 15 profiling ethnic minorities.

920 ☑	**loom over ~**	～に暗い影を落とす (to appear over sth as a large, often frightening or unclear shape or object)
	参 **lóom**	*vi.* ぼんやりと現れる，(危険などが) 不気味に迫る
921 ☑	**spell** [spél]	*vt.* (結果として) ということになる，を意味する (to have usually sth unpleasant as a result)；をつづる；に魔法をかける　*n.* 呪文，魔力；魅力
922 ☑	**replicate** *v.* [réplikèit] *n. adj.* [réplikət]	*vt.* を再現する (to do sth again; to repeat)；(葉など) を折り返す　*vi.* 折り重なる　*n.* 複製　*adj.* 複製された，再現の，(葉花弁が) 折り重なった
923 ☑	**arguably** [ɑ́ːrgjuəbli]	*adv.* 議論の余地はあるかもしれないが，おそらく；(意見・見解などが) ほぼ間違いなく
	派 **árguable** ⇔ **ináruably**	*adj.* 議論の余地のある，疑わしい；論証できる *adv.* 議論の余地もなく

34-2　人工知能に恐れを抱いているだろうか。これらの候補にはその解決策がある

❸ しかし，AI 開発に暗い影を落としているのは，2014 年に BBC のインタビューで「完全な人工知能の開発は人類の終焉を意味するのかもしれない」と話した故スティーブン・ホーキングを含む，一流の科学者たちからの警告である。

❹ 汎用人工知能——意識を再現する（あるいはおそらく構成する）ことができるかもしれないプログラム——は遠い未来のものかもしれないが，現在の形の技術はすでに，安全に責任を持って技術を活用するための法的・倫理的枠組みより成長が速いのかもしれない。AI による自動化が，データの機密性，市民権，国家安全保障にどのような影響を及ぼすことになるかに関する重要な議論は，学界の領域からいつの間にか出て国の政治の舞台に上がってきている。

❺ AI の危険はすでに中国ではっきりと現れている。同国では，AI 顔認識技術を活用し，交通規則を無視して道路を横断する者を検挙しやすくすることから，少数民族の人物像を描き出すことまで，国家による一般市民常時監視というオーウェル的なインフラを強化している。

924 ☑	**be far off**	遠い未来〔過去〕のことである（to be a long time before or after the present）；（距離が）遠く離れて
925 ☑	**outpace** [àutpéis]	*vt.* に勝る，より速く進む，を追い越す，を上回る（to go or grow faster than sth）（≒ surpass）
926 ☑	**creep** [krí:p]	*vi.* そっと歩く（to move slowly, quietly and carefully in order to avoid being noticed）　*n.* 徐行，腹這うこと
	派 **créepy**	*adj.* 気味悪い，身の毛のよだつような；這いまわる
927 ☑	**jaywalker** [dʒéiwɔ̀ːkər]	*n.* 交通規則を無視して道路を横断する歩行者（one that walks across a street in an illegal manner or without paying attention to the traffic）

🖉 語句・表現

☐ *l.13* Orwellian「オーウェル的な」George Orwell の小説『1984 年』で描かれた全体主義的な監視国家のような体制について言う。

6　科学・テクノロジー ◆ Science/Technology

34-3　Frightened by artificial intelligence? These candidates have a solution for that.

1 (**❺** 続き) In the near term, the biggest AI concern in the U.S. is its impact on labor markets. And while the Trump administration focuses on illegal immigration as the greatest threat to American workers, some of the presidential candidates preparing to challenge him in 2020 5 are **homing in on** the greater potential threat presented by AI-equipped automation.

❻ In a video announcing his 2020 presidency, Sen. Bernie Sanders said, "We need to understand that artificial intelligence and **robotics** must benefit the needs of workers, not just corporate America and those who 10 own that technology."

❼ Estimates vary on the number of workers who may be **displaced** by technology that makes machines better than humans at certain jobs. But by some predictions, the rate of job loss will exceed that of the Industrial Revolution. A 2013 study from Oxford predicted that up to 15 47 percent of American jobs could be at risk by 2030. More recent studies are less dire: McKinsey's 2017 research estimates that 23 percent of the workforce might be threatened by automation, assuming companies adopt these technologies at a **middling** pace.

928 ☑	**home in on ～**	～に的を絞る (to direct your thoughts or attention towards sth or sb)；～に狙いを定める (to aim for)
929 ☑	**robotics** [roubátiks]	*n.* ロボット工学 (the science of designing and operating robots)
	派 **robóticist**	*n.* ロボット技術者, ロボット研究家
☑	**displace** [displéis]	*vt.* を解任する, を免職する (to remove from an office, status or job)；に取って代わる；を移動する
	派 **displácement**	*n.* 転置；解雇；立ち退き

34-3 人工知能に恐れを抱いているだろうか。これらの候補にはその解決策がある

（❺ 続き）短期的には，アメリカにおける AI に対する最大の懸念は，AI が労働市場に与える影響である。そして，トランプ政権がアメリカ人労働者にとっての最大の脅威として不法移民に焦点を合わせている一方で，2020 年に同大統領に挑む準備をしている大統領候補者のうちの何人かは，AI 搭載による自動化がもたらす，さらに大きな潜在的脅威に的を絞っている。

❻ バーニー・サンダース上院議員は，2020 年大統領選への立候補を表明する動画の中で，「人工知能とロボット工学は，アメリカの実業界やその技術を所有する人たちだけでなく，労働者のニーズに役立つものでなければならないことを，我々は理解する必要がある」と述べた。

❼ 特定の仕事を行うのに人間よりも機械の方が優れているようにする技術によって解雇される可能性がある労働者の数については，推定数にばらつきがある。しかし，いくつかの予測によると，雇用喪失率は産業革命のものを上回るだろうとされている。オックスフォード大学で 2013 年に行われた研究は，2030 年までに最高で 47% のアメリカの雇用が危険にさらされる可能性があると予測した。もっと最近の研究は，それほど悲観的ではない。2017 年に行われたマッキンゼーの研究では，企業がこれらの技術を並のペースで取り入れると仮定して，労働人口の 23% が自動化の脅威にさらされるかもしれないと推定している。

930 **middling** [mídliŋ]	*adj.* 並の，中くらいの，普通の；二流の；まあまあの (of middle, medium, or moderate size, degree, or quality) *adv.* まずまず　*n.* 〈複数形で〉二流品；片刃

語句・表現

- *l.7*　Sen. = Senator「上院議員」
- *l.13*　that = the rate (of job loss)
- *l.16*　dire「深刻な，悲惨な」*cf.* be in dire straits (深刻な苦境にある)

34-4 Frightened by artificial intelligence? These candidates have a solution for that.

1 ❽ And while researchers also predict that millions of new jobs will be created, there is bound to be at least short-term pain for workers who must **transition** to stay relevant in an AI-driven economy. First on the firing line may be less-educated workers who perform repetitive tasks,
5 such as machine operators, retail workers and fast-food preppers. But relatively well-educated people who do administrative tasks, such as accounting or drafting legal documents, may also be at risk. Economists **theorize** that AI could further concentrate wealth and power at the very top and have an impact on the lower, middle and even
10 upper-middle class.

❾ On the campaign trail, Democratic presidential candidate Andrew Yang frequently talks about the 3.5 million truckers in the U.S. who he says stand to lose their jobs in the next five to seven years due to self-driving trucks. According to the second annual AI Index report,
15 subsets of AI called "computer vision" and "object **segmentation**" that are used in self-driving vehicles have seen dramatic gains in the last three years in **precision** and speed, so Yang's prediction may not be far off.

931 ☐ **transition** [trænzíʃən]	*vi.* (状態などが) 推移する, 移行する (to change from one condition or state to another) (≒ shift) *n.* 推移, 変遷
派 **tránsit**	*n.* 通行, 通過; (空港などでの) 乗り継ぎ; 移り変わり *adj.* 通行の, 乗り継ぎの *vt.* を横切る *vi.* 通過する
932 ☐ **theorize** [θíːəràiz]	*vt.* を理論化する, の理論を立てる (to form a theory about) (≒ speculate)
派 **theorizátion**	*n.* 理論化

34-4 人工知能に恐れを抱いているだろうか。これらの候補にはその解決策がある

❽ そして，研究者たちは何百万もの新しい雇用が創出されるだろうとも予測しているが，AI主導型経済において意味のある存在であり続けるために変わる必要がある労働者にとっては，少なくとも短期的な苦痛が生じるのは必至である。真っ先に存在が脅かされるのは，機械操作員，小売従業員，ファーストフードの店員など，繰り返しの作業を行う教育水準が低い労働者かもしれない。しかし，会計や法律文書の作成などの管理業務を行う比較的教育水準が高い人たちも危険にさらされるかもしれない。経済学者は，AIがさらに富と権力を最上位に集中させて，下層階級，中流階級，さらには上層中流階級にまで影響を与える可能性があるという理論を立てている。

❾ 民主党大統領候補のアンドリュー・ヤンは，選挙遊説でアメリカ国内にいる350万人のトラック運転手の話を頻繁にするのだが，同氏によれば，自動運転のトラックのせいで今後5〜7年以内に彼らは職を失うことになりそうだとのことだ。毎年1回発表される第2回AIインデックスレポートによると，自動運転車で使用される「コンピュータビジョン（※視覚的な世界を解釈・理解できるようにコンピュータをトレーニングする取り組み）」と「オブジェクトセグメンテーション」と呼ばれるAIのサブセット（下位分野）は過去3年間で精度と速度が劇的に向上したため，ヤンの予測は大きく外れてはいないのかもしれない。

6
科学・テクノロジー ◆ Science/Technology

---

933 **segmentation** *n.* 区分け，分割，細分化（the act of dividing sth into
[sègməntéiʃən] different parts）

- -

派 **segméntal** *adj.* 部分の，部分に分かれた

参 **object segmentation** オブジェクトセグメンテーション（デジタル画
像内を細分化して，各区分内にあるオブジェクトすべ
てを認識し，その意味を識別すること。）

934 **precision** *n.* 精度，正確さ，精密さ（the quality of being precise or
[prisíʒən] accurate） *adj.* 精密に作られた，精度の高い；正確な

✎ 語句・表現

□ *l.15* subset「サブセット」ある全体的なものの一部。部分集合。（⇔フルセット）

34-5 Frightened by artificial intelligence? These candidates have a solution for that.

1 ⑩ "What concerns me is if AI is even good enough to drive trucks and conduct customer service calls and other tasks and be completely **mindless** in other regards, that would still be enough to displace millions of American workers and cause **epic** levels of distress,
5 displacement and even violence," he told Yahoo News.

⑪ From self-driving cars to facial recognition systems, these technologies are bringing forth a tidal wave of change that at its extreme has been characterized as an **existential** threat to humanity and by more restrained voices as nothing short of a Fourth Industrial
10 Revolution.   (*Yahoo News*, 762 words)

935 ☑	**mindless** [máin*d*lis]	*adj.* 思慮〔考え〕のない，心ない；(単純作業などで) 何も考えずにできる，無知な (requiring little attention or thought)
	⇔ **míndful**	*adj.* 心に留めて，(〜であることに) 注意して，忘れないで
936 ☑	**epic** [épik]	*adj.* 非常に大きい，大規模な；偉大な；叙事詩的な (extremely large especially in size or scope) *n.* 叙事詩，叙事詩的な映画；大作 *cf.* epic film (スペクタクル〔大作〕映画)
937 ☑	**existential** [ègzisténʃəl]	*adj.* 存在に関する (of or relating to existence)；実存の，経験に基づいた；〈哲学〉実存主義の
	派 **èxisténtially**	*adv.* 実存的に，実存主義的な方法で

34-5　人工知能に恐れを抱いているだろうか。これらの候補にはその解決策がある

⑩ 「私が心配しているのは、AIにトラックを運転して顧客サービスの電話や他のタスクを処理する程度の性能がありさえすれば、他の点では完全に思慮に欠けていても、やはり何百万人ものアメリカ人労働者に取って代わり、並外れたレベルの苦悩、解職、さらには暴力までも引き起こすのには十分だろうということです」と同氏はヤフーニュースに語った。

⑪ 自動運転車から顔認識システムまで、こうした技術は、極端な場合には人類の存在に関わる脅威として、それよりも控えめの意見によればまさに第4次産業革命に他ならないとしてみなされる大きな変化の波を巻き起こしている。

🖉 語句・表現

□ *l.7*　bring forth ～「～を生み出す」
□ *l.7*　tidal wave「(世論などの) 動向、趨勢；大変動」
□ *l.9*　restrained「控えめな」
□ *l.9*　nothing short of ～「まったく〔ほとんど〕～で；まさに～に他ならない」

❓ Quiz

□ 1　What are some potentially positive applications of AI, described in the first part of the article, that are being explored for use in the near future?
□ 2　Along with Stephen Hawking's warnings of the future perils of AI, how is AI considered to be a more current danger, in light of present-day or soon-expected applications?
▶ Answer は p.466

Key Points of This Issue　第4次産業革命

　18世紀末以降の水力や蒸気機関による工場の機械化である第1次産業革命、20世紀初頭の分業に基づく電力を用いた大量生産である第2次産業革命、1970年代初頭からの電子工学や情報技術を用いた一層のオートメーション化である第3次産業革命に続く技術革新のこと。デジタル革命を大前提に、技術が社会や人体の内部にすら埋め込まれるような新たな産業時代を指す。人工知能 (AI)、ブロックチェーン、仮想現実、拡張現実、自動運転など多岐に渡る新興分野の技術革新を特徴とし、人間にとって創造的でない仕事を機械が肩代わりできるようになるとされる。

6

科学・テクノロジー ◆ Science/Technology

700　　　　800　　　　900　　　　1000　　　　1100 words done!!

6 科学・テクノロジー ◆ Science/Technology

35-1 NASA researchers search for meteorite fragments in a zeppelin

1 ❶ Sacramento, Calif. — It's not every day that NASA descends on your backyard, hunting for clues to **extraterrestrial** life.

❷ But that is the drama **unfolding** in and around the community of Lotus, Calif., along the South Fork of the American River in El Dorado
5 County. Scientists from NASA and the Search for Extraterrestrial Intelligence Institute are hunting for pieces of a **meteorite** that **plunged** to Earth on April 22.

❸ The SETI Institute, based in Mountain View, Calif., is the same **nonprofit** that has spent decades searching for radio signals from
10 outer space in hopes of locating other advanced life forms.

❹ Last week, the scientists flew over the Sierra Nevada **foothill** region in a chartered zeppelin, hoping to spot **craters**, burn marks or other signs of falling space **particles**.

938 ☐	**extraterrestrial** [èkstrətəréstriəl]	*adj.* 地球外の, 地球大気圏外の *n.* 地球外生物＝E.T.
	🔊 **terréstrial**	*adj.* 地球の, 地球上の
939 ☐	**unfold** [ʌnfóuld]	*vi.* 展開する, 進展する (gradually develop)；開く *vt.* を開く, を打ち明ける
940 ☐	**meteorite** [míːtiəràit]	*n.* 隕石 (a piece of rock or metal from space that has landed on earth)
941 ☐	**plunge** [plʌ́ndʒ]	*vi.* 落下する；突進する；陥る　*vt.* に陥れる, を (急に) …の状態にする (to cause sb/sth to suddenly be in the state mentioned)　*n.* 急落
942 ☐	**nonprofit** [nànpráfət]	*n.* 非営利団体 *adj.* 営利を追求しない, 非営利の
	🔊 **prófit**	*n.* 利益　*vi.* 儲ける
943 ☐	**foothill** [fúthìl]	*n.* 山麓, 山のふもとにある丘陵地帯 (a low hill at the foot of a mountain or a group of mountains)

35-1 NASA 研究者ツェッペリンで隕石の破片を探す

❶【カリフォルニア州サクラメント】地球外生物の手がかりを探してNASAがあなたの裏庭に押しかけるなんて，日常的光景ではない。

❷ しかしこれは，エルドラド郡のアメリカン川サウスフォーク沿い，カリフォルニア州ロータス地域周辺で起きている出来事である。NASAと地球外知的生命体探査 (SETI) 協会の科学者たちは4月22日に地球に落下した隕石の欠片を探している。

❸ SETI協会はカリフォルニア州マウンテンビューに本拠地を持つ非営利団体で，他の進化した生命体を見つけようと宇宙からの電波信号を何十年間も探してきた。

❹ 先週，科学者たちは，チャーターしたツェッペリン型飛行船でシエラ・ネバダ山麓地域を越えた。隕石孔や焦げ跡，あるいは落下した宇宙の小片のその他の痕跡を見つけたいと願ってのことだった。

944 ☑ **crater** [kréitər]	*n.* 隕石孔；クレーター；噴火口
☑ **particle** [pá:rtikl]	*n.* 小片，粒子；微量

6 科学・テクノロジー◆ Science/Technology

🖉 語句・表現

- ☐ *l.1* It's not every day that ... 「…は日常的なことではない」
- ☐ *l.1* descend on ~ 「~に現れる，~に降り立つ」
- ☐ *l.2* hunt for clues 「手がかりを探す」
- ☐ *l.3* unfold in and around ~ 「~の周辺で展開する」
- ☐ *l.9* radio signals 「電波信号」
- ☐ *l.10* in hopes of ~ 「~を望んで」
- ☐ *l.10* advanced life forms 「進化した生命体」
- ☐ *l.12* spot ~ 「~を見つける」
- ☐ *l.12* burn marks 「焦げ跡」

35-2 NASA researchers search for meteorite fragments in a zeppelin

1 ❺ The meteorite did not arrive quietly early on that Sunday morning. Residents throughout the Sierra Nevada, from Lassen to Kernville, reported hearing explosive sounds as it burned up in the atmosphere. Many also saw a bright white **streak** in the sky.

5 ❻ The track of that streak ended around Marshall Gold Discovery State Historic Park in Coloma, where pieces of the meteorite were found in the parking lot. It was here, in 1848, that gold was discovered in the American River's South Fork, touching off the legendary Gold Rush that transformed California and the West.

10 ❼ In honor of the location, scientists have **dubbed** it the Sutter's Mill Meteorite. They estimate it must have been about the size of a minivan, and weighed around 150,000 pounds, before it broke up.

❽ The new treasure is still **mineral** in nature, but actually far more valuable.

15 ❾ Treasure hunters scouring the El Dorado hills are reportedly paying $1,000 per gram for meteorite **chunks** to feed a collectibles market. As of Thursday, actual gold was trading at a relatively affordable $53 per gram.

945 ☑	**streak** [stríːk]	*n.* 閃光；稲妻；筋，線；傾向 *vt.* に筋をつける　*vi.* 疾走する，大急ぎで行く
946 ☑	**dub** [dʌb]	*vt.* と呼ぶ，にあだ名をつける (give an unofficial name or nickname to)；をなめらかに仕上げる *n.* 不器用な人 ※同音異義語に「録音する (ダビングする)」という意味をもつ dub もある。
947 ☑	**mineral** [mínərəl]	*n.* 鉱物，鉱石；無機物；ミネラル *adj.* 鉱物の
948 ☑	**chunk** [tʃʌŋk]	*n.* 塊，厚く切ったもの (a thick solid piece of sth)

35-2　NASA 研究者ツェッペリンで隕石の破片を探す

❺ 隕石はその日曜の早朝，音もなくやってきたわけではない。ラッセンからカーンビルまでのシエラ・ネバダ一帯の住民たちは，隕石が大気中で燃え尽きた時の爆発音を聞いたと報告した。多くの人はまた，空に明るく白い閃光も目にした。

❻ この閃光の軌跡は，コロマのマーシャル・ゴールド・ディスカバリー州立歴史公園のあたりで消え，その駐車場で隕石の破片が発見された。ここは1848年にアメリカン川サウスフォークで金が発見された場所で，カリフォルニアと西部を変えた伝説のゴールドラッシュのきっかけとなった。

❼ その場所に敬意を表して，科学者たちはそれをサッターズ・ミル隕石と呼んだ。隕石は砕け散る前にはミニバンほどの大きさがあり，15万ポンドの重さがあったに違いないと推定する。

❽ この新たな宝は，本質的にはまだ鉱物だが，実際の価値ははるかに高い。

❾ 伝えられるところによれば，エルドラドの丘を探し回っているトレジャーハンターたちは，コレクター用の市場に出すために，隕石の塊1グラムにつき1,000ドルを支払っているという。本物の金は，木曜日現在1グラム53ドルという比較的手頃な値段で取り引きされていた。

Key Points of This Issue　米国航空宇宙局（NASA）

　NASAとは，National Aeronautics and Space Administration（米国航空宇宙局）の通称。冷戦時代，敵国ソビエト連邦が，人類初の人工衛星スプートニク1号の打ち上げに成功したことをきっかけに，米国は自国の宇宙開発技術の遅れを憂慮するようになった。前身であるNACA（National Advisory Committee on Aeronautics）からその役割を拡大して引き継ぎ，1958年にアイゼンハワー政権のもとにNASAが発足した。その後は，有人飛行マーキュリー計画，月面着陸を果たしたアポロ計画など，次々と実績をあげ，1980年にはスペースシャトルの打ち上げにも成功した。一方，1986年にはチャレンジャー号の爆発，2003年にはコロンビア号が空中分解する事故があり，乗組員全員が死亡するという悲劇にも見舞われた。しかし，その後2008年には火星着陸を果たし，深宇宙の探査や生命の起源を探る役割を担っている。また環境破壊の予防やエネルギー管理などの地球環境の観測なども行い，For the benefit of all（すべての人の利益のため）というモットーに基づく活動を続けている。

35-3 NASA researchers search for meteorite fragments in a zeppelin

1 ⑩ Which helps explain why the scientists did not hesitate to charter Eureka, which is the only zeppelin in North America and conveniently co-located with the NASA Ames Research Center at Moffett Field near San Jose, Calif.

5 ⑪ A zeppelin is a rigid-hulled version of a blimp. Operated by Airship Adventures, Eureka provides a slow-moving, low-altitude, stable platform to search for meteorite chunks. It is mounted with a gyrostabilized, high-resolution video camera that can pick out a golf ball in the dirt from 1,500 feet.

10 ⑫ The zeppelin arrived at Sacramento's McClellan Airfield around noon last week on Thursday, and soon took off again to begin patrolling the meteorite's path.

⑬ A zeppelin has never been used to look for meteorite chunks before. "It's a gamble," said Gregory Schmidt, deputy director of the NASA

15 Lunar Science Institute, who was part of the search effort. "But for a once-in-a-lifetime (meteorite) fall like this, we think it's worth it."

949 ☑	**blimp** [blímp]	*n.* 小型飛行船 (≒ airship) ; 太っちょ
950 ☑	**mount ～ with ...**	～を…に搭載する, ～を…に備える
951 ☑	**deputy** [dépjəti]	*n.* 〈形容詞的に〉副の (a person whose immediate superior is a senior figure in a particular organization, who does the work of his/her manager when the superior is away)
952 ☑	**once-in-a-lifetime** [wʌ́nsinəláiftàim]	*adj.* 一生に一度あるかないかの, 千載一遇の

35-3 NASA 研究者ツェッペリンで隕石の破片を探す

⑩ このことが，科学者たちが迷わずユリーカをチャーターした理由だ。ユリーカは北米に1機しかないツェッペリン型飛行船で，好都合なことに，カリフォルニア州サンノゼ近くのモフェット・フィールドにあるNASAのエイムズ研究センターに配備されている。

⑪ ツェッペリン型飛行船は硬質の船体を持つ小型飛行船である。ユリーカはエアシップ・アドベンチャーズ社によって運営され，隕石の塊を探すためにゆっくりとした，低空の，安定した足場を提供する。ジャイロ安定装置によって安定した高解像度ビデオカメラを搭載しており，1,500フィート上空から土の上のゴルフボールを見つけることができる。

⑫ ツェッペリン型飛行船は先週木曜日の正午頃，サクラメントのマクレラン飛行場に到着し，すぐに再び離陸して，隕石が通った経路の巡回を始めた。

⑬ これまでツェッペリン型飛行船が隕石を探すために使われたことはなかった。「それは賭けです」と，探査活動に参加しているNASAの月科学研究所の副所長，グレゴリー・シュミット氏は語った。「しかし，一生に一度しかないような（隕石の）落下ですから，それだけの価値はあると思うのです。」

語句・表現

- □ *l.8*　gyrostabilized「ジャイロ安定装置によって安定した」ジャイロ効果（物体が高速で自転することにより揺れなどを抑える働き）を利用して，主に乗り物などを安定させる装置。
- □ *l.8*　pick out ～「～を見つける」
- □ *l.16*　it's worth it「その価値がある」ここでは，ツェッペリン型飛行船を隕石を探すために使うことを指す。

6

科学・テクノロジー ◆ Science/Technology

35-4 NASA researchers search for meteorite fragments in a zeppelin

1 ⓮ Scientists say the meteorite is probably the most significant event of its kind since the late 1960s. That is because it likely is composed of **carbonaceous chondrite**, the earliest solid material to form in our solar system more than four and a half billion years ago, before the
5 planets formed.

⓯ This means the **fragments** littering the Gold Country may contain carbon, amino acids, sugars and even evidence of water that are the very "building blocks of life," said Brad Bailey, a staff scientist at the Lunar Science Institute.

10 ⓰ These basic components eventually combined over **eons** to produce water, oxygen, **algae**, plants and animals. Amino acids, for instance, are the basic elements of our own human DNA. Among other things, the scientists are hoping to understand how these elements produced life on Earth.

15 ⓱ "The possibility is that the building blocks of life were created in the stars and delivered to Earth in meteorites," said Bailey. "They **smacked** down and provided all the ingredients for life to start."

953 □ **carbonaceous** [kàːrbənéiʃəs]	*adj.* 炭素質の	
954 □ **chondrite** [kándràit]	*n.* コンドライト, 球粒隕石	
955 □ **fragment** [frǽgmənt]	*n.* 破片, 断片 (a small piece that has broken off or that comes from sth larger); 残り物; 未完原稿 *vi.* ばらばらになる	
派 **frágmentàry** 派 **fràgmentátion**	*adj.* 断片の *n.* 分裂	
956 □ **eon** [íːən, íːɑn]	*n.* 10億年; 地質学的年代 (an immeasurably long periold of time)	

35-4 NASA 研究者ツェッペリンで隕石の破片を探す

⓮ 科学者たちによると，その隕石はおそらくこの種の事象としては1960年代後半以降最も重要なものだろうという。それは，この隕石が炭素質コンドライトで構成されているものと思われるからなのだが，この炭素質コンドライトというのは我々の太陽系の中で形作られた最古の固形物で，惑星が形成される以前の45億年以上昔のものである。

⓯ このことは，ゴールドカントリーに散らばった破片がまさに，月科学研究所の科学者スタッフ，ブラッド・ベイリー氏が語るところの「生命の構成要素」である炭素，アミノ酸，糖類，そして水の痕跡さえも含んでいる可能性があることを意味する。

⓰ これらの基本的構成要素は何十億年もかけて最終的に結びつき，水や酸素，藻類，植物，動物を作り出した。例えば，アミノ酸は我々人間自身のDNAの基本要素である。科学者たちはとりわけこれらの要素がどのようにして地球に生命を生み出したのかを解明したいと思っている。

⓱ 「生命の構成要素は星で作られ，隕石で地球に運ばれた可能性があります」とベイリー氏は語った。「それらはドカンと音を立てて落ちてきて，生命が始まるためのすべての材料を提供したのです。」

6

科学・テクノロジー ◆ Science/Technology

957 □	**alga** [ǽlgə]	*n.* 藻類，藻 《複》algae
958 □	**smack** [smǽk]	*vi.* ガツンと音を立てる；衝突する；舌鼓を打つ *vt.* をピシャッと打つ；に舌鼓を打つ *n.* ピシャッと打つこと；舌鼓

🖉 語句・表現

□ *l.4* solar system「太陽系」
□ *l.7* evidence of water「水が存在する証拠」

35-5 NASA researchers search for meteorite fragments in a zeppelin

1 ⑱ Rather than hunting meteorites, Eugina de Haas hunted down the NASA experts on Sunday. Her family owns 160 acres in the Lotus area. She and her husband, Alvin, are both longtime civil servants who retired from the Eldorado National Forest. They were more interested

5 in helping science than in making money on a space rock, she said.

⑲ She eventually found the researchers dining at the Sierra Nevada House Restaurant in Coloma. She invited them out to poke around her family's land. They pretty much dropped everything to do so, since some property owners have posted "no trespassing" signs to keep out

10 the treasure hunters.

⑳ That first day, they found a 17-gram chunk of meteor formed in a gracefully curved boomerang shape. Dubbed "SM12", it is only about 5 centimeters long, slightly shiny with an odd bumpy texture, and nearly as black as deep space.

15 ㉑ "It's just a wonderful thing to feel like you're helping something more than yourself," said de Haas, 57. "The money sounded good, but I'm so glad NASA came and looked on my land. I feel like I've given back to my country. It might sound corny, but I do."

(*Times Colonist*, 817 words)

959 ☑	**civil servant**	公務員, 役人 （≒ public servant）
960 ☑	**poke around ~**	~を捜し回る, ~を聞いて回る；~をつつき回す
961 ☑	**trespassing** [tréspəsɪŋ]	*n.* 不法侵入, 乱入, 立ち入り (entering sb's land or property without permission)
	派 **tréspass**	*vi.* 不法に侵入する；不法に侵害する (≒ intrude)
962 ☑	**gracefully** [gréisfəli]	*adv.* 優美に, 上品に (in an attractively smooth and elegant way)
	派 **gráce**	*n.* 品のよさ, 優雅；魅力
	派 **gráceful**	*adj.* 優雅な

35-5 NASA 研究者ツェッペリンで隕石の破片を探す

⑱ ユージナ・ド・ハースさんは日曜日，隕石を捜すよりもNASAの専門家たちを捜し当てた。ド・ハースさんの家はロータス地区に160エーカーの土地を所有している。彼女と夫のアルヴィンはどちらも公務員として長年勤務し，エルドラド国立森林公園を退職していた。宇宙の石で金儲けをするより，科学の役に立つことをしたいと思った，と彼女は言った。

⑲ ド・ハースさんはついにコロマのシエラ・ネバダ・ハウス・レストランで食事をしている科学者たちを見つけた。そして，自分たちの土地を捜し回るよう勧めた。科学者たちはほぼすべてを投げ捨てて，それに従った。というのも，トレジャーハンターたちを締め出すために「立ち入り禁止」の看板を立てている土地所有者もいたからだ。

⑳ その最初の日に，彼らは美しくカーブしたブーメラン状の17グラムの隕石の塊を見つけた。「SM12」と名づけられたそれは，わずか5センチの長さで，やや光沢があり，妙にゴツゴツした手触りで，宇宙の深淵とよく似た黒い色をしている。

㉑ 「自分でいること以上の何かの役に立っていると感じることはすばらしいことです」と57歳のド・ハースさんは言った。「お金にも惹かれたけれど，NASAが私の土地を見に来たことがとてもうれしいわ。国にお返しをした気がするの。くだらないと思うかもしれないけど，本当にそう思うの。」

6

科学・テクノロジー ◆ Science/Technology

---

963 **texture**
[tékstʃər]
n. 手触り，表面の感触；舌触り；生地

🖉 語句・表現

- ☐ *l.1* hunt down 〜 「〜を捜し当てる」
- ☐ *l.12* boomerang 「ブーメラン状の」
- ☐ *l.13* odd bumpy 「妙にゴツゴツとした」
- ☐ *l.18* corny 「くだらない，陳腐な」

❓Quiz

- ☐ 1 Why did the scientists from SETI charter a zeppelin?
- ☐ 2 What is the meteorite likely to be composed of? ▶ Answer は p.466

6 科学・テクノロジー ◆ Science/Technology

36-1 Brain might not stand in the way of free will

1　❶ Advocates of free will can rest easy, for now.　A 30-year-old classic experiment that is often used to argue against free will might have been misinterpreted.

　❷ In the early 1980s, Benjamin Libet, a neuroscientist at the
5　University of California in San Francisco, used electroencephalography (EEG) to record the brain activity of volunteers who had been told to make a spontaneous movement.　With the help of a precise timer that the volunteers were asked to read at the moment they became aware of the urge to act, Libet found there was a 200 millisecond delay, on
10　average, between this urge and the movement itself.

　❸ But the EEG recordings also revealed a signal that appeared in the brain even earlier, 550 milliseconds, on average, before the action. Called the readiness potential, this has been interpreted as a blow to free will, as it suggests that the brain prepares to act well before we are
15　conscious of the urge to move.

964 ☑	**free will**	自由意志
		※運命や神などの外的要因から束縛を受けず，自らの意志や考えで行動すること。

965 ☑	**misinterpret** [mìsintə́ː/prət]	*vt.* を誤解する（≒ misunderstand）；を誤って解釈する（to understand or express wrongly）
	派 **mìsinterpretátion**	*n.* 誤解，誤った解釈

966 ☑	**neuroscientist** [n(j)ùərousáiəntəst]	*n.* 神経科学者（an expert in the study of the anatomy, physiology, biochemistry, and pharmacology of the nervous system）
	派 **nèuroscíence**	*n.* 神経科学

36-1 脳は自由意志の妨げにはならないだろう

❶ 当面，自由意志を支持する人たちは安心できそうだ。自由意志に反論するのによく用いられる30年前からの古典的な実験方法は，ずっと誤解されてきたかもしれない。

❷ 1980年代の初め，サンフランシスコにあるカリフォルニア大学の神経科学者ベンジャミン・リベット氏は脳波検査（EEG）を使って，自発的な動作をするように言われた被験者たちの脳の活動を記録した。行動しようという衝動に気づいたらすぐに読むようにと被験者たちが言われていた正確な計時装置のおかげで，リベット氏はその衝動と動作そのものには平均で200ミリ秒の遅れがあることを発見した。

❸ しかし，このEEGの記録はもっと前，平均で行動の550ミリ秒前に脳に現れた信号についても明らかにした。これは準備電位と呼ばれ，自由意志に打撃を与えるものと解釈されてきた。我々が行動しようという衝動に気づくよりずっと前に，脳は行動の準備をしているということになるからだ。

6

科学・テクノロジー◆ Science/Technology

📝 語句・表現

☐ title　stand in the way of ～「～の妨げになる」
☐ *l.1*　advocate「支持する人，提唱者」
☐ *l.5*　electroencephalography (EEG)「脳波検査」脳が働いている時に出る電気活動を捉える検査。
☐ *l.8*　become aware of ～「～に気づく」
☐ *l.9*　millisecond「ミリ秒」1ミリ秒は1000分の1秒。
☐ *l.9*　on average「平均で」
☐ *l.13*　readiness potential「準備電位」
☐ *l.13*　blow「打撃」
☐ *l.14*　well before「ずっと前に」ここでの well は「ずいぶん，ゆうに」の意。

36-2 Brain might not stand in the way of free will

1　❹ This conclusion assumes that the readiness potential is the signature of the brain planning and preparing to move. "Even people who have been critical of Libet's work, **by and large**, haven't **challenged** that assumption," says Aaron Schurger of the National Institute of Health

5　and Medical Research in Saclay, France.

❺ One attempt to do so came in 2009. Judy Trevena and Jeff Miller of the University of Otago in Dunedin, New Zealand, asked volunteers to decide, after hearing a tone, whether or not to **tap** on a keyboard. The readiness potential was present regardless of their decision, suggesting

10　that it did not represent the brain preparing to move. Exactly what it did mean, though, still wasn't clear.

Crossing a **threshold**

❻ Now, Schurger and colleagues have an explanation. They began by

15　posing a question: how does the brain decide to make a spontaneous movement? They looked to other decision-making **scenarios** for clues. Previous studies have shown that when we have to make a decision based on visual input, for example, assemblies of **neurons** start accumulating visual evidence in favour of the various possible

20　outcomes. A decision is triggered when the evidence favouring one particular outcome becomes strong enough to tip its associated assembly of neurons across a threshold.

967 ☑	**by and large**	概して (≒ overall)
968 ☑	**challenge** [tʃǽlindʒ]	*vt.* を疑う (to question the qualifications or validity)；に挑む，に挑戦する　*vi.* 挑戦する　*n.* 問題；挑戦；異議
	派 **chállenged**	*adj.* 挑戦を受けた；障害のある
	派 **chállenging**	*adj.* やりがいのある；骨の折れる；挑戦的な
969 ☑	**tap** [tǽp]	*vt.* を軽くたたく　*vi.* 軽くたたく *n.* とんとんたたくこと，こつこつたたく音
970 ☑	**threshold** [θréʃhould]	*n.* 閾値；しきい値；臨界；敷居，入り口；発端 ※ある反応を起こさせるために必要な最小の刺激量。

36-2　脳は自由意志の妨げにはならないだろう

❹ この結論は，準備電位は脳が行動を計画し準備するサインだと仮定している。「リベット氏の研究に批判的だった人たちでさえ，概して，その仮定を疑ってきませんでした」とフランスのサクレーにある保健医療研究局のアーロン・シュルガー氏は言う。

❺ 2009年にその仮定に異議を唱える１つの試みがなされた。ニュージーランドのダニーデンにあるオタゴ大学のジュディー・トレビーナ氏とジェフ・ミラー氏は，ある音を聞いた後にキーボードを軽くたたくかどうか決めるよう，被験者たちに言った。準備電位は彼らの決定とは関係なく存在したが，それは，脳が動作の準備をしていることを準備電位が表していないことを示した。しがしながら，それが正確に何を意味するのかはまだ明らかではなかった。

閾値を越える

❻ 今では，シュルガー氏とその同僚には説明が可能だ。彼らは疑問を投げかけることから始めた。脳はどうやって自発的な動作をしようと決めるのか。手がかりを求めて，彼らは意志決定の別のシナリオに注意を向けた。過去の研究によると，例えば，我々が視覚的な情報入力に基づいて意志決定をしなければならない時，神経細胞の集合は，起こり得るさまざまな結果を支持するような視覚的証拠を蓄積し始める。ある特定の結果を支持する証拠が，結びついた神経細胞の集合に閾値を越えさせるのに十分なほど強くなると，決定がもたらされる。

971 ☐	**scenario** [sənériòu, -néɔr-, -náːr-]	n. シナリオ，状況，筋書き，場面
972 ☐	**neuron** [n(j)úərɑn]	n. 神経細胞，神経単位，ニューロン
派	**neurólogy**	n. 神経学
派	**neurólogist**	n. 神経学者
派	**neurológic**	adj. 神経の

6

科学・テクノロジー◆ Science / Technology

700　　800　　900　　1000　　1100 words done!!

36-3　Brain might not stand in the way of free will

1 ❼ Schurger's team **hypothesised** that something similar happens in the brain during the Libet experiment.　Volunteers, however, are specifically asked to ignore any external signals before they make a spontaneous movement, so the signal must be internal.

5 ❽ There are random **fluctuations** of **neural** activity in the brain. Schurger's team **reasoned** that movement is triggered when this neural noise accumulates and crosses a threshold.

❾ To **probe** the idea, the team first built a computer model of such a neural accumulator.　In the model, each time the neural noise crossed a
10 threshold it signified a decision to move.　They found that when they ran the model **numerous** times and looked at the pattern of the neural noise that led up to the decision it looked like a readiness potential.

❿ Next, the team repeated Libet's experiment, but this time if, while waiting to act spontaneously, the volunteers heard a click they had to
15 act immediately.　The researchers **predicted** that the fastest response to the click would be seen in those in whom the accumulation of neural noise had neared the threshold — something that would show up in their EEG as a readiness potential.

---

	hypothesize, hypothesise [haipáθəsàiz]	*vi.* 仮説を立てる *vt.* を仮説として取り上げる，と仮定する ※ hypothesise の綴りは《英》。
	派 **hypóthesis** 派 **hỳpothétical**	*n.* 仮説，前提 *adj.* 仮定の，仮想の
	fluctuation [flʌ̀ktʃuéiʃən]	*n.* 変動，変化；動揺
	派 **flúctuàte**	*vi.* （考え・政策・物価などが）変動する；（〜の間を）上下する
973	**neural** [n(j)úərl]	*adj.* 神経の（of or relating to a nerve or the nervous system）

36-3 脳は自由意志の妨げにはならないだろう

❼ シュルガー氏のチームはリベット氏の実験の間も脳に同じようなことが起きているという**仮説を立てた**。しかし，被験者は自発動作を起こす前にあらゆる外的信号を無視するようにはっきり言い渡されていたのだから，信号は内部からのものに違いない。

❽ 脳内の神経活動には不規則な**変動**がある。シュルガー氏のチームはこの神経雑音が蓄積して閾値を越える時，行動が誘発される**と推論した**。

❾ その考え**を徹底的に調べる**ために，チームはまずそのような神経の蓄積のコンピュータモデルを作り上げた。モデルでは神経雑音が閾値を越えるたびに，行動の決定が知らされる。何度もそのモデルを動かし，決定につながった神経雑音のパターンを見た時，それが準備電位と似たものであることを彼らは発見した。

❿ 次にチームはリベット氏の実験を繰り返したが，今回は，被験者たちが自発行動を待つ間にカチッという音を聞いたら，すぐに行動しなければならないというものだった。音に対する最も早い反応は神経雑音の蓄積が閾値に近い人たちに見られるだろうと研究者たちは**予測した**。それはEEGでは準備電位として現れるものである。

	reason [ríːzn]	vt. と推論する；を論じる vi. 論理的に考える，推論する，納得させる n. 道理，理由，理性
	派 **réasonable**	adj. 合理的な；理にかなった；適当な
	派 **réasoning**	n. 推理，論法，論拠
	probe [próub]	vt. を徹底的に調査する vi. 精密に調べる n. 無人宇宙観測船；調査
974	**numerous** [n(j)úːmərəs]	adj. 非常に多い (existing in large numbers; many) cf. numerous times（何度も）
	predict [pridíkt]	vt. を予測する，を予言する (to say that sth will happen in the future)
	派 **predictable**	adj. 予言できる，予想できる；おきまりの
	派 **prediction**	n. 予言，予報，予知

36-4 Brain might not stand in the way of free will

1　⓫ This is exactly what the team found.　In those with slower responses to the click, the readiness potential was absent in the EEG recordings.

Spontaneous brain activity

5　⓬ "Libet argued that our brain has already decided to move well before we have a conscious **intention** to move," says Schurger.　"We argue that what looks like a pre-conscious decision process may not in fact **reflect** a decision at all.　It only looks that way because of the nature of spontaneous brain activity."

10　⓭ So what does this say about free will?　"If we are correct, then the Libet experiment does not count as evidence against the possibility of conscious will," says Schurger.

	intention [inténʃən]	*n.* 意図, 意向；目的
	派 inténd	*vt.* を意図する，…するつもりである
	派 inténtional	*adj.* 故意の　≒ deliberate
	派 inténtionally	*adv.* 故意に　≒ deliberately, on purpose
975	**pre-conscious** [prikánʃəs]	*adj.* 前意識の ※精神分析の用語で，無意識と意識の間にある領域で，思い出そうとすれば思い出せる状態を指す。
	参 cónscious	*adj.* 意識のある，意識的な
	参 uncónscious	*adj.* 意識を失った；無意識の
	reflect [riflékt]	*vt.* を反映する；を反射する；を映す *vi.* 反射する；熟考する；影響を及ぼす
	派 refléction	*n.* （鏡などに映った）映像；反射，影；熟考；感想
	派 refléctive	*adj.* 思慮深い；反射する，反射的な

36-4　脳は自由意志の妨げにはならないだろう

⑪ チームが発見したのはまさにこれである。音に対する反応が遅い人たちには EEG 記録で準備電位が見られなかった。

自発的な脳活動

⑫ 「リベット氏の主張によると，我々の脳は動こうとする意識的な**意図**をもつよりずっと前に，すでに行動しようと決めています」とシュルガー氏は言う。「我々が主張するのは，前意識的決定プロセスのように見えるものは，実はまったく決定を**反映**していないかもしれないということです。そう見えるのは，単に自発的な脳活動の性質のせいなのです。」

⑬ それでは自由意志についてはどうなのか。「もし我々が正しいなら，リベット氏の実験は意識的意志の可能性に反論する証拠にはなりません」とシュルガー氏は言う。

6

科学・テクノロジー◆ Science/Technology

Key Points of This Issue　自由意志（free will）

　「自由意志」とは，古くから議論されている哲学的な概念で，人間の行動は外的な要因によって決定されているのではなく，自らの意志で判断し行動している，とするものである。自由意志の信奉者は，人間の行動は独自のもので，神や自然の法則で決定されるものではないと信じる。リベットの実験において，人間の脳内では，意識的に行動しようと決める前に，すでに神経反応（準備電位）が存在しており，人はその無意識下で決定されたことを行動に移しているにすぎないのではないかという疑問を投げかける，自由意志の存在を危うくする実験結果が明らかとなった。しかし，リベットは，その無意識の身体的反応を意識的に制御することができるとし，狭い範囲で自由意志は存在すると考察している。

36-5 Brain might not stand in the way of free will

1 ⑭ **Cognitive** neuroscientist Anil Seth of the University of Sussex in Brighton, UK, is impressed by the work, but also **circumspect** about what it says about free will. "It's a more satisfying **mechanistic** explanation of the readiness potential. But it doesn't bounce conscious
5 free will suddenly back into the picture," he says. "Showing that one **aspect** of the Libet experiment can be open to interpretation does not mean that all arguments against conscious free will need to be **ejected**."

⑮ According to Seth, when the volunteers in Libet's experiment said
10 they felt an urge to act, that urge is an experience, similar to an experience of smell or taste. The new model is "opening the door towards a richer understanding of the neural basis of the conscious experience of **volition**", he says.   (*New Scientist*, 792 words)

☑	**cognitive** [kágnətiv]	*adj.* 認知的な；認識の
	派 **cognítion**	*n.* 認識，認知
976 ☑	**circumspect** [sə́:rkəmspèkt]	*adj.* 慎重な，用心深い (wary and cautious)；用意周到な
	派 **cìrcumspéction**	*n.* 慎重，用心深さ；用意周到さ
977 ☑	**mechanistic** [mèkənístik]	*adj.* 機会論の；機会論者の；機械的に決定された (relating to theories which explain phenomena in purely phsical or deterministic terms)
	派 **méchanist** 派 **méchanìsm**	*n.* 機会論者 *n.* 機会論 ※あらゆる現象を機械の運動になぞらえて考え，説明しようとすること。
☑	**aspect** [ǽspekt]	*n.* 面 (≒ part)；様相 (≒ appearance)；見地 (≒ viewpoint)

36-5　脳は自由意志の妨げにはならないだろう

⑭ 英国のブライトンにあるサセックス大学の**認知**神経科学者アニル・セス氏はこの研究に感銘を受けているが，自由意志に関する説明には**慎重な姿勢**である。「準備電位についてのより満足のいく**機械論的**な説明となっていますが，意識的自由意志の役割を突然回復させるものではありません」と彼は言う。「リベット氏の実験の**一側面**を自由に解釈できると示されたからといって，意識的自由意志に反論するすべての議論を追いやる必要はないのです。」

⑮ セス氏によると，リベット氏の実験の中で被験者たちが行動しようという衝動を感じると言った時，その衝動はにおいや味の経験と同じで，経験からくるものだという。新しいモデルは「意志力の意識的経験を司る神経基盤についてより深い理解をもたらす機会なのです」と彼は言う。

978 □	**eject** [idʒékt]	*vt.* を追い出す，を追放する（to drive or force out）；を解雇する；を取り出す *vi.* 緊急脱出する
派	**ejéction**	*n.* 追い出し；追放
979 □	**volition** [voulíʃən]	*n.* 意志による選択，決断；意志の働き；意志作用，意志力（the power of choosing or determining）
派	**volítional**	*adj.* 意志の；意志に基づく
派	**volítionless**	*n.* 意志のない

🖉 語句・表現

□ *l.4*　bounce 〜 back into the picture「〜（の役割）を回復させる」

❓ Quiz

□ 1　What kind of experiment did Benjamin Libet carry out?
□ 2　What did he find out from the experiment?　　　▶ Answer は p.466

6

科学・テクノロジー◆ Science/Technology

700　　　　　800　　　　　900　　　　　1000　　　　1100 words done!!

6 科学・テクノロジー ◆ Science/Technology

37-1 Chimeric birds could explain how brains get big

1 ❶ The relatively **sophisticated** brain of a songbird has been transplanted into the body of a distantly related, less intelligent species. The study could help us understand how brains develop, perhaps opening the way to treating some brain conditions.

5 ❷ Since 2009, Chun-Chun Chen of Duke University in Durham, North Carolina, has performed over 100 brain transplants in birds. In her latest study she transferred the cells **destined** to become the forebrain of zebra finches (*Taeniopygia guttata*) into Japanese quail (*Coturnix japonica*) embryos, after removing the **equivalent** quail

10 cells.

☑	**sophisticated** [səfístikèitid]	*adj.* 教養のある；複雑な, 精巧な, 高性能の (advanced and complicated)；洗練された
	派 **sophísticàte**	*vt.* (機械など) を複雑にする；を (教育などによって) 洗練させる　*n.* 洗練された人
	派 **sophìsticátion**	*n.* 精巧；洗練高度な知識
980 ☑	**songbird** [sɔ́(ː)ŋbə̀ːrd]	*n.* 鳴き鳥, 鳴禽 (=美しい声で鳴く鳥)；女性歌手
981 ☑	**transplant** *v.* [trænsplǽnt] *n.* [---]	*vt.* (臓器など) を移植する (to replace a body part or organ with one from another person or animal)；(植物) を移植する　*n.* 移植
	派 **trànsplántable**	*adj.* 移植できる
	≒ **implánt**	*vt.* を移植する；を植え込む
☑	**destined** [déstind]	*adj.* 予定されている, 予定の；運命づけられた；～行きの　*cf.* be destined to do (…することが決まっている)
	派 **dèstinátion**	*n.* 目的地；目的 (≒ goal, end, objective)；(荷物などの) 届け先
	派 **déstine**	*vt.* 〈受動態で〉(乗り物などが) ～行きである (≒ bound)；(…する) 運命にある
	派 **déstiny**	*n.* 運命, 宿命　≒ fate, fortune

37-1 キメラ鳥によって脳がどのように大きくなるかが説明できる

❶ 比較的**高度な知能を持つ**鳴き鳥の脳が，遠縁でより知能の低い種の体に**移植**された。その研究は，脳がどのように発達するかを理解するのに役立つかもしれない。ひょっとすると一部の脳疾患の治療に道を開くかもしれない。

❷ 2009 年以降，ノースカロライナ州ダーラムにあるデューク大学のチョン - チョン・チェン氏は，100 件以上の鳥の脳移植を行ってきた。最新の研究では，キンカチョウ（学名：Taeniopygia guttata）の前脳になることが**決まっている**細胞を，ウズラ（学名：Coturnix japonica）の**胚**に**同等の**細胞を取り除いた後，移植した。

982 ☑	**forebrain** [fɔ́ːrbrèin]	n. 前脳（部）
983 ☑	**embryo** [émbriòu]	n. 胚，胎児（an unborn baby or animal, or the part of a seed that develops into a plant）
	⊛ fétus	n.（妊娠 9 週以後の）胎児
☑	**equivalent** [ikwívələnt]	adj.（価値・数量など）同等の，平等な，匹敵する

6 科学・テクノロジー ◆ Science/Technology

✎ 語句・表現

- ☐ *l.2* distantly related「遠縁の，遠い親戚の」
- ☐ *l.4* open the way to ～「～の道を開く」
- ☐ *l.8* zebra finch「キンカチョウ」スズメ目カエデチョウ科
- ☐ *l.8* quail「ウズラ」鳥綱キジ目キジ科ウズラ属

37-2 Chimeric birds could explain how brains get big

1　**❸** After the transplants, Chen **incubated** the eggs for up to 16 days, before opening them to find that the transplanted cells had **integrated** into their hosts, forming the normal neural pathways.

❹ None of the chimeric embryos hatched, however, perhaps because

5　their **hybrid** brains could not trigger breathing. Chen says she will try to crack the hatching problem by transplanting just half a zebra finch forebrain, leaving half the quail forebrain still in place.

❺ Researchers have been attempting such transplants for decades. In 1957, Petar Martinovitch of Yale University transplanted the heads of

10　one set of chicken embryos to another. Few **survived**.

❻ Then in 1988 Evan Balaban of McGill University in Montreal, Canada, transplanted chicken brain cells into a quail embryo, and hatched the resulting chimera. Some of the chicken's behaviours, such as the chickens' **propensity** to **crow**, were transferred with the cells.

---

984 ☐	**incubate** [íŋkjəbèit, ín-]	*vt.* を抱卵する，を孵化(ふか)する，(卵)をかえす，を温める； (計画など)をじっくり温める；(細菌など)を培養する *vi.* 孵化する；(病気が)潜伏する
☐	**integrate** [íntəgrèit]	*vt.* を統合する (to join things so that they become one thing or work together)
985 ☐	**hybrid** [háibrid]	*adj.* 異種間の要素の結合によってできた，混成の；雑種の　*n.* 雑種；ハイブリッドカー
☐	**survive** [sərváiv]	*vi.* 生き残る；なんとかやっていく *vt.* を切り抜ける；より長生きする
派	**survívor**	*n.* 生存者，残存物，遺物
派	**survíval**	*n.* 生き残ること
986 ☐	**propensity** [prəpénsəti]	*n.* 〈to do を続けて〉(生まれつきの)(…する)性向，傾向，性癖　(a natural tendency to behave in a particular way) (≒ inclination)

37-2 キメラ鳥によって脳がどのように大きくなるかが説明できる

❸ 移植の後，チェン氏は卵を開いて移植した細胞がその移植先に**統合**され，正常な神経経路を形成しているのがわかるまで，最高16日間卵を温めた。

❹ しかしながら，異なる遺伝情報を持つ胚は1つも孵化しなかった。おそらく異種交配によってできた脳は呼吸を誘発することができなかったからだろう。チェン氏はキンカチョウの前脳の半分だけを移植し，ウズラの前脳の半分を元の場所に残すことによって孵化の問題を解決するつもりだと言う。

❺ 研究者たちはこのような移植を何十年も試みている。1957年，イェール大学のペタル・マルティノヴィッチ氏はニワトリ胚の頭を別のニワトリに移植したところ，何羽かが**生き延びた**。

❻ その後1988年に，カナダのモントリオールにあるマギル大学のエヴァン・バラバン氏は，ニワトリの脳細胞をウズラの胚に移植して，その結果作られたキメラを孵化させた。ニワトリの行動のいくつかが，例えば**大声で鳴く**ニワトリの性向などが細胞と共に移行された。

---

987 **crow** [króu]	*vi.* (雄鶏が) 鳴く，時を作る；勝ちどきをあげる
	n. 雄鶏の鳴き声
	※同音異義語でカラス，またはカラス科の鳥の総称も表す。

Key Points of This Issue　キメラ（chimera）

　生物学におけるキメラとは，同一個体の中に遺伝子型の異なる組織が互いに接触して存在する現象。また，その個体のこと。複数の受精卵からできた体細胞から構成される単一個体，組織を移植した動物の個体などが例。キメラの語源は，ギリシア神話に登場するライオンの頭とヤギの胴とヘビの尾をもつ合成怪物キマイラ（Chimaira）。1916年にH.Winklerが実験的に作り出した接木体をキメラと呼んだのが始まり。雑種や，体細胞突然変異によるモザイクとは区別される。

語句・表現

☐ *l.3* neural pathways「神経経路」
☐ *l.4* hatch「孵化する」
☐ *l.6* crack a problem「問題を解決する」

37-3 Chimeric birds could explain how brains get big

1　Developmental differences
❼Unlike chickens and quails, zebra finches develop differently. "Zebra finches are like humans: they're born **naked** and **blind**," says Balaban, who also contributed to the latest study.　Zebra finches are songbirds
5　that learn their songs, while Japanese quails make simple calls and do not learn new ones.　Their brains develop slower than those of quail, but reach a larger size.　Quail are active immediately after hatching, but their brains remain small.

❽ Chen is the first to transplant brain cells between two such different
10　species.　"This study was a technical *tour de force*," says Georg Striedter of the University of California-Irvine.

❾ After the transplant, the zebra finch brains grew faster than normal, and the cell density was lower.　That suggests large brains do not simply grow under their own steam.　"We think that there are some
15　signals coming from the quail cells that are **influencing** how much the zebra finch brain cells can **proliferate**," says Chen's **supervisor** Erich Jarvis.

---

	naked [néikid]	*adj.* 裸の，むき出しの　(≒ bare)
	blind [bláind]	*adj.* 目の見えない；物を見る目がない *vt.* (目)を見えないようにする　*n.* 日よけ
988	**tour de force**	偉業，大傑作；巧みな技 (an achievement accomplished with great skill or ingenuity)
	influence [ínfluəns]	*vt.* に影響を及ぼす，(人・行動など)を左右する (≒ affect)　*n.* 影響 (≒ effect)，感化；勢力
	派 **influéntial**	*adj.* 影響力のある
989	**proliferate** [prəlífərèit]	*vi.* (細胞分裂などにより)増殖〔繁殖〕する；急増する， 激増する (to reproduce rapidly)　*vt.* を増殖させる
	派 **prolifterátion**	*n.* 分芽〔分裂〕増殖；激増，急増；拡散

37-3　キメラ鳥によって脳がどのように大きくなるかが説明できる

発達の違い

❼ ニワトリやウズラとは違って，キンカチョウは異なる成長の様子を見せる。「キンカチョウは人間に似ています。彼らは**裸のまま盲目で**生まれるのです」とバラバン氏は言う。彼もまた最新の研究の貢献者である。キンカチョウは歌声を学習する鳴き鳥だが，一方でウズラは単純な声で鳴き，新しい歌声を学習することはない。キンカチョウの脳はウズラの脳より発達が遅いが，より大きくなる。ウズラは孵化するとすぐに活発に動くが，脳は小さいままである。

❽ チェン氏はこのような2つの異なる種の間で脳細胞移植をした最初の人物である。「この研究は技術的偉業でした」とカリフォルニア大学アーバイン校のゲオルグ・シュトリーター氏は言う。

❾ 移植後，キンカチョウの脳は通常より早く成長したが，細胞密度は低かった。そこから，大きな脳は脳だけの力だけで育つのではないことがわかる。「ウズラの細胞から出ている何らかの信号があって，それがキンカチョウの脳細胞がどれだけ**増殖**することができるかに**影響を与えている**のだと思います」とチェン氏の**指導教官**であるエーリッヒ・ジャービス氏は言う。

☑	**supervisor** [súːpərvàizər]	*n.* 指導担当者，監督者，管理者
派	**súpervìse**	*vt.* を監督する，を管理する

6

科学・テクノロジー◆ Science/Technology

🖉 語句・表現

□ *l.13*　cell density「細胞密度」
□ *l.14*　under one's own steam「自分の力で」

37-4　Chimeric birds could explain how brains get big

1　⑩ The two species must use the same signals, otherwise the transplanted cells would not have integrated **properly**. But we don't know what those signals are, what they do, or where they come from, says Striedter. They might come from other parts of the brain, or
5　elsewhere in the embryo.

⑪ Some signals could come from the mother influencing how her chick develops, by varying the amount of food or hormones she includes in the egg. For instance, if times are hard the mother might push the embryo towards a smaller brain, as big brains take a lot of
10　energy to maintain.

⑫ Once we know the signals we could block or **enhance** them. "If we could identify that signal or set of signals, we might be able to use it to try to control overall brain size," says Jarvis. Striedter says that might **ultimately** help us to understand and treat brain disorders like
15　microcephaly.　　　　　　　　　　　　　　　(*New Scientist*, 541 words)

	properly [prɑ́pɚli]	*adv.* 適切に，正確に；礼儀正しく
	派 **próper**	*adj.* 適切な，正しい，妥当な；特有の
990	**chick** [tʃík]	*n.* ひよこ，鶏のひな；〈俗語〉若い女性
991	**hormone** [hɔ́ːrmoun]	*n.* ホルモン
	派 **hormónal**	*adj.* ホルモンの
	enhance [enhǽns]	*vi.* を強める，を高める，をよくする〈to improve sth or to make sth look or perform better〉
	派 **enháncement**	*n.* 高揚，増進；増大

37-4 キメラ鳥によって脳がどのように大きくなるかが説明できる

⑩ 2つの種は同じ信号を使わなければならない。そうでなければ移植された細胞は**正しく**統合されないだろう。しかし、それらの信号がどんなもので、どんな働きがあり、またどこから送られているのか我々にはわからない、とシュトリーター氏は言う。脳の別の部分から送られているのかもしれないし、あるいは胚のどこか別の場所からかもしれない。

⑪ 一部の信号は母鳥から送られ、卵の中に送り込む栄養やホルモンの量を変えることで、ひよこの発達具合に影響を与えている可能性もある。例えば、厳しい状況にいれば、母鳥はより小さな脳になるような胚を送り込むかもしれない。大きな脳を維持するには多くのエネルギーが必要だからだ。

⑫ いったんその信号がわかれば、それら**を遮断する**ことや**強化する**ことが可能である。「その信号や信号体系を特定することができれば、それを使って脳全体の大きさをコントロールすることができるかもしれません」とジャービス氏は語る。それは**最終的に**小頭症のような脳障害の理解と治療に役立つかもしれない、とシュトリーター氏は言う。

	ultimately [ʌ́ltəmətli]	*adv.* 最終的に、結局、最後に；究極的に（finally, after a series of things happened）
	派 **últimate**	*adj.* 最終的な；究極の　*n.* 究極点；最高のもの
992	**microcephaly** [màikrouséfəli]	*n.* 小頭症 ※頭囲が異常に小さく、脳の発達障害を伴う症状。

6

 Quiz

□ 1　How could brain transplants in birds be useful to humankind?
□ 2　How are zebra finches different from quail?　　▶ Answer は p.466

6 科学・テクノロジー ◆ Science/Technology

38-1　Two separate extinctions brought end to dinosaur era

1　❶ The mass **extinction** that wiped out the dinosaurs 65 million years ago was almost **unprecedented** in its size. There may be a simple reason why three-quarters of Earth's species disappeared during the event — there were actually two extinctions at the end of the
5　Cretaceous, each devastating species in distinct environments.

　❷ Famously, the dinosaurs met their end when a massive meteorite crashed into Mexico's Yucatán **Peninsula** around 65 million years ago. The extinction paved the way for the rapid evolutionary diversification of **mammals**.

10　❸ But sceptics have long questioned whether the meteorite was solely responsible for the extinction. They point out that there were massive volcanic eruptions in India more than 100,000 years earlier, which triggered global warming that might have contributed to the species **fatalities**. But convincing evidence for those claims has proved
15　elusive, so the impact has taken most of the blame.

☑	**extinction** [ikstíŋkʃən, eks-]	*n.* 絶滅, 死滅；(家系などの) 断絶；消失；消火
	派 **extínct**	*adj.* 絶滅した (no longer existing)
993 ☑	**wipe out ～**	～を死滅させる；～を一掃する；～を拭き去る
	参 **wípe**	*vt.* を拭く
994 ☑	**unprecedented** [ʌnprésidəntid]	*adj.* 前例のない, 未曾有の (never having happened or existed before)；新しい
	派 **unprécedentedly** ≒ **unpáralleled** ⇔ **précedented**	*adv.* 前例なく *adj.* 他に類のない *adj.* 前例のある
995 ☑	**peninsula** [pənínsələ, -sjələ]	*n.* 半島 (a portion of land almost surrounded by water or projecting out into a body of water) (≒ cape)

38-1　2つの異なる絶滅が恐竜時代を終わらせた

❶ 6,500万年前に恐竜を死滅させた大量**絶滅**は，その規模においてほとんど**前例**のないものだった。その出来事の間に地球上の4分の3の種が姿を消した理由は，単純なものかもしれない。それは，実は白亜紀の終わりに2回の絶滅が起き，それぞれが異なる環境にいた種に大打撃を与えた，というものである。

❷ よく知られているとおり，6,500万年ほど前にメキシコのユカタン半島に巨大隕石が衝突し，恐竜たちは最期を遂げた。その絶滅によって，**ほ乳類**の進化の多様化に向けて急速に道が開いた。

❸ しかし，隕石だけが絶滅に関与したのかどうか，懐疑論者は長い間疑問を抱いてきた。この10万年以上前にインドで巨大な火山噴火があり，それが地球温暖化を引き起こし，種の**死**の一因となったのかもしれないと懐疑論者は指摘する。しかし，これらの主張に対する説得力のある証拠を**得る**のは難しいことがわかり，そのため，先の衝突が責任の大半を引き受けてきた。

996 □ **pave the way for ~**		〜のために道を開く，〜の下地を作る
	参 **páve**	*vt.* を舗装する (to cover an area of ground with flat stones)
	参 **páved**	*adj.* 舗装された
	参 **pávement**	*n.* 《米》舗装された道路，《英》歩道
□ **mammal** [mǽml]		*n.* ほ乳類
	派 **mammálian**	*adj.* ほ乳類の
□ **fatality** [feitǽləti]		*n.* 〈可算名詞で〉**(事故，戦争などによる) 死，死亡者数；(死者を出すような) 災害，事故，惨事**
	派 **fátal**	*adj.* 命にかかわる，致命的な
997 □ **elusive** [ilúːsiv]		*adj.* とらえどころのない，手に入れにくい (difficult to find, catch, or achieve)

38-2 Two separate extinctions brought end to dinosaur era

1 ❹ A key problem has been finding **sedimentary rocks** that were formed at exactly the right time to capture all of the events that might have contributed to the extinction. The rocks need to contain plenty of **fossils** too, to reveal exactly when the various species disappeared.

5 ❺ Thomas Tobin at the University of Washington in Seattle has just found rocks that fit the bill on Seymour Island, just off the **Antarctic** Peninsula. "It is really far south, so any climate changes are likely to be strongest there and have more **biological** effects," he says.

❻ Tobin found two **layers** in the rocks, which formed in a shallow sea,
10 where several species of shelled animals went extinct. One of the layers dates to the time of the impact, but the other layer is 40 metres below. Dating showed that the lower extinction occurred some 150,000 years before the meteorite hit — at the peak of the Indian **eruptions**. Tobin's team looked at **isotopic** ratios in the rock to work out the
15 temperatures at the time: the first extinction followed a 7°C rise in **polar** ocean temperatures — probably a result of global warming triggered by the Indian **volcanism**.

998 ☑	**sedimentary rock**	堆積岩　※砂・火山砕屑物・生物の死骸などが堆積して固まってできた岩石。
999 ☑	**fossil** [fásl]	*n.* 化石；（比喩的に）時代遅れの人 *adj.* 〈限定用法〉化石の；時代遅れの
☑	**Antarctic** [æntáːrktik]	*adj.* 南極（地方）の *n.* 〈the Antarctic で〉南極（地方）
☑	**biological** [bàiəládʒikl]	*adj.* 生物学の，生物学上の；血のつながった
	派 **biólogy**	*n.* 生物学，生態学
☑	**layer** [léiər, léər]	*n.* 層，重ね；地層 *vt.* を層にする
☑	**eruption** [irʌ́pʃən]	*n.* 噴火，噴出，爆発

38-2 2つの異なる絶滅が恐竜時代を終わらせた

❹ 重要な課題は，絶滅の一因となったかもしれない出来事をすべてとらえるのに適切な時期に形成された堆積岩を見つけることだった。その石にはたくさんの化石も含まれていなければならない。さまざまな種が姿を消した時期を正確に明らかにするために，である。

❺ シアトルにあるワシントン大学のトーマス・トービン氏が，南極半島から少し離れたセイモア島で必要な条件を満たす岩を見つけたところだ。「そこははるか南にあるので，あらゆる気象変動が最も激しい可能性が高く，生物学的影響をより強く受ける」とトービン氏は言う。

❻ トービン氏は岩に2つの層を見つけた。その岩は浅瀬で形成されたもので，そこでは数種類の殻を持った生物種が絶滅した。層のうち1つは衝突時に遡るものだが，もう1つの層はそれより40メートル下にある。年代の測定によって，下のほうの絶滅は隕石衝突よりおよそ15万年前，インドの噴火の真最中に起きたものであることがわかった。トービン氏のチームは岩の中の同位体比に注目して，当時の気温を算出した。最初の絶滅は，極地の海水温度が7度上昇した後に起きた。それはおそらくインドの火山活動によって引き起こされた地球温暖化の結果だろう。

1000 ☐	**isotopic** [àisətápik]	*adj.* 同位体の，アイソトープの
	派 **ísotòpe**	*n.* アイソトープ，同位体
		※同じ元素の原子で，質量数が異なるもの。
1001 ☐	**polar** [póulər]	*adj.* 極地の（北極，南極）；（電池などの）極の；正反対の
1002 ☐	**volcanism** [válkənìzm]	*n.* 火山活動，火山現象（volcanic action or activity）

✎ 語句・表現

☐ *l.6* fit the bill「必要な条件を満たす」
☐ *l.10* shelled animal「殻のある生物，有殻生物」
☐ *l.10* go extinct「絶滅する」
☐ *l.11* date to ～「～に遡る」

38-3　Two separate extinctions brought end to dinosaur era

1　❼ Comparable numbers of species in the region went extinct in each
event.　Surprisingly, though, the types of animals affected differed
strikingly.

❽ "The stuff living at the [ocean] bottom **died out** during the [volcanic
5　extinction event]," says Peter Ward, Tobin's **thesis** advisor and
collaborator.　That might be because the global warming triggered by
the volcanic eruptions initially increased levels of biological activity in
the oceans, but ultimately used up the **oxygen dissolved** in the water
to create lethal **anoxic** conditions in deep water.

10　❾ The later extinction, which is linked to the meteorite impact, wiped
out creatures that lived in the surface waters.

☑	**strikingly** [stráikiŋli]	*adv.* 著しく, 際立って；〈文頭で用いて〉際立ったことに
派	**strike**	*vt.* を打つ (≒hit)；を襲う；の心を打つ　*vi.* 打つ；襲う；ストライキをする　*n.* 打つこと, 攻撃；ストライキ
派	**striking**	*adj.* 著しい；人目を引く, 印象的な；スト中の
1003 ☑	**die out**	死滅する, 絶滅する (to become extinct)
1004 ☑	**thesis** [θíːsis]	*n.* 論文；論旨, 論点；命題
☑	**oxygen** [áksidʒən]	*n.* 酸素
参	**carbon dioxide**	二酸化炭素
☑	**dissolve** [dizálv]	*vt.* に溶かす, を溶かす；を解消する；を分解する *vi.* 溶ける；分離する；消失する
派	**dissolution**	*n.* 分解；解除：溶解

38-3 2つの異なる絶滅が恐竜時代を終わらせた

❼ その地域では，それぞれの事象において，同じくらいの数の種が絶滅した。ただし，驚くべきことに，影響を受けた生物の種類は著しく違っていた。

❽ 「火山が引き起こした絶滅の最中には，海底に生息するものが死滅しました」とトービン氏の論文指導教官で，共同研究者でもあるピーター・ウォード氏は言う。それは，火山の噴火によって引き起こされた地球温暖化が，最初は海中生物の活動レベルを引き上げたが，最終的には水中に溶けていた酸素を使い果たし，深海に致命的無酸素状態を作り出したからかもしれない。

❾ その後の絶滅は，隕石の衝突と関係するもので，水面に住んでいた生物を絶滅させた。

1005 ☑	**anoxic** [ænάksik]	*adj.* 無酸素の，酸素欠乏の，嫌気条件の，アノキシアの（≒ oxygenless, oxygen-free） *cf.* anoxic brain injury（無酸素性脳障害）
派	**anóxia**	*n.* 無酸素（症），嫌気条件，酸欠，アノキシア

✎ 語句・表現

- ☐ *l.1* comparable「同程度の」
- ☐ *l.9* lethal「致命的な」

Key Points of This Issue ダーウィニズム（Darwinism）

ダーウィニズムとは，ダーウィンが唱えた進化論のことで，地球上の生物はすべて原始的な種類の生物から進化してきたという説。生物間に生存競争が起こり，環境に適した変異（variation）をもつものが生き残り，それが繰り返されて種が成立するという自然淘汰説（natural selection theory）がその中心的な考えである。6,500万年前に恐竜が死滅した後，生き残った一部の鳥類，小型ほ乳類，両生類などによって新たな時代が始まり，のちに人間が誕生したと考えられている。一方，この進化論に反対するキリスト教の一派の主張が「天地創造説（creationism）」で，地球上の生物は創造主により創られたとするものである。

6 科学・テクノロジー◆ Science/Technology

38-4 Two separate extinctions brought end to dinosaur era

1　⑩ The new data suggesting two distinct extinctions ties in with results of another new study.　Gerta Keller of Princeton University and her team studied **microfossils** from the Bay of Bengal that lived during the end of the Cretaceous.　The sea floor **sediments** in which they are
5　**preserved** is **interleaved** with **basalt** from the massive Indian **lava** flows.　Around half of the species went extinct during the initial volcanic eruptions, long before the meteorite impact.　Here, however, it was the surface-dwelling organisms that were affected by the volcanism.

10　⑪ The case for multiple factors contributing to the extinction is adding up, says David Archibald, a vertebrate palaeontologist recently retired from San Diego State University, California, who was not involved in either study.　"I'm not suggesting the [meteorite] impact didn't have **tremendous** effects, and it probably was necessary for the extinctions, but there were other things **leading up to** it," he says.

(*New Scientist*, 585 words)

1006 ☑	**microfossil** [máikroʊfὰsl]	*n.* 微化石 (a fossil that is too small to see without special equipment)
1007 ☑	**sediment** [sédəmənt]	*n.* 堆積物, 沈殿物, おり *vt.* を沈殿させる　*vt.* 沈殿する
☑	**preserve** [prizə́ːrv]	*vt.* を保存する, を保護する (to keep sth safe or in good condition)；(食物など) を漬ける
	派 **prèservátion**	*n.* 保存, 保護, 維持；保存状態
	派 **presérvative**	*n.* 保存料, 防腐剤　*adj.* 保存の, 防腐の
1008 ☑	**interleave** [ìntərlíːv]	*vt.* 〈with ～で〉を (～と) 交互に重ねる, を (～に) (差し) 挟む
1009 ☑	**basalt** [bəsɔ́ːlt]	*n.* 玄武岩 (a type of black rock that comes from a volcano)
1010 ☑	**lava** [láːvə]	*n.* 溶岩 (hot liquid rock that comes out of the earth through a volcano, or the solid rock formed when it cools)

38-4　2つの異なる絶滅が恐竜時代を終わらせた

⑩ 2つの異なる絶滅について示唆している新たなデータは，別の新しい研究結果と結びつく。プリンストン大学のゲルタ・ケラー氏と彼女のチームは，白亜紀末期に生息していたベンガル湾の微化石を研究した。微化石が**保存**されていた海底堆積物には，インドの大量の溶岩流からできた玄武岩が交互に挟まっている。種のおよそ半分は，隕石の衝突よりずっと前の，最初の火山噴火の間に絶滅した。しかしながら，ここでは，火山活動の影響を受けたのは水面に生息する有機体だった。

⑪ 絶滅の原因となったさまざまな要因に対するこの事例が意味をもってくる，とカリフォルニアにあるサンディエゴ州立大学を最近退職した脊椎動物古生物学者デイビッド・アーチボルド氏は言う。彼はどちらの研究にも関与していなかった。「隕石の衝突が**大した**影響を与えなかったとは言いません。おそらく絶滅には必要な要因だったのでしょう。しかし，この結果をもたらしたものは他にもあったのです」とアーチボルド氏は言う。

☑	**tremendous** [triméndəs]	*adj.* ばく大な，広大な；すさまじい　（≒ huge, enormous, vast）
	派 **treméndously**	*adv.* 非常に，とても；すさまじく
₁₀₁₁ ☑	**lead up to ～**	～という結果をもたらす

🖊 語句・表現

- ☐ *l.1*　tie in with ～「～と結びつく」
- ☐ *l.8*　surface-dwelling「水面に生息する」
- ☐ *l.8*　organism「有機体」
- ☐ *l.10*　add up「意味を成す，つじつまが合う」
- ☐ *l.11*　vertebrate「脊椎動物」（⇔ invertebrate）
- ☐ *l.11*　palaeontologist「古生物学者」

❓Quiz

- ☐ 1　What is another possible cause of the mass extinction of the dinosaurs other than the meteorite that crashed into the Yucatán Peninsula?
- ☐ 2　What was the key to proving the cause of the extinction?　▶ Answer は p.466

6

科学・テクノロジー◆Science/Technology

7 歴史・文化 ◆ History/Culture

39-1 The Woman Who Said "No" to War

1 ❶ The drums of war were sounding when, in March 1917, Jeannette Rankin arrived in Washington DC. As the first woman to serve in Congress, she was ready to fight for women's **suffrage**, against child labor, and for families nationwide. But war intervened — twice.

5 ❷ **Feisty** and free-thinking, Jeannette Rankin is scarcely the type of politician we have come to expect. But a century ago, when campaigns were waged by train and votes **tallied** by hand, Rankin embodied the **fierce** individualism that made Americans proud. Her election to Congress would have made history even had she not said "no" to war.

10 But **uncompromising** principle made her "America's conscience." ❸ Montana was still a territory when Rankin was born in Helena in 1880, the oldest of seven children. Her brother, Wellington, was the family favorite, being the only boy in the **brood**, but Jeannette took on any family **chore** her brother could.

1012 **suffrage** [sʌ́fridʒ]	*n.* 参政権, 選挙権 (the right to vote in an election) (≒ franchise)；投票 ※アメリカでは特に女性の選挙権に関して用いられる。 *cf.* women's suffrage	
1013 **feisty** [fáisti]	*adj.* 元気のいい, 気骨のある, 積極的な (forceful, active, and full of determination) (≒ spirited)；気取った, 生意気な (showing or having a lively aggressiveness)	
1014 **tally** [tǽli]	*vt.* (投票など)を集計する, を数え上げる (to count or calculate sth) *n.* 投票の集計；勘定；割り符 *cf.* tally mark (タリーマーク)(票などを集計する時に縦4本, 横1本の棒の組み合わせで数を確認するためのマーク。日本の「正」の字のような役割。)	
1015 **fierce** [fíərs]	*adj.* 激しい, すさまじい (furiously eager or intense)；どう猛な, 凶暴な (violently hostile or aggressive in disposition)	
派 **fiercely**	*adv.* 激しく；どう猛に	
≒ **ferocious**	*adj.* どう猛な, 凶暴な, 残忍な；すごい	

39-1　戦争に No と言った女性

❶ 戦争へと突き進むドラムの音が鳴り響いていた頃，1917年3月，ジャネット・ランキンはワシントンに到着した。女性初の連邦議会議員として，彼女は女性の参政権のため，児童労働に反対するため，そして全米の家族のために戦うつもりだった。しかし，それは戦争によって妨害された。それも2度も。

❷ 威勢のいい，自由な発想のジャネット・ランキンは，私たちが想像するような政治家からは程遠い人物である。しかし1世紀前，選挙活動が列車を使って行われ，票が手作業で集計されていた頃に，彼女はアメリカ人が誇りに思うようなすさまじい個人主義を体現した。彼女が連邦議会に当選したことは，彼女が戦争に「反対」しなかったとしても，歴史的なことだっただろう。しかし，妥協のない信念により，彼女は「アメリカの良心」になった。

❸ モンタナがまだ準州だった頃，ランキンは1880年にヘレナ市で，7人兄弟の一番上として生まれた。彼女の弟，ウェリントンは一家の子どもたちの中で唯一の男の子だったので，家族に寵愛されている子だった。しかし，ジャネットは，弟ができるどんな家事も引き受けた。

1016 uncompromising *adj.* 妥協しない，不屈の (unwilling to change your opinions or behavior) (≒ inflexible)；非常に熱心な，強硬な
[ʌ̀nkámprəmaiziŋ]

派 **uncómpromisingly** *adv.* 強硬な態度で

1017 brood *n.* (一家の) 子供たち (the children of a family)；ひと孵りのヒナ；種族，品種　*vi.* (鳥が) 卵を抱く；思案する　*vt.* (卵) を抱く；をじっと考えこむ
[brúːd]

1018 chore *n.* (炊事・洗濯など) 毎日決まって行う作業，面倒な〔退屈な・つまらない〕雑用；(家庭内や農場での) 作業 (the regular light task of a household or farm)　*cf.* family chores (家事)
[tʃɔ́ːr]

語句・表現

- *l.7*　wage ~「~を行う，~をする」
- *l.9*　make history「歴史に残るようなことをする」

39-2 The Woman Who Said "No" to War

1 (**❸続き**) Montana, with its sawtooth mountains and vast **prairies**, did much to shape her, yet she had a lifelong love/hate affair with the state. "Go! Go! Go!" she wrote in an early journal. "It makes no difference where just so you go! Go! Go! Remember at the first opportunity, go!"

5 ❹ She never stopped going. All her life she would pack up and move, travel, investigate, move again.

❺ Teaching — her mother's profession — **frustrated** her. Admiring Jane Addams' Hull House, Rankin worked in a similar settlement house but "couldn't take" the poverty. During America's Progressive Era

10 (1900-1915), causes called. Child welfare. Women's suffrage. Urban reform. Rankin worked for all but with Europe plunged into war, she **was drawn to** the oldest cause of all — peace. Then in 1915, when Montana gave women the vote for all offices except president, her path was cleared to Congress.

15 ❻ She ran a **dazzling** campaign. Though branded "**brazen**" and "unladylike," she spoke all over the enormous state. The Montana Republican party wanted her off their ticket but her rallies grew.

1019 ☐ **prairie** [préəri]	*n.*	大草原, プレーリー (a wide area of flat land in northern America and Canada without many trees and originally covered with grass)；草地, 牧草地
1020 ☐ **frustrate** [frʌ́streit]	*vt.*	に欲求不満を起こさせる, をイライラさせる；を失望させる (to make sb feel annoyed, impatient or disappointed because they cannot do or achieve what they want)；(目的や希望など)をくじく, を挫折させる (to make plans or efforts worthless)
派 **frustrátion**	*n.*	欲求不満, フラストレーション (a feeling of anger or disappointment because you cannot get what you want)
1021 ☐ **be drawn to ～**		～に引き込まれる, ～に興味を惹かれる (to be attracted to sb or sth)

39-2 戦争に No と言った女性

（❸続き）のこぎり歯のような形をした山々と広大な大草原のあるモンタナの影響を大いに受けて，彼女は成長した。しかし彼女はモンタナ州に対して生涯にわたって愛着あるいは憎悪を持ち続けた。「行こう！行こう！行こう！」彼女は初期の日記に書いた。「どこに行っても違いはない！だから行こう！行こう！最初の機会で忘れず，進め！」

❹ ランキンは進むことを止めなかった。彼女は生涯，荷物をまとめては移動し，旅をし，調査し，再び移動したものだった。

❺ 教師という職業（彼女の母親の職業）は彼女を失望させた。ジェーン・アダムズのハル・ハウスに敬服して，ランキンは同様のセツルメントハウスで働いたが，貧困を「受け入れることはできなかった」。アメリカの進歩主義時代（1900-1915）に，複数の運動が起こった。児童福祉，女性の参政権，都市改革（のための運動）。ランキンはこれらすべてに関わったが，ヨーロッパが戦争に突入したため，彼女はあらゆる物の中でも最も古い運動，つまり平和運動に引き込まれた。その後，1915年にモンタナ州が大統領を除くすべての公職に対する投票権を女性に与え，彼女の連邦議会への道は開けた。

❻ ランキンは見事な選挙運動を実施した。彼女は「図々しい」，「女性らしくない」という烙印を押されたが，広い州の至る所で演説した。モンタナ共和党はランキンを公認候補者から外そうとしたが，彼女の集会は大きくなった。

1022	**dazzling** [dǽzliŋ]	*adj.* 見事な，魅力的な（brilliantly bright and impressive）；目もくらむど明るい（≒ blinding）
派	**dázzlingly**	*adv.* 目もくらむほど，まばゆいほどに
1023	**brazen** [bréizn]	*adj.* 図々しい，厚かましい（marked by shameless or disrespectful boldness）（≒ shameless）；真鍮製の *vt.* に図々しく立ち向かう，を厚かましくも押し通す

🖊 語句・表現

- □ *l.8*　Hull House「ハル・ハウス」ジェーン・アダムズが設立したセツルメントハウス施設（＝隣保館，社会福祉施設）のこと。恵まれない地域にある施設で，社会奉仕を提供する。セツルメントとは，貧しい人が多く住む区域に定住し，住民と親しく触れ合ってその生活の向上に努める社会運動。

- □ *l.17*　ticket「《米》公認候補者」run for governor on the Republican ticket は「共和党の公認候補として知事選に出馬する」の意になる。

39-3 The Woman Who Said "No" to War

1 (❻続き) One, she recalled, "drew more people than the Missoula theater could hold, despite a wet snowstorm." Come November, she came in second. But Montana's "at large" system gave seats to the top two vote getters. By a **margin** of 7,567 votes, Jeannette Rankin, a
5 **straight-laced** woman in a flowered hat, went to Washington, DC.
❼ Five days after she arrived, President Woodrow Wilson addressed Congress, calling for US entry into The Great War. **Rancorous** debate followed. Fifty other Congressmen voted "no," but it was the Congresswoman's vote that stood out. "I wish to stand for my country," she said,
10 "but I cannot vote for war." Later she said, "I felt the first time the first woman had a chance to say no to war, she should do it." One Montana paper denounced her "fit of female hysteria," but another said, "We hold Miss Rankin wholly **sincere** in her vote and this should relieve her of any unnecessarily harsh criticism."
15 ❽ Montanans cherished independence but Anaconda Copper was not happy with Rankin's support for a **mining** strike. To defeat her, the state legislature divided Montana into two Congressional districts, east and west. Rankin, having no chance of winning in either, ran for Senate in 1918. Her loss began a twenty-year exile.

1024 ☐	**margin** [mɑ́ːrdʒin]	*n.* (2つの数量や程度の) 差, 違い (a degree of difference), 得票差 *cf.* by a narrow margin (僅差で, かろうじて) ; ページの余白, 欄外 ; 利益
1025 ☐	**straight-laced, strait-laced**	*adj.* お堅い, (倫理的に) 厳格な, (限度を超えて) 道徳的な (excessively strict in morals, manners or opinion) ※昔体型をスリムに見せるためにコルセットのひも (lace) をきつく締めあげたことから, 「厳格すぎる」ことを比喩的にこう呼んだ。
1026 ☐	**rancorous** [rǽŋkərəs]	*adj.* 憎悪に満ちた, 深い恨みのこもった (full of bitter, deep resentment or ill will)
	派 **ráncor**	*n.* 深い恨み, 怨恨, 悪意

39-3　戦争に No と言った女性

(❻続き) ある集会では「ミズーラ劇場の収容人数を超える人数を集めたのよ。湿った吹雪だったというのに」と彼女は思い出を語った。11月には, 彼女は2位になった。モンタナの「全州を代表する」システムでは, 上位2名の得票者に議席が与えられた。7,567票差で, 花柄の帽子をかぶった堅物の女性, ジャネット・ランキンはワシントンに進出した。

❼ ランキンが到着してから5日後, ウッドロー・ウィルソン大統領は連邦議会で演説し, アメリカが第一次世界大戦へ参加するよう求めた。それに続いて, 憎悪に満ちた議論が起こった。他にも50人の下院議員が「反対票」を投じたが, その下院女性議員 (すなわちランキン) の反対票だけが際立った。「国のために戦うことを望んでいるが, 戦争に賛成票を投じることはできない」と彼女は言った。「女性初の議員が戦争反対を口にできる最初の機会だったのですから, それを実行するべきだと思ったのです」と彼女は後に語った。あるモンタナの新聞では「ヒステリー女の気まぐれだ」とランキンを非難したが, 別の新聞では「私たちはランキン氏の投票から, 彼女が本当に誠実だと考える。このことによってランキン氏が不要なひどい批判から解放されるはずだ」と書いた。

❽ モンタナの人々は独立性を大事にしていたが, アナコンダ・カッパーは, ランキンが鉱業のストライキを支援していたことに不満を持っていた。ランキンを打ち負かすために, 州議会はモンタナの下院選挙区を東と西の2つに分割した。どちらの選挙区でも勝つ見込みがなかったため, ランキンは, 1918年に上院に立候補した。彼女は敗北し, 20年間連邦議会から離れることとなった。

1027 ☐	**sincere** [sinsíər]	*adj.* 誠実な, 正直な (saying only what you really think or feel) (≒ heartfelt, honest);本当の, 嘘偽りのない (≒ genuine, pure)
派	**sincérity**	*n.* 誠実さ
1028 ☐	**mining** [máiniŋ]	*n.* 〈形容詞的に〉鉱業の, 鉱山の;鉱業, 採鉱, 採掘 (the industry or activity of removing coal and other substances from the earth by digging);地雷の敷設

7

歴史・文化 ◆ History/Culture

✍ **語句・表現**

☐ *l.2*　Come November, ...「11月になると…, 11月には…」Come next year, ... (来年には…), Come next day... (翌日には…) のように使われる。

39-4 The Woman Who Said "No" to War

1 ❾ Reading Thoreau, she lived in a small Georgia **cabin** without water or electricity. She helped Jane Addams start the Women's International League for Peace and Freedom. But for two decades, she longed for another shot at Congress. And in 1940, still a Republican, now an

5 **avowed pacifist**, she was elected again.

❿ She knew her second term would not be "thrilling like the last time," but she saw a **parallel**. Throughout the summer of 1941, another war was looming. If Congress voted again, all eyes would be on her. "I didn't let anybody approach me," she recalled. "I just drove around

10 Washington and got madder and madder because there were soldiers everywhere I went." Then — Pearl Harbor.

⓫ On December 8, 1941, FDR spoke of America's "**rendezvous** with destiny." With American battleships in flames, there was no peace bloc as in 1917. Every Congressman voted for war — except one. When

15 her name came in the **roll call**, Rankin softly said "no." **Hisses** erupted. Reporters followed her from the **chamber**, cornering her in a cloak room.

1029 ☐ **cabin** [kǽbin]	*n.* (木製の)小屋, (粗末な)山小屋(a small, simple house made of wood) ; (船舶・航空機などの)客室, キャビン
1030 ☐ **avowed** [əváud]	*adj.* 公認の, 公然の (that has been stated or admitted in public) (≒ acknowledged, professed)
1031 ☐ **pacifist** [pǽsəfist]	*n.* (戦争や暴力を否定する) 平和主義者, 無抵抗主義者 (sb who is opposed to war or violence as a means of settling disputes) *cf.* Gandhian pacifist (ガンジーのような非暴力無抵抗主義者)
派 **pácifism**	*n.* (戦争や暴力を否定する) 平和主義, 無抵抗主義
1032 ☐ **parallel** [pǽrəlèl]	*n.* 類似点 (sth, sb or an event that is very similar to another, especially one in a different place or time) (≒ equivalent) ; 平行線 ; 緯度 (線) ; 〈電気〉並列 *adj* 平行の ; 類似した, *vt.* と並行する ; に類似する ; に匹敵する

39-4 戦争に No と言った女性

❾ ランキンは水も電気もない小さなジョージアの小屋で，ソローを読みながら暮らしていた。彼女は，ジェーン・アダムズが婦人国際平和自由連盟を立ち上げる手伝いをした。しかし，20年の間，彼女は連邦議会に再選するチャンスを切望していた。そして1940年，当時も共和党員であり，その時公認の平和主義者となっていたランキンは (連邦議会下院に) 再選した。

❿ ランキンは自身の2期目が「前回のようにスリリング」ではないとわかっていたが，類似点が目に入ってきた。1941年の夏の間ずっと，別の戦争が迫っていたのだ。議会が再び投票を行ったら，彼女は大いに注目されただろう。「私は，誰も自分に近寄らせないようにしました」と彼女は思い起こした。「ワシントンを車で走っただけで，だんだん腹が立ってきたのです。どこに行っても兵士がいたから。」そして，真珠湾攻撃が起こった。

⓫ 1941年12月8日，フランクリン・ルーズベルトはアメリカによる「運命とのランデブー」を宣言した。アメリカの戦艦が炎上したため，1917年のように平和を支持する議員連合ができなかった。全議員が戦争に賛成票を投じた，ただし1人を除いて。点呼投票でランキンの名前が呼ばれた時，ランキンはそっと「反対です」と言った。シッという非難の声が噴出した。記者たちは会議場から彼女についていき，クローク室に追い詰めた。

1033 ☑ **rendezvous** [ráːndəvùː]	*n.* 会合, 待ち合わせ, デート, 出会い, ランデブー；(軍隊・艦隊の) 集結 (an arrangement to meet sb at the particular time and place)
1034 ☑ **roll call**	点呼投票 ((especially in the U.S. Congress) a voting process, in which legislators are called on by name and allowed either to cast their vote or to abstain)
1035 ☑ **hiss** [hís]	*n.* シッ〔シーッ〕という声 (a sound to show disapproval of sb or sth, especially an actor or a speaker)
1036 ☑ **chamber** [tʃéimbər]	*n.* (立法・司法機関の) 会議場；裁判官室 (the meeting hall used for a legislative or other assembly)；評議会

🖉 語句・表現

☐ *l.1*　Thoreau：Henry David Thoreau (1817-1862) 米国の著述家, 思想家。

39-5 The Woman Who Said "No" to War

1 (⓫続き) The press **blasted** her. Letters called her a "Judas" and a "yellow-livered publicity-seeking **disgrace** to woman kind."

⓬ Rankin refused to apologize. "Everyone knew that I was opposed to the war, and they elected me," she said. "I voted as the mothers would 5 have had me vote."

⓭ Knowing her "no" had ended her political career, she did not run for re-election. She returned to her **reclusive** life, speaking occasionally, traveling widely. Then, all but forgotten, she inspired another generation of pacifists.

10 ⓮ In 1968, at the age of 88, she led 5,000 **black-clad** women, the Jeannette Rankin Peace Brigade, in a march protesting the Vietnam War. "If we had 10,000 women willing to go to prison if necessary," she said, "that would end it."

⓯ Jeannette Rankin died in 1973. Wars have come and gone, some 15 "good," some senseless, all devastating. But courage, too, comes in many forms. And the US Capitol Building now hosts a statue of a straight-laced woman in a flowered hat. Etched in the **pedestal** are the words — "I cannot vote for war." (*American Heritage*, 879 words)

1037 ☐ **blast** [blǽst]	*vt.* を激しく非難する，をこき下ろす（to criticize sb/sth very strongly）　*n.* 爆発；突風
1038 ☐ **disgrace** [disgréis]	*n.* 不名誉，恥辱（the loss of other people's respect and approval because of the bad behavior of sb）（≒ shame, dishonor）
1039 ☐ **reclusive** [riklúsiv]	*adj.* 隠遁した，社会から離脱した（living alone and avoiding other people）（≒ isolated）（⇔ sociable）；人里離れた；引きこもりがちな
派 **récluse** ⇔ **gregárious**	*n.* （宗教的理由などによる）隠遁者，世捨て人 *adj.* 社交的な，集団を好む；（動植物が）群生する

39-5　戦争に No と言った女性

(⑪続き) 報道機関は彼女を激しく非難した。彼女のことを「ユダ」だとか,「臆病で名前を売りたいだけの,女性の恥だ」とまで言った。

⑫ ランキンは謝罪を拒否した。「(有権者の) 皆さんは私は戦争に反対であることを承知の上で私を選出したのです」と彼女は言った。「私が (反対票を) 投票したのは,母親たちなら私にそのように投票させるだろうからです。」

⑬ 自分が「反対」を投じたことで,自身の政治的キャリアが終わったことを悟り,彼女は再選を目指して立候補しなかった。彼女は隠遁生活に戻り,時折講演を行ない,いろいろなところに旅行した。その後,ほとんど忘れられていたが,ランキンは次の世代の平和主義者に影響を与えた。

⑭ 1968年,88歳で彼女は,ベトナム戦争に抗議する行進で,ジャネット・ランキン平和旅団という 5,000人の黒装束の女性たちを率いた。「必要なら喜んで刑務所に行く 10,000人の女性がいたら,戦争を終わらせることができるだろう」と彼女は言った。

⑮ ジャネット・ランキンは1973年に亡くなった。戦争は起こっては,終わり,「大儀のある」ものや,無意味なものもあったが,すべてが悲惨なものであった。しかし,勇気も多くの形で現れる。そして現在,米国連邦議会議事堂には,花柄の帽子をかぶった,堅物の女性の像がある。台座にはあの言葉が刻まれている。「戦争に賛成票を投じることはできません。」

1040 ☐	**black-clad** [blǽkklǽd]	*adj.* 黒装束の, 黒づくめの (dressed in black) ※ -clad で「～で覆われた」の意味を表す形容詞を作る。
1041 ☐	**pedestal** [pédistəl]	*n.* (胸像・柱などの) 台座(an architectural support for a statue, column, vase, etc.) ; 基礎　*vt.* を台座に載せる

🖉 語句・表現

☐ *l.14* come and go「始まったりやんだりする」

❓ Quiz

☐ 1　What were the two occasions when Congresswoman Jeannette Rankin voted "No" to the U.S. entry into war?

☐ 2　What did Jeannette Rankin do in later life that inspired another generation of peace-loving women?
　　　　　　　　　　　　　　　　　▶ Answer は p.467

7

歴史・文化 ◆ History/Culture

700　　　800　　　900　　　1000　　　1100 words done!!

7 歴史・文化 ◆ History/Culture

40-1 Amelia Earhart: An enduring mystery

1 ❶ On July 2, 1937, a Lockheed Electra 10E plane piloted by Amelia Earhart, accompanied by veteran navigator Fred Noonan, disappeared shortly before it was scheduled to arrive at Howland Island, located in **pristine** Pacific waters 1,956 miles southwest of Honolulu. The plane
5 had departed from Lae, New Guinea, on one of the final legs of Earhart's attempt to be the first female pilot to circumnavigate the globe. At the **apex** of her groundbreaking career, Earhart had already achieved international **stardom** for her **intrepid** feats, among them being the first woman to fly solo across the Atlantic.
10 ❷ **By all accounts**, Earhart's plane had failed to establish two-way radio communication with the US Coast Guard Cutter Itasca, which was waiting **in the vicinity of** the island to help guide the Electra in for landing. Although the ship was able to receive voice transmissions from Earhart, her increasingly frantic broadcasts indicated she wasn't
15 receiving any voice transmissions coming from the ship.

1042 ☐	**pristine** [prísti:n]	*adj.* （文明などに）汚されていない，手つかずの（not spoiled, polluted or corrupted）（≒ pure, virgin）；原始の，初期の；新品同様の（fresh and clean as if new）
1043 ☐	**apex** [éipeks]	*n.* 全盛期，絶頂期，最高潮（the highest point or most successful part of sth）（≒ culmination, zenith）；頂点
	派 **ápical**	*adj.* 頂点の，頂上の
1044 ☐	**stardom** [stá:rdəm]	*n.* スターの地位，スターの座（the position or status of a star）

40-1　アメリア・イアハート：今なお続く謎

❶ 1937年7月2日，アメリア・イアハートが操縦する飛行機，ロッキード・エレクトラ10E機が，ベテラン航空士であるフレッド・ヌーナンとともに消息を絶った。ホノルルの南西1,956マイルのところにある，手つかずの太平洋水域にあるハウランド島に到着予定直前のことだった。その飛行機は，ニューギニアのラエを飛び立ったところで，地球を一周した最初の女性パイロットになるというイアハートの試みの最終段階の飛行の途中だった。イアハートは革新的なキャリアの全盛期に，その大胆な偉業によりすでに世界的なスターの地位を獲得していた。その偉業の中には，大西洋を単独飛行した最初の女性というものもあった。

❷ 皆の話ではどうやら，イアハートの飛行機は，米国沿岸警備隊の巡視船イタスカとの双方向無線通信の確立に失敗していた。イタスカは，エレクトラ機の着陸の誘導支援のために，島の周辺で待機していた。船の方ではイアハートからの音声通信を受信できていたが，イアハートの音声がだんだん半狂乱になっていたことから，彼女の方では船からの音声通信を受信していないことがはっきりしていた。

1045	**intrepid** [intrépid]	*adj.* 大胆な，勇敢な（extremely brave and showing fearlessness, fortitude and endurance）(≒ brave)
派	**intrépidly**	*adv.* 勇敢に，大胆不敵に，恐れずに
1046	**by all accounts**	誰から聞いても，皆の話からすると，どうやら（according to the information that are available or from what people are saying）
1047	**in the vicinity of ～**	～の近くに，～の周辺で（in the area that is close to the place）

語句・表現

- *l.5*　leg「（旅行などの全工程の中の）一工程，一区切り」
- *l.6*　circumnavigate ～「～を一周する，～を周航する」
- *l.9*　fly solo「単独飛行する」
- *l.14*　frantic「半狂乱の，大慌ての」

7 歴史・文化◆History/Culture

40-2 Amelia Earhart: An enduring mystery

1 ❸ After the plane failed to reach its destination, the U.S. Navy launched a massive search, scouring the area for any signs of the missing Electra or its occupants. Unable to find anything after more than two arduous weeks, the Navy called off the search. Their official
5 conclusion: Earhart and Noonan had become disoriented and missed the island, after which the plane had run out of gas and plunged into the ocean.

❹ News of Earhart's inexplicable disappearance stunned family members, friends, and fans. They couldn't believe that someone with
10 her experience and zest for life had simply vanished. Earhart's husband, publisher Charles Putnam, refused to accept the Navy's conclusion. He was convinced his wife had set the plane down on land or ditched it in the ocean near another island and swam ashore with the navigator. There were, in fact, some tantalizing morsels of
15 evidence to support his belief. Radio operators across the Pacific and the U.S. had reported receiving signals they thought could be from Earhart's plane.

1048 scour [skáuər]	vt. （場所）を捜し回る（to search a place or thing thoroughly in order to find sth or sb）
1049 arduous [á:rdʒuəs]	adj. 困難な，多大な努力を要する（needing a great effort and energy）（≒ backbreaking）；耐えがたい
≒ strénuous	adj.（仕事・行為などが）奮闘を要する；熱心な
1050 disoriented [disɔ́:rièntid]	adj. 頭が混乱している，うろたえて，方向がわからなくなっている（confused and not knowing where to go or what to do）
派 disórient	vt.（方向感覚）を失わせる（to cause to lose the bearing）；（分別）を失わせる，を混乱させる（≒ confound）
1051 inexplicable [ìneksplíkəbl]	adj. 不可解な，説明のできない（unable to be understood or explained）（≒ unexplainable）

40-2　アメリア・イアハート：今なお続く謎

❸ 飛行機が目的地へ到着しなかったため，米海軍は大規模な捜索を開始し，その
エリアで行方不明のエレクトラ機またはその乗員の形跡を捜し回った。海軍は2
週間以上も困難な捜索を行ったが，何も発見できなかったため，捜索を中止した。
海軍の公式の結論は，イアハートとヌーナンは方向がわからなくなって島を見逃
し，その後，飛行機は燃料を使い果たして海に墜落したというものだった。

❹ イアハートの不可解な失踪のニュースは，家族，友人，ファンを茫然とさせた。
誰もが，彼女ほどの経験と人生への熱意を持った人が，あっさりと消えたとは信
じられなかった。イアハートの夫で出版業界人のチャールズ・パトナムは，海軍
の結論を受け入れようとしなかった。彼は，妻が地上に着陸したか，または別の
島の近くの水上に不時着させ，航空士とともに，海岸まで泳ぎ着いたに違いない
と確信した。実際，彼の信念を裏付ける証拠となるいくつかの興味をそそる小片
があった。太平洋および米国全域の無線通信者が，イアハートの飛行機から発信
されたと思われる信号を受信したと報告した。

1052 ☐	**stun** [stʌ́n]	*vt.* を茫然〔唖然〕とさせる (to shock sb so much that they cannot think clearly or speak)；を気絶させる
	派 **stúnningly**	*adv.* (美しさなどが)驚くほど，ドキッとするほど
1053 ☐	**zest** [zést]	*n.* 熱意，強い興味 (enthusiasm, interest and eagerness)；(風味を添えるための)柑橘類の皮
1054 ☐	**ditch** [dítʃ]	*vt.* 〈口語〉(飛行機など)を水上に不時着させる；〈俗語〉を見捨てて逃げる；(恋人など)を振る　*n.* 溝，排水溝，水路
1055 ☐	**morsel** [mɔ́rsəl]	*n.* 一片，小片 (a very small piece of sth) (≒ fragment)；一口分；少量

7

歴史・文化 ◆History/Culture

700　　800　　900　　1000　　1100 words done!!

40-3 Amelia Earhart: An enduring mystery

1 **❺** While many of the reports proved to be hoaxes, others were verified as authentic, though the transmissions were too weak or distorted to be intelligible. Putnam thought it stood to reason if the plane were submerged in the ocean, it would be impossible to send out radio
5 signals, since the batteries would have been irreparably damaged. He decided to organize his own search, sending boats to investigate islands both in the proximity of Howland and as far away as the Marshall Islands, 800 miles northwest. Unfortunately, these efforts produced the same results as the earlier search, turning up nothing.
10 **❻** Over the years, Earhart's disappearance has spawned a multitude of theories among a wide variety of people, from respected journalists, historians, and archaeologists, to less credible adventurers, conspiracists, and even psychics. Some contended that Earhart and Noonan survived for a while on one of the islands before perishing
15 from starvation or the elements.

1056 ☐ **hoax** [hóuks]	*n.* （人をだますための）作り話，でっち上げ（sth established or accepted by fraud or fabrication）
1057 ☐ **it stands to reason**	道理に適う，理屈に合う，筋が通る（to be a reasonable or logical conclusion）
1058 ☐ **submerge** [səbmə́:rdʒ]	*vt.* を水中に沈める；(感情や秘密など) を隠す *vi.* 沈没する，(水中に) 沈む；(潜水艦などが) 潜水する
派 **submérsible**	*adj.* 水中に沈め得る，潜水 (潜航) 可能な
1059 ☐ **irreparably** [irépərəbli]	*adv.* 回復不能に，(損傷などが) 修理不可能なほど，取り返しがつかないほど（in a way that is too bad or too serious to repair or put right）

40-3　アメリア・イアハート：今なお続く謎

❺ 報告の多くは捏造であることが判明したが，本物であると実証されたもので
も，その通信は弱すぎたり歪んだりして理解不能だった。パトナムは，飛行機が
海に水没した場合，バッテリーが回復できないほど損傷を受けるため，無線信号
の送信が不可能なのは当然だと考えた。彼は，自分自身で捜索を実施することを
決め，ハウランド島周辺と，遠く800マイル北西にあるマーシャル諸島までを調
査するために，船を送った。残念ながら，これらの努力はこれに先立つ捜索と同
じ結果となり，何も見つかることはなかった。

❻ 長年にわたり，イアハートの失踪から，多種多様な人々によって多数の説が生
み出されてきた。評判の高いジャーナリスト，歴史家，考古学者から，信頼性の低
い冒険家，陰謀説を唱える人，さらには超能力者といったような人々によるもの
だ。イアハートとヌーナンがどこかの島でしばらく生き延びた後，飢えか何かで
死を遂げたと主張する人もいた。

1060 ☑ **proximity** [prɑksíməti]	*n.* 付近，（時間・空間・関係の）近接，近いこと（the state of being near in space or time）	
派 **próximate**	*adj.* 近接した，差し迫った	
1061 ☑ **spawn** [spɔ́:n]	*vt.* を大量に引き起こす，を大量に生じる，を大量に生み出す（to make series of things happen or start to exist）；（魚・カエルなどが）（卵）を産む *n.* 子孫；（水生生物の）卵	
1062 ☑ **a multitude of ~**	数々の~，大量の~，大勢の~ （a large number of ~）	
1063 ☑ **psychic** [sáikik]	*n.* 超能力者，霊能者（a person who is allegedly sensitive to psychic forces）（≒ medium） *adj.* 超能力を持った，超自然的な	

7

歴史・文化 ◆ History/Culture

40-4 Amelia Earhart: An enduring mystery

1 (❻続き) A more far-fetched theory suggested Earhart and Noonan had been captured by the Japanese after **inadvertently veering** into — or purposely spying on — Japanese-controlled territory.

❼ Yet another theory **sprang up** that Earhart had not only survived,
5 but was living in the U.S. under another name. The one feature most of these theories shared was a **paucity** of **viable** evidence. The Japanese capture theory, for one, was **discredited** by a Japanese blogger, who proved that a photo purportedly showing Earhart and Noonan with a Japanese ship in the background had been published some years
10 before their disappearance.

❽ Nevertheless, interest in the mystery has persisted, with new theories **cropping up** every so often and repeated searches taking place from time to time. One of the more enduring theories is that Earhart landed the plane on or near Nikumaroro (formerly Gardner)
15 Island, 360 miles southeast of Howland.

1064 **inadvertently** [ìnədvə́ːrtəntli]	*adv.* 不注意に, うかつにも, 意図せずに (without knowledge or intent) (≒ unintentionally)
派 **inadvértent**	*adj.* 不注意な, うっかりした；故意でない
1065 **veer** [víər]	*vi.* 進行方向を変える (to change direction or course)；(話題が) 変わる (≒ digress) *n.* 方向〔進路〕転換
1066 **spring up**	飛び出す, 突然現れる (to appear or develop suddenly and quickly)；跳ね上がる；(疑惑などが) 生じる
1067 **paucity** [pɔ́ːsəti]	*n.* 少量, 少数, 不足, 少なさ (a small amount or less than enough of sth) (≒ insufficiency) (⇔ abundance)

40-4 アメリア・イアハート：今なお続く謎

（**⑥**続き）イアハートとヌーナンが不注意で向きを変え日本の統治領に入ってしまったか，あるいはそこで故意にスパイ活動をして，日本人に捕らえられたという，もっとありそうもない説もあった。

⑦ さらに，イアハートが生存しているだけでなく，別の名前で，米国で暮らしているという説も飛び出した。これらの説のほとんどに共通している特徴は，見込みのある証拠が不足していることだ。一例として，日本に捕らえられたとする説は，日本のブロガーによって信頼できないことが示された。そのブロガーは，日本の船を背景にしたイアハートとヌーナンであるとされる写真が，失踪の数年前に公開されたものであったことを証明した。

⑧ それにもかかわらず，謎に対する関心は続いており，新しい説が時折不意に現れては，時折捜索が繰り返し行われている。根強い説の1つに，イアハートがハウランド島の南東360マイルにあるニクマロロ（旧ガードナー）島，またはその近くに飛行機を着陸させたというものがある。

1068 ☑	**viable** [váiəbl]	*adj.* 見込みのある，実現〔実行〕可能な（that can be done; feasible; capable of working successfully）；生存能力のある
	派 **viabílity**	*n.* （計画などの）実行可能性；生存能力
1069 ☑	**discredit** [diskrédit]	*vt.* を信頼できないものとする；の評判を落とす *n.* 不信，疑惑；不名誉（≒ dishonor）
1070 ☑	**crop up**	不意に〔突然〕現れる，（話が）突然持ち上がる（to come or appear unexpectedly）

7

歴史・文化 ◆ History/Culture

🖉 語句・表現

☐ *l.7* blogger「ブロガー」ブログの執筆をする人。

40-5 Amelia Earhart: An enduring mystery

1　(❽ 続き) Some of the radio signals detected after Earhart's disappearance had been **pinpointed** to that location.　Also, a Navy search plane had reported evidence of recent human habitation on the island, but had given up the search, unable to locate any people, the plane, or
5　**wreckage**.　Human bones were found on the island some years later, and a photo exists showing what could be the Electra's landing gear sticking up through the surf.

❾ It is this evidence that **spurred** explorer Robert Ballard, famous for locating the Titanic, to launch yet another expedition to Nikumaroro in
10　August 2019, in hopes of finally solving the mystery.　With *National Geographic Partners* and the *National Geographic Society* **picking up the bill** for his **state-of-the-art** search equipment, Ballard promises once and for all to answer the question of whether Nikumaroro was Amelia Earhart's final resting place.

15　❿ Update:　Robert Ballard's exploration of the waters around Nikumaroro concluded without finding any evidence of Earhart's plane.　He reminded his crew that it took him four attempts to find the Titanic, and promised to return to the area, pending DNA test results for human bone fragments found on the island.　　(Original, 810 words)

1071 ☑	**pinpoint** [pínpòint]	*vt.* (位置など)を正確に示す (to locate the exact position)； (的など)を正確に狙う　*n.* ピンの先端
1072 ☑	**wreckage** [rékidʒ]	*n.* 残骸, 破片 (broken or separated parts of a badly damaged object)；難破船, 漂流物
1073 ☑	**spur** [spə́ːr]	*vt.* を駆り立てる, を激励する (to encourage sb or make him/her work harder or faster)　*n.* 拍車

40-5　アメリア・イアハート：今なお続く謎

（❽続き）イアハートの失踪後に検出された無線信号が，正確にその位置を示していた。また，海軍の捜索機がその島に人間が最近居住していた形跡があると報告したが，人，飛行機，または残骸を探し当てることができなかったため，捜索をあきらめた。数年後，その島で人骨が発見され，エレクトラ機の着陸装置が波から突き出しているように見える写真が現れている。

❾　この証拠こそが，タイタニック号の発見で有名な探検家ロバート・バラードを駆り立てた。この謎をついに解明するという期待のもと，バラード氏は2019年8月，ニクマロロ島へのまた新たな遠征に乗り出した。ナショナルジオグラフィック・パートナーズとナショナルジオグラフィック・ソサエティが最新鋭の探査機器の費用を負担し，ニクマロロ島がアメリア・イアハートの永眠の地となったのかという疑問に対し，バラード氏が最終的な答えを出すことを約束している。

❿　最新情報：ロバート・バラードのニクマロロ島の周辺水域の調査は，イアハートの飛行機の証拠を何も見つけることなく終了した。彼はタイタニック号を発見するのにも4回の試みが必要だったということを仲間たちに気づかせ，その島で発見された人骨の断片に関するDNAテストの結果を待つ間，再びその海域に戻ることを約束した。

1074 ☑	**pick up the bill**	支払いを負担する，勘定を持つ（to pay for sth）
1075 ☑	**state-of-the-art** [stéitəvðiáːrt]	*adj.*（技術の）最先端〔最新鋭〕の（very modern and using the most recent ideas and methods）

❓ Quiz

☐ 1　At the time of her disappearance, Amelia Earhart was already an international celebrity.　What was her most notable accomplishment, and what status was she trying to achieve on her final trip?

☐ 2　Many people have rejected the U.S. Navy's conclusion that Earhart's plane crashed into the ocean.　What is the most plausible alternative theory and what evidence supports it?

▶ Answer は p.467

7

歴史・文化 ◆ History/Culture

7 歴史・文化 ◆ History/Culture

41-1 Pets have gained the upper paw over their so-called owners

1　Humanity oppresses many wild and farmed animals.　But its pets **have it on a short leash**

❶ There is a range of theories about how *Homo sapiens* came to rule the planet.　Opposable thumbs, cranial size, **altruism** and cooking all
5　played a part, but central to the naked ape's success was its ability to dominate other species.　Bovids, equids and, in particular, canids, were put to work by *H. sapiens*; felids always took a slightly different view of the matter, but were indulged for their **rodent**-catching talents.

❷ As humanity has got richer, animals' roles have changed.　People
10　need their services less than before.　Fewer wolves and **bandits** meant less demand for dogs for protection; the internal-combustion engine made horses **redundant**; modern **sanitation** kept rats in check and made cats less useful.　No longer necessities, domestic animals became luxuries.　Pet-keeping seems to kick in *en masse* when household
15　incomes rise above roughly $5,000.　It is booming.

1076 ☐ **have ~ on a short leash**	～の自由を拘束する，～をがんじがらめにする (to maintain strict or tight control over sb or sth) (≒ on a tight leash)
參 **léash**	*n.* (犬などをつないでおく) 革ひも；拘束；(a leash で) 3匹〔頭〕一組　*cf.* on a leash (革ひもにつないで) *vt.* (動物) を鎖やひもでつなぐ；(人) を束縛する
1077 ☐ **altruism** [ǽltruìzm]	*n.* 利他主義 (willingness to do things that bring advantages to others, even if it results in disadvantage for yourself) (⇔ egoism)
1078 ☐ **rodent** [róudənt]	*n.* 齧歯動物 (a gnawing mammal with large sharp front teeth, such as a mouse or rat)
1079 ☐ **bandit** [bǽndit]	*n.* 山賊, 追いはぎ (an outlaw who attacks and steals from travelers and who is often a member of a group of criminals) (≒ footpad)；(銃を使った) 強盗；無法者

41-1 いわゆる飼い主よりもペットの方が優位に立っている

人類は多くの野生動物や家畜を虐げている。一方，ペットは人類をがんじがらめにしている

❶ どのようにして人類が地球を支配するようになったかについては，さまざまな説がある。母指対向性，頭蓋の大きさ，利他的行動，料理することのどれもが一役買ったのだが，裸の類人猿が成功する上で要となったのは，他の種を支配する能力だった。ウシ科の動物とウマ科の動物，そして特にイヌ科の動物は，ヒトによって仕事をさせられていた。ところが，ネコ科の動物からしてみると常に話が少し異なり，齧歯動物を捕まえる才能ゆえに甘やかされていた。

❷ 人類がより裕福になるにつれて，動物の役割は変化してきた。人間は以前ほど，動物の助けを必要としていない。オオカミや山賊の数が減少したということは，身を守るための犬の需要が減少したことを意味した。燃焼エンジン（※内燃機関）により馬は不要になった。近代の衛生設備がネズミ予防となり，ネコの有用性を低下させた。家畜はもはや必要不可欠なものではなくなり，ぜいたくなものとなった。世帯収入がおおよそ5000ドルを超えると，そろってペットの飼育を始めるようだ。ペットを飼うことがブームになっているのだ。

1080 ☐ **redundant** [ridʌ́ndnt]	*adj.* 余分な；不要になった；冗長な（unnecessary because it is more than is needed）（≒ excess） *cf.* make sb redundant（クビにする，解雇する） *n.* 余剰；冗長
派 **redúndancy**	*n.* 余分，冗長，人員過剰；余剰物，失業者
1081 ☐ **sanitation** [sæ̀nətéiʃən]	*n.* 衛生設備（the equipment and systems that keep places clean, especially by removing human waste），公衆衛生；下水（汚水）処理
派 **sánitary**	*adj.* 公衆衛生の，保健衛生上の；衛生的な，清潔な

🖉 語句・表現

- ☐ *l.4* opposable thumbs：陸生脊椎動物のうち，親指が他の四指と向かい合わせにできる配置になっていること。霊長類の共通する特徴の一つ。
- ☐ *l.14* kick in「始まる；作動し始める」
- ☐ *l.14* *en masse*「（人の行動が）そろって，一斉に」

7

歴史・文化 ◆ History/Culture

41-2 Pets have gained the upper paw over their so-called owners

1 ❸ The trend is not a new one. Archaeologists have found 10,000-year-old graves in which dogs and people are buried together. Some cultures — such as in Scandinavia, where canines have long been both working dogs and companions — have kept pets for millennia. But
5 these days the pet-keeping urge has spread even to parts of the world which have no tradition of snuggling up on a comfy chair with a furry creature.

❹ In parts of Asia where people used to regard the best place for man's best friend as not the sofa but the stewing-pot, along with some onions
10 and a pinch of seasoning, and where cats were made into tonics, norms are changing fast. The South Korean president, Moon Jae-in, has a rescue dog, and the mayor of Seoul has promised to shut down dog butchers. China, where dogs were once rounded up and slaughtered on the ground that keeping pets was bourgeois, has gone mad for
15 cutesy breeds like Pomeranians, whose wolfish ancestors would have swallowed them whole for elevenses. Traditionalists attending the annual dog-meat festival in Guangxi now find themselves under attack by packs of snarling animal-lovers.

1082 □ **canine** [kéinɑin]	*n.* イヌ（≒ dog），イヌ科の動物；（人間の）犬歯
参 **cánid**	*n.* イヌ科イヌ属の動物の総称
1083 □ **snuggle up**	心地よくもたれかかる，寄り添う（to put yourself into a warm and comfortable position especially close to sb for affection）
参 **snúggle**	*vi.* 〈snuggle down で〉気持ちよく横たわる
1084 □ **slaughter** [slɔ́:tər]	*vt.* を屠殺する（to kill animals in large number）；を畜殺する（≒ butcher）；を虐殺する
参 **mánslaughter**	*n.* 殺人（故殺と過失致死の双方を含む）

41-2 いわゆる飼い主よりもペットの方が優位に立っている

❸ この傾向は目新しいものではない。考古学者が，犬と人間が一緒に埋葬されている1万年前の墓を発見した。一部の文化では——例えばスカンジナビアでは，昔からイヌ科の動物は使役犬と仲間の両方を兼ねている——ペットを飼うようになって何千年にもなる。しかし近頃では，ペットを飼いたいという衝動は，楽ちんな椅子にふわふわした毛の動物と一緒に座り心地よくもたれかかる慣習などないような世界の地域にまで広がっている。

❹ 人がかつて人間の最良の友である犬にとって最適の場所はソファではなく，数個の玉ねぎとひとつまみの調味料を加えたシチュー鍋だと考えていたり，猫が強壮剤にされたりしていたようなアジアの地域では，規範が急速に変化している。韓国のムン・ジェイン大統領は保護犬を1匹飼っており，ソウル市長は犬肉店を閉鎖することを約束している。中国は，ペットを飼うことはブルジョア的であるという理由でかつては犬を集めて屠殺（とさつ）していたのだが，オオカミの性質をもつ先祖だったら午前11時頃にとる軽食にと丸飲みにしてしまっていたようなポメラニアンのようなかわい子ぶった品種に夢中になっている。広西チワン族自治区で毎年開催される犬肉祭に参加する伝統主義者たちは，今ではうなり声を上げる動物愛好家の集団から責め立てられている。

| 1085 ☑ **snarl**
[snάːɾl] | *vi.* （歯をむいて）うなり声を上げる（to show the teeth and make a deep angry noise in the throat）（≒ bark）；〈at 〜で〉（〜に）怒鳴る，（〜に）がみがみ言う　*vt.* を厳しい調子で〔うなるように〕言う；を混乱させる　*n.* うなり；ののしり |

7

歴史・文化 ◆ History/Culture

 語句・表現

- ☐ *l.4* for millennia「何千年もの間」
- ☐ *l.6* comfy「快適な，心地よい」
- ☐ *l.14* on the ground that...「…という理由で，…を根拠として」
- ☐ *l.15* cutesy「かわい子ぶった」
- ☐ *l.16* elevenses「（通例，午前11時頃にとる）軽食」

41-3 Pets have gained the upper paw over their so-called owners

1 ❺ The pet business is growing even faster than pet numbers, because people are spending more and more money on them.　No longer are they food-waste-recyclers, fed with the scraps that fall from their masters' tables.　Pet-food shelves groan with delicacies crafted to
5 satisfy a range of appetites, including ice cream for dogs and foods for pets that are old, diabetic or suffer from sensitive digestion; a number of internet services offer bespoke food, tailored to the pet's individual tastes.

❻ In the business this is called "pet humanisation" — the tendency of
10 pet owners to treat their pets as part of the family.　This is evident in the names given to dogs, which have evolved from Fido, Rex and Spot to — in America — Bella, Lucy and Max.　It is evident in the growing market for pet clothing, pet grooming and pet hotels.　It is evident in the demand for breeds such as the French bulldog, which, tellingly, looks
15 a bit like a human baby.

1086 ☐	**groan with ～**	（食卓・棚などが）～できしむほどいっぱいである；（悲しみ・苦痛など）でうめき声をあげる
1087 ☐	**diabetic** [dàiəbétik]	*adj.* 糖尿病の　　*n.* 糖尿病患者
	派 **diabétes**	*n.* 糖尿病

41-3　いわゆる飼い主よりもペットの方が優位に立っている

❺ ペットビジネスはペットの数よりもさらに急速に成長しているが, それは人々がペットに使うお金が増大しているためである。もはやペットは, 飼い主の食卓から落ちる食べかすを餌として与えられる食品廃棄物のリサイクル屋ではない。ペットフードの棚は, さまざまな欲求を満たすように作られたごちそうで棚がきしむほどいっぱいである。犬用のアイスクリームに, 高齢のペット用, 糖尿病のペット用や消化器官が敏感なペット用の餌など, 数多くのインターネット上のサービスが, それぞれのペットの好みに合わせたオーダーメイドの餌を提供している。

❻ 業界でこれは「ペットの人間化」と呼ばれている。つまりペットの飼い主が自分のペットを家族の一員として扱う傾向である。この傾向が顕著に表れているのが犬に付けられる名前で, アメリカでは, ファイドー, レックス, スポットからベラ, ルーシー, マックスへと様変わりした。ペットの服, ペットのグルーミング, ペットホテルの市場が拡大していることを見れば, その傾向がはっきりとわかる。同傾向はフレンチブルドッグのような品種に対する需要に表れており, 見ての通り, この犬は, 人間の赤ちゃんに少し似ている。

1088 ☑ **bespoke** [bispóuk]	*adj.* オーダーメイドの, あつらえの, 注文仕立ての ※イギリスで昔顧客がテーラーと会話のやり取りをしながら体型に合った洋服をあつらえたことから。
1089 ☑ **tellingly** [téliŋli]	*adv.* (言わずとも) 見た目が語るように (in a way that shows effectively what sb or sth is really like, but often without intending to) (≒ in a telling manner) ; 効果的な方法で

✐ 語句・表現

- □ *l.2*　No longer are they... : They are no longer food-waster-recyclers が元の形だが, no longer が前に出たため, are they と倒置されている。
- □ *l.4*　craft 〜 「〜を (念入りに) 作る」
- □ *l.7*　tailored to 〜 「〜に合わせた」
- □ *l.13*　grooming 「グルーミング, (馬・犬などの) 手入れ;毛づくろい」groom 〜 (〜 (馬・犬など) を手入れする ; 毛づくろいする)

7

歴史・文化 ◆ History/Culture

41-4 Pets have gained the upper paw over their so-called owners

1 ❼ People still assume that pets must be working for humanity in some way, perhaps making people healthier or less anxious. But the evidence for that is weak. Rather, new research suggests that canines have evolved those *irresistible* "puppy-dog eyes" precisely to
5 *manipulate* human emotions. It has worked. The species that once enslaved others now toils to pay for the care of its pets, which lounge on the sofa waiting to be taken to the grooming salon. Sentimental Americans often refer to themselves not as cat-owners but as the cat's "mommy" or "daddy". South Koreans go one further, describing
10 themselves as cat "butlers", *pandering to* every *feline whim*. Watch a *hapless* dog-walker *trailing* "his" hound, plastic bag in hand to pick up its mess, and you have to wonder: who's in charge now?

(*The Economist*, 634 words)

1090 ☑ **irresistible** [ìrizístəbl]	*adj.* たまらないほど愛らしい (lovable, especially calling forth feelings of protective love) (≒ endearing)；打ち勝てない, 抵抗できない (≒ overpowering)
≒ **endéaring**	*adj.* 人の心を引きつける, いとしさを感じさせる
派 **irresístibly**	*adv.* 心憎いばかりに, たまらなく, 抵抗できないほど
1091 ☑ **manipulate** [mənípjəlèit]	*vt.* を巧みに操作する (to control sth or sb to your advantage, often unfairly or dishonestly) (≒ exploit, play upon)；(道具・機械など) を巧みに操縦する；(問題・情報など) を巧みに処理する；(身体の部位) を手で施術する
派 **manìpulátion**	*n.* 巧みな操作, ごまかし；(手による) 施術
1092 ☑ **pander to ～**	(人) に迎合する, (人) におもねる (to do what sb wants, or try to please them, especially when it is not acceptable or reasonable)；(人の欲望など) につけ込む
1093 ☑ **feline** [fíːlain]	*adj.* 猫の (ような), ネコ科の (of or relating to cats or cat family)；狡猾な　*n.* ネコ科の動物 (≒ felid)

41-4　いわゆる飼い主よりもペットの方が優位に立っている

❼ 人々はいまだに，ペットは何らかの形で人間のために働いているに違いない，おそらく自分の健康を増進してくれたり，不安を軽減してくれたりしているはずだ，と思い込んでいる。しかし，それを示す証拠は乏しい。それどころか，新しい研究では，イヌ科の動物が，まさに人間の感情を操るために，あのたまらなく愛らしい「子犬のような目」を進化させてきたのだということが示唆されている。この進化は効果的だった。かつて他の種を奴隷にした種が今では，ペットの世話代を支払うためにせっせと働き，ペットはソファにゆったりと横になってペット美容室に連れて行かれるのを待っているのだ。感傷的なアメリカ人は，よく自分のことを猫の飼い主ではなく，猫の「ママ」や「パパ」と呼ぶ。韓国人はそれよりさらに進んでいて，自分は猫の「執事」であると言い，何でも猫の気まぐれに迎合している。犬を散歩させている不運な人が，犬のフンを拾うためのビニール袋を手に持って「彼の」犬の後をついてまわっているのを見ると，疑問に思わざるを得ない。今や仕切っているのは誰なのだろうと。

1094 ☑ **whim** [hwím]	*n.* 気まぐれ，(突然の)思いつき (a sudden wish to do or have sth, which cannot be reasonably explained)
≒ **capríce**	*n.* (特にわがままが原因の) 気まぐれ，移り気
≒ **vágary**	*n.* (人の行動の予測できない) 気まぐれ
1095 ☑ **hapless** [hǽpləs]	*adj.* 不運な，不幸な (having no luck) (≒ unfortunate, unlucky) (⇔ fortunate, lucky)；無力な
派 **háplessly**	*adv.* どうしようもなく；力なく
1096 ☑ **trail** [tréil]	*vt.* の後を追う (to follow in the footsteps of) (≒ chase, pursue)；を引きずる；(試合・勝負などで) に負けて (リードされて) いる　　*n.* (人やものの移動でできた) 跡，痕跡；道 (mountain trail)

❓Quiz

☐ 1　What reasons are listed by the author to explain the transformation of three familiar species of domestic animals from necessities into luxuries?

☐ 2　As described in the article, how have the roles of humans and domestic animals reversed in modern times?　　▶ Answer は p.467

7

歴史・文化 ◆ History/Culture

7 歴史・文化 ◆ History/Culture

42-1 Hula: The Heartbeat of the Hawaiian People

❶ Can you **envision** this? Palm trees swaying in the breeze… Ocean waves gently coming ashore… A captivating Hawaiian woman, wearing a colorful muumuu and plumeria lei, emerges and dances the hula to the sound of ukulele music and singing… Her graceful hands seem to be **beckoning** you…

❷ This is hula as many people view it today, focusing on the **aesthetics** of the dance, often with little knowledge of its historical or cultural significance for native Hawaiians. Yet, hula has evolved over the years, and it has a fascinating past that dates back centuries, well before the first Western explorers appeared on the islands. So, let's venture back in time and catch a glimpse of what hula was like in the early days, how it has developed over time, and how much it means to the Hawaiian people.

❸ Originally a religious tradition of the Polynesians who settled in Hawaii, early hula dancers were mainly women, garbed in "tapa" wraps and flower leis, who danced a slow, soulful hula to the enthusiastic **chants** of men.

1097 **envision** [invíʒən]	*vt.* (将来起こり得ること) を心に思い描く，を想像する (to imagine or expect what a situation will be like in the future)　※主に北米で使用される。
≒ **envísage**	*vt.* (未来のことなど) を心に描く，を想像する ※ envision と同義だが主に英国で使用される。
1098 **beckon** [békən]	*vt.* に (身ぶり・手ぶりで) 合図する，に手招きする (to give sb a signal by moving your hand or head to come nearer or to follow you) (≒ signal)；を招き寄せる (≒ attract)
1099 **aesthetic** [esθétik]	*n.* 〈可算名詞〉美的特質；美的価値観, 美意識 〈不可算名詞〉美学 (a branch of philosophy that studies the principles of beauty in art) 《英》esthetic *adj.* 審美的な
派 **aesthétically**	*adv.* 審美的に，芸術的に (with artistic impact)

438

42-1　フラ：ハワイの人々の鼓動

❶ あなたは，こんな光景を思い描くことができるだろうか。そよ風に揺れるヤシの木…。穏やかに浜に打ち寄せる海の波…。色鮮やかなムームーを着てプルメリアのレイを身につけた1人の魅惑的なハワイ人女性が現れて，ウクレレが奏でる音楽と歌声に合わせてフラを踊る…。彼女の優雅な手は，あなたに手招きしているようだ…。

❷ これが，今日多くの人が考えるフラであり，ダンスの美的特質ばかりに目を向けていて，ハワイ先住民にとってのフラの歴史的・文化的意義についてはほとんど知識がないことが多い。しかし，フラは長い年月をかけて発展したもので，フラには最初の西洋の探検家が島に現れるよりもずっと昔の，何世紀も前からの非常に興味深い歴史がある。そこで，時間を遡って，初期のフラはどのようなものだったのか，時がたつにつれてフラがどのように発展してきたのか，そしてハワイの人々にとってフラがどれだけ大きな意味を持っているのかを垣間見てみよう。

❸ もともとはハワイに定住したポリネシア人の宗教的伝統であったフラの初期のダンサーは主に女性で，「タパ布」を身体に巻き付けて花のレイを身にまとい，男性の熱狂的なチャント（詠唱）に合わせてゆっくりと魂のこもったフラを踊った。

1100 **chant** [tʃǽnt]	*n.* 詠唱，聖歌；（単調な旋律とリズムで）繰り返し歌うこと（words or phrases that are sung and repeated many times）

7

歴史・文化◆History/Culture

🖉 語句・表現

- □ *l.2*　captivating「魅惑的な，うっとりさせる」
- □ *l.10*　venture ～「（危険を冒して）～に行く」方向を示す副詞を伴う。
- □ *l.15*　garbed in ～「～を着て，～の身なりをして」

42-2 Hula: The Heartbeat of the Hawaiian People

1　(❸続き) Occasionally, men did dance the hula but wore loincloths, and danced **with** greater **alacrity** to **depict** scenes of battle and violence. At the conclusion of all performances, both men and women placed their leis on an altar to show **reverence** to their Hawaiian **deities**.

5　❹ However, hula is more than just a ritual dance.　It is the Hawaiians' way of recording their people's history for **posterity**, with chants memorized and **passed down** to succeeding generations by word of mouth.　There was an ancient Hawaiian belief that language possessed "mana" or power **derived from** a spiritual source.　Therefore, the

10　chanters were held in high **esteem** because of their skillful manipulation of language.

❺ Hula is also an art form which takes practice and study to master its authentic style.　The **intricacies** of hula dancing involve the hands, eyes, hips, and legs.

1101 ☐	**with alacrity**	敏速に
	參 **alácrity**	*n.* 敏速さ, 素早さ (speed and eagerness)
1102 ☐	**depict** [dipíkt]	*vt.* を描写する (to show sb/sth in a drawing or to describe sb/sth in words)
	派 **depíction**	*n.* 描写, 叙述
	≒ **portráy**	*vt.* を描写する
1103 ☐	**reverence** [révərəns]	*n.* 畏敬の念, 尊敬, 崇拝 (a feeling of great respect or admiration for sb or sth)
1104 ☐	**deity** [díːəti]	*n.* 神, 女神 (a god or goddess)
1105 ☐	**posterity** [pɑstérəti]	*n.* 後世の人々 (the people who will exist in the future) ;(ある人のすべての) 子孫 ;〈集合的に〉後世
	≒ **prógeny**	*n.* 子孫

42-2　フラ：ハワイの人々の鼓動

（❸続き）時には男性がフラを踊ることもあるにはあったが，ふんどしを身につけて，戦いと暴力の情景を描写するためにより敏速に踊った。すべての演技の最後には，男性と女性の両方がハワイの神々への畏敬の念を表すために祭壇にレイを供えた。

❹　しかしながら，フラは単なる儀式の踊りを超えた存在である。フラは，後世の人々のためにハワイの人々の歴史を記録する方法であり，チャントは口伝えで記憶されて次の世代へと受け継がれていく。言葉には「マナ」，つまり超自然的な源から引き出される力が宿っていると古代ハワイでは信じられていた。そのため，チャンターは言葉を巧みに操ることから大いに尊敬されていた。

❺　フラは，本物のスタイルを習得するのに練習と勉強が必要な芸術形式でもある。フラを踊る上での複雑さには，手，目，腰，脚が関係している。

1106 □	**pass down ~**〔~ **down**〕	～を伝える，～を受け継がせる（to give sth to sb who is younger, less important, or at the lower level than you）
1107 □	**derive ~ from …**	…から～を引き出す；〈be derived from ～で〉～に由来する　*cf.* derive from ～（～に由来する）
1108 □	**esteem**[istíːm]	*n.* 尊敬，尊重（respect or a high regard）；高い評価，意見 *vt.* を高く評価する，を尊重する（≒ respect）；を～であるとみなす（≒ regard）
1109 □	**intricacy**[íntrikəsi]	*n.* 複雑さ（complicated details）（≒complexity, complication）
派	**íntricate**	*adj.* 複雑な，込み入った（having many small parts or details and is often difficult to understand）；入り組んだ

7

歴史・文化◆History/Culture

42-3 Hula: The Heartbeat of the Hawaiian People

1 (❺続き) It is with the hands that the story is told — the hands' smooth flowing **motions** often portray aspects of nature like trees blowing in the wind. The eyes give feeling and emotion to the story. The movements of the feet and the **undulations** of the hips indicate rhythm

5 and power. This traditional style of hula is now known as Hula Kahiko. ❻ In 1820, when American missionaries arrived, they **frowned upon** the hula, and saw it as a **heathen** dance holding **vestiges** of **paganism**. They did their utmost to urge the newly Christianized Hawaiian royalty to ban the hula. In 1830, Queen Ka'ahumanu issued a law bringing

10 public hula performances to an end. Even though hula was publicly **shunned**, people ignored the law and danced hula in private. ❼ It wasn't until almost 50 years later that King David Kalakaua, a **patron** of the arts, **revived** the artistry of the hula.

1110 **motion** [móuʃən]	*n.* 動作, 動き (the action or process of moving or changing place or position) (≒ movement); 動議, 申し立て (a proposal for action)
派 **mótionless**	*adj.* 動かない, 静止した
1111 **undulation** [ʌ̀ndʒuléiʃən]	*n.* 波動, うねり (a smooth and continuous wavelike motion) (≒ sway); 起伏, でこぼこ
派 **úndulàte**	*vi.* (水面・草原などが) 緩やかに波打つ *adj.* 波状の
1112 **frown upon ～**	～に難色を示す, ～に不賛成の意を表す (to disapprove of sth/sb) (≒ disapprove, look down one's nose on)
1113 **heathen** [híːðən]	*adj.* 異教徒の, 不信心の (having no religion, or belonging to a religion that is not Christianity, Judaism, or Islam) (≒ pagan); 未開の, 野蛮な (≒ barbaric, uncivilized) *n.* 異教徒; 未開人
1114 **vestige** [véstidʒ]	*n.* 痕跡, 形跡, 名残り (≒ trace); 痕跡器官, 退化器官 *cf.* no vestige of ～ (ほんの少しも～ない)

42-3　フラ：ハワイの人々の鼓動

（❺続き）物語が語られるのは手によってだ。滑らかに流れるような手の動きは，風にそよぐ木々のような自然の様相を表現していることが多い。目は，物語に気持ちや感情を添える。足の動きと腰の**くねり**は，リズムとパワーを表している。この伝統的なスタイルのフラは，現在フラ・カヒコとして知られている。

❻ 1820 年にアメリカ人宣教師団が到着すると，彼らはフラに難色を示し，フラを異教信仰の痕跡をとどめた異教徒の踊りとみなした。彼らは全力を尽くして，キリスト教徒になったばかりのハワイの王族にフラを禁止するよう促した。1830 年にはカアフマヌ女王が，公衆の面前でフラを演じることを終わらせる法律を発布した。公衆の面前でのフラは避けられたが，人々は法律を無視して人目を忍んでフラを踊った。

❼ それから 50 年近く経ってやっと，芸術の後援者であるデイヴィッド・カラカウア王がフラの芸術的技巧を復活させた。

1115 ☑ **paganism** [péigənizəm]	*n.* 異教信仰，異教徒の信仰，異教徒であること，ペイガニズム，パガニズム（a religion that worships many gods, especially a religion that existed before the main religions of the world）；無宗教
派 **págan**	*n.* （キリスト教，ユダヤ教，イスラム教などの主要宗教を信じない）異教徒，（古代ギリシャ・ローマの）多神教徒；無宗教者；不信心者
1116 ☑ **shun** [ʃʌn]	*vt.* （人・物・行動など）を（いつも決まって）避ける，を回避する，を忌避する（to keep away from sth/sb）（≒ avoid）
1117 ☑ **patron** [péitrən]	*n.* （芸術などの）後援者，擁護者，パトロン（a person who supports, protects or endorse an activity）
1118 ☑ **revive** [riváiv]	*vt.* を復活させる，をよみがえらせる（to begin to do or use sth again）；を生き返らせる　*vi.* 生き返る（return to life）
派 **revival**	*n.* 復活；再上演

7

歴史・文化◆History/Culture

42-4 Hula: The Heartbeat of the Hawaiian People

1 (❼続き) During his **reign** (1874 -1891), King Kalakaua, also known as the Merrie **Monarch**, loved to travel among the people and enjoy festivals. Hula was part of the programs and often danced in his honor. These were Kalakaua's feelings about hula, in his own words: *"Hula is*
5 *the language of the heart, therefore the heartbeat of the Hawaiian people."*

❽ In 1893, Queen Liliuokalani, who succeeded Kalakaua, was forced to abdicate her throne, and Hawaii was **annexed** as a U.S. territory. A law passed in Hawaii in 1896 banned using the Hawaiian language in
10 schools, and over the following years this almost brought the language to the **brink** of extinction. Many traditional chants were forgotten. But a cultural **resurgence** beginning in the late 1960's and continuing today, has **revitalized** Hawaiian practices, including spoken language and chants.

15 ❾ In the 20th Century, Hollywood filmmakers used songs about Hawaii composed in English in their movies, which is why many popular hula songs today **stem from** the Hollywood golden era.

1119 ☐	**reign** [réin]	*n.* 治世, 統治 (to be the king or queen of a country) (≒ rule) *vi.* 主権を握る, 君臨する
1120 ☐	**monarch** [mánərk]	*n.* (国家唯一の) 君主, 主権者 (a person who reigns over a kingdom or empire)
	派 **mónarchy**	*n.* 君主政治 〔国〕 *cf.* an absolute monarchy (専制君主国)
1121 ☐	**annex** [ənéks]	*vt.* (領土・国など) を併合する (to incorporate a country or territory into the domain of a state or country) (≒ incorporate) ; (小さいもの) を追加する, を添付する *n.* 添付書類, 付録 ; 別館
1122 ☐	**brink** [bríŋk]	*n.* 瀬戸際, 崖っぷち (the point where a new, different, or dangerous situation is about to begin)

42-4　フラ：ハワイの人々の鼓動

(❼続き) その治世 (1874年 – 1891年) の間，メリー・モナーク (陽気な君主) という名でも知られるカラカウア王は，国民に交じって祭りを楽しむことを好んだ。フラは催しの一環をなしていて，王の栄誉をたたえて踊られることもよくあった。カラカウア王のフラへの思いは，王自身の言葉でこのように表された。「フラは心の言葉だ，したがってハワイの人々の心臓の鼓動である。」

❽ カラカウア王の後を継いだリリウオカラニ女王は1893年に退位させられ，ハワイはアメリカの領土として併合された。1896年にハワイで成立した法律が学校でのハワイ語の使用を禁止し，これによりハワイ語は，その後年月がたつにつれて消滅の瀬戸際へと追いやられそうになった。多くの伝統的なチャントが忘れ去られた。しかし，1960年代後半から始まって今日も続いている文化の復興が，話し言葉やチャントを含むハワイの慣習をよみがえらせた。

❾ 20世紀になって，ハリウッドの映画製作者たちが英語でハワイのことを歌った歌を映画で使用したため，今日人気があるフラソングの多くはハリウッドの黄金時代に端を発するものだ。

1123	**resurgence** [risə́ːrdʒəns]	*n.* 復興，復活，再起 (rising again into life or activity) (≒ revival)
派	**resúrgent**	*adj.* 生き返る，復活の，再起の
1124	**revitalize** [riːváitəlàiz]	*vt.* を生き返らせる (to give new life, vitality or vigor to) (≒ revive)
派	**revìtalizátion**	*n.* 再生，再活性化，回復
1125	**stem from ～**	～に端を発する，～から生じる (to be caused by or to come from sth/sb)
派	**stém**	*vi.* 発する，起こる　*n.* 茎，木の幹

語句・表現

□ *l.2*　merrie：merry (陽気な) の古い言い方。

7

歴史・文化 ◆ History/Culture

42-5 Hula: The Heartbeat of the Hawaiian People

1 (❾続き) The **influx** of Western instruments like the ukulele and the steel guitar also inspired musicians and dancers to create a more upbeat, entertaining style of hula. This modern style of hula, whose dancers are **adorned** in contemporary costumes, is now called Hula Auana.

5 ❿ One of the preeminent events which promotes the Hawaiian culture through their hula competition is the annual Merrie Monarch Festival, a **convocation** that brings together some of the most competent hula dancers in Hawaii, as well as from Japan, California and other locations. People from around the world come to this event, eager to see hula and
10 learn more about Hawaiian culture.

⓫ Hula — both ancient and contemporary — is a distinctive dance form marked by subtle beauty that is enjoyed by performers and spectators alike, not only in Hawaii but internationally. For the Hawaiian people, the significance goes well beyond appreciation of the
15 dance as a pleasing spectacle. For them, hula is a physical manifestation of the Hawaiian spirit and way of life, as well as a **perpetuation** of Hawaii's history and culture now and in the future.

(Original, 808 words)

1126 ☑ **influx** [ínflʌks]	*n.* 流入, 殺到 (large numbers of people or things arriving suddenly)
⇔ **éfflux**	*n.* 流出
1127 ☑ **adorn** [ədɔ́ːrn]	*vt.* を装飾する, を飾る, の美を引き立てる (to decorate or add beauty to)
派 **adórnment**	*n.* 飾ること, 装飾品
1128 ☑ **convocation** [kànvəkéiʃən]	*n.* 集会 (a group of people gathered in answer to a summons) (≒ assembly);(招集された)会議(への参加者)
☑ **perpetuation** [pərpetʃuéiʃən]	*n.* 不朽にすること, 永久化 (to preserve from extinction)
派 **perpétuàte**	*vt.* をいつまでも継続させる

42-5　フラ：ハワイの人々の鼓動

(❾続き) ウクレレやスチールギターのような西洋の楽器の流入にも触発されて，音楽家やダンサーは，より陽気で楽しいスタイルのフラを生み出した。この現代的なスタイルのフラは，ダンサーが現代の衣装で着飾るもので，現在はフラ・アウアナと呼ばれている。

❿ フラの競演を通してハワイの文化を振興する卓越したイベントの1つが，毎年開催されるメリー・モナーク・フェスティバルなのだが，これはハワイ国内や日本，カリフォルニア州，その他の場所から一部の最も優れたフラダンサーたちが一堂に会する集会だ。世界中の人々がこのイベントにやって来て，熱心にフラを見たりハワイの文化についてもっと学ぼうとしたりする。

⓫ フラは，古代のものでありながら現代のものでもあるが，ハワイ国内だけでなく世界の国々で，演じる人にも見る人にも同じように楽しまれている繊細な美しさを特徴とする独特なダンス形式だ。ハワイの人々にとってのフラの意義は，ダンスは楽しいショーであるという認識をはるかに超えるものだ。彼らにとってフラは，ハワイの人々の精神や生き方を身体を使って表現することであり，現在および未来においてハワイの歴史や文化を**不滅のものにすること**でもあるのだ。

Key Points of This Issue　ハワイの歴史

　ハワイの歴史は，1,500年前ポリネシア人が無人島だったハワイ島に，星の明かりだけを頼りにカヌーで3,200km以上を航海してたどり着いた頃にさかのぼる。その後タヒチからの移民により，古代ハワイの信仰の基礎が持ち込まれ，やがてフラやサーフィンといったハワイ文化が確立された。1820年にはプロテスタント宣教師によるキリスト教布教のためにハワイ固有の文化や言語は禁止されていった。19世紀後半と20世紀後半にハワイ文化復興運動があり，フラやメレなどのチャント，サーフィンや王族の伝統儀式なども復活された。特に1970年代に始まった第2回復興運動ではフラやハワイ音楽を中心に復興が進んでいる。この運動はハワイ・ルネッサンスとも呼ばれている。

？Quiz

☐ 1　Which two instances in Hawaiian history almost brought the hula and/or its traditional chants to an end?

☐ 2　Hula Auana is the modern style of hula.　What two influences affected the development of this modern style?　　　　▶ Answer は p.467

7

歴史・文化 ◆ History/Culture

7 歴史・文化 ◆ History/Culture

43-1 The Terrible Stereotypes of Mother's and Father's Day Cards

1 ❶ In Auster and Auster-Gussman's study, they found that relaxing was a more prominent theme in Father's Day cards. In my sample it seemed prevalent in both Mother's and Father's Day cards. "The difference I saw is when Mom was supposed to relax, it's because she
5 does so many things for the child," says Auster, a professor of sociology at Franklin & Marshall College. "It's never quite clear to me what Dad is supposed to relax from."
❷ That's because a lot of Father's Day cards don't show dads doing much actual parenting. Dads in cards are also busy, but they're busy
10 with their hobbies. They're golfing, they're grilling, they're fixing things, they're camping and fishing and hunting, they're watching sports, they're telling corny jokes. They're also, even if it's never made explicit, busy with work. At least, they're often wearing ties.
❸ A lot of these themes fit into the stereotypes of fathers as providers,
15 or as absent and disengaged from their kids, or as people who show love through action but not in words. But there is one persistent theme that remains mysterious: How did farting come to be emblematic of fatherhood?

1129 stereotype
[stériətàip]
n. 固定観念, ステレオタイプ (a fixed idea about a particular type of person or thing, which is often not true in reality)

派 **stèreotýpical**　*adj.* ステレオタイプの, お決まりの

1130 sociology
[sòusiálədʒi]
n. 社会学 (the study of society, patters of social relationships, social interaction and culture of everyday life)

1131 corny
[kɔ́ːrni]
adj. (冗談が) 古臭い, 陳腐な, くだらない (tiresomely simple and sentimental); 感傷的な; 穀物の

43-1　母の日，父の日のカードにおけるひどい固定観念

❶ オースターとオースター・ガスマンの研究によると，父の日のカードのテーマはよりリラックス感が目立つことがわかった。私の実例では，リラックス感は母の日・父の日のカードの両方で広く見られるように思う。オースター（フランクリン・アンド・マーシャル大学社会学教授）によると「私が考えている違いは，お母さんにリラックスしてほしい時というのは，子どものために多くのことをしすぎているからという場合だ。お父さんの場合は，何からリラックスしてほしいのか，はっきりしていないと思う。」

❷ その理由は，父の日のカードの多くは，お父さんが実際に子育てをしているところをあまり表現していないためだ。カードの中のお父さんたちも忙しくしているのだが，自分たちの趣味のために忙しくしている。ゴルフをしたり，肉を焼いていたり，物を修理したり，キャンプをしたり，釣りをしたり，狩りをしたり，スポーツ観戦したり，古臭い冗談を言ったりしている。カードの中の父親たちは，明確にされていないけれども，仕事も忙しい。少なくとも，ネクタイを着けていることが多い。

❸ こういったテーマの多くは，家族に衣食を提供する人，子どもたちにとってはいつも不在で離れている人，言葉ではなく行動を通して愛情を示す人という父親の固定概念に当てはまる。しかし，ずっと不可解なままのテーマが１つある。オナラがどのようにして父親を象徴するようになったのだろうか。

1132 ☐	**be emblematic of ~**	〜を象徴する
参	èmblemátic	*adj.* 象徴の（representing a particular person, group or idea）（≒ symbolic）
参	émblem	*n.* 象徴；記章

🖉 語句・表現

☐ *l.13* explicit「明確な，明白な」（⇔ implicit）
☐ *l.15* disengaged from ~「〜から自由になって，〜から離れて」
☐ *l.17* farting「オナラ」

7

歴史・文化 ◆ History/Culture

43-2 The Terrible Stereotypes of Mother's and Father's Day Cards

1　(❸続き) This association makes intuitive sense to me — Father's Day cards have been referencing farts as long as I can remember — but when I really question *why*, it seems utterly **inscrutable**. I asked everyone I spoke to for this story for their theories. Perhaps mothers

5　are expected to be more polite, some said. "Who gets to **flout** society's rules of **decorum**? People with power," Jaffe said. "That's an indirect kind of power." "That" being farting.

　❹ "Another explanation," she went on, "could be that it evokes the **intimacy** of the **nuclear family**. Where you can do those things, and

10　that's part of life within the family unit." Personally, the best I could come up with was that there's a stereotype of men being **gross** and animalistic, but that's men generally. What does farting have to do with being a *father*?

1133 ☐ **inscrutable** [inskrú:təbl]	*adj.* 不可解な, 謎めいた, 何を考えているのかわからない (not easily understood) (≒ mysterious)
1134 ☐ **flout** [fláut]	*vt.* （法律・規則など）をばかにする, を無視する, を軽視する (to ignore in a disrespectful manner) (≒ disregard)
1135 ☐ **decorum** [dikɔ́:rəm]	*n.* 礼儀正しさ (appropriateness of behavior or conduct)；〈複数形で〉礼儀作法
≒ **propríety**	*n.* 礼節, 礼儀正しいこと
1136 ☐ **intimacy** [íntəməsi]	*n.* 親密さ, 親しい関係 (a close, familiar, and affectionate personal relationship) (≒ familiarity)
派 **íntimate**	*adj.* 親密な　*n.* 親友
派 **íntimately**	*adv.* 親密に, 心の奥底から

43-2　母の日，父の日のカードにおけるひどい固定観念

(❸続き)この関連性は直感的に理解できるのだが(覚えている限りでは，父の日のカードにはオナラが使われているから)，理由を真剣に考えると，かなり不可解なようだ。私はこの件について，話をした人みんなに意見を求めた。母親は父親より礼儀正しくあるべきだと期待されているのではないか，と言う人もいた。「社会の礼儀作法を軽視する人は誰でしょう。権力のある人ですよ。『それ』は遠まわしに権力を表しているのです」と，ジャフェは言った。「それ」というのはオナラのことだ。

❹彼女は続けて，「オナラは核家族の親密さを呼び起こすという別の説明もできる。そんなことができる場所，それは家族単位の生活の中だけです」と言った。個人的に，私が思いついたのは，男性というものは粗野で動物的であるという固定観念があるが，それは男性一般の固定観念だ。オナラは父親であることと何か関係があるのだろうか。

1137 ☑ **nuclear family**	核家族 (a family unit that consists only of parents and children	
1138 ☑ **gross** [gróus]	*adj.* 粗野な，下品な (conspicuously and tastelessly indecent) (≒ vulgar)；ひどく〔嫌なほど〕太った，太りすぎの (extremely fat or large and ugly) (≒ overweight)；気持ちの悪い，ゾッとする，吐き気を催すような；総計の，全体の	
≒ **córpulent**	*adj.* 肥満した，でぶでぶ太った	

7

歴史・文化 ◆ History/Culture

✐ 語句・表現

- □ *l.1*　intuitive sense「直観」
- □ *l.8*　evoke 〜「〜を呼び起こす，〜を引き起こす」
- □ *l.12*　What does 〜 have to do with ...?「〜は…とどういう関係があるのか。」

700　　800　　900　　1000　　1100 words done!!

43-3 The Terrible Stereotypes of Mother's and Father's Day Cards

1 ❺ Maybe nothing. These cards are "almost more about being a man than they are about being a father," says Emily West, a professor of communication at the University of Massachusetts Amherst who has studied gender and greeting cards. "You like pizza and relaxing. Is
5 that about being a father, or is that about reasserting your hegemonic **masculinity** even though you're a father and you perform care work?"
  ❻ On the whole, there seemed to just be *more* symbols and **tropes** associated with fathers than with mothers. All those hobbies — boats and cars and beers and meat, and a surprising number of antlered
10 mammals. Several cards featured an elk or a moose, meant, I assume, to evoke a **majestic**, **rugged** sort of masculinity, since, among antlered mammals, big antlers are signs of dominance, maturity, and sexual desirability.
  ❼ Mother's Day cards, in contrast, mostly featured people or text —
15 the only recurring symbols, really, were wine, cocktails, chores, and flowers. "If what is most strongly associated with ideologies of motherhood is nurturing and caring, those in some senses are abstract," Auster says, which could explain the **discrepancy**.

	masculinity [mæ̀skjəlínəti]	*n.* 男らしさ (⇔ femininity)
	派 **másculine**	*adj.* 男らしい (⇔ feminine)
1139	**trope** [tróup]	*n.* 言葉の比喩的用法, 言葉のあや (a word or expression used in a figurative sense) (≒ figure of speech)
1140	**majestic** [mədʒéstik]	*adj.* 威厳のある, 雄大な, 堂々とした, 荘厳な (having or showing majesty) (≒ grand, magnificent)
	派 **májesty**	*n.* 威厳, 荘厳, 主権　*cf.* your Majesty (陛下) ※呼びかけ

43-3 母の日，父の日のカードにおけるひどい固定観念

❺ おそらく（関係は）何もない。これらのカードは「父親であることよりも，男性であることを表している」と，エミリー・ウエスト（マサチューセッツ大学アマースト校のコミュニケーション学教授，ジェンダーやグリーティングカードを研究している）は述べている。「ピザとリラックスすることが好き。それは，父親であるということを表していますか。それとも父親であり，子育てをしているとしても，主導権のある**男らしさ**を再確認するためのものですか。」

❻ 全体として，母親に関するものよりも父親に関連する象徴や比ゆが単に多いようだ。ボートや車，ビールやお肉といった趣味に関するものや，角のある哺乳類に関するものも驚くほど多い。カードにエルク（※大型のシカ）やムース（※ヘラジカ）が描かれているのは，威厳があって，無骨な男らしさを呼び起こすためではないだろうか。というのは，角のある哺乳類の中でも大きな角は，支配的立場，成熟，性的魅力のしるしであるためだ。

❼ 対照的に，母の日のカードでは，人や文字が描かれていることが多い。繰り返し使われる図柄は，実際，ワイン，カクテル，家事や花ぐらいだ。「母性のイデオロギー（観念形態）に最も強く関連しているのが子育てと思いやりである場合，ある意味ではそれらは抽象的です」とオースターは述べている。そして，そのことが**相違**を説明できるだろう。

1141	**rugged** [rʌ́gid]	*adj.* 無骨な，いかつい（having strong features marked with furrows and wrinkles）；でこぼこの
	派 **rúggedly**	*adv.* 粗野に，いかめしく；頑丈に；でこぼこに
	discrepancy [diskrépənsi]	*n.* **相違，不一致，矛盾**（a difference between two things that should be the same）（≒ contradiction, inconsistency）

📝 語句・表現

- □ *l.5* hegemonic「主導権のある」
- □ *l.9* antlered「（枝）角のある」antler は「（雄ジカの）枝角」の意。

7

歴史・文化 ◆ History/Culture

43-4 The Terrible Stereotypes of Mother's and Father's Day Cards

1 ❽ But there were also fewer funny Mother's Day cards. Looking at all these cards in aggregate, one of the things that struck me most was how robust and extensive the shared vocabulary of dad humor is, and how comparatively meager the cultural **lexicon** of mom humor is.

5 ❾ Auster and Auster-Gussman suggested that perhaps, in American culture, motherhood is too serious of a thing to joke about. Most of the funny Mother's Day cards that there *were* oriented their humor around the high standards for or hard work of being a mother. One card showed two cartoon owls eating bag lunches. "My mom gets up early

10 every morning to dig up fresh, grass-fed worms from organic soil," one owl says. "My mom goes to the **bait** shop," the other says. The inside reads: "Whatever works, right? #Keepinemalive. Happy Mama's Day!"
❿ "The scripts we have for motherhood traditionally, or **normatively**, **fall** so easily **into** sentimental expressions of love," says John

15 McMahon, a professor of political science at SUNY Plattsburgh. "And if that's less acceptable, or less standard for dads, then we have to have something to fill that place, and we have to be creative about other cultural forms that fatherhood can take."

1142 ☑ **lexicon** [léksəkàn]	*n.* (特定の分野の) 語彙 (≒ vocabulary)；(特にギリシャ語・ヘブライ語・アラビア語などの) 辞書 (≒ dictionary)
派 **léxical**	*adj.* 語彙の，単語の
1143 ☑ **bait** [béit]	*n.* (釣りや狩りの罠の) 餌 (a small amount of food on a hook or devise to attract and catch a fish or animal)；おびき寄せるもの，心を惹くもの

43-4 母の日，父の日のカードにおけるひどい固定観念

❽ しかし，面白おかしい母の日のカードというのも少なかった。これらすべての
カードをまとめて見て，私の印象に最も残ったことの1つは，父親に関するユー
モアに共通する語彙が非常にたくましく広範囲に及ぶのに比べて，母親に関する
ユーモアの文化的な語彙が非常に少ないということだった。

❾ オースターとオースター・ガスマンは，アメリカの文化ではおそらく，母親で
あることがとても大変なことなので，冗談を言うわけにはいかないのではないか
と示唆した。面白おかしい母の日カードのほとんどは，母親としての高い基準や
ハードワークに対するユーモアに向けられたものだった。あるカードには，自宅
から持参した弁当を食べる2羽のフクロウのイラストが描かれていた。「私のお
母さんは，毎朝早く起きて，新鮮で，草を食べて育った虫を有機土壌から掘り起
こすんだ」と，1羽のフクロウは言っている。「私のお母さんはエサのお店に行く
よ」と別のフクロウが言っている。カードを開くと「何だってうまくいくよね？
#Keepinemalive 母の日おめでとう！」と書かれている。

❿ 「母性について伝統的，規範的に思い描くことは，非常にたやすく感情的な愛
情表現になる」とニューヨーク州立大学プラッツバーグ校，政治学教授のジョン・
マクマホンは言う。「それが父親に対してはあまり受け入れられない場合や，標準
的ではない場合，代わりのものが必要になる。父親らしさを表す他の文化的な形
を創らざるを得ない。」

1144 ☐ **normatively** [nɔ́ːrmətivli]	*adv.* 規範的に，基準に沿って（relating to rules or standard）	
派 **nórmative**	*adj.* 規範的な	
派 **nórm**	*n.* （行動様式の）規範，一般水準；ノルマ	
1145 ☐ **fall into ～**	～になる；～（グループ・種類など）に分類される〔分かれる〕（to be classified as）	

✏️ 語句・表現

☐ *l.9*　bag lunch「弁当；携行食」
☐ *l.13*　script「台本；原稿」

43-5 The Terrible Stereotypes of Mother's and Father's Day Cards

1 (⑩続き) The **cuddling** animals and gratitude **platitudes** of the **sappy** cards seem to **resonate** more with stereotypical conceptions of motherhood, while funny cards might allow kids to express love to their fathers without getting too sentimental.

5 ⑪ "Fathers are fair game to be made fun of in a way that moms are not," West says. "For example, there's a long history of the **bumbling** dad in sitcoms. I think fatherhood has been conceptualized as not as central to men's identity, so it's more open to making fun of... I think we just have more of a vocabulary around feeling [for] motherhood."

(The Atlantic, 808 words)*

1146 ☐ **cuddle** [kʌ́dl]	*vi.* 抱き合う，寄り添う *vt.* を抱きしめる，を抱いて可愛がる (to hold close for comfort for warmth or in affection) (≒ snuggle)
1147 ☐ **platitude** [plǽtətjùːd]	*n.* 決まり文句，面白みのないこと〔言葉〕(a trite or dull remark, especially one uttered as if it were fresh or profound)
1148 ☐ **sappy** [sǽpi]	*adj.* いやに感傷的な (overly sweet or sentimental)；馬鹿な；(若くて) 元気いっぱいの；樹液の多い
1149 ☐ **resonate** [rézənèit]	*vi.* 〈with ～で〉共鳴する，共振する，(心に) 響き渡る *vt.* を共鳴させる，を (心に) 響かせる (to relate harmoniously)
1150 ☐ **bumble** [bʌ́mbl]	*vi.* しくじる，へまをする，つまずく (to speak or move in a confused way) ※ bungle (しくじる) と stumble (つまずく) の造語という説もある。

43-5　母の日，父の日のカードにおけるひどい固定観念

(⑩続き) いやに感傷的なカードの中で寄り添っている動物たちと感謝の決まり文句は，母性に対するステレオタイプの概念とより共鳴するようだが，一方で，面白いカードを使うことで，父親に対して子供たちがあまり感情的にならずに愛情を表現できるのだろう。

⑪「父親は，からかわれる格好の的なのだ。母親は決してそのように扱われることはない」と，ウェストは言う。「例えば，ホームコメディドラマではへまばかりしている父親像の長い歴史がある。父親というものは，男性のアイデンティティの中心ではないものとして概念化されているので，からかわれることにより寛大なのだろう。そして，母親であることに同情することを表す語彙は実に多い。」

🖉 語句・表現

- □ *l.5*　fair game「格好の的」
- □ *l.9*　feel for 〜「〜に同情する」(≒ pity)

❓ Quiz

- □ 1　How are dads usually portrayed in Father's Day cards?　What kinds of hobbies, activities and symbols are often associated with fathers?
- □ 2　How do Mother's Day cards differ from Father's Day cards?

▶ Answer は p.467

Key Points of This Issue　「母の日」「父の日」

母の日：母親に感謝の意を表す日。米国ではアンナ・ジャービスが亡き母を偲ぶ会で，母親が好きだった白いカーネーションを飾ったことから始まった。米国の影響を受け，日本も同じ5月の第2日曜日に祝うが，世界的には違う日に祝う国も少なくない。また，一般的にアメリカや日本ではカーネーションが贈られるが，南半球のオーストラリアでは秋にあたることもあり菊が贈られる。

父の日：父親に感謝の意を表す日。もともとあった母の日に対し，ソノラ・スマート・ドットが自らの父親への感謝の意を込めて，牧師に頼んで始まったとされる。日本は米国と同じく6月の第3日曜日に祝うが，世界では別の日に祝う国も多い。米国ではバラが贈られることが多い。

Review 3

【1】 **Choose the correct definition for each word.**

◆ Nouns

1. behemoth 〔　〕 **2.** injection 〔　〕

3. precursor 〔　〕 **4.** suffrage 〔　〕

5. trespassing 〔　〕

Ⓐ a person or thing that comes before somebody or something

Ⓑ entering somebody's land or property without permission

Ⓒ something that is extremely large and powerful

Ⓓ the act of putting a drug into a person's body using a needle and a syringe

Ⓔ the right to vote in an election

◆ Verbs

6. bumble 〔　〕 **7.** dodge 〔　〕

8. insulate 〔　〕 **9.** proliferate 〔　〕

10. resect 〔　〕

Ⓐ to cover and surround something with a material in order to protect it from heat, sound or electricity

Ⓑ to move suddenly to avoid being hit or caught

Ⓒ to reproduce rapidly

Ⓓ to speak or move in a confused way

Ⓔ to surgically remove part of an organ or structure

◆ Adjectives

11. arbitrary 〔　〕 **12.** burgeoning 〔　〕

13. circumspect 〔　〕 **14.** irresistible 〔　〕

15. saturated 〔　〕

Ⓐ growing or developing quickly

Ⓑ lovable, especially calling forth feelings of protective love

Ⓒ not seeming to be based on any reason or plan

Ⓓ something that is filled to full and cannot take any more

Ⓔ wary and cautious

【2】 **Choose the most suitable word for each space.**

A. In （ **1.** ） times, alchemists sought not only methods to turn ordinary metals into gold, but also the key to （ **2.** ） the natural aging process so that they might live forever.

1. Ⓐ epic　　　Ⓑ hybrid　　　Ⓒ majestic　　　Ⓓ medieval　　　〔　　〕
2. Ⓐ fending off　Ⓑ groaning with　Ⓒ poking around　Ⓓ sorting out

〔　　〕

B. In the Amazon rainforest of Venezuela, the （ **3.** ） Yanomami hunter-gatherers lead a life （ **4.** ） from the outside world.

3. Ⓐ elusive　Ⓑ hapless　Ⓒ indigenous　Ⓓ viable　　〔　　〕
4. Ⓐ augmented　Ⓑ avowed　Ⓒ secluded　Ⓓ unprecedented 〔　　〕

C. News of Earhart's inexplicable disappearance （ **5.** ） family members, friends, and fans. They couldn't believe that someone with her experience and （ **6.** ） for life had simply vanished.

5. Ⓐ denounced　Ⓑ relegated　Ⓒ stunned　Ⓓ validated　〔　　〕
6. Ⓐ intricacy　Ⓑ malady　Ⓒ premonition　Ⓓ zest　　〔　　〕

Review

Review 　Answers

章末問題1　1 社会／2 政治・国際 （問題 pp.158〜159）

【1】

◆名詞　1. Ⓒ ⇒ 1-1 参照　2. Ⓓ ⇒ 12-1 参照　3. Ⓑ ⇒ 7-3 参照
　　　　4. Ⓐ ⇒ 13-2 参照　5. Ⓔ ⇒ 3-1 参照

◆動詞　6. Ⓑ ⇒ 1-3 参照　7. Ⓓ ⇒ 11-4 参照　8. Ⓐ ⇒ 9-6 参照
　　　　9. Ⓔ ⇒ 10-2 参照　10. Ⓒ ⇒ 9-2 参照

◆形容詞　11. Ⓓ ⇒ 6-1 参照　12. Ⓒ ⇒ 4-2 参照
　　　　　13. Ⓑ ⇒ 2-4 参照　14. Ⓔ ⇒ 8-1 参照　15. Ⓐ ⇒ 5-1 参照

【2】

A. 1. Ⓒ ⇒ 2-1 参照。他の選択肢は，Ⓐ ⇒ 4-9，Ⓑ ⇒ 5-2，Ⓓ ⇒ 3-3 参照。
　　2. Ⓐ ⇒ 2-1 参照。他の選択肢は，Ⓑ ⇒ 4-1，Ⓒ ⇒ 2-2，Ⓓ ⇒ 5-1 参照。
B. 3. Ⓓ ⇒ 6-3 参照。他の選択肢は，Ⓐ ⇒ 13-3，Ⓑ ⇒ 12-7，Ⓒ ⇒ 11-5 参照。
　　4. Ⓒ ⇒ 6-3 参照。他の選択肢は，Ⓐ ⇒ 8-4，Ⓑ ⇒ 7-1，Ⓓ ⇒ 10-5 参照。
C. 5. Ⓒ ⇒ 7-1 参照。他の選択肢は，Ⓐ ⇒ 2-2，Ⓑ ⇒ 4-6，Ⓓ ⇒ 1-2 参照。
　　6. Ⓐ ⇒ 7-1 参照。他の選択肢は，Ⓑ ⇒ 6-4，Ⓒ ⇒ 5-2，Ⓓ ⇒ 8-1 参照。

章末問題2　3 経済・経営／4 司法・法律 （問題 pp.282〜283）

【1】

◆名詞　1. Ⓑ ⇒ 15-1 参照　2. Ⓓ ⇒ 18-2 参照　3. Ⓐ ⇒ 16-2 参照
　　　　4. Ⓔ ⇒ 14-4 参照　5. Ⓒ ⇒ 17-1 参照

◆動詞　6. Ⓐ ⇒ 17-5 参照　7. Ⓓ ⇒ 19-3 参照　8. Ⓑ ⇒ 21-5 参照
　　　　9. Ⓔ ⇒ 16-4 参照　10. Ⓒ ⇒ 23-4 参照

◆副詞　11. Ⓔ ⇒ 21-4 参照　12. Ⓑ ⇒ 22-1 参照
　　　　13. Ⓓ ⇒ 23-1 参照　14. Ⓒ ⇒ 16-1 参照　15. Ⓐ ⇒ 21-1 参照

【2】

A. **1.** Ⓑ ⇒ **14-2** 参照。他の選択肢は，Ⓐ ⇒ **14-3**，Ⓒ ⇒ **17-4**，Ⓓ ⇒ **15-2** 参照。

　　2. Ⓒ ⇒ **14-2** 参照。他の選択肢は，Ⓐ ⇒ **18-1**，Ⓑ ⇒ **25-2**，Ⓓ ⇒ **20-1** 参照。

B. **3.** Ⓐ ⇒ **15-4** 参照。他の選択肢は，Ⓑ ⇒ **18-4**，Ⓒ ⇒ **17-2**，Ⓓ ⇒ **20-4** 参照。

　　4. Ⓑ ⇒ **15-4** 参照。他の選択肢は，Ⓐ ⇒ **15-5**，Ⓒ ⇒ **19-3**，Ⓓ ⇒ **16-5** 参照。

C. **5.** Ⓐ ⇒ **25-2** 参照。他の選択肢は，Ⓑ ⇒ **15-3**，Ⓒ ⇒ **16-2**，Ⓓ ⇒ **22-4** 参照。

　　6. Ⓑ ⇒ **25-2** 参照。他の選択肢は，Ⓐ ⇒ **14-1**，Ⓒ ⇒ **24-1**，Ⓓ ⇒ **23-2** 参照。

章末問題3　5 医療・健康／6 科学・テクノロジー／7 歴史・文化
(問題 pp.458 〜 459)

【1】

◆名詞　**1.** Ⓒ ⇒ **34-1** 参照　**2.** Ⓓ ⇒ **31-3** 参照　　**3.** Ⓐ ⇒ **29-6** 参照

　　　　4. Ⓔ ⇒ **39-1** 参照　**5.** Ⓑ ⇒ **35-5** 参照

◆動詞　**6.** Ⓓ ⇒ **43-5** 参照　**7.** Ⓑ ⇒ **26-3** 参照　　**8.** Ⓐ ⇒ **30-2** 参照

　　　　9. Ⓒ ⇒ **37-3** 参照　**10.** Ⓔ ⇒ **29-3** 参照

◆形容詞　**11.** Ⓒ ⇒ **31-2** 参照　　**12.** Ⓐ ⇒ **28-4** 参照

　　　　13. Ⓔ ⇒ **36-5** 参照　**14.** Ⓑ ⇒ **41-4** 参照　　**15.** Ⓓ ⇒ **27-2** 参照

【2】

A. **1.** Ⓓ ⇒ **28-1** 参照。他の選択肢は，Ⓐ ⇒ **34-5**，Ⓑ ⇒ **37-2**，Ⓒ ⇒ **43-3** 参照。

　　2. Ⓐ ⇒ **28-1** 参照。他の選択肢は，Ⓑ ⇒ **41-3**，Ⓒ ⇒ **35-3**，Ⓓ ⇒ **32-4** 参照。

B. **3.** Ⓒ ⇒ **32-4** 参照。他の選択肢は，Ⓐ ⇒ **38-1**，Ⓑ ⇒ **41-4**，Ⓓ ⇒ **40-4** 参照。

　　4. Ⓒ ⇒ **32-4** 参照。他の選択肢は，Ⓐ ⇒ **34-1**，Ⓑ ⇒ **39-4**，Ⓓ ⇒ **38-1** 参照。

C. **5.** Ⓒ ⇒ **40-2** 参照。他の選択肢は，Ⓐ ⇒ **33-3**，Ⓑ ⇒ **28-1**，Ⓓ ⇒ **30-3** 参照。

　　6. Ⓓ ⇒ **40-2** 参照。他の選択肢は，Ⓐ ⇒ **42-2**，Ⓑ ⇒ **28-3**，Ⓒ ⇒ **33-1** 参照。

Answers (解答例)

1 →p.21

1 Because there are fewer members of the royal family, each remaining individual must take on more responsibilities.

2 The system of primogeniture allows the first-born child of a monarch to inherit the throne, regardless of gender. Prime Minister Abe feels it would damage the traditional role and history of the royal family in Japan, since succession has always been through the male lineage.

2 →p.35

1 Because people are unable to accept simple explanations for such a significant event. In addition, the growth of the Internet has given new life to those theories.

2 That then Vice-president Johnson ordered the assassination so that he could assume the office of president.

3 →p.43

1 Women may sometimes be paid less because they are doing work similar to that done at home without compensation; the gap may be solely due to gender, as seen in the drop in average pay after nursing and primary teaching became predominantly female professions; and women more often work in jobs lacking union representation.

2 Studies indicate that the pay gap between men and women increases when the women are from minority groups. For example, where female Caucasian academics were paid 15 percent less than their male colleagues, the difference increased to 22 percent for Asian women and 39 percent for black women.

4 →p.63

1 One who is involved and responsive, who sets high expectations but respects her child's autonomy.

2 The need to hang back and allow children to make mistakes.

5 →p.73

1 It's a collective term for innumerable Internet and mobile technologies that allow individuals and organizations to engage in interactive electronic communication.

2 It became a means of communications and helped people to communicate with loved ones, share news and information, and offer sympathy and assistance.

6 →p.83

1 They were his theorems related to gravitational singularities and the prediction that black holes should emit radiation.

2 He argued that the Big Bang occurred only because of the laws of physics and that it could not in any way be ascribed to the actions of a godly creator.

7 →p.91

1 It is a state in which the government or laws are authoritarian, overprotective, or interfering to the point of usurping personal choices.

2 They demand lower taxes and fewer regulations.

8 →p.103

1 Its development and use of cutting edge technology.

2 It may release information to the media at its discretion.

9 →p.115

1 They say it creates an imbalance that unfairly gives more significance to early primaries and makes later elections irrelevant.

2 That it would retaliate via a lawsuit.

10 →p.125

1 They can create counterfeit credit and debit cards, or combine financial data with personal information in order to commit identity theft.

2 Some leaders have downplayed the problem, and have even put people with little or no related experience in charge of cyber security agencies.

11 →p.135

1 The West has dominated the World Bank and the International Monetary Fund by consistently appointing American or European officials to lead them.

2 The first step would be to allow India a seat on the United Nations Security Council.

12 →p.149

1 She was placed in a holding cell and was flown back to the U.S. the following day.

2 It was to participate in an interfaith conference as a Quaker peace activist.

13 →p.157

1 They are not only more god-fearing than liberals, but more fearful in general, making them more receptive to threatening aspects of the environment.

2 He showed two kinds of images, some associated with negative feelings and some with positive emotions, to self-professed right- and left-leaning people to see how they reacted.

14 →p.169

1 It referred to the practice of turning over non-core operations of a business or enterprise to an external entity, domestic or foreign, with expertise in managing those operations.

2 They forecast that offshore outsourcing will create severe turmoil in domestic labor markets.

15 →p.179

1 Gig jobs tend to be temporary, part-time, freelance, and contracted. Also, gig workers usually don't have the same benefits as full-time workers.

2 Workers can decide for themselves when they want to work and who they want to work for. The gig economy can also provide more job opportunities for unemployed and underemployed workers.

16 →p.189

1 Add up the total value of everything we own (our assets) and the total value of everything we owe (our liabilities). Then, subtract the total amount owed from the total amount owned, and the result is our net worth.

2 Since earned interest compounds over time, "early savers" make much lower monthly allotments than those who start saving later. "Early savers" also expend much fewer dollars overall to attain the same financial goal as "later savers".

17 →p.199

1 The Peter Principle conveys the belief that people are promoted until they reach

a level where they are no longer competent; with the Dilbert Principle, people who are promoted are the least competent; and the Bartleby Curse proposes that people are promoted until they no longer enjoy their jobs.

2 The author argues that people should continue doing what they enjoy, rather than seeking promotions to higher-level positions. He later suggests leaving top positions to people who want work to be the focus of their lives.

18 →p.209

1 Cryptocurrencies run on large networks of servers that are trusted as a group. Rather than relying on a governing organization to regulate operations, cryptocurrencies rely on a set of pre-specified rules, which all constituents are required to follow.

2 "Users" are the ones who keep Bitcoin balances and make transactions. "Miners" are responsible for maintaining the structure of the system. These "miners" check all new transactions to make sure they abide by the system's pre-set rules, and they organize "legal" transactions into "blocks."

19 →p.221

1 The companies were the producers of services or products, separate from the consumers. The services and products contained value, and the markets exchanged this value, from the producer to the consumer. The value creation took place outside the markets.

2 Companies can no longer act alone, designing products, and marketing them without input from consumers. Armed with new tools and dissatisfied with available choices, consumers today want to interact with firms and thereby co-create value.

20 →p.231

1 He was convicted of taking bribes in return for fixing divorce cases.

2 He proposed that independent nominating commissions be established to evaluate and screen candidates, who would then be appointed on merit by the governor.

21 →p.241

1 After the invention of the printing press, the church created a list of prohibited works, updated until the early 20th century. The church argued that "freedom of belief" and "freedom to be wrong" were harmful to both individuals and society.

2 Mr. Mchangama suggests that ridiculing false or hateful information, providing strong opposing arguments, and countering fake news with accurate news are more effective than putting people in jail.

22 →p.251

1 That a minimum of two of the council members will be black for the next 30 years.

2 Because he wanted to smooth tensions with ministers who came to testify at City Hall on redistricting.

23 →p.261

1 Japan signed into law an amendment to its copyright regulations which promises stiff jail time and substantial monetary sanctions to those found guilty of online piracy.

2 Because several lawmakers withdrew their support, surprised by the negative

response from multiple popular websites.

24 → **p.271**

1 Kennedy cited research showing differences between juveniles and adults in maturity levels and sense of responsibility, which also indicated juveniles were more likely to be affected by peer pressure, while having less control over themselves and their life situations.

2 They say that the drop in the crime rate is more likely due to an overall lower youth population and that the stricter penalties don't provide young offenders with opportunities for rehabilitation or respect their dignity as individuals.

25 → **p.281**

1 Because parents are terrified their children will be involved in a school shooting.

2 The court ruled that sawed-off shotguns were an exception because they had no legal purpose. Gun control proponents say that automatic weapons, which can fire shots in rapid succession, should be banned for the same reason.

26 → **p.291**

1 He does research into ways to regrow the spinal cords of rats that he has deliberately cut so that they cannot move their hind legs.

2 He gave each rat the motivation of a piece of food dangled in front of it.

27 → **p.301**

1 There are two hormones involved in your urge to eat — "leptin" which suppresses appetite and "ghrelin" which increases it. When you are sleep-deprived, ghrelin levels spike, while leptin levels take a nosedive. The result is an increase in hunger.

2 The sleep-deprived reported greater increases in hunger, higher afternoon levels of 2-AG, and more difficulty controlling urges for high-carb, high-calorie snacks.

28 → **p.309**

1 It happens when cells are no longer able to divide because of damaged DNA or shortened telomeres, the sections of DNA found at the end of chromosomes.

2 Physicians may use telomerase to slow, stop, or reverse aging.

29 → **p.321**

1 The technology could possibly be used to treat humans with lymphedema. Lymphedema is swelling from radiation damage to the lymph nodes or when lymph nodes are removed due to cancer treatment.

2 According to supporters, the results show that the organoids are functional, and the immune system can be primed at various sites. However, skeptics state that the results didn't show a functional lymph node because no antibody response was produced.

30 → **p.331**

1 In 1998, Fred Gage and his team from the Salk Institute for Biological Studies in La Jolla, California discovered neurogenesis in the human brain. This discovery implied that the brain was not shrinking, but it was growing.

2 Sleep and physical exercise enhance the brain's neuroplasticity. When you sleep, you're constantly rehearsing and repeating your memories, strengthening the association among them. When you exercise, you're creating more brain cells.

31 →p.341

1 Learning disabilities or mental health conditions such as attention deficiency, depression, anxiety, and hyperaggression.

2 The researchers found a link between a certain mutated gene and lower levels of serotonin in the brain during development. Mice with lower levels of serotonin exhibited ASD behavior patterns.

32 →p.351

1 He suggests eating a lot more plants — vegetables and fruit of many different kinds. This will improve your microbial diversity.

2 They found types of bacteria that are not present in the guts of people from industrialized countries; and they discovered that the microbiome of the average hunter-gatherer was twice as diverse as the average Westerner's.

33 →p.363

1 The stories of premonitions that surfaced after the 9/11 attacks on the World Trade Center.

2 They are the result of rapid inferences made using unconscious memories of prior experiences.

34 →p.373

1 Hospitals are hoping to use AI to improve medical care, schools may be able to employ cameras with AI to help detect guns, and companies can use AI in their human resources departments to help evaluate job applications.

2 AI facial recognition technology, such as that used in China, is seen as a threat to a free and open society. AI is also expected to create widespread displacement of workers in the near future, especially the less educated, such as truck-drivers, who are likely to be replaced by self-driving vehicles.

35 →p.383

1 Because it provides a slow-moving, low-altitude, stable platform from which to search for meteorite chunks.

2 It is likely to be composed of carbonaceous chondrite, the earliest solid material to form in our solar system more than four and a half billion years ago.

36 →p.393

1 He used EEG (electroencephalography) to record the brain activity of people who had been told to make a spontaneous movement.

2 He found out that there was on average a 200 millisecond delay between the movement and the urge to move; and the experiment also revealed a signal, called the readiness potential, that appeared in the brain before the urge to act(, which suggests that the brain prepares to act well before we are conscious of our urge to move).

37 →p.401

1 It could help us understand how brains develop and perhaps open the way to treating some brain conditions.

2 While quail make simple calls and do not learn new ones, zebra finches are songbirds that learn their songs. Also, their brains develop more slowly than those of quail, but reach a larger size.

38 →p.409

1 There were massive volcanic eruptions in India more than 100,000 years earlier,

which triggered global warming that might have contributed to the extinction.

2 It was finding sedimentary rocks that were formed at exactly the right time to capture all of the events that might have contributed to the extinction, and that contain plenty of fossils to reveal when the various species died out.

39 → p.419

1 When Jeannette Rankin became the first woman to serve in Congress, she cast her vote of "No" against the U.S. entry into World War I in 1917. Later in 1941, right after the Pearl Harbor attack, the entire Congress voted for war, yet she stood alone and said "No."

2 In 1968, at the age of 88, she led the Jeannette Rankin Peace Brigade, a group of about 5,000 black-clad women, who were protesting the Vietnam War.

40 → p.429

1 She had been the first woman to complete a solo flight across the Atlantic Ocean. On her final trip, she was trying to become the first female pilot to circle the entire globe.

2 It is believed she may have landed the plane on or near another island. Radio signals at the time were traced to Nikumaroro Island, human bones were later found there, and a photo shows an object just offshore that may be the plane's landing gear.

41 → p.437

1 Dogs are needed less for protection because there are fewer robbers and wild animals; horses are not needed for transportation or labor due to the invention of fuel-powered engines; and, thanks to modern sanitation, cats are less necessary for controlling rodent populations.

2 While humans once kept animals to work for them, they now seem to be working for their animals. Pets enjoy a life of leisure at home, while their "owners" must go out to earn money in order to pay for their animals' care.

42 → p.447

1 First, in 1830, Queen Ka'ahumanu issued a law which banned dancing the hula in public. Then later, after Hawaii became a U.S. territory, the Hawaiian language was banned in schools in 1896, thus many traditional chants were forgotten.

2 The songs in English about Hawaii from movies in Hollywood golden era have become popular songs for hula dancing. Also, use of the ukulele and the steel guitar inspired many musicians and dancers to adopt a more upbeat and entertaining style.

43 → p.457

1 Dads in cards are often busy with hobbies — golfing, grilling, camping, fishing, and hunting. Other activities portrayed: watching sports, fixing things, and telling jokes. Some symbols portrayed; boats, cars, beers, meat, antlered mammals like moose or elk, all of which supposedly represents masculinity.

2 Mother's Day cards feature mostly people or text with messages associated with nurturing, caring, and feelings. There was less humor used in Mother's Day cards than in Father's Day cards. Symbols for Mother's Day cards: wine, cocktails, chores, flowers, and cuddling animals.

英文記事出典一覧

1 Japan's shrinking royal family reignites debate on women's role (*Nikkei Asian Review*, May 2, 2019)

3 From A Quantum Leap for Gender Equality: For a Better Future of Work for All by International Labour Organization Copyright © 2019 by International Labour Organization. Used by permission of ILO Publications

4 From Raising Successful Children (*The New York Times*, Aug. 4, 2012) by Madeline Levine Copyright © 2019 by The New York Times. Used by permission of The New York Times Syndication Sales Corporation

11 Time for emerging Asian powers to help set global rules (*Nikkei Asian Review*, April 18, 2019) by Chandran Nair Copyright © 2019 Chandran Nair, Global Institute For Tomorrow Limited

12 Israel asks Arab visitors to open emails to search, AP Images (June 4, 2012) Copyright © 2012 AP Images. Reprinted with Permission.

13 Political animals (*The Economist*, January 24th, 2012) Copyright © The Economist Newspaper Limited, London (January 24th, 2012). Reprinted with Permission.

17 The promotion curse (*The Economist*, June 20th, 2019) Copyright © The Economist Newspaper Limited, London (June 20th, 2019) Reprinted with Permission.

18 The economics of the Bitcoin payment system (16 December 2017) Copyright © 2017 by voxEU.org

19 The Future of Competition: Co-creating Unique Value with Customer by C. K. Prahalad, Venkat Ramaswamy.

20 Judging the judges (*The Economist*, May 3rd, 2007) Copyright © The Economist Newspaper Limited, London (May 3rd, 2007) Reprinted with Permission.

21 Do attempts to legislate against "fake news" recall the tactics of religious censors? (*The Economist*, Augst 27th, 2017) Copyright © The Economist Newspaper Limited, London (Augst 27th, 2017) Reprinted with Permission.

22 "Wesson accuses council of racial, geographic cliques" by David Zahniser and Kate Linthicum (*Los Angeles Times*, August 7, 2012) Copyright © 2012. Los Angeles Times. Used with Permission.

26 Running repairs (*The Economist*, June 2nd, 2012) Copyright © The Economist Newspaper Limited, London (June 2nd, 2012). Reprinted with Permission.

27 There's a scientific reason you crave junk food when you don't get enough sleep (CNN, October 23, 2019) From CNN com. © 2019 Turner Broadcasting Systems, Inc., All rights reserved. Used under license.

29 Lab-Generated Lymph Nodes Connect to Lymphatic System in Mice (*The Scientist*, June 4, 2019)

34 Frightened by artificial intelligence? These candidates have a solution for that. (*Yahoo News*, April 24, 2019)

35 "NASA researchers search for meteorite fragments in a Zeppelin" by Matt Weiser (The Sacramento Bee (*Tribune News Service*), May 8, 2012) © 2012 The Sacramento Bee (Sacramento, Calif.) Distributed by Tribune Content Agency

36 "Brain might not stand in the way of free will" by Anil Ananthaswamy (*New Scientist,* August 6, 2012) © 2012 New Scientist. All rights reserved. Distributed by Tribune Content Agency

37 "Chimeric birds could explain how brains get big" by Michael Marshall (*New Scientist,* August 6, 2012) © 2012 New Scientist. All rights reserved. Distributed by Tribune Content Agency

38 "Two separate extinctions brought end to dinosaur era" by Jeff Hecht (*New Scientist,* August 3, 2012) © 2012 New Scientist. All rights reserved. Distributed by Tribune Content Agency

39 From The Woman Who Said "No" to War by Bruce Watson. Used by permission of American Heritage Publishing Company

41 Pets have gained the upper paw over their so-called owners (*The Economist,* June 22nd, 2019) Copyright © The Economist Newspaper Limited, London (June 22nd, 2019). Reprinted with Permission.

43 "The Terrible Stereotypes of Mother's and Father's Day Cards" by Julie Beck (*The Atlantic,* June 15, 2018) © 2018 The Atlantic. All rights reserved. Distributed by Tribune Content Agency

参考文献一覧

【参考辞書】

『ウィズダム英和辞典』(三省堂)
『オーレックス英和辞典』(旺文社)
『広辞苑』(岩波書店)
『ジーニアス英和辞典』(大修館書店)
『新英和中辞典』(研究社)
『新編英和活用大辞典』(研究社)
『新和英中辞典』(研究社)
『プログレッシブ英和中辞典』(小学館)
『ランダムハウス英和大辞典』(小学館)
『リーダーズ英和辞典』(研究社)
『リーダーズ・プラス』(研究社)
Cambridge Advanced Learner's Dictionary (*Cambridge University Press*)
Collins COBUILD Learner's Dictionary (*Heinle & Heinle Publishers*)
Collins COBUILD Advanced Dictionary of English (*Heinle & Heinle Publishers*)
Collins COBUILD Dictionary of Idioms (*Heinle & Heinle Publishers*)
Collins Compact Thesaurus (*HarperCollins Publishers*)
Longman Dictionary of Contemporary English (*Pearson Japan*)
OXFORD Advanced Learner's Dictionary (*Oxford University Press*)
Oxford Thesaurus of ENGLISH (*Oxford University Press*)
Oxford Paperback Thesaurus (*Oxford University Press*)

【参考サイト】

Cambridge Dictionary
Collins Online Dictionary
goo 辞書
Longman Dictionary
Merriam-Webster Dictionary
Macmillan Dictionary
OneLook Dictionary Search
Thesaurus.com
Weblio 辞書

Bitcoin 日本語情報サイト
Hawaiian Islands - Go Hawaii
iFinance 金融情報サイト
ILO 駐日事務所
Investor.gov
IT エキスパートのための問題解決メディア - @IT
IT 用語辞典 e-Words
慶應義塾大学 医学部・医学研究科
コトバンク
東京女子医科大学　高血圧・内分泌内科
中外製薬株式会社
脳科学辞典
ビズキャリ online
藤田保健衛生大学医学部　応用細胞再生医学講座
翻訳訳語辞典
マルウェア情報局 - Eset

INDEX

1) 赤太字＝見出し語（番号付きの語）

　黒太字＝見出し語（番号が付いていない語：『Core 1900』掲載語）

　黒細字＝派生語，類義語，反意語，参考語

2) 数字はページ数を表します。太字は見出し語掲載ページ，細字は派生語，類義語，反意語，参考語掲載ページを表しています。

　※「語句・表現」の語は割愛しました。

単語 INDEX

熟語 INDEX

MEMO

【編著者略歴】

松本　茂（まつもと・しげる）

東京国際大学言語コミュニケーション学部教授。立教大学名誉教授。「松本茂のはじめよう英会話」「リトル・チャロ2」「おとなの基礎英語」など長らくNHKのテレビ・ラジオ番組の講師および監修者を務めてきた。現在はNHKラジオ「基礎英語」（4番組）シリーズ全体監修を務めている。著作：『速読速聴・英単語』シリーズ（Z会，監修），『会話がつづく！英語トピックスピーキング』（Z会），『英会話が上手になる英文法』（NHK出版），『頭を鍛えるディベート入門』（講談社）他，多数。

Robert L. Gaynor（ロバート・L・ゲイナー）

英文ライター。ルイス＆クラーク大学卒業。ポートランド州立大学大学院修士課程修了（TESOL専攻）。東海大学講師などを経て現職。著作：『速読速聴・英単語 Basic 2400』，『速読速聴・英単語 Daily 1500』，『速読速聴・英単語 Core 1900』，『速読速聴・英単語 Opinion 1100』，『速読速聴・英単語 Business 1200』，『TOEIC® TEST 速読速聴・英単語 STANDARD 1800』，『TOEIC® TEST 速読速聴・英単語 GLOBAL 900』，『会話が続く！英語トピックスピーキング Story 2 英語で仕事！編』(Z会，共著)。

Gail K. Oura（ゲイル・K・オーウラ）

英文ライター。サンタクララ大学卒業。ハワイ大学大学院修士課程修了（コミュニケーション学専攻）。東海大学講師，上智短期大学助教授などを経て現職。著作：『速読速聴・英単語 Basic 2400』，『速読速聴・英単語 Daily 1500』，『速読速聴・英単語 Core 1900』，『速読速聴・英単語 Opinion 1100』，『速読速聴・英単語 Business 1200』，『TOEIC® TEST 速読速聴・英単語 STANDARD 1800』，『TOEIC® TEST 速読速聴・英単語 GLOBAL 900』(Z会，共著)。

【音声吹き込み者略歴】

Howard Colefield
　アメリカ　コネチカット州出身

Lynn Harris
　アメリカ　カリフォルニア州出身

Helen Morrison
　アメリカ　ウィスコンシン州　ミルウォーキー出身

Jon Mudryj
　カナダ　オンタリオ州出身

Rachel Walzer
　アメリカ　ニューヨーク州出身

Jennifer Okano
　アメリカ　アイオワ州出身

Christopher Koprowski
　アメリカ ミネソタ州出身

書籍のアンケートにご協力ください

抽選で図書カードを
プレゼント！

Z会の「個人情報の取り扱いについて」はZ会
Webサイト (https://www.zkai.co.jp/home/policy/)
に掲載しておりますのでご覧ください。

速読速聴・英単語 Advanced 1100 ver.5

初版第1刷発行 ············ 2000年12月15日
ver.2 第1刷発行 ········ 2004年 7 月10日
ver.3 第1刷発行 ········ 2008年 3 月31日
ver.4 第1刷発行 ········ 2013年 3 月10日
ver.5 第1刷発行 ········ 2020年 3 月10日
ver.5 第4刷発行 ········ 2024年 5 月10日
監修者 ····················· 松本茂
発行人 ····················· 藤井孝昭
発行 ······················· Z会
　　　　　　　　　〒411-0033　静岡県三島市文教町1-9-11
　　　　　　　　　【販売部門：書籍の乱丁・落丁・返品・交換・注文】
　　　　　　　　　TEL 055-976-9095
　　　　　　　　　【書籍の内容に関するお問い合わせ】
　　　　　　　　　https://www.zkai.co.jp/books/contact/
　　　　　　　　　【ホームページ】
　　　　　　　　　https://www.zkai.co.jp/books/
英文執筆 ··················· Robert L. Gaynor, Gail K. Oura
執筆協力 ··················· 松尾直美, 松本祥子
翻訳協力 ··················· 林 彩, 山下友紀
録音・編集 ················· 一般財団法人 英語教育協議会（ELEC）
DTP ······················· 株式会社デジタルプレス
印刷・製本 ················· シナノ書籍印刷株式会社